중국
산둥 지역의
동이

중국
산동 지역의
동이

초판 1쇄 인쇄 2018년 1월 25일
초판 1쇄 발행 2018년 1월 31일

엮은이 동북아역사재단 한중관계연구소
펴낸이 주혜숙
펴낸곳 역사공간
등 록 2003년 7월 22일 제6-510호
주 소 서울시 마포구 양화로 11길 18 원오빌딩 4층
전 화 02-725-8806, 070-7825-9900
팩 스 02-725-8801
E-mail jhs8807@hanmail.net

ⓒ 동북아역사재단, 2018

ISBN 979-11-5707-160-9 93910

- 이 책은 저작권법에 의해 보호를 받는 저작물이므로 어떤 형태나 어떤 방법으로도
  무단전재와 무단복제를 금합니다.
- 이 도서의 국립중앙도서관 출판예정도서목록(CIP)은 서지정보유통지원시스템 홈페이지
  (http://seoji.nl.go.kr)와 국가자료공동목록시스템(http://www.nl.go.kr/kolisnet)에서
  이용하실 수 있습니다.(CIP제어번호 : CIP2018002290)
- 책값은 뒤표지에 있습니다. 잘못된 책은 바꾸어 드립니다.
- 이 책은 동북아역사재단의 지원을 받아 간행한 것입니다.

중국 산동 지역의 동이

박선미
박재복
왕칭
데이빗 코헨
이영문
이청규
심재연
이유표

발간사

동북아역사재단 한중관계연구소는 사료의 자의적 해석으로 인한 역사왜곡을 지양하고 한국고대사의 기반을 굳건히 하여 한민족 역사의 정체성을 확립하기 위해 노력하고 있습니다. 우리 연구소에서는 고조선을 비롯하여 부여·고구려·발해 역사 연구와 자료 구축을 통해 중국의 이른바 '동북공정식 역사인식'의 문제점을 밝혀내고, 이를 바로잡기 위한 작업을 다각도로 수행하고 있습니다. 이에 따른 결과물들은 도서로 발간하거나 디지털자료로 만들어 국내외에 배포하고 있습니다.

올바른 역사를 국내외에 알리기 위한 이런 노력은 한국사 왜곡을 막고 우리 역사를 정립하기 위한 것이지만, 다른 면으로 보면 주변국과의 역사갈등을 불식시키고 상호 우호관계를 돈독히 할 수 있는 기반을 구축하기도 합니다. 과거의 역사적 사실을 명확히 밝히는 작업은 현재의 관점으로 역사를 돌아봄으로써 생기는 오해와 그로 인해 발생하는 역사갈등을 해결할 수 있는 길이 됩니다. 역사에 대한 이해 부족이 역사왜곡으로 귀결되는 경우도 많기 때문입니다.

우리 연구소에서는 이번에 『중국 산동 지역의 동이』라는 책을 발간하게 되었습니다. 중국의 일부 학자들은 산동 지역의 동이가 동북쪽으로 이동하여 고조선과 고구려를 건설했다는 주장으로 한국고대사를 왜곡하고 있습니다. 또한 중국의 하북성과 산동성 일대에서 발전된 신석기문화와 청동기문화를 모두 '동이문화'로 해석하고 있습니다. 이에 산동 지역에서 발전된 선사문화가 어떤 것인가를 알아보고, 실제로 이것을 동이문화로 볼 수 있는가를 살폈습니다.

잘 알려졌듯이 동이는 우리 민족문화의 형성과도 밀접한 관련이 있습니다. 서주시대 청동기 명문에 처음 모습을 드러낸 동이는 뒤에 중국 사서인 『후한서』와 『삼국지』에 다시 등장하게 됩니다. 그런데 앞선 동이와 뒤에 등장한 동이는 시기적으로 차이가 나고 지리적으로도 떨어져 있습니다.

그럼 이 두 동이는 서로 어떤 관계가 있을까요? 학계에서는 이에 대해 오래전부터 관심을 가져왔습니다. 이것은 우리 민족의 정체성과 직접 관련이 있는 문제이기 때문입니다. 그러나 동이에 대한 전문가의 글은 국내에 많지 않습니다. 2016년 여름 우리 연구소는 동이에 대한 객관적인 정보를 얻기 위하여 국내외 동이 전공 학자들을 초청하여 국제학술회의를 개최했습니다. 여기에 실린 글들은 이때 발표된 논고들과 책의 구성상 필요하여 더 추가한 논문들입니다.

이 책의 필자들은 동이 관련 유물과 문자자료를 전공하는 고고학자·금석문학자·갑골문학자·역사학자들입니다. 필자들은 동이에 대한 다양한 자료와 이에 대한 여러 해석을 독자들에게 제공해주고 있습니다. 이 책이 독자들에게 동이에 대한 인식의 지평을 조금이나마 넓히는 기회가 되기를 바랍니다.

귀한 원고를 보내주신 필자들과 외국어 논문을 번역해주신 분들께 감사드립니다. 그리고 학술대회 개최부터 책의 발간에 이르기까지 연구를 기획하고 총괄한 박선미 연구위원에게도 고맙다는 인사를 전합니다. 그 외 이 책이 발간되기까지 실무적인 일을 맡아주신 출판 관계자분들께도 고마운 마음을 전합니다.

2018년 1월
동북아역사재단 한중관계연구소 소장 김현숙

서문

동이(東夷)는 한국인에게 어떤 의미를 가지는가? 이 질문을 하기 전에 우리는 동이가 무엇인가에 대한 개념을 명확히 할 필요가 있다. 왜냐하면 동이는 1,000년이 넘는 시간을 달리하면서 서로 다른 지역에 등장하기 때문이다.

동이가 맨 처음 모습을 드러낸 때는 기원전 11세기 서주시대 청동기 명문이다. 서주 초 성왕(成王)대의 염방정(塱方鼎)이라는 청동기 겉면에 주공이 동이를 정벌했다는 기사가 새겨져 있다. 서주 이후 다른 청동기들과 『상서(尙書)』·『예기(禮記)』와 같은 유가 경전 등에도 동이가 등장한다. 이들 동이는 지금의 중국 하북성과 산동성 일대에서 활동했던 '이족(異族)'이었다. 여기에는 엄(奄)·박고(薄古)·래(萊)·양(良)·경(京)·불(不: 邳)·번(樊) 등 무수히 많은 이족 소국들이 있었다. 이들은 서주시대부터 기원전 5세기경까지 소위 '중원(中原)'의 '동방', 즉 산동성·하북성·강소성 북부 일대에서 활동했다. 이에 따라 학계는 이들을 '선진(先秦)동이' 혹은 '동방(東方)동이'라고 부른다.

그런데 이로부터 한참을 지나서 중국 사서에 동이가 다시 등장했다. 3세기에 쓰인 『삼국지』 권30, 「위서」 30 '오환선비동이전(烏丸鮮卑東夷傳)'이 그것이다. 『삼국지』를 거의 전재하다시피 한 『후한서』에도 동이열전(東夷列傳)으로 나오는 등 이후의 중국 사서에 한동안 동이가 열전의 일부로 편제되어 기록되었다. 이들 사서의 동이는 부여·고구려·동옥저·읍루·예·한·왜다. 진수보다 100년이나 앞선 시기에 사마천(기원전 145~기원전 86년 추정)은 『사기』를 지었는데, 여기에는 '동이열전'이 없고 대신 '조선열전(朝鮮列傳)'이 있다. 『한서』도 마찬가지다. 『삼국지』 이후 사서 동이열전의 주인공인 정치체들은 주로 중국 요령성·길림성·흑룡강성, 한반도, 일본열도에서 활동했다. 이에 따라 학계는 이들을 '동북(東北)동이'라고 부른다.

'동쪽 이민족'을 의미하는 동이, 이 용어는 동이 스스로가 자신을 표현하기 위하여 붙인 이름이 아니다. 중국의 고대국가들이 자신을 높여 화족(華族)이라 하고 자신들과는 다른 이족(異族)을 폄하하고 업신여겨 이(夷)라고 불렀다. 화(華)족과 이(異)족들의 상호교류가 잦아지면서 '이(夷)'라는 호칭도 자주 사용하게 되었다. 이족(異族)들은 이족(夷族)이 되어 화족과 사회·경제·정치적 상호작용을 이루었다. 이족(夷族)에는 동이(東夷)뿐만 아니라 회이(淮夷) 등도 있었다.

이와 같이 동이라는 명칭은 중화주의적 관점에서 화족 외의 이족(異族)을 야만인으로 낮추어 부르고자 하는 욕구에서 만들어졌다. 처음에는 중국 하북성과 산동 지역의 이족을 가리키던 개념이 후대에는 중국 동북 지역의 정치체들을 가리키는 명칭으로 다시 등장한 것이다.

고구려·백제·신라·왜 등을 동이라는 비칭으로 묶은 편목이 사라진 것은 이로부터 한참 후 1300년대에 집필된 『송사』부터다. 이 사서에 동이열전이 사라지고 대신 외국열전이나 혹은 고려열전 등 국가명으로 편제되어 기록되었다. 사이(四夷)·남이(南夷)·이만(夷蠻)·북적(北狄) 등 열전에 편제되었던 여러 나라들도 비로소 타자의 역사서에 자신의 이름으로 기록되었다. 이때도 동이·남이·사이라는 표현은 사서의 내용에 여전히 남아 있었다.

동이는 우리에게 무엇인가? 서주시대에 등장하는 동이와 『삼국지』 이후 중국 사서에 나오는 동이는 서로 어떤 관계가 있을까?

오늘날까지도 중국에게 동이는, 문화적으로는 화족의 이족에 대한 교화와 융합으로서, 지리적으로는 서안과 낙양 중심의 황하 중류에서 주변 지역으로의 확대를 의미한다. 최근에는 중화민족을 구성한 주요 종족의 일원으로 동이를 격상하기까지 했다. 한국에게 동이는 민족의 웅대함을 대내외에 과시할 수 있는 존재로 자리 잡았다. 사서에 동이열전으로 편제된 고구려·백제·신라 등 고대국가를 청동기 명문의 동이와 연결시킴으로써 최고(最高와 最古)로서의 우리 민족사를 그려내고자 했다.

그러나 학계는 서로 다른 지역에서 시기를 달리하면서 동이가 등장하게 된 원인을 다음과 같이 설명하고 있다. 즉 황하 중류 화북평원을 중심으로 활동한 화족이 동쪽으로 점차 세력을 확장하여 산동 지역을 포괄하게 되었고, 이에 따라 동이라는 표현도 사라졌다는 것이다. 이후 한(漢)이 중국 대륙을 다시 통일하면서 한족(漢族) 중심의 국제질서를 재편했고, 이 과정에서 산동 지역의 이족(異族)을 가리키던 비칭이 오늘날의 중국 3성과 한반도 및 일본열도에 있던 이족 국가를 가리키는 비칭으로 자리 잡았다는 것이다. 이러한 견해는 중국 학계도 마찬가지다.

동이는 동북아시아사를 이해하는 키워드가 될 뿐만 아니라 우리 민족이 전개한 주변과의 대외관계 양상을 살펴볼 출발점이 될 수 있다. 이 때문에 학계는 일찍부터 관심을 갖고 연구해왔다. 1950년대 김상기는 「동이와 회이·서융에 대하여」(『동방학지』 1·2호, 1954·1955년)를 학계에 발표하고 산동 지역의 동이족이 동북쪽으로 이동하여 우리 고대국가의 기틀이 되었다고 보기도 했다. 당시는 산동 지역의 발굴자료가 잘 알려지지 않은 데다 이 지역의 고고학에 대한 이해가 깊지 않은 상황이었다. 따라서 두 동이를 연결시킨 주장이 단편적인 명문과 전래문헌 및 두 지역의 신화 등에서 보이는 유사성 등을 바탕으로 하고 있다는 점에서 재론의 여지가 있었지만, 동이를 우리 고대국가와 연결시킨 이른 시기의 연구였다. 이후 많은 학자들이 동이를 주목했고 다수의 글을 발표했는데, 대개 우리 민족과 '관계있다'와 '관계없다'는 논쟁으로 압축되어 오늘에 이르고 있다.

그렇다면 동이로 대표되는 산동 지역의 선사시대 문화 양상은 실제로 중국 동북 지역의 그것들과 어떻게 같고 어떻게 다른가? 이를 알아보기 위한 첫 단계로 먼저 산동 지역의 선사시대 문화와 청동기 및 갑골문 등에 나오는 동이 등을 살펴보았다.

이 책은 '관계있다'와 '관계없다'로 보는 이분법적인 논법을 지양하고 대신 산동 지역에서 발견된 고고학 자료와 이를 남긴 주민에 대해 알아보고자 했다. 이를 통해 동이로 불렸을 여러 집단 간 혹은 동이와 동이가 아닌 집단 간의 상호작용을 이해하고자 했다. 다양한 스펙트럼을 통과한 동이 연구는 한국사를 새롭게 바라보고 동아시아사를 다시 쓸 수 있게 해줄 것이다.

이 책은 2부로 구성했다.

1부는 산동 지역의 동이 자체에 대한 이해를 돕기 위하여 황하 유역의 역사지리적 배경, 선사문화, 청동기 명문과 갑골문 등 출토자료를 통한 동이의 연원 등을 살폈다.

박선미는 황하 중류와 하류 지역의 역사지리적인 소개와 함께 이 주변에서 발견된 고고학 자료를 정리했다. 이를 통해 황하로 이어지는 지역의 선사문화에 대한 개괄적인 흐름을 이해할 수 있을 것이다.

박재복은 동이 관련 문자자료를 검토하여 이(夷)의 연원과 개념의 분지(分枝) 과정을 살폈다. 그는 갑골문·청동기 명문·유가 경전·제자백가 등의 기록을 정리하여 보여줌으로써 동이를 구성한 다양한 집단을 소개했다.

왕칭은 황하 하류에서 발전한 신석기문화를 소개했다. 그는 산동대학 고고학과에 재직하면서 다수의 유적을 직접 발굴했는데, 이 책을 통해서 다양한 유적과 유물을 구체적이고 상세하게 소개했다. 그는 산동 지역의 신석기문화와 청동기문화를 모두 동이가 남긴 물질문화로 볼 수 있다는 관점을 갖고 있다.

데이빗 코헨은 산동 지역의 초기 청동기문화인 '악석문화(岳石文化)'를 검토하면서 중국의 동이에 대한 인식론적 문제점을 제기했다. 그는 산동 지역 고고학을 전공한 학자로 여러 차례 이 지역 유적조사에 참여하기도 했는데, 후대의 동이를 몇 천 년 앞선 신석기시대로 소급시켜 특정 문화와 일대일로 연결시키는 경향을 비판했다. 그 대신 산동 지역의 선사문화를 통해 이 지역에서 활동했을 주민들의 역동성에 대한 이해를 촉구하고 있다.

독자들은 1부를 통해 산동 지역의 고고학 자료를 역사학적으로 해석하는 데에 다른 견해가 있음을 확인할 수 있을 것이다. 특히 산동 지역의 선사문화를 모두 동이로 보는 중국 학계의 연구방법과 이를 비판적으로 바라보는 구미 학계의 문제 제기는 우리의 선사문화를 이해하는 데에도 시사하는 바가 많다.

2부는 하북성을 포함한 산동 지역과 이에 이웃한 요동·한반도 등 지역의 고고학 자료를 비교, 검토한 글로 구성했다.

이영문은 이 세 지역에서 공통적으로 발견되는 지석묘를 다루었다. 동북아시아의 지석묘를 두루 답사하며 조사한 경험을 바탕으로 세 지역의 지석묘 문화에 나타나는 차이점과 공통점을 살펴보았다. 같은 지석묘 문화권이지만 지석묘의 형식과 출토유물을 통해 나타나는 다양한 종족집단의 존재 가능성을 제시했다.

이청규는 한반도와 요동에서 발견된 중국 계통의 동주식검, 하북성과 산동 지역에서 발견된 한반도 계통의 비파형동검과 세형동검을 검토하고, 이들 지역 간에 이루어진 교류의 양상을 살폈다. 황해를 사이에 두고 해로와 육로를 통해 오갔을 물자와 인구의 이동을 통해 각지의 청동검이 타 지역에 어떻게 전달되고 받아들여졌는가를 이해하고자 했다.

심재연은 한반도에 철과 철기가 언제 등장하고 어떻게 제작되었는가를 북방 지역과의 상호작용 측면에서 검토했다. 그동안 철기는 한군현을 통해 한반도 남부로 전해졌다고 보는 것이 일반적이었다. 이 글은 이러한 단선적인 전파를 비판했다. 그 대신 중앙아시아와 연해주 등에서 조사된 가장 이른 시기의 철기에 주목하고 한반도 동북부를 통한 철기의 유입 가능성을 새롭게 제기했다.

이유표는 중국 학계의 동이에 대한 인식과 연구경향을 검토했다. 이를 통해 중국 학계가 상(商)의 동이기원설, 상과 동이의 관계, 주(周)와 동이의 관계를 어떻게 정립해왔는지, 이 과정에서 나타난 오류는 무엇인지를 하나하나 제기했다.

    동이는 한국고대사를 이해하는 중요한 주제다. 동이를 통해서 우리 민족이 주변을 어떻게 인식했는가를 알 수도 있으며, 우리 민족문화의 형성과정을 비추어볼 수도 있다. 이는 동이에 대한 올바른 이해를 전제로 한다. 이에 재단은 그 첫 단계로 산동 지역의 동이를 알아보고자 연구를 기획했다. 산동 지역 현지조사, 중국 전문가와의 간담회, 제3자인 구미 학자를 포함한 서울에서의 국제학술대회는 동이에 대한 여러 견해를 모으고 새롭게 하는 데에 도움이 되었다.

    각종 토론회와 학술대회에서도 그렇듯이 책을 구성한 글에서도 필자들 간의 견해차가 확연히 드러난다. 그만큼 동이 연구가 쉽지 않다는 의미다. 그러나 국내외 전공 학자들과 꾸준한 학제적 연구를 통해 동이의 실체에 더 가까이 갈 수 있을 것이다. 재단은 앞으로 동이 연구의 두 번째 단계로서 우리 고대국가가 속한 '동북동이'에 대한 연구를 진행할 예정이다. 이를 통해 동이를 둘러싼 여러 논점들을 정리하고 우리의 자료를 좀더 객관화시키고 국제화시키는 작업을 하고자 한다. 이것이 동아시아사 속에서 우리 고대사를 바로 알리는 데에 중요한 토대가 되기를 기대한다.

2018년 1월
필자들을 대표하여 박 선 미

일러두기

· 한글맞춤법은 국립국어원 규정에 따랐다.
· 중국 인명 및 지명 등은 우리 한자음으로 읽어 표기했다.
· 일반 독자를 대상으로 이해가 어려운 단어에 원어를 병기했다.
· 중국식 한자는 모두 우리식 한자로 수정했다.
· 도면의 한자와 영문 등은 독자들의 이해를 위해 한글로 번역다.
· 유물 명칭 등은 한글명이 아닌 한자명으로 통일했다(예를 들면, 용범·타제석기·심발 등).
· 동양 책명에는 『 』, 논문에는 「 」를 사용했으며, 서양 책명에는 이텔릭체, 논문에는 " "를 사용했다.
· 기원전은 각 연도(시기)에 표시하고, 기원후는 생략했다.

차례

발간사 • 4
서문 • 6

 **1부** 　중국 산동 지역 동이문화

황하 중·하류 지역 선사문화와 주민 • 박선미
고고학 자료와 주민 —— 18
황하 유역의 역사지리적 배경 —— 21
황하 중·하류 지역의 선사문화 —— 24
황하 중·하류 지역의 선사문화와 동이 —— 42

전래문헌과 출토자료로 본 동이의 연원 • 박재복
중국문명의 원류와 동이 —— 47
전래문헌에 보이는 동이 —— 50
출토자료에 보이는 동이 —— 63
동이 개념의 역사적 변천 —— 79

고고학 자료로 본 동이문화 • 왕칭
동이의 개념과 범위 —— 81
신석기시대의 동이문화 —— 83
중국 청동기시대 초기의 동이문화 —— 124
산동 지역 동이문화의 의의 —— 149

초기 청동기시대 악석문화와 동이 • 데이빗 코헨
동이 관련 논의에서의 문제점 ── 151
초기 국가 단계의 사회와 악석문화 ── 154
악석문화의 발견 ── 155
악석문화에 대한 인식의 문제점 ── 159
지역유형과 편년 ── 160
악석문화와 중국의 청동기시대 ── 163
악석문화의 취락과 사회·정치적 발전 ── 166
복골·문자·의례 ── 174
악석문화 단계에서 동이의 정체성은 존재했는가? ── 179
종족이론(Ethnicity Theory)과 동이의 정체성 ── 180

 2부   산동·요동·한반도의 교류

중국 요동·산동 지역과 한국의 지석묘 • 이영문
동북아시아의 지석묘 형태와 분포 ── 188
중국 지석묘의 현황과 특징 ── 191
한국 지석묘의 형식과 특징 ── 201
한·중의 지석묘 비교 ── 211
동북아시아 지석묘 문화의 공통성과 지역성 ── 231

동검을 통해 본 산동과 한반도 및 주변 지역 간의 교류 • 이청규
한국과 중국 동검의 상호 전래 ── 235
비파형·세형 동검의 하북·산동 지역으로의 전이 ── 237
동주식 동검의 요서 지역으로의 전이 ── 247
동주식 동검의 요동·한반도로의 전이 ── 253
동검을 통해 본 한·중 간의 교류 ── 264
과제와 전망 ── 269

한반도 철기의 또 다른 기원: 북방의 철기 및 철 생산 · 심재연
동아시아 지역의 철기 유입과 생산 —— 270
한반도의 철기 유입에 대한 여러 견해 —— 273
중원과 초원지대의 철기 제작 양상 —— 275
연해주의 초기 철기문화 —— 323
삼강평원의 철기문화 —— 338
한반도 철기 제작기술 전래의 새 견해 —— 342

중국 학계의 동이 연구와 인식 · 이유표
중국의 동이에 대한 인식과 최근 연구 —— 346
상족의 동이기원설 검토 —— 350
동이와 상과의 관계 —— 354
동이와 서주의 관계 —— 365
동이와 중원 왕조의 전쟁 원인 —— 372
연구결과의 분석 및 과제 —— 377

참고문헌 · 380
찾아보기 · 402

1부

중국 산동 지역 동이문화

황하 중·하류 지역 선사문화와 주민 | 박선미

전래문헌과 출토자료로 본 동이의 연원 | 박재복

고고학 자료로 본 동이문화 | 왕칭

초기 청동기시대 악석문화와 동이 | 데이빗 코헨

황하 중·하류 지역 선사문화와 주민

고고학 자료와 주민

고고학 자료는 유적이나 지역 또는 현재 전 세계에 남아 있는 과거 인간 활동의 물적 흔적에 대한 총체를 의미한다.[1] 여기에는 석기와 토기 같은 유물과 주거지·무덤과 같은 유적 등이 포함된다. 학자들은 고고학 자료를 인간의 행위가 반영된 일종의 텍스트로 간주하고 여기에 유효한 데이터를 찾아낸다. 이를 통해 유물을 만들고 사용했을 주민들에 대하여 연구한다.

그런데 고고학 자료 가운데 유적의 성격과 출토유물의 형식에서 일정한 정도의 유사성과 반복성을 보이는 것들이 있다. 이렇게 특징적인 물질문화가 반복적으로 공반되는 것이 '고고학에서 말하는 문화'이다.[2] 그리고

---

1 M. R. Mignon, 1993, *Dictionary of Concepts in Archaeology*, Greenwood Press, pp.1~43.
2 시안 존스 지음, 이준정·한건수 옮김, 2008, 『민족주의와 고고학: 과거와 현재의 정체성 만들기』, 사회평론, 13~31쪽.

같은 문화에 포괄되면서 지역적 차이를 보이는 하위 단위를 '문화유형'이라고 한다. 이 책에서 살펴볼 앙소(仰韶)문화, 대문구(大文口)문화 등과 같이 '○○문화'라고 했을 때는 토기·석기·주거지·무덤 등 출토유물과 유적의 성격에서 공통적인 속성을 보인다는 의미다. 즉, 고고학에서의 문화는 고고학자가 특정 기준을 마련하여 공통적이라고 분류한 하나의 인위적 단위다.

문화는 때때로 일정한 범위에서 후대의 다른 문화 혹은 문화유형과 시간적 연속성·계승성을 보이는 것들이 있다. 따라서 문화 혹은 문화유형은 당시 주민들이 일정한 규모로 집단을 이루며 자연환경에 적응하거나 혹은 그것을 활용하면서 자신들의 문화를 발전시켰음을 보여주는 지표가 되어왔다.

고고학이 학문으로서 처음 시작되었을 때에는 이렇게 서로 다르게 나타나는 문화를 매개로 문자 기록을 남기지 않은 고대 종족(Ethnic Group)의 역사를 밝혀내는 것이 가능하다고 믿었다. 지역적 양식을 잘 반영하는 토기·문양·장신구·무덤·취락의 독특한 구성 등은 특정 종족의 설정에 유용하며, 고고학자에 의해 정의된 문화로 선사시대의 종족 혹은 집단을 확인하고 그 기원과 이동을 밝힐 수 있다고 보았다. 특정 문화에 보이는 유사성과 차이점은 곧 종족성(Ethnic Identity)의 동일성과 차이로부터 나오며 고고학적 문화의 연속성은 종족의 연속성을 반영한다고 믿었다.

19세기와 20세기 초 전파주의자들과 진화론자들은 유럽에서 나타나는 특정 유물이 그 외의 지역에서 발견되면 유럽에서 전파한 것으로 간주했다. 전파를 '우수'한 유럽인의 이주와 '열등'한 주변국에 대한 정복의 결과로 본 것이다. 특정 유물의 분포에서 나타나는 변화는 곧 주민의 이주, 교체, 확산, 식민화 또는 정복의 결과로 해석했다. 한때 유행했던 중국 채도(彩陶)의 서방 기원설, 독일의 언어학자이자 선사시대 역사학자인 구스타프 코신나(Gustav Kossinna)로 상징되는 독일 나치하의 고고학도 이러한 믿

음에서 출발했다.[3]

　이렇게 문화를 특정 종족과 일대일로 대응시키려는 경향은 경계가 명확한 물질문화의 실체가 특정한 주민·종족·부족과 관련된다는 가설에 기초한 것이다. 그러나 이 가설은 더 이상 통용되지 않고 있다. 고고학적 문화의 경계와 과거 종족 집단의 경계가 반드시 동일하지는 않다는 것이 많은 고고학 자료를 통해서 드러났기 때문이다. 더구나 최근의 연구에 따르면 유물에 반영되었을 것으로 생각된 종족의 정체성은 폐쇄적이거나 영원불변의 것이 아니며, 정치·사회·경제 등 여러 이유로 인해 변화되어 왔다.[4] 이것은 같은 물질문화라도 다른 정치체 또는 다른 국가 혹은 종족이 공통으로 사용할 수도 있으며, 같은 정치체 혹은 국가라고 하더라도 다른 물질문화를 영위할 수 있음을 의미한다.[5]

　따라서 고고학 자료와 주민의 관계를 이해할 때에는 첫째, 고고학상에 나타나는 시·공간적 범위와 문헌에 나타나는 종족의 시·공간적 범위가 반드시 일치하는 것은 아니라는 점 둘째, 고고학적인 측면에서의 문화적인 경계, 즉 문화와 문화유형의 경계가 당시의 정치·군사, 또는 경제·지리적인 경계와 반드시 일치하는 것은 아니라는 점을 고려해야 한다. 이 책에서 살펴볼 황하 유역의 고고학 자료도 마찬가지다.

3　김종일, 2008, 「고고학 자료의 역사학적 해석에 대한 비판적 고찰」, 『한국고대사연구』 52.

4　Colin Renfrew, 1993, *The Roots of Ethnicity, Archaeology, Genetics and the Origins of Europe*, by Carl Nylander, Roma; Peter S. Wells, 2001, *Beyond Celts, Germans and Scythians*, Geral Duckworth & Co. Ltd., London.

5　손진태, 1983, 「朝鮮 돌맨에 관한 調査 硏究」, 『民俗學論攷』, 大光文化社, 48~53쪽.

황하 유역의 역사지리적 배경

황하는 중국 서장(西藏)자치구의 동쪽 고지에서 발원하여 발해(渤海)로 유입되는 긴 강이다. 강의 상류는 티베트고원을 지나 중국 북부 오르도스사막을 거쳐 북쪽으로 거대한 고리모양으로 휘어 남쪽으로 흐른다. 이곳을 오르도스초원지대라 한다. 선사시대 초원유목민의 활동무대가 된 지역이다.

오르도스에서 꺾여 남쪽으로 흐르는 강은 태행산(太行山)과 함께 중국 내륙을 세로로 가르고, 섬서성(陝西省) 동관(潼關) 근처에서 방향을 동쪽으로 바꿔 위하(渭河)와 합류한다. 이곳에서부터 동류하다가 북동쪽으로 약간씩 방향을 바꾸면서 발해로 들어간다. 이렇게 긴 강을 중심으로 많은 충적평원이 발생하는데 자연자원이 풍부하여 일찍부터 인류의 활동무대가 되었다. 이곳이 황하 중류와 하류 지역이며, 신석기시대 이후 고고학 유적의 주요 분포지다.[6]

중국 내륙에서는 대략 기원전 70만 년 전 인류가 돌을 가공해서 도구로 사용한 구석기문화가 발전했다. 중국 북경 서남쪽 외곽에 있는 주구점(周口店)유적에서 호모 에렉투스의 인골과 함께 간단하게 깨뜨려서 만든 석기가 출토되었다. 이곳의 석기를 만든 주인공은 바로 옆에서 나온 인골들일 것이다. 구석기시대는 기원전 1만 년 전까지 계속되었다. 처음에는 돌을 몇 차례 치고 깨서 사용했다. 세월에 따라 자연환경이 변하고 사냥감들이 바뀌면서 석기의 모양도 달라졌다.

구석기시대는 석기 제작기술을 기준으로 전기·중기·후기로 구분한다. 전 시대에 걸쳐 기후 변동에 따른 식생을 쫓아 이동생활을 하면서 오랜

---

6 韓建業, 2003, 『中國北方地區新石器時代文化硏究』, 文物出版社.

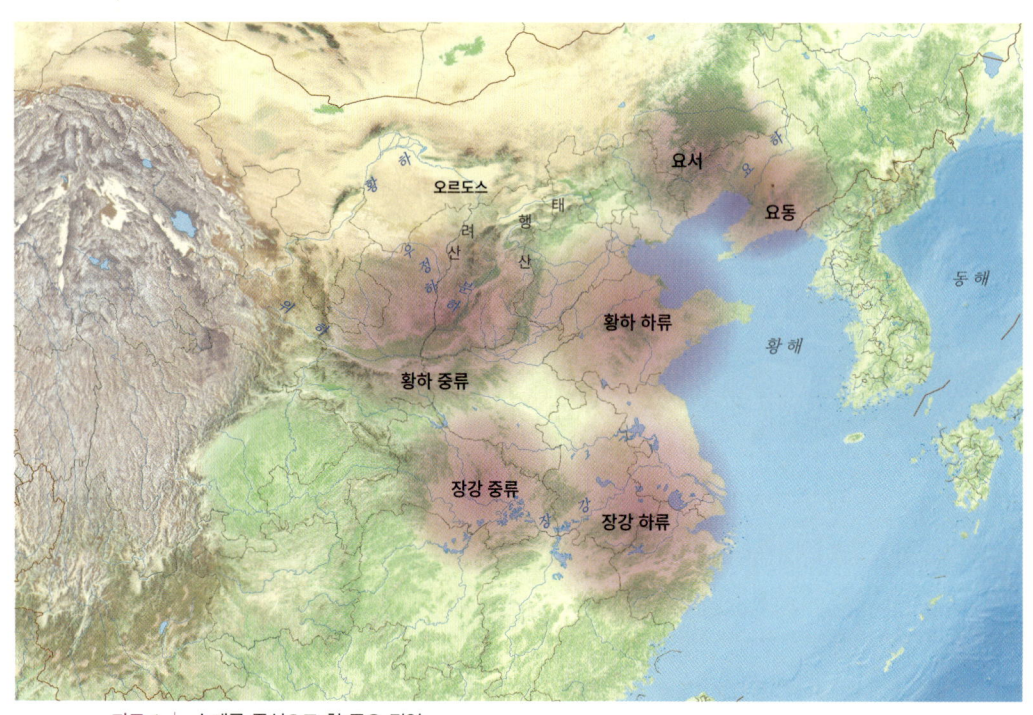

자료 1 | 수계를 중심으로 한 주요 권역
선사시대 주민들은 큰 하천을 중심으로 취락을 이루며 지역성이 강한 문화를 발전시켰다.

기간 돌을 떼어서 사용했다. 구석기유적이 산간지대의 동굴이라는 점은 사냥과 채집을 생계로 한 동굴생활이 이 시대의 특징임을 보여준다. 그러나 이때에도 물가에서 그리 멀지 않은 곳에서 생활했다. 오르도스 지역에서 꺾어져 내려오는 황하의 좌우와 그 지류인 분하(汾河) 좌우에 유적이 많다는 사실은 이를 잘 보여준다. 이 시기에는 한 사회를 구성하는 무리의 수도 많지 않아서 고작 10명 내외, 많아야 30~50명가량이었다.

기원전 6000년경에 이르러 인류는 농경이라는 새로운 생계기술을 획득했다. 농경에 적당한 강을 중심으로 모여 살았다. 황하나 장강 등 비교적 길고 큰 하천이 범람을 거듭하면서 농경에 적합한 비옥한 토지를 제공했다. 생계 전략이 바뀌면서 사용하는 도구들도 바뀌었다. 기존과 같이 돌을 깨뜨려서 만든 석기로는 곡물 이삭을 벨 수가 없었다. 이에 따라 돌을 갈고 다듬어서 보다 정교한 석기를 만들어 사용했다. 이때부터를 신석기시대라고 한다. 인류는 촌락을 이루고 정착 생활을 시작했다.

그러나 이때에도 금속기, 즉 청동기는 제작되지 않았다. 신석기시대 말기가 되어서야 순동을 그대로 이용한 게 고작이었다. 이후에도 청동기는 한참을 지나서야 제작되었다.

청동기는 구리, 주석, 납 혹은 아연을 합금하여 만든 것이다. 재료의 구입에서부터 제작에 이르는 과정이 어렵고 정교하여 전문 장인 없이는 만들기가 어려웠다. 이 장인들은 원료를 안전하게 조달해줄 후원자가 필요했고, 그 후원자는 주로 정치 엘리트였다. 유적에서 출토되는 다양한 모양의 청동기는 청동기 제작 집단의 존재를 의미하며 이 청동기를 소유했을 소비자, 주로 지배집단의 존재를 보여준다.

청동기시대에는 각종 물품을 조달하고 운송해주는 상인, 거래가 이루어지는 시장, 이를 기록하는 문자 등이 등장하거나 만들어지고, 이를 위한 여러 조직과 그 구성원, 즉 새로운 직업에 종사하는 사람이 나타났다. 또한 원거리의 교역을 안전하게 보장해줄 군대와 군사, 청동기를 독점적이고 배타적으로 소유하는 집단, 즉 지배계급이 발생했다. 이것이 발달된 정치조직으로 이어지며, 그 중심이 되는 왕이 출현했다. 세계사적으로 이때부터 국가가 만들어졌다고 보고 있다. 중국 학계는 이 시기를 하(夏)·상(商) 왕조시대라 한다.[7]

신석기시대 농경사회 성립 이후 황하 유역의 고고학 자료를 보면 긴 황

---

[7] 최근 중국에서는 '하상주단대공정(夏商周斷代工程)'을 통해 그동안 실체가 불분명하여 전설상의 왕조로 여겨왔던 하 왕조를 역사적 사실로 인정하고 기원전 2070~기원전 1600년경으로 그 연대를 부여했다. 그러나 기록이 명확하지 않고 신화적인 요소가 많다는 점에서 의문을 제기하는 학자들이 많다. 방향숙, 2006, 「하상주단대공정의 현황과 의미」, 『북방사논총』 10.

하를 따라 주변 환경에 적응한 다양한 문화가 발전했음을 알 수 있다. 중국의 북방이자 황하 상류에 해당하는 오르도스 지역에서는 독특한 신석기문화와 청동기문화가 발전했다. 중류와 하류 지역에서도 상류 지역과는 다른 문화가 등장했다. 가장 이른 시기의 신석기문화인 노관대(老官臺)문화·배리강(裵李崗)문화·자산(磁山)문화가 중류 지역에서 발전했다. 하류 지역인 하북성·산동성·강소성 북부 일대에서는 북신(北辛)문화가 등장하여 대문구(大汶口)문화로 이어졌다. 이후 이들 지역에서 각각 채도를 특징으로 하는 앙소(仰韶)문화와 흑도를 특징으로 하는 용산(龍山)문화가 상호 영향을 주고받으며 경쟁했다. 비슷한 시기에 장강 하류 끝쪽에서는 벼농사를 특징으로 하는 하모도(河姆渡)문화가 발전했다.

청동기시대에도 중류와 하류 지역에서는 계통을 달리하는 청동기문화가 나타났다. 중류 지역에서는 이리두(二里頭)문화가, 하류 지역에서는 악석(岳石)문화가 이 시기를 대표한다. 그런데 고고학 자료에 반영된 이 두 유형의 문화는 서로 다른 길을 걷게 되는데, 악석문화가 약해지고 이리두문화가 강세를 보인다. 결국 악석문화는 산동반도의 주변으로 밀려나 사라지고 이리두문화를 계승한 황하 중류 지역의 이리강(二里岡)문화가 이를 대체했다. 중국 학계는 이러한 현상을 악석문화의 주인공들이 이리두문화의 주인공들에게 동화되거나 융합되었다고 해석했다. 그리고 그 주민들을 중국 문헌에 보이는 하와 상 왕조로 등치시켜 보고 있다. 이러한 경향은 중국의 '하상주단대공정(夏商周斷代工程)' 이후 더 심해졌다.

황하 중·하류 지역의 선사문화

노관대문화

섬서성을 중심으로 하는 황하 중류 지역에서 기원전 6000년경부터 기

표 1 황하 중·하류 및 요하 유역 선사문화의 흐름

시기	황하 중류 지역	황하 하류 지역	요하 유역(내몽골 포함)
6000 B.C.	노관대문화, 배리강문화	후리문화, 자산문화	흥륭와문화
5000 B.C.	반파유형, 앙소문화	북신문화	조보구문화
4000 B.C.	묘저구유형, 앙소문화	대문구문화	홍산문화
3500 B.C.	앙소후기문화 (반파후기유형, 서왕촌유형, 진왕채유형, 대사공유형)	대문구후기문화	
2500 B.C.	섬서용산문화, 진남예서용산문화, 하남용산문화	산동용산문화	소하연문화
1800 B.C.	이리두문화	악석문화	하가점하층문화
1600 B.C.			
1500 B.C.	이리강문화		
1046 B.C.	서주시대	진주문문화	위영자문화, 하가점상층문화

* 선사문화의 흐름에 대한 이해를 돕기 위하여 중국 동북 지역의 사례를 추가했다.
* 문화유형에 대한 연대는 연구자들에 따라서 차이가 나는 경우가 많다.
  본문에 제시된 연대는 절대연대가 아님을 밝혀둔다.

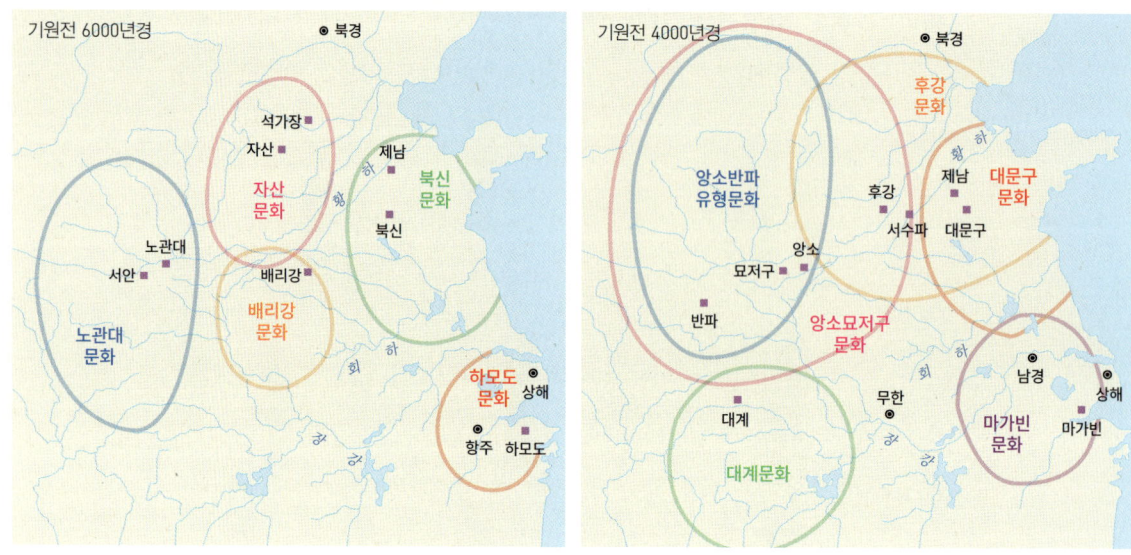
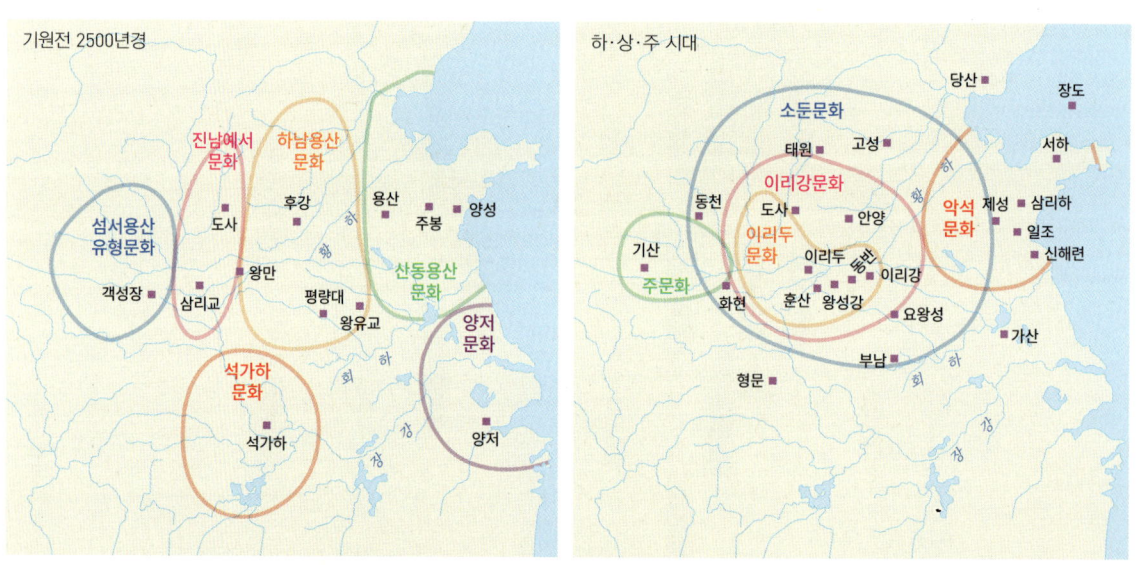

자료 2 | 황하 유역의 선사문화
배진영·임대희 옮김(가이즈카 시게키·이토 미치하루 지음, 2011)에 제시된 지도를 다시 제작했다.

원전 5000년경에 발전한 신석기시대 초기 문화로, 1955년 섬서성 화현(華縣) 노관대(老官台)에서 조사된 유적의 이름을 딴 것이다. 이 문화는 황하의 지류인 위하와 양자강의 지류인 한수(漢水) 상류 일대에 주로 분포한다.

토기는 미세한 진흙질의 흙으로 만든 니질도(泥質陶)와 가는 모래가 섞인 협사도(夾砂陶)에 암홍색이 많다. 토기의 주둥이 부분에 홍색 띠를 두른 것도 있으며, 줄무늬[線紋]와 끈무늬[繩文]가 새겨진 것도 다수다. 토기의 종류는 평저발(平底鉢)·환저발(丸底鉢)·권족완(圈足碗)·삼족기(三足器)·요저관(凹底罐) 등이다. 토기 겉면의 빛깔은 홍색[紅陶]과 회색[灰陶]이 주다.

석기로는 마제석기가 다수이나 타제석기도 많은 편이다. 마제석기로는 돌낫·돌괭이·돌도끼·갈돌과 갈판 등이 있다.

주거지는 땅을 파서 지은 수혈주거지다. 조사된 유적에서 조 등의 탄화

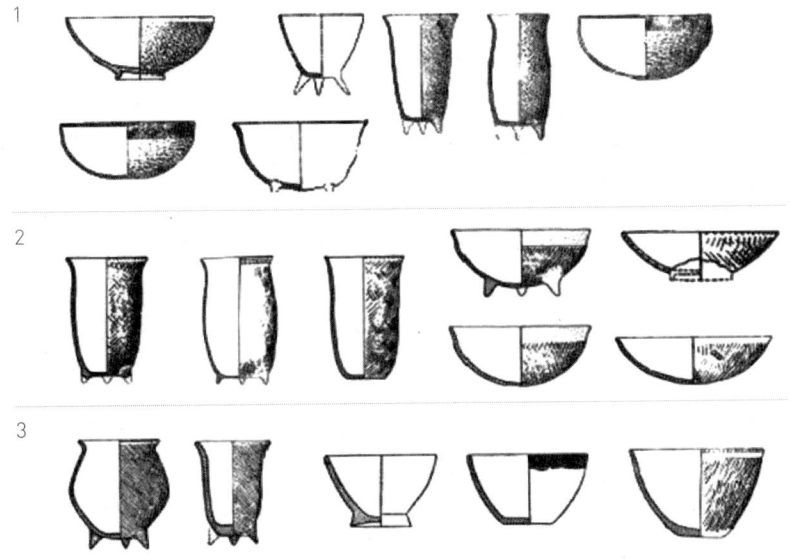

자료 3 | 노관대문화유형 토기
1. 백가촌유적 2. 대지만유적 3. 부수령유적(곽소녕, 2010의 글 인용)

작물과 돼지·개 등의 동물뼈가 출토되었다. 이는 노관대문화를 발전시킨 주인공들이 농경과 가축사육을 했음을 보여준다.

노관대문화는 하남성 배리강문화, 하북성 자산문화, 산동성 북신문화 등과 함께 황하 유역에서 발전한 초기 신석기문화를 대표한다.

배리강문화

하남성을 중심으로 하는 황하 중류 지역에서 기원전 6000년경부터 기원전 5000년경에 발전한 신석기시대 초기 문화다. 1977년 하남성 서부의 신정시(新鄭市) 배리강(裴李崗)유적이 조사되면서 배리강문화라고 불리게 되었다. 주로 황하의 남쪽인 하남성 남부에서 호북성(湖北省) 북부에 분포한다.

토기는 진흙질의 니질도와 모래가루가 섞인 협사도로 되어 있다. 주로 홍갈색의 삼족발(三足鉢)·쌍이호(雙耳壺)·완(碗) 등이 많다. 배리강문화 말기에는 검은색의 흑도(黑陶)가 만들어졌다. 배리강문화 토기는 표면을 갈아서 광택을 낸 것이 많다.

석기는 돌낫·돌갈판·돌괭이 등 마제석기가 많고, 타제석기는 많지 않은 것이 노관대문화와 다른 점이다. 동물의 뼈로 만든 화살촉·작살·피리 등도 출토되었다.

주거지는 원형과 방형의 수혈주거지가 많다. 방 한가운데 불을 피우는 노지가 있다. 탄화된 볍씨·조 등의 농작물과 돼지·양·닭 등 가축 뼈들이 출토되어 주로 농경과 가축사육이 이루어졌음을 알 수 있다. 무덤도 발견되었는데, 시신을 바로 묻지 않고 일정 기간 육탈을 시킨 뒤 뼈만 추려서 묻는 2차장 풍습이 있는 것으로 나타났다.

배리강문화에서 특징적인 것은 돼지·양·닭 등의 모양을 새기거나 빚어 놓은 토기 조각과 토우·뼈피리 등이 발견되었다는 점과 거북 등껍질에 새겨진 각종 부호의 존재다. 이것들은 배리강 사람들의 원시 예술의

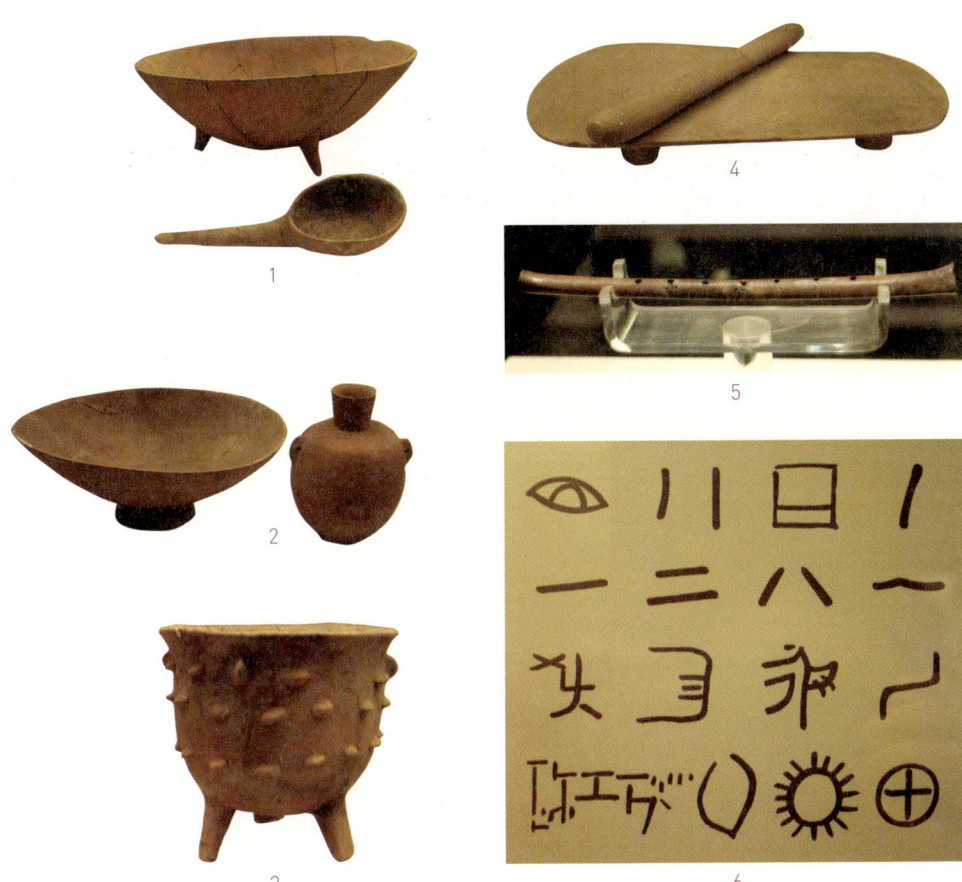

자료 4 | 배리강문화
1·2·3. 토기 4. 갈돌과 갈판 5. 뼈피리 6. 가호유적의 부호

일면을 보여주고 있다. 부호가 새겨진 거북 등껍질은 하남성 탑하시(漯河市) 무양현(舞陽縣)의 가호(賈湖)유적에서 발견되었다(자료 4). 중국에서는 이 부호를 원시문자의 하나로 보기도 한다.

자산문화

하북성 중남부를 중심으로 하여 기원전 6000년경에 발전한 신석기시대

자료 5 | 북복지유적 출토 각종 상형물

초기 문화다. 유적은 주로 황하 중류 이북이자 태행산맥 동록(東麓)의 넓은 화북(華北)평원에 분포한다. 1973년 하북성 무안현(武安縣) 서남쪽 자산(磁山)에서 유적이 발견되었다. 이 유적과 유사한 유물상을 보이는 문화를 자산문화라고 부른다.

토기는 고운 점토질의 니질도, 모래가루가 섞인 협사도가 있다. 종류는 완·삼족발·사족정(四足鼎)·심복관(深腹罐)·쌍이호 등 다양하다. 무늬가 없는 토기도 있으나 홍갈색이나 붉은색 겉면에 승문(繩文)·부가퇴문(附加堆文)·편직문(編織文) 등이 있는 것이 많다.

석기로는 도끼·돌칼·돌낫·갈돌 등이 있고 뼈로 만든 화살촉과 작살도 출토되었다.

주거지는 깊이가 얕은 장방형 반수혈주거지가 많고, 원형과 타원형 수혈주거지도 발견되었다. 조를 주로 재배하는 농경이 발달했다. 돼지·개·닭 등 가축사육이 이루어졌다. 양식을 저장하는 저장구덩이도 다수 발견되어 생활이 비교적 안정되었음을 보여준다.

흥미로운 점은 북복지(北福地)라는 유적에서 판판한 석편(石片)이나 토기편에 사람이나 돼지·곰 등의 모양을 새겨 넣은 조각품이 나온 점이다(자료 5). 이는 벽사(辟邪) 등의 원시신앙과 관련이 있을 것으로 보고 있다.

또한 자산문화의 토기와 석기 등은 제작과 형태 면에서 남쪽으로 인접한 배리강문화, 북쪽으로 인접한 서요하 유역의 흥륭와(興隆洼)문화와 유

자료 6 | 자산문화
1·2. 토기 3. 갈돌과 갈판 4·5. 옥기

사하여 주민의 이주를 포함하는 상호교류가 있었다고 생각된다.[8]

북신문화

산동성을 중심으로 하는 황하 하류 지역에서 기원전 5000년 중·후반경부터 기원전 4000년경에 발전한 신석기시대 초기 문화다. 1964년 산동성 등현(滕縣, 현재의 등주시) 북신(北辛)유적이 처음 발굴된 이후 많은 유적들이 조사되었다. 유적은 주로 산동성에 분포하지만 회하(淮河) 하류의 강소성 북부에도 비교적 많이 분포한다.

    토기의 태토는 진흙질과 가는 모래가 섞인 것이 있다. 겉면 빛깔을 기

---

8 閆凱凱, 2012, 『磁山文化硏究』, 山東大學校碩士學位論文.

준으로 하면 황갈색도·홍도·흑도·회도 등으로 구분된다. 홍도와 회도는 대부분 고운 진흙으로 되어 있으며 홍도가 많다. 토기의 종류는 정(鼎)·부(釜)·관(罐)·발(鉢)·호(壺) 위주의 비교적 단순한 것들이다. 새모양을 본뜬 규(鬹)도 있는데, 음식을 끓이거나 삶는 용도의 조리도구다.

석기는 타제석기와 마제석기가 모두 나오는데, 타제석기가 많은 편이다. 석기 종류는 갈판·갈돌·반월형석도·방추차 등이 있다.

수혈주거지가 많고 무덤도 다수 발굴되었다. 주거지와 무덤에서 각종 토기와 석기 외에 소·돼지·개·닭 등 동물뼈도 많이 출토되었다.

자료 7 | 북신문화 토기

북신문화는 이후 산동성에서 발전한 대문구문화에 영향을 준 것으로 보고 있다(이에 대해서는 이 책에 실린 왕칭의 글 참고).

앙소문화

산서성(山西省)과 하남성 등을 중심으로 하는 황하 중류 지역에서 기원전 5000년경부터 기원전 4000년경에 발전한 신석기시대 문화다. 1921년 스웨덴 사람인 요한 안데르손(Johan Gunnar Andersson, 1874~1960)이 하남성 삼문협시(三門峽市) 민지현(澠池縣) 앙소촌에서 처음 유적을 발견했다. 앙소문화의 분포범위는 꽤 넓어서 황하 중류와 그 지류인 위수(渭水)·분수(汾水)·낙수(洛水) 유역과 태행산록의 일부를 포괄한다. 시대에 따라 지역화된 여러 유형으로 분기되는데, 앙소문화 반파유형, 앙소문화 묘저구유형 등이 대표적이다.

자료 8 | 1. 앙소촌유적 토기 2. 반파유적 토기 3. 반파유적 출토 각종 부호가 새겨진 토기 조각

 토기는 앞 시기와 같이 손으로 빚어 만들었지만 고운 태토를 골라 비교적 높은 온도에 구워 만든 것이 많다. 앙소문화 중기 이후에는 회전판을 사용하여 만든 토기도 나타난다. 토기의 종류도 이전 시기에 비해 다양해졌는데, 곡복완(曲腹碗)·곡복분(曲腹盆)·소구첨저병(小口尖底瓶)·소구평저

병(小口平底瓶)·관(罐)·부(釜) 등이 있다.

　석기는 타제석기와 마제석기가 모두 만들어졌으나, 시기가 내려올수록 마제석기가 많아진다. 도끼·갈돌과 갈판·돌삽·낚싯바늘·작살 등이 있다.

　주거지는 강에 가깝고 비교적 높은 지역에 위치한다. 원형과 방형의 수혈주거지이며 도랑을 파서 환호시설을 한 대규모 취락도 있다. 주거 영역 내에서 움무덤과 독무덤이 발견되기도 했다. 주거지에서 탄화된 조·수수·보리 등이 출토되었으며, 개·돼지 등의 동물뼈도 다수 발견되었다. 농경과 가축 사육 및 수렵과 어로가 동시에 이루어진 것으로 해석된다.

　앙소문화의 특징 중 하나로는 토기의 겉면에 흰색·붉은색·검은색 등으로 그림이 그려진 채도를 든다. 이 때문에 앙소문화를 채도문화라고 부르기도 했는데, 주로 사람얼굴이나 물고기, 기하학무늬 등이 그려진 경우가 많다. 각종 부호가 그려진 토기 조각들도 원시문자의 기원과 관련하여 주목되는 점이다.

대문구문화

산동성을 중심으로 하는 황하 하류 지역에서 기원전 4000년경부터 기원전 2500년경에 발전한 신석기시대 문화다. 1959년 산동성 태안(泰安) 대문구(大汶口)에서 대규모 유적이 발견되었다. 주요 분포범위는 산동성을 중심으로 하지만 회하 북부의 강소성 일대에도 다수의 유적이 분포한다.

　토기는 진흙질의 니질도, 모래가 섞인 협사도 위주이며, 고령토를 사용한 백도(白陶)도 소량 제작되었다. 토기의 빛깔은 붉은색·검은색·회색·백색 등이다. 이른 시기로 편년되는 유적에서는 홍도가 많이 나오고 후기로 내려올수록 흑도와 회도가 많아진다. 회전판을 사용하여 제작한 토기도 후기로 내려올수록 많아진다. 토기의 겉면에 다양한 무늬가 있는데, 팔각별무늬·타래무늬·번개무늬·물결무늬 등을 검은색·흰색·붉은색으로 그

자료 9 | 대문구유적 출토 각종 토기

려 넣은 것이 특징이다. 두께가 매우 얇은 흑도도 이때 만들어지는데, 흑도 제작기술은 이후 용산문화로 계승된 것으로 보인다. 또한 돼지 등 동물모양을 한 토기도 대문구문화 토기를 대표한다.

석기는 다량의 마제석기가 주를 이루며 도끼·삽·호미·칼·갈돌과 갈판 등 다양하다.

주거지는 방형·원형·타원형 수혈에 노지가 있는 형태다. 대문구문화 말기에는 성이 건축되었다.

무덤은 비교적 많이 발견되었다. 대부분 관을 사용하지 않은 토광묘 위주이지만 시기가 내려오면 나무곽을 사용한 토광목곽묘(土壙木槨墓)가 만들어진다. 무덤에서 인골도 출토되었는데, 일부는 뒷머리뼈가 인공적으로 변형된 편두(偏頭)이거나 혹은 윗 앞니가 뽑힌 상태로 발견되었다. 편두와 발치(拔齒) 풍습이 있었음을 보여준다.

대문구문화에서 가장 주목되는 점은 부호나 그림이 새겨진 토기다. 대표적으로 대문구유적에서 나온 것을 들 수 있다. 산이나 해 등을 표현한 것 외에 알 수 없는 기호들이 있어서 원시문자 형태로 주목을 끌어왔다(자세한 것은 이 책 왕청의 글 참조).

용산문화

산동성을 중심으로 하여 기원전 2500년경부터 기원전 2000년경에 발전한 신석기시대 후기 문화다. 1928년 산동성 장구현(章丘縣) 용산진(龍山鎭) 성자애(城子崖)에서 처음 발견되었다. 분포범위는 황하 중류와 하류 전역을 포괄하며 회하 하류 지역과 산동성 북쪽의 천진(天津) 일대까지 확장된다.

용산문화는 각 지역의 토착문화와 결합되면서 강한 지역색을 띠게 되는데, 지역 이름을 따서 산동용산(山東龍山)문화·하남용산(河南龍山)문화·산서용산(山西龍山)문화·섬서용산(陝西龍山)문화로 불린다. 이 중 산동용산

자료 10 | 용산문화
1. 부호가 새겨진 토기편 2. 격 3·4·6. 흑도 5. 제염토기 7. 옥기

문화는 대체로 대문구문화의 분포와 중복된다. 이 문화가 대문구문화를 계승하여 이후 산동 지역의 청동기문화인 악석(岳石)문화로 연결되었다고 보고 있다.

용산문화의 특징은 광택이 나는 매우 얇은 검은색 토기다. 토기의 두께가 새알 껍질처럼 얇다고 하여 중국 학계에서는 단각흑도(蛋殼黑陶)라고도 부른다. 흑도를 만드는 기술이 매우 발달되었음을 알 수 있는데, 이 때문에 과거에 용산문화를 '흑도문화'라고 불렀다. 흑도 외에 홍도나 회도도 많다. 토기의 종류는 배(杯)·반(盤)·완(碗)·분(盆)·관(罐)·정(鼎)·증(甑)·두(豆) 등이 있다.

이외 옥기(玉器)·목기(木器)·석기·골기(骨器) 등이 대량 생산되었다. 특히 녹송석을 박아 넣은 상아제 장신구가 유명하다.

악석문화

산동성을 중심으로 기원전 2000년경부터 1600년경에 발전한 청동기시대 초기 문화다. 1959년 산동성 평도시(平度市) 대택산진(大澤山鎭) 동악석(東岳石)에서 유적이 발견되었다. 주요 분포범위는 산동성 전역을 포괄하며 하남성 동부, 강소성, 안휘성 북부 일대다.

토기는 점토질의 니질도와 모래가 섞인 협사도로 나뉜다. 토기의 빛깔은 홍갈색·회갈색·흑색·회색·백색 등이다. 겉면에 부가퇴문(附加堆文)·침선문(沈線文)·망격문(網格文) 등의 무늬를 넣거나 그림을 그려 넣은 것도 있다. 토기의 종류는 관(罐)·증(甑)·정(鼎)·완(碗)·언(甗)·격(鬲)·두(豆)·존(尊) 등 다양하다. 손으로 빚어서 만든 것도 있으나 회전판이나 물레를 사용한 것들도 많다.

석기는 반월형칼·낫·삽·호미·화살촉 등이 있다.

청동기로는 화살촉·손칼·고리·끌·송곳 등 소형의 공구류와 무기류 등이 있다. 종류는 많지 않지만, 청동야금술의 발전은 악석문화의 특징 가운데 하나다.

주거지는 방형 혹은 장방형의 지상식 가옥이다. 다수의 가옥이 모인 취락 형태로 발굴조사가 이루어졌다. 주거지들은 일종의 방어시설인 성벽으로 둘러싸여 있으며, 성에는 출입을 위한 성문이 나 있다. 중국 학계는

자료 11 | 악석문화 석기

자료 12 | 악석문화 토기

자료 13 | 악석문화 청동기
칼(좌), 송곳(중), 팔찌(우)

악석문화를 성방국가(城邦國家) 단계로 보고 가족소유제 위주의 생산관계가 토기와 청동기 제작을 주도했다고 보고 있다.

이리두문화

하남성을 중심으로 하는 황하 중류 지역에서 기원전 2000년경부터 기원전 1500년경에 발전한 청동기문화다. 1959년 하남성 언사(偃師) 이리두(二里頭)에서 대규모의 유적이 발견되어 그 이름을 딴 것이다. 주요 분포범위는 황하의 지류인 이하(伊河)·낙하(洛河)·영하(潁河)·분하(汾河) 유역 등으로 하남성 중부와 서부, 산서성 남부 일대에 해당한다.

1970년대부터 이리두유적에 대한 본격적인 발굴이 시작되었으며, 이 과정에서 두 개의 대궁전터가 발견되었다. 그중 하나인 1호 궁전의 경우 1만㎡의 면적에 회랑이 둘러진 형태다. 성곽으로 둘러싸인 궁전과 전각터, 청동기 제작공방터, 대형 무덤군 등이 조사되었으며, 궁전 내부와 외부를 잇는 중앙도로도 발견되었다. 궁전 내부에서는 터키석으로 장식한 청동기와 용모양의 동물장신구가 출토되었다.

토기는 진흙질의 니질도와 가는 모래가 섞인 협사회도가 많고 홍갈색의 토기는 거의 없다. 토기 겉면 무늬는 승문(繩文)이 기본이다. 토기의 종류는 심복관(深腹罐)·원복관(圓腹罐)·정(鼎)·증(甑)·격(鬲), 그리고 다양한 모양의 삼족기(三足器)와 두(豆)·궤(簋)·규(鬹)·작(爵) 등이다. 갑골문자와 비슷한 부호들이 새겨진 토기나 복골도 발견되었다.

중국 학계는 성곽의 규모, 용모양 장신구, 대형 무덤, 청동기 공방 등의 존재 및 이와 유사한 유적들이 황하 하류 지역에 집중분포하고 있다는 점 등을 들어 선상(先商)문화로 보고 있다. 그런데 최근 하상주단대공정 이후 전설로 여겨왔던 하 왕조와 직접 연결해보는 경향이 많아졌다.

자료 14 | 이리두유적에서 복원된 궁전 모습

자료 15 | 녹송석 장식(좌)과 용모양 장식(우)

자료 16 | 청동기(좌) 및 각종 유물(우)

이리강문화

하남성을 중심으로 하는 황하 중류 지역에서 기원전 1600년경부터 기원전 1400년경에 발전한 청동기시대 문화다. 1951년 정주시에서 이리강유적이 조사되었는데 이곳에서 안양 은허보다 약간 이른 시기의 청동예기(靑銅禮器)가 다량 발견되었다. 1952년부터 본격적인 조사가 이루어졌다. 이후 연차적인 발굴조사를 통해 정주상성(鄭州商城)이 발견되었다. 정주상성은 이리강문화를 대표하며 상대(商代) 도읍으로 추정된다. 궁전과 전각이 있는 성곽을 중심으로 발전한 고대도시와 청동예기를 특징으로 한다.

자료 17 | 상대 청동정

정주상성은 현재는 정주 시내를 관통하는 도로로 인해 끊겨 있으나 원래는 둘레 약 7km의 성벽에 둘러싸인 거대한 성곽도시유적으로 추정된다. 왕의 존재를 암시하는 거대한 궁전과 관공소들이 성안에 배치되어 있다. 성의 안과 밖에는 청동기 제작을 위한 큰 공방과 골기와 도기를 만드는 공방들이 있다.

중국의 고고학자들은 성에서 출토된 청동예기에 대한 연구를 통해 제작기술과 형태 면에서 이리두문화의 영향을 받은 것으로 보고 있다. 정주상성을 상 왕조의 초기 수도로 비정하는 것이 중국 학계의 정설이다. 잘 알려진 하남성 안양의 은허유적은 상 왕조 중기의 수도로 보고 있다.

황하 중·하류 지역의 선사문화와 동이

황하 하류의 산동성 및 하북성을 중심으로 하는 선사문화는 동이와 관련

자료 18 | 정주상성 원경

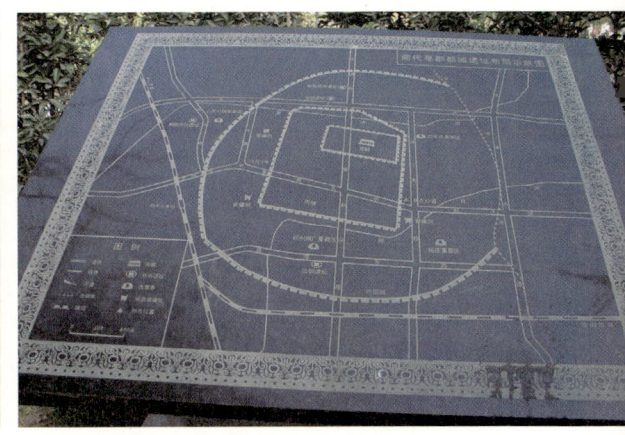
자료 19 | 정주상성 배치도

자료 20 | 정주상성 출토 각종 청동기

자료 21 | 은허유적 출토 복골

된다고 보는 것이 중국 학계의 일반적인 시각이다. 신석기시대 후기 이후 급격한 변동 없이 계승성이 나타나는데, 이를 동일 종족집단의 연속성을 보여주는 것으로 이해하는 것이다. 그러나 5000년이 넘는 오랜 기간 동안 넓은 지리적 범위에 걸쳐 형성된 고고학 자료를 모두 단일한 종족으로 등치시킬 수 없음은 물론이다. 더구나 동이는 여러 종족을 가리키는 범칭이었다.[9]

동이는 문자 그대로 '동쪽 오랑캐'를 의미한다. 자신을 세계의 중심으로 생각한 고대 중국인들이 그들의 동쪽에 거주한 이종족(異種族)의 주민을 낮추어 부른 비칭(卑稱)이다. 처음부터 특정 종족이나 집단을 가리키는 용어가 아니었다. 청동기 명문이나 문헌 등 문자로 기록된 자료를 보면 '동이'가 가리키는 지역과 집단이 시대에 따라서 달랐음을 알 수 있다.

첫 번째 동이는 황하 중류, 즉 지금의 서안과 낙양의 동쪽에 해당하는 하북성·산동성 및 회하 유역 일대의 주민을 가리킨다. 학계는 이를 줄여 동방동이(東方東夷) 또는 선진동이(先秦東夷)라고 부른다. 주로 진이 중국을 통일하기 전, 즉 선진(先秦)시기의 갑골문과 문헌에 등장한다. '동이'라는 용어가 온전히 나타나는 시기는 기원전 11세기 서주대이다.

두 번째 동이는 중국 내륙의 동북쪽인 만주·한반도·일본열도의 주민을 총칭한다. 이를 동북동이(東北東夷)라고 줄여서 부르기도 한다. 『후한서』와 『삼국지』 열전에 부여·읍루·고구려·동옥저·예·한·왜 등이 동이로 기록되어 있다.

전한의 사마천(기원전 145~기원전 86년)이 작성한 『사기』와 후한의 반고(32~92년)가 작성한 『한서』에는 동이라는 편목(編目)도 없고 본문에도 거의 나오지 않는다. 흉노전·남월전·조선전·서남이전 등 한과 교류 관계

---

9 이성규, 1992, 「先秦 文獻에 보이는 '東夷'의 성격」, 『한국고대사논총』 1.

가 있었던 여러 종족에 대하여 개별적으로 편목을 설정하여 서술했다. 그러던 것이 남북조시대 범엽(398~445년)이 작성한 『후한서』와 진(晉)의 진수(233~297년)가 작성한 『삼국지』에 와서 동이전이 따로 구성된다.

이와 같이 '동이' 명칭의 지역적 변천은 중국적 질서의 팽창에 따른 고대 중국인의 주변세계에 대한 지식의 변화와 확대를 의미한다고 보는 것이 한·중 학계의 공통적인 견해다. 즉 '동이'라는 동일한 종족집단의 지역적 분포나 이동을 의미하는 것이 아니라고 본다.

그럼에도 불구하고 한국과 중국의 일부에서는 상반된 입장에 의해 동이와의 종족적 친연성을 꾸준히 제기하고 있다. 중국의 경우 중국 민족을 형성한 대표적인 고대 종족으로서 동이를 강조하다가[10] 최근에는 한족(漢族)이 동이에서 기원했다고 주장하고[11] 있다. 반대로 한국의 경우는 선진(先秦)시기 산동 지역에서 활동했던 동이와 한대 이후 중국 동북 지역에서 활동했던 동이를 같은 계보로 연결지어 한국 민족의 웅대함과 선진성을 과시하며 한국 민족사의 무대를 광역화하는 모습을 보여왔다.[12]

이와 같은 경향에 대하여 현재의 이해관계에 따라 고대역사를 해석한다는 비판이 줄곧 있어왔다. 즉 중국은 동북동이와 산동 지역의 동이를 동일한 계통으로 강조함으로써 중국 민족사의 범위를 확대하고 변경지대에 대한 영유권의 전통을 강조하려고 한다. 한국은 산동 지역의 동이를 한국 민족의 계보에 연결함으로써 초기 민족사의 광역성과 높은 문화수준을 과시하는 데 관심을 둔다는 것이다.[13]

이 책에서 보듯이 학계는 과거 동이로 불렸을 다양한 주민들의 역사를

---

10 蒙文通, 1933, 『古史甄微』, 商務印書館.
11 羅驥·韋紅玉, 2002, 「論漢族主體源于東夷」, 『雲南民族學院學報』 19.
12 신용하, 2010, 『古朝鮮 國家形成의 社會史』, 지식산업사.
13 기수연, 1992, 「동이의 개념과 실체의 변천에 관한 연구」, 『백산학보』 42.

이해하고 복원하는 데 주력하고 있다. 황하 중류 지역은 차치하더라도 하북과 산동 일대에만도 다양한 문화가 시기와 지역을 달리하면서 발전했다. 황하 하류 지역은 비파형동검과 선형동부 등 비산동계(非山東系) 청동기가 다수 존재한다. 또한 고인돌과 석관묘의 예에서 보듯 주민의 출입도 잦았다. 오늘날 우리가 동이로 통칭하고 있는 이 지역에 다양한 종족과 주민집단이 존재했음을 보여준다. 반대로 중국 동북 지역인 요서와 요동에서는 물론이거니와 한반도에서도 중국 내륙 계통의 청동기가 다수 발견되었다. 완주 상림리에서 출토된 동주식검이 대표적이다.

 오늘날 우리에게 전해지는 고고학 자료는 매우 단편적이다. 더구나 세월이 흐르면서 자연환경의 변화와 지질작용으로 많은 부분이 변형되고 유실되었을 것이다. 한정된 자료만으로는 과거 역사를 제대로 이해하기 어렵다. 다만 고고학 자료를 통해서 옛 주민들이 어떻게 상호교류하면서 소통했는지, 이후 역사 전개에 어떤 영향을 주었는지, 그리고 이것이 인류사 전개에 어떠한 의미를 가졌는지를 살피는 일이 고대의 주민들에 대한 이해의 전제가 되어야 할 것이다.

전래문헌과 출토자료로 본 동이의 연원

중국문명의 원류와 동이

1920년대 몽문통(蒙文通)[1]은 중국의 고대 부족을 강한(江漢)민족·하락(河洛)민족·해대(海岱)민족 등 세 계통으로 나누었다. 그중 해대민족은 지금의 산동 지역에서 활동하였던 동이(東夷) 계통을 가리킨다. 같은 시기의 부사년(傅斯年)[2]은 「이하동서설(夷夏東西說)」에서 '이(夷)'를 동방에 두고 하(夏)와 대등하게 다루었다. 1940년대에 서욱생(徐旭生)도 몽문통과 같이 화하(華夏)집단·동이(東夷)집단·묘만(苗蠻)집단 등 중국의 고대 부족을 세 개의 큰 집단으로 나누었는데, 지금의 산동 지역에 거주하였던 부족을 동이집단이라고 했다.[3]

이후로 중국문명의 원류에 대해 학계에서 다양한 가설이 제기되었다.

---

1 蒙文通, 1999, 『古史甄微』, 巴蜀書社.
2 傅斯年, 1933, 「夷夏東西說」, 『慶祝蔡元培先生六十五歲論文集』, 中央研究院 歷史語言研究所.
3 劉緖·朴載福 譯, 2011, 「商王朝의 東方經略에 대한 고고학적 고찰」, 『考古學探究』 9, 2쪽.

그 대표적인 것으로, ① 황하 유역에서 발원하였다는 일원설, ② 중원(中原)과 동이의 이원설, ③ 중원·동이·남만(南蠻)의 삼원설, ④ 중원·동이·남만·북적(北狄)·서융(西戎)의 오원설, ⑤ 홍산(紅山)문화로 대표되는 연산(燕山) 남북과 장성(長城) 일대를 중심으로 하는 북방, 북신(北辛)문화에서 대문구(大汶口)문화로 대표되는 산동을 중심으로 하는 동방, 앙소(仰韶)문화로 대표되는 관중(關中)·진남(晉南)·예서(豫西)를 중심으로 하는 중원, 양저(良渚)문화로 대표되는 환태호(環太湖)를 중심으로 하는 동남부, 대계(大溪)문화로 대표되는 환동정호(環洞庭湖)와 사천(四川)분지를 중심으로 하는 서남부, 석협(石峽)문화로 대표되는 파양호(鄱陽湖)와 주강(珠江) 삼각주를 중심으로 하는 남방의 육원설[4] 등을 들 수 있다.[5]

이상과 같이 중국문명의 원류를 단순히 몇 개의 구역으로 분류한 가설들은 상당히 인위적이고 획일적이다. ①~④는 주로 전래문헌에 입각하여 구분하였고, ⑤는 신석기시대 문화를 중심으로 분류한 것인데, 여기에서 주목할 점은 중원을 제외하면 대부분 동이(혹은 동방)를 포함하고 있다는 것이다.

동이(東夷)는 방향을 표시하는 '동(東)'과 이(異)민족을 의미하는 '이(夷)'가 합쳐진 명칭이다. 전래문헌에 보이는 '이(夷)'는 중원 지역의 화하(華夏)에 대한 상대적 개념으로 사방의 이민족을 뜻한다. 그러나 '동이'는 일반적으로 선진(先秦)시대에는 지금의 산동성과 그 인근 지역에서 주로 활동했던 이족(夷族)집단을 말하고, 진·한 이후에는 중국 동북 지역과 한반도에서 주로 활동했던 이민족으로 그 개념과 활동범위가 확장되었다.

4　晨光, 1993, 「試論沂蒙文化的起源及東夷·中原文化的對立統一關係」, 『臨沂師範學院學報』, 1993-4: 蘇秉琦 지음, 朴載福 옮김, 2016, 『中國 文明의 起源을 새롭게 탐구한 區系類型論』, 도서출판 考古, 36~87쪽.

5　朴載福, 2013, 「殷商시기 甲骨文에 보이는 商과 夷族의 관계」, 『東洋史學研究』 123, 237쪽.

동이에 대한 연구는 한국 학계에서도 상당히 활발하게 진행되고 있다. 그러나 대부분 진·한 이래 전래문헌을 토대로 동이를 한국의 원류로 보고자 한 연구이기 때문에 이 글에서는 전래문헌과 고고학 자료를 함께 활용한 선행연구를 위주로 살펴보고자 한다. 이러한 한국 학계의 최근 연구 성과는 이성규,[6] 기수연,[7] 민후기,[8] 심재훈,[9] 박재복,[10] 원용준,[11] 김정열[12] 등의 글을 들 수 있다. 한편, 중국 학계의 최근 연구동향은 이 책 이유표[13]의 글에 비교적 잘 정리되어 있다.

이 혹은 동이의 의미와 범위는 시대에 따라 상당한 차이를 보인다. 일부 선행연구에서는 이에 대한 논증 없이 무분별하게 혼용하는 사례를 적지 않게 발견할 수 있다. 일례로 동이를 상 왕조의 원류로 보고, 상 왕조와 기자조선을 연결고리로 하여 동이와 한민족을 연결시키려는 시도 등이 그것이다.

따라서 이 글에서는 역대 전래문헌과 최근 새롭게 발견된 출토자료를 토대로 동이의 연원과 변화 양상을 규명해보고자 한다. 이 과정에서 신석

---

6 李成珪, 1991, 「先秦 文獻에 보이는 東夷의 성격」, 『한국고대사논총』 1, 97~143쪽.
7 奇修延, 1994, 「고대 東夷 연구: 그 개념과 실체의 변천을 중심으로」, 단국대학교 석사학위논문; 奇修延, 1993, 「東夷의 개념과 실체의 변천에 관한 연구」, 『白山學報』 42, 5~72쪽.
8 민후기, 2006, 「西周시대의 山東: 有銘 青銅器 출토지 분석을 통해본 山東지역 封建」, 『역사학보』 230, 67~114쪽; 민후기, 2014, 「西周·春秋·戰國시기 거주지와 교통로 추론」, 『중국고중세사연구』 31, 1~52쪽.
9 沈載勳, 2008, 「商周 청동기를 통해 본 㠱族의 이산과 성쇠」, 『歷史學報』 200, 371~418쪽.
10 박재복, 2012, 「殷商시기 甲骨文에 보이는 征人方 고찰」, 『儒教文化研究』 20, 5~47쪽; 박재복, 2013, 「殷商시기 甲骨文에 보이는 商과 夷族의 관계」, 『東洋史學研究』 123, 237~274쪽.
11 원용준, 2012, 「주공의 동이정벌에 대하여: 金文 및 清華簡을 중심으로」, 『儒教文化研究』 20, 49~79쪽; 원용준, 2016, 「고대 중국의 夷 개념에 관한 유교사상사적 고찰」, 『陽明學』 43, 83~108쪽.
12 김정열, 2014, 「西周時代의 東夷」, 『崇實史學』 32, 221~276쪽; 김정열, 2015, 「출토자료를 통해 본 西周의 南方 경영과 그 좌절」, 『역사학보』 228, 249~290쪽.
13 이 책에 수록된 이유표의 「중국 학계의 동이 연구와 인식」, 346~350쪽을 참고하기 바란다.

기시대 이래 중국 각 지역의 고고학 문화유형과 문자자료들을 함께 비교 분석하여 좀 더 객관적인 추론을 도출해내고자 한다.

전래문헌에 보이는 동이

주지하다시피 이 혹은 동이와 관련된 내용은 『사기(史記)』·『한서(漢書)』·『후한서(後漢書)』·『삼국지(三國志)』·『죽서기년(竹書紀年)』 등과 같은 역사서, 『상서(尚書)』·『시경(詩經)』·『춘추(春秋)』·『예기(禮記)』·『논어(論語)』 등과 같은 유가 경전, 『회남자(淮南子)』·『관자(管子)』 등과 같은 제자백가 및 후대의 주석서 등 전래문헌에서 확인할 수 있다.

    그러나 이들 전래문헌에 보이는 동이 관련 내용은 대부분 간략하거나 단편적일 뿐만 아니라 선진시대의 내용이 상당 부분 후대에 편집되거나 각색되어 당시 실상을 그대로 반영하고 있지 못하다.

    그동안의 선행연구에서 동이에 대한 개념과 시공간적인 범위 등에 대한 연구는 어느 정도 진척되었다. 따라서 이 글에서는 선행연구의 성과를 토대로 선진시대에 광의의 이민족을 지칭하는 '사이(四夷)'와 협의의 의미로 동방의 '동이(東夷)'를 구분하고, 선진시대 동방의 '동이'와 진·한 이래의 동북의 '동이'를 구분하여 관련 내용을 고증하고자 한다.

사방의 사이(四夷)

고대 중국에서는 온 세상을 천하(天下)·상하(上下)·사방(四方)·사해(四海)·만방(萬邦)[14]·만방(萬方) 등으로 인식하였는데, 그 중앙에는 중원을 중심으

---

14 서주시대 공왕 때의 기물인 〈사장반(史墻盤)〉에서도 상하(上下)·사방(四方)이 천하(天下)와 같은 의미로 쓰였고, 만방(萬邦)은 주방(周邦)의 상대적인 개념으로 사용되고 있음을 확인할 수

로 형성된 하(夏)·상(商)·주(周) 3대가 있고 그 주변에 사이(四夷)가 있는 것으로 인식했다. 『예기』, 「왕제(王制)」에 "동방을 이(夷)라 하고 남방을 만(蠻)이라 하고 서방을 융(戎)이라 하고 북방을 적(狄)이라 한다"[15]고 했다. 『후한서』, 「동이열전(東夷列傳)」에 "만·이·융·적을 사이라고 통칭한 것은 공(公)·후(侯)·백(伯)·자(子)·남(男)을 모두 제후(諸侯)라고 부르는 것과 같다"[16]라고 했다. 여기에서 사이는 중국 주변의 이민족을 말하는 것으로, 동이, 서융, 남만, 북적에 대한 통칭임을 알 수 있다. 또한 동이는 중원의 동쪽에 있는 이족(夷族)의 여러 방국에 대한 범칭으로 사용되었다.

이와 같이 이는 동방의 이민족을 의미하기도 하지만, 사이와 같은 의미로 중국 주변에 거주하던 이민족에 대한 범칭으로 사용되었다. 전래문헌에서 광의로 사용된 '이'와 '사이' 사례를 정리하면 〈표 1〉과 같다. 이 표에서 보는 것과 같이 이는 하(夏) 혹은 화(華)의 상대적인 개념으로 중국 이외의 이민족을 뜻하는 광의로 사용되었다. 또한 『좌전』과 『맹자』 등 출전의 제작 시기로 보아 춘추전국시대에 와서야 사용되었다. 또한 '이'를 사용한 용례도 극히 적다. 『좌전』, 「소공」 17년의 기록에서 '이'를 '예(裔)'로 다르게 표현하여 '하', '화'와 대응되게 배치하고 있다. 『방언(方言)』에서도 '예'는 이민족에 대한 총칭이라고 했다.[18] 후대에 사방의 이민족이란 의미로 '사예(四裔)'를 사용하기도 한다.

'사이'도 '이'와 같이 사방의 이민족이라는 광의로 쓰이고 있다. '사이'

있다. 『상서』에 여러 나라란 의미로 다방(多方)이 자주 보인다.
15 『禮記』, 「王制」. "東方曰夷, 南方曰蠻, 西方曰戎, 北方曰狄".
16 『後漢書』, 「東夷列傳」. "凡蠻·夷·戎·狄總名四夷者, 猶公·侯·伯·子·男皆號諸侯云".
17 최대한 중복을 피하기 위해 같은 단어는 가장 이른 시기의 것을 선정하고 동 시기 혹은 같은 문헌에 나오는 단어는 생략했다. 또한 지면의 제한으로 한대 이후의 문헌 내용은 대부분 생략했다. 이 글의 표들도 이에 준하여 작성했다.
18 『方言』第十二. "裔, 夷狄之總名".

표 1　전래문헌에서 광의의 의미로 사용된 이(夷)와 사이(四夷) 사례[17]

구분	문헌 내용	출전
이(夷)	裔不謀夏, 夷不亂華.	『左傳』,「定公」10年
	吾聞用夏變夷者, 未聞變於夷者也.	『孟子』,「滕文公」
사이(四夷)	無怠無荒, 四夷來王.	『尙書』,「虞書·大禹謨」
	明王愼德, 四夷咸賓.	『尙書』,「周書·旅獒」
	四夷左衽, 罔不咸賴.	『尙書』,「周書·畢命」
	天子失官, 學在四夷.	『左傳』,「昭公」17年
	四夷不服, 恐其逆政.	『管子』,「揆道」
	莅中國而撫四夷.	『孟子』,「梁惠王」
	四夷交侵, 中國背叛, 用兵不息.	『詩經』,「何草不黃」毛序
	海外賓服, 四夷納職.	『淮南子』,「原道訓」

는 『상서』 이래의 여러 문헌에서 비교적 자주 확인할 수 있다. 그러나 『상서』의 「우서(虞書)·대우모(大禹謨)」, 「주서(周書)·여오(旅獒)」, 「주서(周書)·필명(畢命)」 세 편은 모두 위고문(僞古文)으로 동진시대 매색(梅賾)·요방흥(姚方興)에 의해 위작된 것이다.[19] 따라서 '사이'도 '이'와 같이 춘추전국시대부터 본격적으로 사용하였다고 할 수 있다. 또한, 『사기』에는 16회, 『한서』에는 60회, 『후한서』에는 25회로, 중국인의 세계관이 확립된 시기인 한대 이후에 사이라는 용어가 많이 사용되었음을 알 수 있다.[20]

한편, 전국시대의 저작으로 추정되는 『주례(周禮)』,「직방씨(職方氏)」에

---

[19] 『상서』는 선진시대의 역사를 기록한 문헌인데, 진시황(秦始皇)의 협서률(挾書律)로 원본이 소실되었다. 서한 초기 복생(伏生)에 의해 금문 『상서』가 출현하였고, 각지에서 전국시대의 고문 『상서』가 발견되어 금고문 논쟁이 격렬하게 진행되었다. 동진시대 위고문 『상서』가 출현하고 위진 이후에 위고문 『상서』를 저본으로 정리하여 현행본 13경 주소본(注疏本)이 출현하게 되었다. 朴載福, 2015, 「尙書에 보이는 갑골점복 고찰: 최근 발견된 출토자료와의 비교분석을 중심으로」, 『東洋古典硏究』 61, 408쪽.

[20] 奇修延, 1994, 「고대 東夷 연구: 그 개념과 실체의 변천을 중심으로」, 단국대학교 석사학위논문, 12쪽.

도 사이(四夷)가 보이는데,[21] 여기에서는 팔만(八蠻)·칠민(七閩)·구맥(九貉)·오융(五戎)·육적(六狄)과 같이 사용하여 동방의 동이(東夷)에 속하는 여러 이족집단을 의미한다. 그리고 일부 문헌에서 동이 이외에 서이[22]·남이[23]·북이[24] 등이 보이지만 그 용례가 극히 적고 대부분 전국시대 이후의 문헌에서 확인된다.

또한 전래문헌 중에는 사이와 같은 의미로 제이(諸夷)·이적(夷狄)·만이(蠻夷) 등이 보이는데, 그 구체적인 용례를 들면 〈표 2〉와 같다. 이 표에서 보는 것과 같이 전래문헌에는 '사이'와 유사한 용법으로 동이·서융·남만·북적이 융합된 다양한 형태가 존재하고 있음을 확인할 수 있다.

먼저, 제이(諸夷)는 여러 이민족이란 의미로 『죽서기년』·『후한서』 등에서 확인된다. 그 명칭은 하 왕조 말기의 후발(后發)과 하걸(夏桀)에 관한 고사에서 확인된다. 『죽서기년』은 전국시대 위의 사관에 의해 쓰여진 편년체 통사다. 따라서 그 내용과 문체가 당시를 그대로 반영하였는지는 좀 더 신중한 태도가 필요하다.

이적(夷狄)은 제하(諸夏)의 상대적인 개념으로 『논어』, 「팔일(八佾)」에서 확인할 수 있다.[25] 따라서 광의의 이민족을 의미하는 이적은 춘추시대에 형성되어 사용하기 시작하였을 것으로 추정된다. 한편, 『한서』, 「소망지전(蕭望之傳)」에서는 경사(京師)와 제하를 구분하고 제하와 이적을 구분했다. 『좌전』, 「양공(襄公)」에서 제하를 융적(戎狄)의 상대 개념으로 사용하고 있다.

---

21 『周禮』, 「職方氏」. "辨其邦國都鄙·四夷·八蠻·七閩·九貉·五戎·六狄之人民".
22 『孟子』, 「離婁」下. "舜生於諸馮, 東夷之人也. 文王生於岐周, 西夷之人也".
23 『詩經』, 「魯頌·閟宮」. "至于海邦, 淮夷蠻貊. 及彼南夷, 莫不寧從".
24 『史記』, 「天官書」. "故北夷之氣如羣畜穹閭, 南夷之氣類舟船幡旗".
25 1973년에 서한시대 중산(中山) 회왕(懷王) 유수(劉脩)의 무덤에서 〈정주한묘죽간(定州漢墓竹簡)〉이 발견되었는데, 그중에 『논어』도 함께 출토되었다. 제40호 죽간에 "日黃狄之有君也, 不若諸夏之亡也."라고 쓰여 있다. 여기에서 '이(黃)'는 '이(夷)'의 오류다. 河北省文物研究所 定州漢墓竹簡整理小組, 1997, 『定州漢墓竹簡: 論語』, 文物出版社, 16~18쪽.

표 2 '사이'와 연관된 문헌 내용

구분	문헌 내용	출전
제이(諸夷)	后發卽位, 元年, 諸夷賓于王門, 再保庸會于上池, 諸夷入舞.	『古本竹書紀年』
	桀爲暴虐, 諸夷內侵, 殷湯革命, 伐而定之.	『後漢書』,「東夷列傳」序
이적(夷狄)	夷狄之有君, 不如諸夏之亡也.	『論語』,「八佾」
	素夷狄, 行乎夷狄.	『中庸』
	先京師而後諸夏, 先諸夏而後夷狄.	『漢書』,「蕭望之傳」
만이(蠻夷)	蠻夷猾夏, 寇賊姦宄.	『尙書』,「虞書·舜典」
	而難任人, 蠻夷率服.	『尙書』,「虞書·舜典」
	天下名山八, 而三在蠻夷, 五在中國.	『史記』,「孝武本記」
만맥(蠻貊)	華夏蠻貊, 罔不率俾.	『尙書』,「周書·武成」
	言忠信, 行篤敬, 雖蠻貊之邦行矣. 言不忠信, 行不篤敬, 雖州里行乎哉?	『論語』,「衛靈公」
융적(戎狄)	戎狄豺狼, 不可厭也. 諸夏親昵, 不可棄也.	『左傳』,「襄公」元年
	戎狄是膺, 荊舒是懲.	『詩經』,「魯頌·閟宮」
제융(諸戎)	我諸戎飮食衣服, 不與華同, 贄幣不通, 言語不達, 何惡之能爲.	『左傳』,「襄公」14年
백만(百蠻)	以先祖受命, 因時百蠻.	『詩經』,「大雅·韓奕」

따라서 제하는 주 왕실의 여러 제후국에서 유래되었을 것으로 추정된다.

만이(蠻夷)는 『상서』,「우서(虞書)·순전(舜典)」에서 확인할 수 있는데, 대체로 「우서·순전」의 편서연대를 춘추전국시대로 보고 있다. 따라서 만이란 단어도 춘추전국시대부터 사용하기 시작하였을 것으로 추정된다. 『사기』,「효무본기(孝武本記)」에서는 만이를 중국의 상대 개념으로 사용하고 있다.

만맥(蠻貊)은 『상서』,「주서(周書)·무성(武成)」에서 화하(華夏)의 상대 개념으로 사용하고 있으나, 주지하다시피 「주서·무성」은 위고문으로 동진시대의 문체임을 알 수 있다. 『논어』,「위령공(衛靈公)」에도 만맥이 보이며 주리(州里)의 상대 개념으로 사용하고 있다. 또한 『시경』,「노송(魯頌)·비궁(閟宮)」²⁶에서도 만맥이 보이는데, 여기에서는 회이(淮夷), 남이(南夷)와 같이 사용하여 노의 동남부 이민족을 지칭하고 있다. 융적은 『좌전』, 「양공(襄公)」에서 제하의 상대 개념으로 사용하였으나, 이러한 용례는 극소수에 지나지 않는다. 『시경』, 「노송·비궁」 등과 같은 여러 문헌에서는 서융(西戎)과 북적(北狄)의 합성어로 대부분 서북쪽의 이민족을 지칭한다. 한편, 사방 이민족을 의미하는 글자로 이(夷)와 융(戎)을 합해 사용한 용례는 찾아보기 힘들다.

전래문헌에서는 제이(諸夷) 외에도 백만(百蠻)·제융(諸戎) 등이 확인되는데, 백만은 사방의 여러 이민족을 의미하지만, 제융은 『좌전』, 「양공」에서 보는 것과 같이 서융에 속하는 여러 이민족을 의미한다. 또한 여기에서 중국과 여러 이족집단 간에는 음식과 의복도 다르고 화폐도 통하지 않고 언어도 달랐음을 미루어 짐작할 수 있다.

이상과 같이 사방 이민족을 의미하는 사이는 동이·서융·남만·북적을 혼합한 이적·만이·융적·만맥 등으로도 사용되었고, 제이·제융·백만 등과 같이 '여럿' 혹은 '많다'는 의미의 글자와 혼합하여 사용되기도 했다. 또한 이러한 용례들은 대부분 춘추시대부터 사용하기 시작하여 한대 이후에 확대되었을 것으로 추정되고, 그 의미는 언어 환경에 따라 사방 이민족에 대한 범칭으로 사용되거나 특정 지역의 여러 이민족을 지칭하게 되었다.

또한 춘추전국시대의 전래문헌에서는 하(夏)·화(華)·제하(諸夏)로 쓰인 용례가 대부분이고 화하(華夏)로 쓰인 용례는 찾아보기 힘들다. 또한 '중국'이란 단어는 전국시대가 되어야 등장하고, 그 의미는 화하와 같이 중심의 중국을 의미하거나 제하와 같이 중국의 여러 제후국을 의미하기도 했다.

---

26 『詩經』, 「魯頌·閟宮」. "至于海邦, 淮夷蠻貊. 及彼南夷, 莫不率從".

한편, 『상서』에 보이는 우이(嵎夷)·도이(島夷)·래이(萊夷)·서이(徐夷)·회이(淮夷) 등과 같이 특정 지역의 이족집단에 대한 범칭으로 사용할 때에는 '이(夷)'자 앞에 그 지역을 대표하는 글자를 더하여 사용하기도 했다.

동방의 동이

협의의 '이(夷)'는 중국의 동쪽 지역에 거주하던 동이(東夷)를 말한다. 『예기』, 「왕제(王制)」[27]에서 동방을 '이'라 했다. 『대대례』, 「천승(千乘)」[28]에서 동방의 궁핍한 곳에 사는 사람들을 '이'라 했다. 『설문(說文)』, 「대부(大部)」[29]에서 '이'는 동방에 사는 사람들이라고 했다.

이와 같이 한대의 문헌에 보이는 동이 개념은 황하 중류의 중원 지역이 점차 고대 중국문명의 정치적·문화적 중심지로 급부상하면서부터 출현한 것이다. 중원 지역의 사람들은 동방에 거주하는 사람들을 동이라고 불렀는데, 이는 하나의 통일된 국가 혹은 부족을 말하는 것이 아니라 동방 지역에서 활동하였던 이족집단을 통칭하는 것이다.

한편, 전래문헌에서 동방의 이민족을 의미하는 동이, 회이, 구이 등이 보이는데, 대표적인 용례를 들면 〈표 3〉과 같다. 이 표에서 보는 것과 같이 선진시대 전래문헌에서 동이(東夷)는 적게 보이고 회이(淮夷)가 자주 보임을 확인할 수 있다. 서주 초기 삼감(三監)의 반란과 주공(周公)의 동정(東征)에 관련된 내용을 여러 문헌에서 쉽게 볼 수 있는데, 주공이 동방을 평정한 이후로 주 왕조의 주요 정벌대상이 회이(淮夷)로 변화되었기 때문에 이러한 현상이 생긴 것으로 추정된다.

춘추시대의 『좌전』, 「소공」에서 동이(東夷)가 두 번 확인되는데, 모두 상

---

27 『禮記』,「王制」. "東方曰夷, 南方曰蠻, 西方曰戎, 北方曰狄".
28 『大戴禮』,「千乘」. "東辟之民曰夷".
29 『說文』,「大部」. "夷, 東方之人也".

표 3 '동이'에 관한 문헌 내용

구분	문헌 내용	출전
동이(東夷)	商紂爲黎之蒐, 東夷叛之.	『左傳』, 「昭公」 4年
	舜生於諸馮, 東夷之人也. 文王生於岐周, 西夷之人也.	『孟子』, 「離婁」 下
	商人服象, 爲虐於東夷. 周公乃以師逐之, 至於江南.	『呂氏春秋』, 「古樂」
	幽王之時, 西戎東夷, 交侵中國.	『詩經』, 「苕之華」 毛序
회이(淮夷)	王師伐淮夷, 遂入奄.	『今本竹書紀年』
	淮夷侵洛, 王命虢公長父伐之, 不克.	『今本竹書紀年』
	徂兹淮夷徐戎竝興.	『尙書』, 「周書·費誓」
	匪安匪遊, 淮夷來求.	『詩經』, 「大雅·江漢」
	明明魯侯, 克明其德. 旣作泮宮, 淮夷攸服.	『詩經』, 「魯頌·泮水」
	夏會于咸, 淮夷病杞故, 且謀王室也.	『左傳』, 「僖公」 13年
구이(九夷)	后芬卽位三年, 九夷來御.	『古本竹書紀年』
	子欲居九夷.	『論語』, 「子罕」

주(商紂)에 관한 고사다. 특히 11년의 기록에는 "상주가 동이를 이겼지만 목숨을 잃었다"[30]라고 기록하여 이 전쟁으로 인해 상의 세력이 급속하게 쇠락하였을 것으로 추정된다.

전국시대의 『맹자』, 「이루(離婁)」 하편에서는 순임금을 동이(東夷)의 사람으로, 문왕을 서이(西夷)의 사람으로 이해하고 있다. 즉, 맹자는 주 왕조의 기틀을 세운 문왕을 서방의 이민족으로 이해하고 있다.

진·한 이후의 전래문헌에도 동이에 관한 기록을 쉽게 발견할 수 있는데, 이들 전래문헌에 기록된 선진시대의 내용은 대부분 상 후기와 서주 초기를 배경으로 상 왕조와 동이와의 관계나 서주 초기 동방의 정벌과 관련된 고사에 집중되어 있다.

---

30 『左傳』, 「昭公」 11年. "紂克東夷而殞其身".

회이(淮夷)는 회하 유역에 거주하던 동방의 이민족으로『죽서기년』과 『상서』,「주서(周書)·비서(費誓)」에서 보는 것과 같이 전래문헌에는 성왕대에 처음 등장한다. 상 후기 동방 경영과 주공의 동정으로 산동반도에서 거주하던 이족집단은 주 왕조에 편입되거나 주변으로 이주하였는데, 그 일부는 남쪽으로 이주하여 회하 유역에 정착하였을 것으로 추정된다.[31]

『시경』,「초지화(苕之華)」의 모시서(毛詩序)에서 주의 유왕대에 서융(西戎)과 동이(東夷)가 중국을 번갈아 침입하였다고 하였는데, 여기에서 동이는 회이(淮夷)를 말하는 것이다. 이와 같이 전래문헌에서 동이와 회이가 혼용된 사례를 여러 곳에서 확인할 수 있다.[32]

『시경』,「대아(大雅)·강한(江漢)」에서는 주 선왕이 소목공(召穆公)에게 명령하여 회이를 정벌하게 한 내용을 토대로 시를 지은 것이고,『시경』,「노송(魯頌)·반수(泮水)」에서는 노의 희공(僖公)이 반궁(泮宮)을 잘 수리하여 회이를 복종시키는 내용을 시로 읊조린 것이다.

이와 같이 서주 중·후기에 회이는 주 왕조의 주요 정벌 대상이었지만,『시경』의 내용에서 알 수 있듯이 때로는 우호적인 관계도 유지했다. 또한『죽서기년』에서 "여왕 3년에 회이가 낙읍을 침범하여 왕이 괵공장보(虢公長父)에게 명령하여 정벌하게 하였지만 이기지 못하였고, 소왕이 남쪽으로 출정을 갔다 돌아오지 못했다"[33]는 고사에서 알 수 있듯이 당시 회이와 형초(荊楚) 등 남방 이민족의 군사력이 상당하였을 것으로 추정된다.

---

31 박재복, 2012,「殷商시기 甲骨文에 보이는 征人方 고찰」,『儒敎文化硏究』20, 38~44쪽.

32 서주 초기 주공(周公)에 관한 고사에서도 혼용한 용례를 확인할 수 있다.『呂氏春秋』,「察微」에서 "猶尙有管叔蔡叔之事, 與東夷八國不聽之謀."라 하고,『尙書』,「周書·大誥」書序에서 "武王崩, 三監及淮夷叛, 周公相成王, 將黜殷, 作大誥."라 하고,『史記』,「魯周公世家」에서 "管蔡武庚等果率淮夷而反."이라 했다. 모두 삼감(三監)의 반란으로 주공이 동정한 사건을 기록하고 있는데, 앞에서는 '동이(東夷)'라 하고 한대의 기록에서는 '회이(淮夷)'로 혼용해 기록하고 있다.

33 『竹書紀年』. "周昭王十六年, 伐楚荊, 涉漢, 遇大兕".

동이(東夷)는 하나의 방국(邦國)을 의미하는 것이 아니기 때문에 그 안에는 무수히 많은 이족집단들이 존재하고 있었다. 전래문헌에서는 이를 '구이(九夷)'로 표현하고 있다. 『논어』,「자한(子罕)」에서 공자가 구이에 살고 싶다 했다. 『죽서기년』,「하기(夏紀)」에는 하의 후분(后芬)이 즉위한 지 3년에 구이가 와서 조공하였다고 했다. 『후한서』,「동이열전(東夷列傳)」[34]에서 동방을 '이(夷)'라고 하는데, 이(夷)에는 견이(畎夷)·우이(于夷)·방이(方夷)·황이(黃夷)·백이(白夷)·적이(赤夷)·현이(玄夷)·풍이(風夷)·양이(陽夷) 9종이 있다고 했다. 『태평어람(太平御覽)』에서도 이와 같은 내용을 확인할 수 있는데, 이는 『죽서기년』,「하기(夏紀)」[35]에서 후설(后泄) 21년에 견이·백이·적이·현이·풍이·양이 등에게 명하였다는 내용에다 방이·황이·우이가 추가된 것이다.

『이아』,「석지(釋地)」에서 "구이(九夷)·팔적(八狄)·칠융(七戎)·육만(六蠻)을 사해(四海)라고 이른다"[36]라는 구절에서 알 수 있듯이, 구이는 중원의 '구주(九州)'에 대한 상대적인 의미였다. 또한 사방의 이민족에 이상화된 일정 숫자를 대입하였을 뿐이며, 실제로는 무수히 많은 이족 방국들이 존재하고 있었을 것으로 추정된다. 그리고 가장 큰 수인 '9'를 '이(夷)'의 앞에 결합하여 표현하였는데, 이를 통해 중원의 왕조가 동이를 가장 중시하고 있음을 알 수 있다.

『주례』,「직방씨」에도 사이(四夷)가 보이는데,[37] 여기에서는 사방의 이민족이란 의미가 아니라 구이와 같은 용법으로 동이에 속하는 이족집단을

---

34 『後漢書』,「東夷列傳」. "王制云: 東方曰夷. ……夷有九種, 曰畎夷·于夷·方夷·黃夷·白夷·赤夷·玄夷·風夷·陽夷".

35 『古本竹書紀年』,「夏紀」. "后泄二十一年, 命畎夷·白夷·赤夷·玄夷·風夷·陽夷".

36 『爾雅』,「釋地」. "九夷·八狄·七戎·六蠻, 謂之四海".

37 『周禮』,「職方氏」. "辨其邦國都鄙·四夷·八蠻·七閩·九貉·五戎·六狄之人民".

의미하는 것이다.

한편, 『논어』, 「자한」의 형병(邢昺)의 소(疏)에서 "동방에는 구이(九夷)가 있는데, 첫째는 현토(玄菟)이고 둘째는 낙랑(樂浪)이고 셋째는 고려(高驪)이고 넷째는 만식(滿飾)이고 다섯째는 부경(鳧更)이고 여섯째는 색가(索家)이고 일곱째는 동도(東屠)이고 여덟째는 왜인(倭人)이고 아홉째는 천비(天鄙)이다."[38]라고 했다. 형병은 북송 때 사람이므로, 이 시기에는 구이를 동북 지역과 한반도, 일본 등으로 인식하고 있음을 알 수 있다.

이상과 같이 사이 혹은 동이로 불리는 이민족들은 중원을 중심으로 하는 왕조와 여러 제후국들 사이에 혼재하거나 그 주변에서 활동하면서 중원의 문화에 동화되지 않고 자신만의 고유문화를 영유하였을 것으로 추정된다. 전국시대 칠웅(七雄)이 할거하면서 동이는 제(齊)와 노(魯)에, 서융은 진(秦)에, 남만은 초(楚)에, 북융은 진(晉)에 영역이 점차 흡수되어 세력이 약화되었을 것으로 추정된다.

선진시대에는 거점도시를 중심으로 왕조나 제후국이 형성되어 부족연맹의 성격이 강하여 이들 주변에 문화가 다른 이민족들이 산재해 있었다. 그러나 진·한 왕조에서 군현제를 실시하면서 이민족에 대한 개념도 점차 중국의 변방에 거주하던 이민족이란 의미로 변화하게 되었다. 이러한 변화의 대표적인 사례가 동이인데, 처음에는 선진시대 동방의 이민족을 대표하던 의미로 사용되었다가 진·한 이후 동북 지역의 이민족에게까지 확대되었다.

동북의 동이

『후한서』, 「동이열전」에서 "진이 6국을 병합하고 회이(淮夷)와 사이(泗夷)

---

38 『論語』, 「子罕」. "子欲居九夷." 疏: "東有九夷, 一玄菟·二樂浪·三高驪·四滿飾·五鳧更·六索家·七東屠·八倭人·九天鄙".

을 모두 분산하여 민호(民戶)로 삼았다"[39]라고 한 것에서 미루어 짐작할 수 있듯이, 칠웅이 할거하던 중국 대륙을 진제국이 하나로 통일하면서 동이의 생활터전이었던 산동을 포함하는 광활한 지역이 진제국의 영토에 포함되었다. 따라서 산동 지역을 중심으로 활동하던 동이집단의 대부분은 진제국에 포함되었고 일부 사람들은 주변 지역으로 이주하였을 것으로 추정된다. 이로 인해 동이에 대한 개념도 산동 지역에서 동북 지역 등으로 변화하였고, 진·한 이래의 전래문헌에서도 이러한 용례를 발견할 수 있다.

중국 정사(正史)인 25사 중 앞선 4사에서 이민족에 대한 기록을 살펴보면, 『사기』에서 「동이열전」은 보이지 않고 「조선열전」·「흉노열전」·「서남이열전」·「남월열전」·「동월열전」 등이 보인다. 「조선열전」에는 동이라는 명칭은 보이지 않고, 만이(蠻夷)라는 기록만 확인된다.[40] 『한서』는 『사기』의 서술방식을 계승하였지만, 조선을 「서남이양월조선전(西南夷兩粤朝鮮傳)」에 포함하여 기술했다. 『후한서』에서는 「동이열전」을 별도로 서술했다. 그 조목에 부여·읍루·고구려·동옥저·예·삼한·왜 등 동북 지역과 한반도·일본을 포함하고 있다. 『삼국지』, 「위서·동이열전」에서도 부여·고구려·동옥저·읍루·예·한·왜 등을 기술하고 있다. 한편, 『진서』에서는 「사이열전(四夷列傳)」을 별도로 만들고, 동이·서융·남만·북적으로 분류했다.

『후한서』는 남조 송의 범엽(范曄: 398~445년)이 편찬하였는데, 이전의 역사서와 달리 「동이열전」을 별도로 신설했다. 서문에서 동이의 연원을 정리하면서 요·순시대부터 하·상·주 3대에 걸쳐 동방에서 활동하였던 동이를 간략히 기술했다. 그런 다음 진·한대 동북 지역에 거주하였던 동

---

39 『後漢書』, 「東夷列傳」. "秦幷六國, 其淮·泗夷皆散爲民戶".
40 『史記』, 「朝鮮列傳」. "朝鮮王滿者, 故燕人也. …… 燕王盧綰反, 入匈奴, 滿亡命, 聚黨千餘人, 魋結蠻夷服而東走出塞, 渡浿水, 居秦故空地上下鄣, 稍役屬眞番·朝鮮蠻夷及故燕·齊亡命者王之, 都王險".

이를 서술하여 동방의 동이와 연결시키고 있다. 이러한 서술방식은 중국 사서 중에서 최초로 동이관을 체계적으로 제시하였다고도 할 수 있지만 동이의 개념을 모호하게 만들어 동방의 동이와 동북의 동이를 혼동하게 하는 결과를 초래했다.

이와 같이 중원의 역사를 먼저 언급하고 자신의 역사를 서술하는 방식은 전국시대의 『죽서기년』과 청화간(淸華簡) 〈계년(繫年)〉에서도 확인할 수 있다.[41] 이는 칠웅이 할거하던 시기에 자신의 역사를 기술하면서 그 앞부분에 중원의 역사를 기술해 그 정통성을 확립하려는 시도에서 기인한 것이다. 따라서 『후한서』, 「동이열전」도 이러한 시각에서 요·순 이래의 동이를 체계적으로 정리하는 과정에서 선진시대 동방의 동이와 동북의 동이를 연결하여 서술한 것으로 이해해야 할 것이다.

25사에서 '동이'란 표현이 240여 번 출현하는데,[42] 대부분 선진시대 상 왕조나 주 왕조와의 대립이 주요 내용이다. 25사에 나오는 동이에 관한 자료는 팽구송·김재선,[43] 기수연,[44] 윤용구[45] 등의 연구가 참조할 만하다.

이와 같이 전래문헌을 통해 보면, 선진시대에는 '이(夷)'라고 하여 중원

---

41 『죽서기년』은 전국시대 위의 역사서로, 서진 함녕(咸寧) 5년(279)에 급군(汲郡)의 위(魏) 양왕(襄王)의 무덤이 도굴되면서 세상에 알려졌다. 『급총죽서(汲冢竹書)』라고도 하며 모두 13편으로 되어 있다. 오제(五帝)부터 하·상·주 3대의 역사를 먼저 언급한 다음 자신의 역사인 진(晉)과 위(魏)의 역사를 기술하고 있다. 2008년에 중국 청화대학(淸華大學)에서 입수하여 소장하게 된 청화간(淸華簡) 〈계년(繫年)〉은 모두 138매의 죽간으로 되어 있는데, 23장으로 나눌 수 있다. 그 내용은 서주 초기부터 전국 초기까지의 역사를 기술하고 있다. 앞부분에는 주 왕실과 진(晉), 정(鄭), 초(楚), 위(衛) 등의 제후국을 기술하였고, 뒷부분에는 초의 역사 사건을 기술하고 있다. 자세한 내용은 김석진, 2016, 「先秦 古文字 사료연구에 관한 一考: 淸華簡『繫年』해제와 譯註 방법론」, 『중국고중세사연구』 42를 참조하기 바란다.

42 송옥진, 2011, 「동이의 의미에 대한 문헌연구」, 국제뇌교육종합대학원대학교 석사학위논문, 12~13쪽.

43 彭久松·金在善 編著, 2000, 『原本東夷傳』(全訂版), 서문문화사.

44 기수연, 2005, 『후한서 동이열전 연구: 삼국지 동이전과의 비교를 중심으로』, 백산자료원.

45 尹龍九, 2010, 「三國志 판본과 東夷傳 교감」, 『한국고대사연구』 60, 232~277쪽.

의 주변에 거주하던 이민족의 개념으로 사용되었고, 춘추전국시대부터 동쪽이란 방위 개념이 추가되어 '동이(東夷)'라고 쓰게 되었다. 그 지역범위도 사방의 이민족에서 점차 산동 지역을 중심으로 활동하던 이민족을 일컫게 되었고, 진·한 이후에는 동북 지역 심지어 한반도와 일본도 포함하여 그 영역이 확대되고 있음을 확인할 수 있다.

출토자료에 보이는 동이

지금까지 발견된 선진시대의 출토문헌에서 '동이(東夷)'라는 명칭은 보이지 않는다. 그러나 현존하는 최고의 문자자료인 상 후기 갑골문에 시방(尸方)·인방(人方) 등의 방국명이 보이고 서주시대 청동기 명문에 동시(東尸)·회시(淮尸) 등이 보이는데, 전래문헌에 보이는 이(夷)·동이(東夷)·회이(淮夷)와 같은 의미로 사용되고 있어 학계에서는 출토문헌에 보이는 '시(尸)'자를 '이(夷)'자로 보고 있다. 따라서 다음에서는 선진시대 동이의 연원을 고찰하기 위해 출토문헌자료에 보이는 관련 글자와 단어들을 집중적으로 살펴보고자 한다.

이(夷)

『설문』, 「대부(大部)」에서 "이(夷)는 평이함이다. 대(大)와 궁(弓)으로 구성되었다. 동방에 사는 사람들이다"[46]라고 했다. 허신(許愼)은 진 이래의 소전(小篆)을 토대로 이(夷)의 자형을 분석하였기 때문에 사람이 활을 메고 있는 모습을 본뜬 글자로 '대(大)'와 '궁(弓)'으로 구성되었다고 잘못 이해

---

46 『說文』, 「大部」. "夷, 平也. 从大从弓, 東方之人也".

표 4 출토문헌에 보이는 '이(夷)'자 관련 자료

구분	갑골문	청동기 명문			전국문자		설문해자
		은상(殷商)	서주(西周)	춘추(春秋)			
이 (夷)			『集成』 5.2805	『集成』 5.2644	侯馬盟書	雲夢秦簡	
시 (尸)	『甲』 277	『集成』 10.5280	『集成』 5.2837	『集成』 9.4632	上博楚簡	汗簡	
인 (人)	『甲』 2798	『集成』 3.944	『集成』 5.2837	『集成』 9.4406	包山楚簡	郭店楚簡	

했다. 일부 학자들은 갑골문에 보이는 '㐲'(『乙』 6276), '㐱'(『珠』 1182) 등의 자형을 '이(夷)'자로 보기도 하지만, 이 자형들은 '대(大)'와 '인(人)'으로 구성된 '협(夾)'자로 보아야 한다.[47] 그리고 일부 학자들은 '夷'(『合集』 6834)의 자형을 '이(夷)'자로 보기도 하지만, 이는 '대(大)'와 '시(尸 혹은 弓)'로 구성된 글자로 갑골문에서는 주로 인명으로 쓰였다.[48]

'이(夷)'의 자형은 상 후기의 갑골문과 서주 초·중기의 청동기 명문에서는 아직 확인되지 않고 있으며, 서주 후기에 속하는 〈남궁유정(南宮柳

---

47 徐中舒, 1995, 『甲骨文字典』, 四川辭書出版社, 1143쪽; 松丸道雄·高嶋謙一 編, 1993, 『甲骨文字字釋綜覽』, 東京大學出版會, 534쪽.

48 金經一, 1998, 「人方관련 卜辭를 통해 고찰한 東夷 명칭의 기원」, 『中國學報』 38, 563~564쪽.

鼎)〉(『集成』5.2805)에서 '✦'를 확인할 수 있다. 이 자형에 대해 일부 학자는 정면으로 선 사람을 끈으로 묶은 모습을 본뜬 글자로 '대(大)'와 '끈[리]'으로 구성되었다고 하지만[49] 화살에 끈을 맨 모습을 본뜬 글자로 '시(矢)'와 '끈[리]'으로 구성되었다고 보는 견해[50]가 더욱 타당해 보인다. '시(矢)'자는 ✦(矢宁父乙方鼎: 상 후기) → ✦(或簋: 서주 초기) → ✦(伯晨鼎: 서주 후기)로 변화하고 있으며, ✦(量侯簋: 서주 초기), ✦(獻侯鼎: 서주 초기)와 같이 '후(矦: 侯)'의 자형에서 화살 중간의 점획이 생략된 경우도 발견되기 때문에 화살 중간의 가로획 혹은 화살에 직접 끈을 연결한 모습을 본뜬 글자로 주살을 의미하는 '익(弋)'자의 초문(初文)으로 추정된다.[51] 춘추 초기에 속하는 〈방계백귀정(廊季白歸鼎)〉(『集成』9.4632)에 보이는 글자는 '이(夷)'의 아랫부분에 '토(土)'를 추가한 '이(壥)'로 예정(隸定)할 수 있다. 전국시대 〈후마맹서(侯馬盟書)〉, 〈포산초간(包山楚簡)〉 등에서도 이러한 자형을 발견할 수 있는데, 이는 모두 '이(夷)'의 번자체다.

『일주서(逸周書)』, 「명당(明堂)」에 "주공이 무왕을 도와 상주를 정벌하여 천하를 평정했다"[52]라고 하는 내용에서 알 수 있듯이, 선진시대 '이(夷)'의 의미는 대부분 '평(平)'자와 같이 평이하다는 의미로 쓰였다.[53]

인방과 시방

두 팔을 양쪽으로 벌리고 정면을 향해 서 있는 형상인 '대(大)'자, 측면으로 서 있는 형상인 '인(人)'자, 의자와 같은 물체에 측면으로 걸터앉아 있

---

49 謝光輝 主編, 1997, 『常用漢字圖解』, 北京大學出版社, 41쪽.
50 何琳儀, 1998, 『戰國古文字典』, 中華書局, 1239쪽.
51 갑골문에 보이는 '익(弋)'자는 말뚝의 형상을 본뜬 것으로, '익(杙)'자의 본글자다.
52 『逸周書』, 「明堂」. "周公相武王伐紂, 夷定天下".
53 김시황은 전래문헌에서 보이는 '이(夷)'자의 의미를 구체적인 용례를 들어 설명하고 있으니 이를 참고하기 바란다. 金時晃, 1999, 「九夷와 東夷」, 『東方漢文學』 17, 71~90쪽.

는 형상인 '시(尸)'자, 측면으로 무릎을 꿇고 있는 형상인 '절(卩)'자 등은 상 후기 갑골문에서 사람의 모습을 본뜬 대표적인 글자들이다.[54]

그중에서 '인(人)'과 '시(尸)'는 자형이 유사하여 상당히 오랫동안 같은 글자로 인식돼왔다. 진몽가(陳夢家: 1911~1966년)는 처음으로 갑골문에 보이는 '인방(人方)'과 '시방(尸方)'을 서로 다른 2개의 방국이라고 주장했다. 그는 '인(人)'과 '시(尸)'는 서사방식이 완전히 다르다고 주장하면서 서주 초기의 기물인 〈대우정(大盂鼎)〉에서 '인(人)'과 '시(尸)'의 자형을 분명히 구분하여 서사하고 있으며, 갑골문과 청동기 명문에서 '시(尸)'자가 '이(夷)'자로 가차된다고 했다.[55]

(1) 인방(人方)

앞의 〈표 4〉에서 보는 것과 같이 '인(人)'자는 상 후기의 갑골문뿐만 아니라 서주시대의 청동기 명문[56]과 전국시대 초간(楚簡)에서도 쉽게 확인할 수 있다. 『설문』, 「인부(人部)」에서 "인(人)은 천지의 성품 중에서 가장 귀한 것이다. 팔과 정강이의 형상을 본뜬 것이다. 무릇 사람에 속하는 글자는 모두 인(人)을 구성요소로 한다"[57]라고 하였는데, 갑골문에서는 주로 '사람'과 '방국의 이름'으로 사용되었다.

진몽가는 "갑골문에 보이는 '정인방(征人方)'이란 회수(淮水)에 이르러 인방(人方)과 임방(林方)을 정벌한 것이니, 곧 이들 방국이 모두 회이(淮夷)

---

54 박재복, 2012, 「殷商시기 甲骨文에 보이는 征人方 고찰」, 『儒敎文化硏究』 20, 14쪽.

55 陳夢家, 1992, 『殷墟卜辭綜述』, 中華書局, 285쪽.

56 청동기 명문의 용례는 상 후기에 속하는 〈작책반언(作冊般甗)〉(『集成』 3.944), 서주 초기에 속하는 〈대우정(大盂鼎)〉(『集成』 5.2740), 〈조덕궤(弔德簋)〉(『集成』 7.3942), 중기에 속하는 〈위정(衛鼎)〉(『集成』 5.2733), 〈사유궤(師酉簋)〉(『集成』 8.4290), 후기에 속하는 〈혜중종(兮仲鐘)〉(『集成』 1.68), 〈차정(此鼎)〉(『集成』 5.2822), 춘추 초기에 속하는 〈위보인수(爲甫人盨)〉(『集成』 9.4406) 등에서 모두 확인할 수 있다.

57 『說文』, 「人部」. "人, 天地之性最貴者也. 此籒文. 象臂脛之形. 凡人之屬皆从人".

에 속하는 것은 의심의 여지가 없다"고 했다.[58] 『은계유주(殷契遺珠)』 466에 "계해일에 유(攸)에서 영(永)이 점쳐 물었다. 왕에게 열흘 동안 나쁜 일이 없겠습니까? 인방(人方)을 정벌하고 돌아올 때였다"[59]라고 하였는데, 여기에서 '유'는 지금의 영성(永城) 남쪽으로 숙현(宿縣)의 서북쪽에 위치한다. 『둔남(屯南)』 2064에 "왕의 군사가 장차 인방(人方)의 구읍(舊邑)을 정벌해도 되겠습니까? 그 여(舁)을 도와줘도 되겠습니까?"[60]라고 하였는데, 여기에서 '구읍'은 하남성 영성(永城)의 남쪽이고 회하(淮河)의 북쪽으로 회하(澮河)에서 멀지 않은 곳이다. 또 『영(英)』 2526에 "병술일에 축(箕)에서 인방(人方)을 정벌하여도 되겠습니까? (갑골점이) 길했다"[61]라고 하였는데, 여기에서 '축'은 곧 죽읍(竹邑)이니, 지금의 안휘성 숙현(宿縣) 부리(符離)에 있다고 했다. 따라서 인방은 오늘날의 영성 이남과 회하(淮河) 이북의 회하(澮河)와 타하(沱河) 유역 일대라는 것을 알 수 있다. 한편, 인방은 산동 중동부의 유수 유역으로 보는 견해도 있는데, 이에 대한 논의는 필자가 이미 구체적으로 논의한 바 있다.[62]

---

58 陳夢家, 1992, 『殷墟卜辭綜述』, 中華書局, 305쪽.

59 『은계유주(殷契遺珠)』 466. "癸亥卜, 才(在)攸, 永貞: 王旬亡𡆥? 隹(唯)來正(征)[人方.]" '유(攸)'에 대해 곽말약(郭沫若)은 왕양(王襄)의 말을 인용하여 '조(條)'의 생략으로 '명조(鳴條)'일 것이라고 추정했다. 『초사(楚辭)』, 「천문(天問)」에 "어찌 조(條)로 쫓아내어 천벌을 받게 하겠는가?(何條放致罰)"라고 하였는데, '명조(鳴條)'를 생략하여 '조(條)'라 한 것이다. 『사기』, 「하본기(夏本紀)」에 "걸이 명조로 도망갔으나 끝내 죽었다[桀走鳴條, 遂放而死]"라고 하였는데, 『사기집해(史記集解)』에서는 공안국(孔安國)의 말을 인용하여 "땅은 안읍(安邑)의 서쪽에 있다[地在安邑之西]"라고 하였고, 정현(鄭玄)은 "남이의 지명이다[南夷地名]"라고 하여 의견을 달리하고 있다. '유(攸)'는 지금의 영성(永城) 남쪽으로 숙현(宿縣)의 서북쪽에 위치하였을 것으로 추정된다. 유의 땅인 '영(永)'은 바로 지금의 영성(永城)이다.

60 『屯南』 2064. "王族其章(敦)人方邑舊? 右左其舁?" 『屯南』은 中國社會科學院 考古硏究所, 『小屯南地甲骨』(中華書局, 2008)의 약칭이다.

61 『英』 2526. "丙戌, 伐人方于箕? 吉." 『英』은 李學勤 等編, 『英國所藏甲骨集』(中華書局, 1985)의 약칭이다.

62 필자는 「殷商시기 甲骨文에 보이는 征人方 고찰」(2012, 『儒敎文化硏究』 20, 5~47쪽)이란 글에서 인방(人方)과 시방(尸方)에 관련된 글자들을 구체적으로 고증한 바 있다. 이 글에서는 이를 간략히 요약하고 일부 내용을 보충하여 정리했다. 인방과 시방 부분은 이에 준하고 따로 역

(2) 시방(尸方)

'시(尸)'자도 〈표 4〉에서 보는 것과 같이 상 후기의 갑골문뿐만 아니라 서주시대의 청동기 명문[63]과 전국시대의 초간에서 쉽게 발견할 수 있다. '시(尸)'자는 사람이 측면으로 의자에 걸터앉은 형상을 본뜬 것으로, '이거(夷踞)'라고 하는 '이(夷)'자의 본글자다. 『광아(廣雅)』, 「석고삼(釋詁三)」에 "이(夷)는 걸터앉다"[64]라고 하였으며, 『논어』, 「헌문(憲問)」에 "원양이사(原壤夷俟)"라고 했다. 하안(何晏)의 『집해(集解)』에 마융(馬融)의 주를 인용하여 "이(夷)는 걸터앉은 것이고, 사(俟)는 기다리는 것이니, 원양이 걸터앉아서 공자를 기다린 것이다"[65]라고 했다. 갑골문에는 '이(夷)'자의 용례에 해당하는 '시(尸)'자만 보이는데, '시(尸: 夷)'의 본의미는 '걸터앉다'라는 것이고, 이렇게 걸터앉는 습성이 있는 시족(尸族: 夷族)을 지칭하는 말로 의미가 확대되었을 것이다.

『합집(合集)』 6461에 "경인일에 빈(賓)이 점쳐 물었다. 오늘 왕이 출행하여 시방(尸方)을 정벌해도 되겠습니까?"[66]라고 하였는데, 이 갑골은 은허 1기(무정 시기)[67]에 속하는 것으로 이 시기 시방(尸方)과 대치관계에 있었음을 알 수 있다. 상 후기와 서주 시기의 갑골문과 청동기 명문에는 '이

주하지 않는다.

63 청동기 명문의 용례는 상 후기에 속하는 〈시작부기유(尸作父己卣)〉(『集成』 10.5280), 서주 초기에 속하는 〈여정(旅鼎)〉(『集成』 5.2728), 〈대우정(大盂鼎)〉(『集成』 5.2740), 중기에 속하는 〈경유(競卣)〉(『集成』 10.5425), 〈사장반(史牆盤)〉(『集成』 16.10175), 후기에 속하는 〈무기궤(無㠱簋)〉(『集成』 8.4225), 〈혜갑반(兮甲盤)〉(『集成』 16.10174), 춘추 초기에 속하는 〈증백서고(曾伯黎匚)〉(『集成』 9.4632) 등에서 모두 확인할 수 있다.

64 『廣雅』, 「釋詁三」. "夷, 踞也."
65 何晏, 『論語集解』, 「憲問」. "夷, 踞. 俟, 待也. 踞待孔子也."
66 『合集』 6461. "庚寅卜, 賓貞: 今日王其步伐尸(夷)?"
67 이 글에서의 갑골문 분기는 동작빈(董作賓)의 학설을 따라 5기로 나누었다. 1기는 무정(武丁) 시기이고, 2기는 조경(祖庚)과 조갑(祖甲) 시기이며, 3기는 늠신(廩辛)과 강정(康丁) 시기이고, 4기는 무을(武乙)과 문정(文丁) 시기이며, 5기는 제을(帝乙)과 제신(帝辛) 시기다.

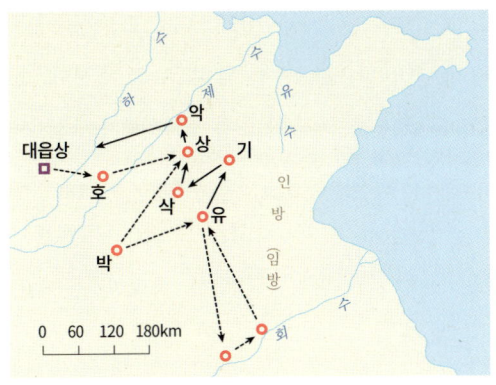
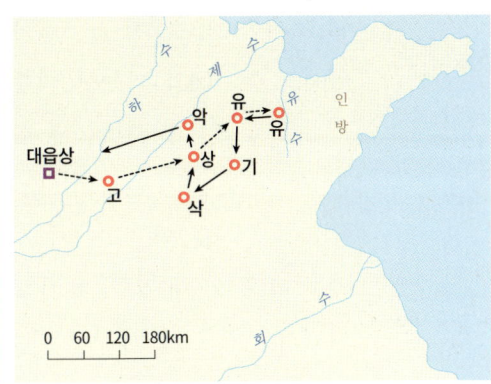

자료 1 │ 회수 유역의 정인방 노선도   자료 2 │ 유수 유역의 정인방 노선도

적(夷狄)'이라고 할 때의 '이(夷)'자를 모두 '시(尸)'자로 쓰고 있다. '시(尸: 夷)'는 고대 동이집단의 범칭이다. 동이집단에는 수많은 방국들을 포함하고 있는데, 갑골문 내용 중에서 시방(尸方)·벌시(伐尸)·정시(征尸)의 '시(尸)'는 동이집단 중의 구체적인 한 방국을 지칭하는 것으로 보인다. 『좌전』, 「은공(隱公)」 원년에 "기인(紀人)이 이(夷)를 쳤다"라고 하였는데, 두예(杜預)의 주에 "이국(夷國)은 양성(陽城)의 장무현(莊武縣)에 있다"[68]라고 하였으니, 곧 지금의 산동 즉묵현(卽墨縣)에 해당한다. 당시의 이방(夷方)은 교동반도에서 활동하던 래이(萊夷)로 추정된다.

이상과 같이 서서 생활하는 습성을 가진 인방과 의자와 같은 것에 걸터앉는 습성을 가진 시방은 완전히 다른 두 집단임을 알 수 있다. 대체적으로 갑골문 중의 인방은 회수(淮水, 濰水) 유역을 중심으로 한 이족집단이고, 시방은 산동성을 중심으로 한 이족집단임을 알 수 있다.

후한시대 고문에 정통한 정현(鄭玄: 127~200년)은 처음으로 전래문헌

---

68 『左傳』, 「隱公」 元年. "紀人伐夷". 杜預 注. "夷國, 在陽城莊武縣".

에 보이는 '이(夷)'자를 '시(尸)'로 보았는데,[69] 최근 발견되는 고문자 자료에서도 통가(通假)되는 용례를 쉽게 확인할 수 있다. 일례로 전국시대 초간자료 중에서 상해박물관에 소장되어 있는 〈상박초간(上博楚簡)〉에서 시(尸)와 이(夷), 인(人)과 이(夷)의 통가용례를 발견할 수 있다. 『주역』, 「풍(豊)」에서 시(㠯)와 이(夷)가 서로 통가됨을 알 수 있고,[70] 「포숙아(鮑叔牙)」에서 인(人)과 이(夷)가 통가됨을 확인할 수 있다.[71] 초간을 비롯한 전국문자에서는 시(尸)를 대부분 시(㠯)로 썼다.

동토와 동혹

(1) 동토(東土)

현존하는 최고의 문자자료인 상 후기 갑골문에 동서남북의 방위를 나타내는 글자를 확인할 수 있다. 그중에 '동(東)'자를 구체적으로 살펴보면 다음과 같다.

『설문』, 「동부(東部)」에 "동(東)은 동(動)이니, 목(木)으로 구성되었다. 관부(官溥)가 말했다. '해[日]가 나무[木]의 가운데 있은 것으로 구성되었다.' 동(東)에 속하는 글자는 모두 동(東)으로 구성되었다"[72]라고 하였는데, 갑골문의 자형을 근거로 서중서(徐中舒: 1898~1991년)는 '전대[橐]'의 안에는 실물이 있고 전대의 양 끝은 끈으로 묶은 형상을 본뜬 글자로, '탁(橐)'의 초문이라고 했다.[73] 한편, 당란(唐蘭: 1901~1979년)은 '속(束)'의 이체자라

---

69 孫詒讓, 2000, 『周禮正義』, 中華書局, 375~376쪽.
70 『周易』, 「豊」. "九四, 豊其蔀, 日中見斗, 遇其尸(夷)主(主), 吉"(馬承源 主編, 2003, 『上海博物館藏戰國楚竹書』(三), 上海古籍出版社, 205~206쪽).
71 『鮑叔牙』. "不出三年, 糴(狄)人(夷)之怀(附)者七百邦"(白於藍, 2008, 『簡牘帛書通假字字典』, 福建人民出版社, 337쪽 참조).
72 『說文』, 「東部」. "東, 動也. 从木. 官溥說: 从日在木中. 凡東之屬皆从東".
73 徐中舒, 1998, 『甲骨文字典』, 四川辭書出版社, 662쪽.

하였고,[74] 이를 근거로 계욱승(季旭昇)은 '동(東)'은 '속(束)'을 가차한 것이지 '탁(橐)'을 가차한 것이 아니라고 했다.[75]

〈자료 3〉의 상 후기 갑골문에서 '동토(東土)'라는 명칭을 확인할 수 있다.[76] 이 갑골문에 기록된 내용은 상의 중심지인 대읍상(大邑商)과 그 사방의 동토(東土)·남토(南土)·서토(西土)·북토(北土)에 풍년이 들 수 있는지를 점친 내용이다. 한편, 『합집』 7084에서는 상 왕조가 동토를 정벌하는 내용이 보인다.[77] 따라서 동토는 우호적인 관계를 유지하면서도 정벌의 대상이 되었을 것으로 추정된다.

〈구리돈고좌(九里墩鼓座)〉에는 "우리가 동토에 정착하여 회수 강변에 이르렀다"[78]라고 했다. 이 유물은 안휘성 서성현(舒城縣)에서 출토되었고, 춘추 후기에 제작되었을 것으로 추정된다. 따라서 춘추 후기에 동토라는 의미가 더욱 확장되어 안휘성 지역을 포함하고 있음을 알 수 있다.

(2) 동혹(東或)

〈노후준(魯侯尊)〉·〈반궤(班簋)〉·〈사밀궤(史密簋)〉 등 서주시대 청동기 명문에서 '동혹(東或)'이란 단어를 쉽게 발견할 수 있다. 동혹은 동국(東國) 혹은 동역(東域)으로 이해할 수 있는데, 상 후기 갑골문에 보이는 동토나 전래문헌에 보이

자료 3 | 『합집』 36975

---

74 唐蘭, 1936, 「釋四方之名」, 『考古』(考古社刊第4期), 1~3쪽.
75 季旭昇, 2003, 『甲骨文字根研究』, 文史哲出版社, 386쪽.
76 『合集』 36975. "(1) 己巳王卜, 貞[今]歲商受[年]. 王囿曰: 吉. (2) 東土受年. (3) 南土受年. 吉. (4) 西土受年. 吉. (5) 北土受年. 吉".
77 『合集』 7084. "貞: 令(命)禽伐東土, 告于祖乙于丁. 八月".
78 〈九里墩鼓座〉(『集成』 2.429). "[余]以宅東土, 至于淮之上".

는 동토^{79}와 유사한 의미다.^{80}

〈진후소편종(晉侯穌編鐘)〉에서 "선왕 33년에 왕이 친히 동혹(東或)과 남혹(南或)을 순시했다"^{81}라 하였고, 〈우정(禹鼎)〉에서 "악후(鄂侯) 어방(馭方)이 남회시(南淮尸)와 동시(東尸)를 거느리고 와서 남혹(南或)과 동혹(東或)을 널리 정벌했다"^{82}라는 것에서 알 수 있듯이 동혹(동국)과 남혹(남국)은 주왕조와 우호적인 관계를 유지하고 있었으며, 동시(동이)와 남회시(남회이)는 적대적인 관계였음을 알 수 있다. 또한 〈명공궤(明公簋)〉와 〈반궤(班簋)〉에서는 동혹을 정벌하는 내용이 있는 것으로 보아 우호적인 관계와 적대적인 관계가 시기에 따라 다르게 형성되었을 것으로 추정된다.

한편, 〈하준(何尊)〉에 "우리가 중국에 정착했다"^{83}라고 하였는데, 여기에서 '중혹(中或: 中國)'은 나라 이름이 아니라 천하의 중심이라는 의미다.

동시와 회시

(1) 동시(東尸)

『합집』 8410 뒷면에서 동방의 이민족을 의미하는 '동시(東尸)'가 보인다고 하는데, 그 의미에 대해 좀 더 신중한 태도가 필요하다.^{84} 현재 서주시

---

79 『左傳』, 「昭公」 9年. "及武王克商, 蒲姑·商奄, 吾東土也".
80 동혹(東或)은 지역적인 명칭이고 동이(東夷)는 서로 밀접한 관련이 있는 부족집단을 말한다. 〈보유(保卣)〉에 은동혹(殷東或)이 보이는데, 이는 은도(殷都)의 동쪽 지역을 의미한다. 〈우정(禹鼎)〉에서 동혹과 동이가 이미 분화되었다. 동혹(동국)은 동토라는 의미이고 동이는 동국보다 더 넓은 지역의 부족집단을 일컫는다. 欒豊實, 2001, 「論夷和東夷」, 『中原文物』 2001-1, 16~20쪽.
81 〈晉侯穌編鐘〉(『近出』 1.35~50). "王親(親)遹省東或(國)南或(國)".
82 〈禹鼎〉(『集成』 5.2833). "亦唯噩(鄂)侯馭方率南淮(尸)東尸(夷), 廣伐南或(國)東或(國)".
83 〈何尊〉(『集成』 11.6014). "曰余其宅玆中或(國)".
84 김경일은 『합집』 8410 뒷면에 보이는 '동시(東尸)'를 동이(東夷) 명칭의 직접적인 기원이라고 제시했다(김경일, 2006, 「殷代 甲骨文을 통한 東夷 명칭의 기원 東尸 연구」, 『中語中文學』 39, 25쪽). 그러나 이 갑골문의 판독에 대해 좀 더 신중한 태도가 필요해 보인다. 이 갑골문은 상 후기 1기에 해당되는데, 현재까지 발견된 상 후기의 갑골문과 청동기 명문자료에서 이것을 제

기 10여 점의 청동기 명문에서 '동시'를 확인할 수 있는데, 〈우정(禹鼎)〉과 〈호종(猷鐘)〉 2점을 제외하면 모두 서주 초기의 기물이다. 서주 초기 성왕대의 기물인 〈염방정(塱方鼎)〉에서 "주공이 동시를 정벌하여 풍(豊)·백(白)·박고(尃古: 薄姑)를 모두 패배시켰다"[85]라는 것에서 알 수 있듯이 동시에 관한 내용은 대부분 서주 초기 주공의 동정(東征)과 관련된 사건을 기술하고 있다.

서주 후기 여왕대에 속하는 〈우정〉에서 "악후 어방이 남회시와 동시를 거느리고 대규모로 남혹과 동혹을 정벌하여 역내(歷內)까지 이르렀다"[86]라고 하였고, 동 시기의 〈호종〉에서 "남혹(南或)의 복자(服子)가 침범하여 왕이 정벌하게 하니, 남시(南尸)와 동시(東尸)가 함께 알현하였는데 26개의 방국이나 되었다"[87]라고 했다. 이와 같이 동시(동이)와 남시(남이 혹은 회이·남회이)는 주 왕실에 상대적으로 적대적인 관계에 있던 이족집단이지만 때로는 우호적인 관계도 형성하였음을 알 수 있다. 또한 〈호종〉의 내용에서 알 수 있듯이 동시와 남시에 속하는 무수히 많은 이족 방국들이 존재하고 있었음을 확인할 수 있다.

(2) 회시(淮尸)

전래문헌에서 보이는 회이(淮夷)와 같은 의미로 서주 중·후기의 청동기 명문에서 회시(淮尸)·남시(南尸)·남회시(南淮尸)를 확인할 수 있다.[88] 〈녹유

외하면 아직 이러한 용례를 발견할 수 없다. 또한 이 갑골문의 고석에서 "……東, 尸有日"로 동방의 이민족을 의미하는 '동시'와는 무관한 내용일 가능성이 농후하기 때문이다.

85 〈塱方鼎〉(『集成』 5.2739). "隹(唯)周公于征伐東尸(夷), 豊白·尃古, 咸戈".
86 〈禹鼎〉(『集成』 5·2833). "亦唯噩(鄂)侯馭方率南淮尸(夷)·東尸(夷)廣伐南或(國)·東或(國), 至于歷內".
87 〈猷鐘〉(『集成』 1·260). "南尸(夷)·東尸(夷)具見, 卄又(有)六邦".
88 〈兮甲盤〉(『集成』 16·10174)의 명문에서 '남회시(南淮尸)'와 '남시(淮尸)'가 같이 의미로 사용되고 있음을 확인할 수 있다.

(彔卣)〉·〈사원궤(師袁簋)〉 등의 청동기 명문에서 회시(淮尸)를 확인할 수 있고, 〈우정(禹鼎)〉·〈괵중수개(虢仲盨蓋)〉·〈요생수(翏生盨)〉 등의 청동기 명문에서 남회시(南淮尸)를 확인할 수 있고, 〈경유(競卣)〉·〈무기궤(無叀簋)〉·〈호종(㪤鐘)〉 등에서 남시(南尸)를 확인할 수 있다. 이러한 청동기 명문에는 대부분 서주 중·후기에 주 왕조가 남방의 이민족을 정벌하는 내용을 기록했다.

한편, 〈동방정(䍙方鼎) 2〉에서 회융(淮戎)이라는 표현이 보인다. 회이(淮夷)를 회융(淮戎)이라고 부른 경우는 이 청동예기가 유일하다. 고대 동방의 이민족을 '융(戎)'이라 부른 경우는 〈반궤(班簋)〉의 '동국활융(東國猾戎)'이라는 구절에서도 확인된다. 『상서』, 「비서(費誓)」에서 회이(淮夷)와 서융(徐戎)이 함께 일어났다는 내용에서 알 수 있듯이 '융'은 서방의 이민족만을 의미하는 것이 아니라 동방의 이민족이란 의미로도 혼용하고 있음을 알 수 있다.[89]

상주시대 동이 관련 방국

고고학적인 관점에서 보면, 산동 지역은 신석기시대 이래로 비교적 독립적인 고고학적 문화를 형성했다. 신석기 중기에 해당하는 후리(後李)문화와 북신(北辛)문화, 신석기 후기에 해당하는 대문구(大汶口)문화, 신석기 말기에 해당하는 용산(龍山)문화 그리고 이리두(二里頭)문화와 동 시기에 해당하는 악석(岳石)문화가 그 대표적인 예다. 이들은 모두 산동성을 배경으로 형성되어 점차 하남성 동부, 강소성과 안휘성 북부 지역까지 세력을 확장하여 비교적 공통된 문화를 형성했다. 그러나 상대에 이르러 이러한 양상에 변화가 발생했다. 즉, 지금의 산동성 경내에서 상 초기의 이

---

89 馬承源, 1988, 『商周靑銅器銘文選』3, 文物出版社, 117쪽.

리강(二里岡)하층문화는 아직 발견되지 않고 여전히 악석문화가 성행하고 있었지만, 이리강상층문화에 이르러 악석문화권에 속하던 지역들이 동쪽의 교동반도를 제외하면 대부분 상문화의 영향권에 들어가게 된다. 특히, 상 후기 은허문화에 이르러 대외적으로 상 왕조의 영향력이 상당히 위축되었는데, 동방에 대한 영향력은 도리어 더욱 강화되는 현상을 발견할 수 있다.[90]

(1) 갑골문에 보이는 이족집단

상 후기의 갑골문에서 상 왕조의 정벌대상인 방국은 모두 136개국으로, 은허 1기에는 81개, 2기에는 2개, 3기에는 17개, 4기에는 28개, 5기에는 8개의 방국이 확인된다. 그중에서 강방(羌方)은 1~5기에 모두 보이고, 위방(危方)·대방(大方)·인방(人方)·시방(尸方)·차방(戲方) 등은 여러 시기에 보인다. 토방(土方)은 1기에서만 확인되고 2~3기에는 큰 전쟁이 없었으며, 4기에는 소방(召方)과 도방(刀方)이 주요 대상이었고 5기에는 우방(盂方)과 인방(人方)이 주요 정벌대상이 되었다.[91]

동방의 이족과 관련된 방국들은 산동성 전역과 하남성 동남부, 강소성과 안휘성 북부 지역에서 14개로 나타난다. 그 지역별 분포를 보면, 산동 지역에 시방(尸方)·인방(人方)·백(白)·숙(夙: 宿)·차(盧: 戲)·래(𣄰)가 있고, 강소 지역에 각(角), 호방(虎方)이 있으며, 하남 지역에 주(州)·동(東)·비(裵: 非)·황(黃)이 있고, 안휘 지역에 육(六)·임(林)이 있었음을 확인할 수 있다.[92] 갑골문에 나타난 이족의 방국들은 상 후기 주요 정벌대상이 되었다. 이외에 회합·책명·수렵·공납 등과 같이 수량이 많지는 않지만

90　劉緒·朴載福 譯, 2011, 「商왕조의 東方經略에 대한 고고학적 고찰」, 『考古學探究』 9, 1~15쪽.
91　王宇信·楊升南, 『甲骨學一百年』, 498~500쪽.
92　박재복, 2012, 「殷商시기 甲骨文에 보이는 征人方 고찰」, 『儒敎文化硏究』 20, 10~11쪽.

정벌과 무관한 내용도 발견되고 있다.⁹³

　갑골문은 상 왕조의 중심지인 은허에서 집중적으로 발견되었고 대부분 상 왕실과 관련된 내용이다. 따라서 갑골문의 기록은 단지 상 왕조가 동방의 이족에 대한 인식에 지나지 않으며, 갑골문에서 확인된 이족 방국들이 상 후기 동방에서 활동하였던 이족들을 모두 대변한다고 할 수도 없다. 현재까지 발견된 고고학 자료를 통해 본다면, 동방 지역에는 실제로 이보다 더 많은 방국들이 존재하였을 것으로 추정된다. 또한 이러한 이족 방국들은 비교적 공통된 하나의 문화권을 형성해 상 왕조와 대등한 관계에서 한편으로는 교류하면서 다른 한편으로는 견제의 역할도 했다.

(2) 청동기 명문에 보이는 이족 방국

　서주시대 청동기 명문에서도 동이 혹은 회이와 관련된 방국들을 쉽게 발견할 수 있다. 먼저 동이 관련 방국들을 살펴보면, 서주 초기에는 엄(奄)·풍(豊)·백(白)·박고(尃古: 薄姑)·녹(彔)·요(繇)·수구(須句)·봉(夆: 逢)·능(能: 熊)·영(嬴)·래(萊) 등이 보이고, 중기에는 봉(夆: 逢)·경(京)·황(黃)·거(筥)·영(嬴)·래(萊)·차(虘) 등이 보이고, 후기에는 교(交)·양(良)·경(京)·격(鬲)·황(黃)·차(叡)·래(萊)·효(嚻) 등의 방국이 보인다. 다음으로 회이 관련 방국들을 살펴보면, 서주 초기에는 호방(虎方)·각(角) 등이 보이고, 중기에는 호(䖒)·무수(無需: 婁)·부(膚: 莒)·호(虎)·회(會)·관(雚: 觀)·불(不: 邳)·근(斦)·소(巢)·각(角)·진(津)·동(桐)·휼(遹)·기시(杞尸: 杞夷)·주시(舟尸: 舟夷) 등이 보이고, 후기에는 악(噩: 鄂)·복(㞋: 服)·각(角)·휼(遹)·녹방(彔旁)·번(樊)·숙시(夙尸: 宿夷)·요렬시(淖列尸: 淖列夷) 등의 방국이 보인다. 이상은 현재 서주시대 청동기 명문에서 확인되는 방국들이며, 실제로는 이보다

93　朴載福, 2013,「殷商시기 甲骨文에 보이는 商과 夷族의 관계」,『東洋史學研究』123, 264~268쪽.

더 많은 방국들이 존재하였을 것이다.

서주 중기에 속하는 〈사밀궤(史密簋)〉에서 남시(南尸: 南夷)·부(膚: 莒)·호(虎)·회(會)·기시(杞尸: 杞夷)·주시(舟尸: 舟夷)·관(蓳: 觀)·불(不: 邳)·근(所) 등이 회합하여 동혹(東或: 東國)을 침범하자 주의 왕이 사속(師俗)과 사밀(史密)에게 동정하라고 명했다. 이에 사속은 제사(齊師)와 수인(遂人)을 거느리고 좌측을 따라 장필(長必)을 정벌하였고, 사밀은 우측으로 족인(族人)·래(萊)·백(白)·력(瑟)을 거느리고 후거(後車)로써 주 군대의 후군(後軍)과 함께 장필을 정벌했다.[94] 서주 후기에 속하는 〈사원궤〉에서는 회시(淮尸: 淮夷)가 공납하지 않고 동혹을 따르지 않자 사원(師袁)에게 회시(회이)를 정벌하라고 명했다. 이에 사원은 제사(齊師)와 기(眞)·래(萊)·력(瑟)을 거느리고 후군이 되어 호신(虎臣)을 도와 회시(회이)를 정벌했다.[95]

이상의 내용에서 주 왕조가 대립되는 이민족을 정벌할 때에 대상국과 인접한 제후국과 우호적인 이민족들의 군대를 동원하여 연합으로 군사작전을 벌인 것을 확인할 수 있다. 이러한 용례는 『좌전』에서도 찾아볼 수 있다.

〈자료 4〉에서 보는 것과 같이 주대의 유적들은 중원 지역에 집중적으로 분포한다. 특히 주목할 점은 하남성 정주(鄭州)의 동북쪽으로 황하와 남쪽의 제수(濟水) 사이에 삼각주가 형성되었는데, 이 삼각주에서는 당시의 유적이 거의 발견되지 않는다는 것이다. 아마도 이 지역이 범람 등으로 거주에 적합하지 않은 호수나 소택(沼澤)이어서 당시 이곳을 왕래하는 것이 쉽

---

94 〈史密簋〉(『考古與文物』1989-3). "隹(唯)十又(有)二月, 王令(命)師俗·史密, 曰東征. 敆南尸(夷)·膚(莒)·虎·會·杞尸(夷)·舟尸(夷)·蓳(觀)·不(邳)·所, 廣伐東國. 齊自(師)·族土(徒)·遂人乃執鄙·寬亞. 師俗率齊自(師)述(遂)人左口伐長必. 史密又率族人·萊·白·瑟眉周伐長必, 隻(獲)百人".

95 〈師袁簋〉(『集成』8·4314). "王若曰師袁! 叡淮尸(夷)繇我實畮臣, 今敢博厥衆叚, 反厥工吏, 弗速我東或(國). 今余肇令(命)女(汝)率齊帀(師)·眞·萊·瑟凥左右虎臣正(征)淮尸(夷), 卽質厥邦獸, 曰冉·曰䍙·曰鈴·曰達".

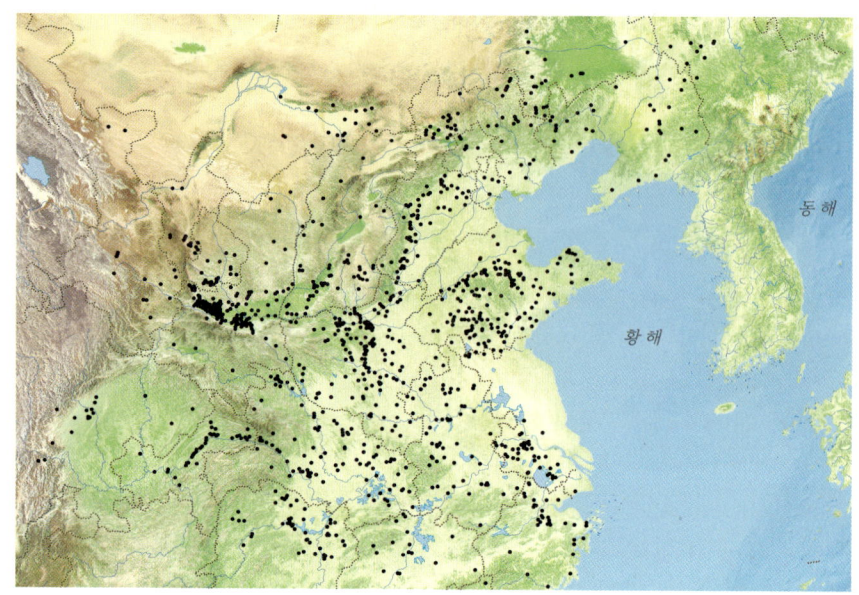

자료 4 | 주대 고고유적 분포도(민후기, 2014, 39쪽에서 인용)

지 않았기 때문으로 추정된다. 중국 동북쪽에 위치하는 점들은 정식 출토품이 아니어서 특별한 의미 부여가 어려운 것들이다.[96]

이러한 현상은 산동 지역이 하북성, 요령성 등 동북 지역과 교류가 원활하지 않았음을 반증하는 것이다. 이는 선진시대 동이와 진·한 이후의 동이를 연결하는 가교가 단절되었다는 것을 보여주는 좋은 예라고 할 수 있다.[97]

---

[96] 민후기, 2014, 「西周·春秋·戰國시기 거주지와 교통로 추론」, 『중국고중세사연구』 31, 41쪽.
[97] 한편, 교동반도와 요동반도 사이에는 섬들이 가교 역할을 하여 신석기시대에 두 지역이 활발하게 교류하였다고 한다. 두 지역에서 용산문화와 악석문화의 유물들이 모두 발견되는 현상은 이러한 것을 반증한다. 다만 상호 문화교류는 일정 부분 인정되지만 선진시대의 동이가 진·한 이후 동북으로 이동하였을 것이란 추론은 좀 더 신중한 태도가 필요하다.

동이 개념의 역사적 변천

이상과 같이 전래문헌과 출토문헌자료를 토대로 동이 관련 내용을 검토해보았다. 출토문헌에서는 서주 초기에 이미 '동시(東尸)'란 개념이 확립되었음을 확인할 수 있으며, 진시황의 협서율(挾書律) 이후에 전래문헌의 전사과정에서 '동이(東夷)'로 가차되었을 것으로 추정된다.

『설문』,「대부(大部)」에서 '이(夷)'의 자형을 '대(大)'와 '궁(弓)'으로 구성되었다고 잘못 인식하였기 때문에 이후 동이와 활을 잘 쏘는 인물들을 결부시킨 고사들이 나왔지만 이는 모두 후대에 각색된 것이다. 출토문헌을 통해 보면, '이(夷)'는 화살과 끈으로 구성된 글자로 '시(矢)'와 '끈[ㄹ]'으로 구성되어 있다. 따라서 동이가 활을 잘 쏘는 민족이란 기존의 학설은 수정되어야 한다. 즉 동이(東夷)의 '이(夷)'는 '시(尸)'의 가차로, 상 후기 갑골문에 보이는 시방(尸方)과 서주 초기 동시(東尸)에서 알 수 있듯이 동방 사람들이 의자에 걸터앉는 풍습에서 그 어원을 찾아야 할 것이다.

출토문헌에 나타난 동시(東尸: 東夷)는 동방의 여러 이족집단에 대한 범칭으로 사용되었고, 회시(淮尸: 淮夷) 혹은 남회시(南淮尸: 南淮夷)는 회하(淮河) 유역에 거주하는 이족집단에 대한 범칭으로 사용되었다. 상 후기 갑골문에서 시방(尸方)·인방(人方)·동(東)·숙(夙: 宿)·차(盧: 虡)·래(敕)·백(白)·주(州)·비(非: 裴)·황(黃)·각(角)·호방(虎方)·육(六)·이(林) 등 동방의 이족집단에 속하는 14개의 방국이 확인되었다. 서주시대 청동기 명문에서는 엄(奄)·풍(豊)·백(白)·박고(専古: 薄姑)·녹(彔)·요(繇)·수구(須句)·봉(夆: 逢)·능(能: 熊)·영(嬴)·래(萊)·경(京)·황(黃)·거(筥)·차(盧)·교(交)·양(良)·격(鬲)·효(囂) 등 동이 관련 방국들이 보이고·호(虎)·각(角)·호(猇: 胡)·무수(無需: 婁)·부(膚: 莒)·회(會)·관(雚: 觀)·불(不: 邳)·근(圻)·소(巢)·진(津)·동(桐)·휼(遹)·악(噩: 鄂)·복(㚈: 服)·녹방(彔旁)·번(樊)·기시(杞尸: 杞夷)·주시(舟尸: 舟夷)·숙시(夙尸: 宿夷)·요렬시(淖列尸: 淖列夷) 등 회이 관련 방국들이 보인다. 그러나 실제로는 이보다 더 많은 방국들이 존재하였을 것으로 추정된다. 또한 동방의 이민족에 속하였던 수많은 부족이나 방국들이 점차 중국 역대 왕조에 귀화하여 중화문화의 일원이 되거나 그 주변 지역으로 이주하여 새로운 세력을 결성하였을 것이란 추론은 의심의 여지가 없다.

전래문헌에는 중국의 황제시대와 하대에도 동이에 관한 기록을 여러 문헌에서 쉽게 확인할 수 있다. 그러나 앞에서 인용한 『상서』·『시경』·『죽서기년』 등의 내용은 당시의 실상을 그대로 기록하였다기보다는 서주시대 '동이'란 개념이 형성된 이후의 사고로 재구성되거나 각색되었을 가능성이 높다. 또한 선진시대 동방의 동이와 진·한 이래 동북의 동이는 일부 영향은 있을 수 있지만 직접적인 관련이 있다고 할 수 없다.

한편, 중국 학계에서는 산동 지역의 선사문화를 동이문화라 명명하고 산동 지역 신석기 이래의 대문구문화-용산문화-악석문화 등을 모두 동이문화로 이해하고 있다. 그러나 이러한 논리에도 좀 더 신중한 자세가 필요하다. 서주시대 이후에 형성된 동이라는 개념을 통해 서주시대 이전의 산동 지역 선사문화를 모두 동이문화로 단정하는 것은 타당하지 않다. 산동 지역의 선사문화가 다른 지역에 비해 비교적 독립적인 것은 사실이지만, 고고학 자료와 후대의 사고에 의해 형성된 동이와 등치시키는 것은 무리다.

이러한 논리는 한국 학계에도 적용할 수 있을 것이다. 일부 학자들이 한반도와 동이를 동일하게 이해하여 진·한 이후의 동이와 산동 지역의 동이를 같은 맥락으로 이해하거나, 상의 연원이 동이에 있고 기자조선과 상 왕조를 연결시켜 한국과 연관 지으려는 시도는 문제가 많다.

전래문헌과 출토문헌자료를 종합적으로 분석한 이 글이 동이의 연원을 이해하는 데 도움이 되길 바란다.

고고학 자료로 본
동이문화

동이의 개념과 범위

1930~1940년대 중국 학계는 고문헌에 근거한 종합연구를 통해서 중국 상고시대에 화하(華夏)·묘만(苗蠻)·동이(東夷) 등 크게 3개의 종족집단이 존재했음을 밝혀냈다. 이 중 동이 집단이 활동한 지역은 대체로 현재의 산동성을 중심으로 하는 지역으로, 황하의 옛 하류 일대다.[1] 1970~1980년대 산동 지역에서 고고학 발견이 증가하면서 관련 연구도 진전되었다.

대문구(大汶口)문화와 용산(龍山)문화를 대표로 하는, 지금으로부터 6,000~4,000년 전의 선사문화는 다른 지역과 구분되는 산동 지역만의 특색을 가지고 있다. 이 문화의 주체는 동이족(東夷族)에 속할 것이다. 분포 범위 역시 산동 지역뿐만 아니라, 인접한 예동(豫東)·소북(蘇北)·완북(皖北)과 요동(遼東) 등지까지다. 당시 사회발전 수준도 최고조에 다다라서,

---

1 徐旭生, 1985, 『中國古史的傳說時代』(增訂本), 文物出版社; 蒙文通, 1999, 『古史甄微』, 巴蜀書社.

이 시기의 문화는 이후 중국 문명의 기원에 중요한 공헌을 했다.[2] 지금으로부터 4000년 전부터 자연환경의 변화와 중원 왕조의 동진으로 인해 동이의 사회와 문화는 쇠퇴하기 시작했다. 점차 독자적인 발전력을 잃게 되고 분포범위도 동쪽의 교동(膠東)반도로 축소되어 기원전 5세기경에는 결국 소멸하고 만다.

상고시대 동이인(東夷人)과 그 문화발전은 하나의 동태적인 과정으로서, 그 문화의 내용과 분포범위는 각 시기마다 다른 모습으로 변화하는 양상을 보여준다. 이 글에서는 변화하는 시공간의 범위에 따라 최신 고고학 발견에 근거해서 동이문화를 살펴보고자 한다.

먼저, 본문에서 사용하는 '동이(東夷)'는 협의의 개념으로서 상고시대에 회하 유역에서 활동한 남회이(南淮夷) 혹은 동남이(東南夷)로도 불리는 회이족은 포함하지 않는다. 이들은 황하 하류의 동이족과 남북으로 접하며 비교적 밀접한 교류관계를 가진다. 이 때문에 광의의 개념으로서 동이는 종종 중국 동부 연해의 종족들을 두루 가리킨다. 예를 들면, 『예기(禮記)』, 「왕제(王制)」에는 "동방은 이라 부른다[東方曰夷]"고 했고, 『설문(說文)』에는 "이(夷)는 동방의 사람이다[夷, 東方之人也]"라고 기록되어 있는데, 모두 광의의 개념으로 이 글에서 사용하는 협의의 동이와는 다른 개념이다. 그 외 『상서(尙書)』, 「우공(禹貢)」에는 "바다와 태산 지역이 청주[海岱惟靑州]", "바다와 태산 및 회수가 서주[海岱及淮惟徐州]"라는 기록이 있다. 여기서 '해(海)'는 동부 연안, '대(岱)'는 태산(泰山)을 의미한다. 상고시대의 청주(靑州)와 서주(徐州)가 지리적으로 황하의 옛 하도(河道) 하류 지역에 속했음을 알 수 있다. 이 지역은 대체로 동이의 분포범위에 해당하며, 지금의 산동성을 중심으로 하는 구역이 된다. 따라서 중국 학계에서는 '해대문화

2　王震中, 1988, 「東夷的史前史及其燦爛文化」, 『中國史研究』 1; 欒豊實, 1996, 『東夷考古』, 山東大學出版社.

구(海岱文化區)'라는 개념을 사용하여 상고시대 동이가 분포하는 문화지리적 특징을 개괄했다. 약칭으로는 '해대지구(海岱地區)'라는 용어를 사용하기도 한다.[3] 분명한 것은, 해대지구와 산동지구의 지리범위가 기본적으로 일치한다는 점이다. 본문에서는 이해를 돕기 위해서 주로 '산동지구'라는 용어를 사용하도록 하겠다.

신석기시대의 동이문화

산동 지역의 고고학 조사는 1930년 역성현(曆城縣) 성자애(城子崖) 용산(龍山)문화 유적의 발굴[지금의 장구시(章丘市)]을 시작으로 이루어졌다. 고고학계의 끝없는 노력을 통해 1970~1980년대에 이르러서 대문구문화와 용산문화의 기본적인 내용과 연대 문제가 해결되었다. 1990년대 이래 새로운 고고학 발견이 증가하여, 산동 지역 신석기문화 간의 순서가 명확해졌다. 즉 후리(後李)문화→북신(北辛)문화→대문구문화→용산문화로 계승되는 관계가 확인되었고, 시간범위는 지금으로부터 약 8,500~3,900년 전 사이로 밝혀졌다. 이것이 신석기시대 동이문화의 주요 시공간적 범위로 추정된다. 산동 일대의 신석기유적은 2,000여 곳에 달한다. 이 중 발굴조사된 유적은 200여 곳에 이른다. 물론, 산동 중부의 태기산구(泰沂山區) 및 그 주위의 구릉지대에서도 적지 않은 구석기와 신석기 유적이 발견되었고, 기원(沂源) 편편동(扁扁洞)유적에서 지금으로부터 1만 년 전후의 원시토기[4]가 발견되기도 했다. 그러나 이러한 유적은 후리문화와의 연원관계가 불명확

---

3 高廣仁・邵望平, 1984, 「中華文明發祥地之一海岱歷史文化區」, 『史前研究』 1.
4 孫波, 2008, 「試論山東地區新石器時代早期遺存」, 『中原文物』 3; 孫波, 2014, 「扁扁洞：黃河下遊新石器時代的曙光」, 『大衆考古』 5.

하고, 양자 사이에는 뚜렷한 공백기가 있다. 현재로서는 동이문화의 원류인지 아닌지 판단할 방법이 없다. 따라서 본문에서는 다루지 않았다.

후리문화

(1) 분포와 연대

1989년 제남-청도 간 고속도로 건설을 위한 조사 중 임치(臨淄) 후리관장(後李官莊)에서 유적이 발견되었다. 1991년 봄 장구(章丘) 서측 하천과 소형산(小荊山) 등지에서 또 다시 같은 종류의 유적이 조사되었다. 이에 이러한 유적을 '후리문화'로 명명했다.[5] 현재 10여 곳의 후리문화 유적이 발견되었다. 동으로는 유방(濰坊)의 유하(濰河) 기슭에서부터 시작하여 임치·추평(鄒平)·장구를 거쳐 서로는 황하 동측의 장청(長淸)에 분포한다. 태기산맥(泰沂山系) 북록의 남북으로 좁고 길게 뻗은 산 앞의 평원지대에 해당한다(자료 1). 이 중 임치 후리, 장구 소형산, 서하(西河), 유방 전부하(前埠下) 등에서 대규모 발굴이 이루어졌다.[6] 토기의 특징과 C14연대측정[7]을 종합한 결과 후리문화 연대는 약 8,500~7,500년 전 사이로, 대략 1,000여 년 동안 지속된 것으로 추정된다.

(2) 특징

발견된 유구의 종류는 주거지·무덤·회갱·가마·구상유구 등이 있다. 주

---

5 王永波·王守功 等, 1994,「海岱地區史前考古的新課題ㅡ—試論後李文化」,『考古』3.
6 濟靑公路文物考古隊, 1992,「山東臨淄後李遺址第一·二次發掘簡報」,『考古』11; 濟靑公路文物工作隊, 1994,「山東臨淄後李遺址第三·四次發掘簡報」,『考古』2; 山東省文物考古研究所·章丘市博物館, 1996,「山東章丘小荊山遺址調査·發掘簡報」,『華夏考古』2; 山東省文物考古研究所, 2000,「山東章丘西河遺址1997年發掘簡報」,『考古』10; 山東省文物考古研究所·寒亭區文管所, 2000,「山東濰坊前埠下遺址發掘報告」,『山東省高速公路考古報告集(1997)』, 科學出版社; 山東大學歷史系考古專業 等, 1989,「山東鄒平縣古文化遺址調査」,『考古』6.
7 방사성탄소 C14를 이용한 절대연대측정법의 하나다.

자료 1 | 후리문화와 북신문화의 주요 유적 분포도

거지는 모두 반지하식이며, 평면은 대부분 말각방형이다. 면적이 보통 30㎡ 정도로 비교적 큰 편이고, 50㎡가 넘는 대형 주거지도 있다. 내부의 바닥은 부분적으로 불로 구웠으며, 1~3개의 노지가 있다. 노지는 정(鼎)의 다리 모양으로 매설된 3개의 석재 지각(支脚)으로 만들어졌다. 지각 상부에서 토기 부(釜) 조각이 확인되기도 한다. 이는 주거지 내부공간이 수면공간·취사공간·저장공간 등으로 구분되어 있음을 보여준다(자료 2).

무덤은 단독 토광수혈묘와 측실을 조성한 토광수혈측실묘 두 종류가 있다. 모두 단인앙신직지장(單人仰伸直肢葬)이며, 부장품은 극히 적고, 관곽 등의 장구(葬具)는 없다. 인골의 석화(石化) 정도가 서로 다른 것으로 보아 연대차가 비교적 큰 것으로 판단된다. 토광수혈측실묘는 장방형 수혈묘의 바닥부에서 측면과 전면을 넓게 파내어 측실을 조성하고, 측실 내에 인골을 안치하는 점이 특징이다(자료 3).

자료 2 | 서하유적의 후리문화 주거지 F58

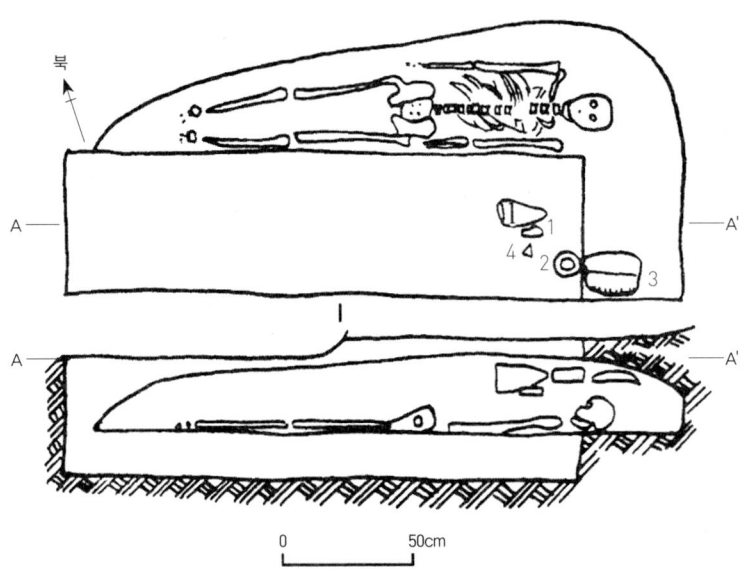

자료 3 | 후리유적의 후리문화 무덤 M111 평면도(상) 및 단면도(하)
1·2·4. 토기 조각 3. 조개껍질

후리문화는 유물이 비교적 풍부한데, 토기와 석기를 위주로 하며 골각기와 상아 및 패각기도 많은 편이다.

토기는 협사도(夾砂陶)만 있고 니질도(泥質陶)는 없다. 토기를 만든 태토는 모래 등 혼합재를 섞지 않은 점이 특징이다. 색조는 홍갈색과 홍색이 주를 이루며, 소성온도가 비교적 낮고 경도가 약하다. 색조가 균일하지 못하고 회색·황색·흑색의 얼룩이 확인된다. 제작기술은 모두 수제이며, 기벽이 상대적으로 얇은 편이고 전체적인 기형이 정연하지 못하다. 표면에는 문양이 없는 것이 많다. 대형 토기는 보통 구연부를 접어 이중구연으로 처리했다. 동체부에는 보통 1~2개의 점토띠가 부가된다. 토기의 종류가 단조로운 편이고 모양도 간단하다. 평저(平底)는 비교적 적고, 환저(圜底)가 제일 많다. 삼족기(三足器)는 없으며, 부(釜)·관(罐)·발(鉢)·분(盆)·호(壺)·완(碗)·이(匜)·배(杯)·개(蓋)·지각(支脚) 등이 있다. 부의 수량이 제일 많은데, 전체 토기의 3분의 2 이상을 차지하며, 일반적으로 심복(深腹), 환저의 기형이다(자료 4·5).

석기의 수량도 많은 편인데, 타제석기와 마제석기가 공존한다. 종류는 도끼·자귀·끌·삽·갈판·갈돌·긁개·찌르개(尖狀器)·받침돌[支脚] 등이 있다. 이 중 석제받침돌의 수량이 많은 것이 제일 큰 특징인데, 대부분 가공을 거치지 않았거나 간단한 가공을 거친 자연의 막대형 석재를 사용했다. 우각형(牛角形)이 대표적인데 노지를 만드는 데 사용되었다. 이 외에 만두형·탑형의 받침돌은 각종 환저토기를 받쳐놓는 데 사용된다.

골각기와 상아기의 수량도 많은 편이다. 매우 정교하게 만들어졌으며, 절대 다수가 마제다. 종류는 화살·비녀·송곳 등이 있다. 패각기도 일정량 이상 출토되지만, 출토 후 쉽게 풍화된다. 기종은 삽·낫·칼 등이 있다.

(3) 사회와 경제
후리·서하·소형산 유적에서 모두 후리문화의 취락이 발견되었다. 면적

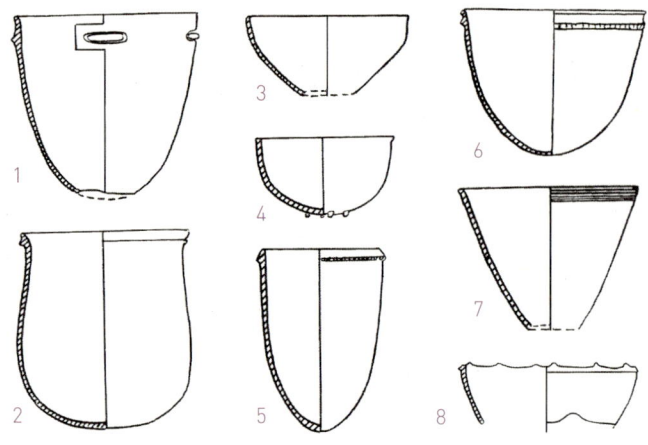

자료 4 | 후리문화의 주요 토기
1·3·6·7. 후리유적 2·4·5·8. 소형산유적

자료 5 | 후리문화의 토기와 석기
1·3. 서하유적 2·4. 소형산유적

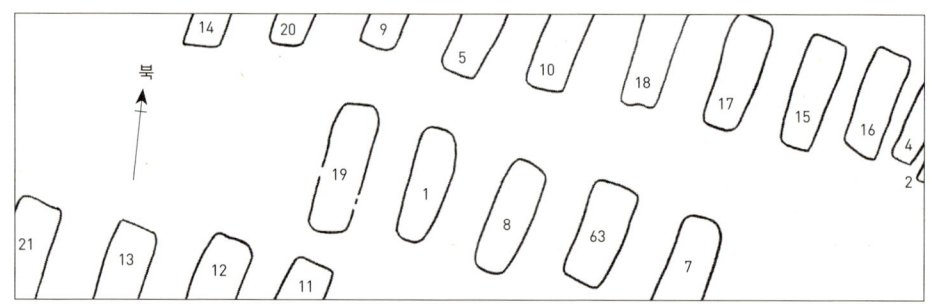

자료 6 | 소형산유적의 후리문화 무덤 분포도(숫자는 무덤번호)

이 작은 것은 수만㎡이다. 주거지와 무덤이 비교적 규칙적으로 배열되어 있어 정착사회에 속함을 알 수 있다(자료 7). 조(粟)·토기·삽·갈판·갈돌 등이 출토되었으며, 집돼지도 발견되었다. 이는 농업이 일정 수준에 도달했음을 보여준다.

그러나 당시 주요 경제활동은 농업이 아닌 어로·수렵·채집이었을 것으로 추정된다. 주로 호랑이·물소·꽃사슴·노루·여우·너구리·멧돼지 등 비교적 많은 야생짐승류의 뼈가 출토되었고, 두드럭조개·바지락·청어·초어·메기 등 수중 패각류와 어류 등이 출토되었다.

후리문화의 생산력은 전반적으로 낮은 수준으로 잉여 재화는 거의 없었을 것이다. 사회구성원들은 비교적 평등한 관계를 이루고 있어 일반적으로 원시씨족부락 단계에 속한다고 본다.

북신문화

(1) 분포와 연대

중국과학원 고고연구소 산동대(山東隊)가 1964년 등현(滕縣) 북신(北辛)유적을 조사하던 중 발견했다. 1978~1979년 대규모 발굴조사를 진행하여 해당 문화를 북신문화라 명명했다. 관련 유적은 100여 곳으로 주로 태기(泰沂)산맥의 남북 양측 일대에 분포한다.

교동반도의 '백석촌(白石村) 1기 문화'도 이 문화 계통으로 추정된다. 이외 강소성 북부에서도 발견되었다. 이 중 산동 남부의 문하(汶河)·사하(泗河) 유역과 소북 일대는 이 문화의 중심 지역이다. 대표적인 유적으로는 등주(滕州) 북신(北辛), 문상(汶上) 동가백(東賈柏), 태안(泰安) 대문구(大汶口), 연주(兗州) 왕인(王因), 추평(鄒平) 원성(苑城) 등이 있다.[8]

---

8 中國社會科學院考古研究所山東隊·山東省滕縣博物館, 1984, 「山東滕縣北辛遺址發掘報告」, 『考古學報』 2; 中國社會科學院考古研究所山東工作隊, 1993, 「山東汶上縣東賈柏村新石器時代遺址發掘簡報」, 『考古』

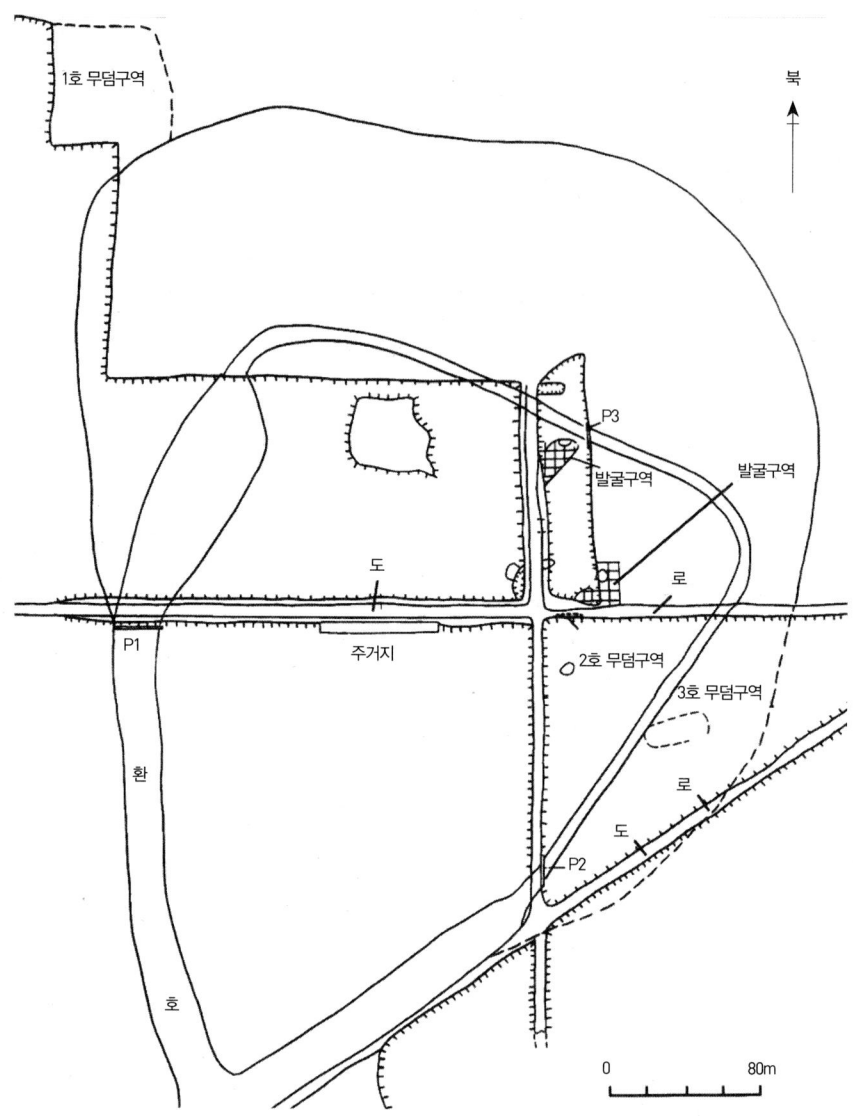

자료 7 | 소형산유적의 후리문화 환호 취락 평면 배치도

6; 山東省文物考古研究所, 1997, 『大汶口續集』, 科學出版社; 中國社會科學院考古研究所, 2000, 『山東王因一新石器時代遺址發掘報告』, 科學出版社; 濟寧市文物考古研究室, 1996, 「山東濟寧市張山遺址的發掘」, 『考古』4; 山東大學歷史系考古專業, 1989, 「山東鄒平縣苑城早期新石器文化遺址調査」, 『考古』6; 山東省文物考古研究所, 1992, 鄒平苑城西南莊遺址勘探·試掘簡報」, 『考古與文物』2; 煙臺市博物館, 2000, 「煙臺白石村遺址發掘報告」, 『膠東考古』, 文物出版社.

북신문화는 북신과 원성의 두 유형으로 구분된다. 전자는 태기산맥 남측의 문하와 사하 유역에 분포하고, 후자는 태기산맥 북측의 소청하(小淸河)·치하(淄河) 유역에 분포한다. 지세는 주로 낮은 산구릉과 산 전면의 평원이다(84쪽 자료 1 참조).

일반적으로 북신문화는 후리문화를 계승하여 이후 대문구문화로 발전한 것으로 알려져 있다. 시기는 전기·중기·후기의 3기로 구분하고, 절대 연대로는 전기를 약 7,300~6,800년 전, 중기를 약 6,800~6,400년 전, 후기를 약 6,400~6,100년 전으로 본다. 북신문화의 전체적인 연대는 지금으로부터 7,300~6,100년 전이다.

(2) 특징

북신문화는 완전한 취락이 형성된 단계이며, 면적은 5만㎡ 정도로 작은 편이다. 취락 내에 주거지·수혈·토기가마 등이 있다. 무덤은 보통 취락 근처에 위치한다.

주거지는 원형과 타원형의 반지하식 수혈주거지이다. 면적은 10㎡ 정도이고, 소형은 3~5㎡ 정도이다. 출입구는 계단식 혹은 비탈식으로 조성했다. 실내의 바닥과 벽은 불로 구웠으며, 청회색 혹은 적색을 띤다(자료 8).

무덤은 장방형 토광수혈묘가 주를 이루며, 관 등의 장구는 없다. 장식(葬式)은 단인앙신직지장이 주를 이루고 대부분 부장품이 없다. 매장 방향은 절대 다수가 머리는 동향, 다리는 서향이다. 성년의 두개골에서 발치하는 습속이 보편적으로 확인된다(자료 9). 이는 이후 단계인 대문구문화·용산문화의 습속과 일치하는데, 이들이 동일한 동이문화에 속한다는 것을 보여주는 증거로 해석되기도 한다.

석기는 마제석기가 주를 이루지만 타제석기도 상당한 비율을 점한다. 종류는 도끼·자귀·삽·칼·낫·갈판·갈돌·송곳·찍개·긁개·판상형 석기

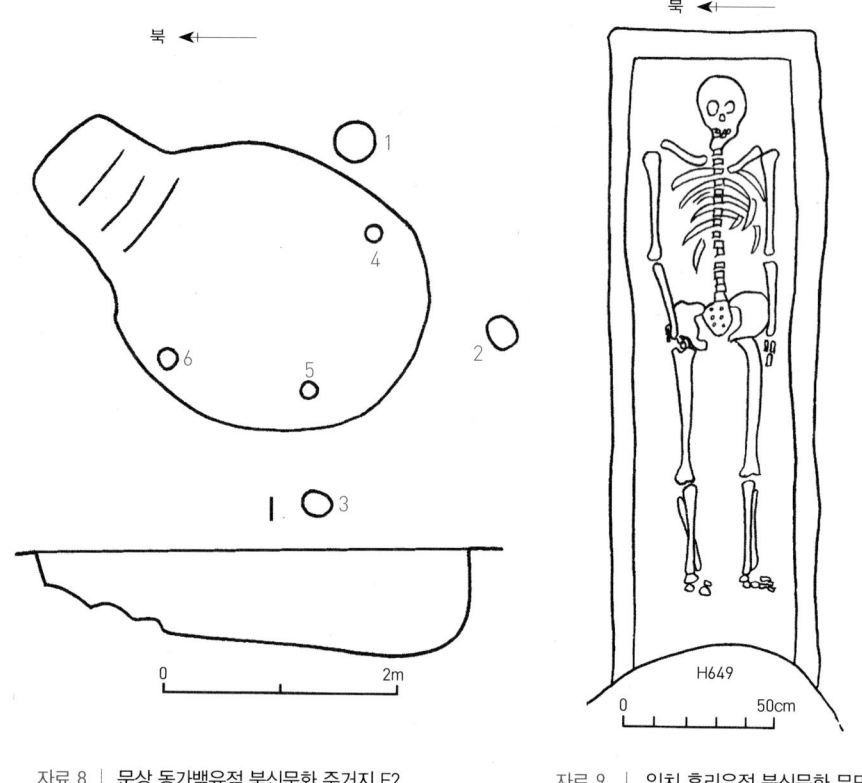

| 자료 8 | 문상 동가백유적 북신문화 주거지 F2 평면도(상) 및 단면도(하) 1~6. 기둥 구멍 |
| 자료 9 | 임치 후리유적 북신문화 무덤 M19 평면도 |

등이 있다(자료 10). 골(骨)·각(角)·상아(牙)·패각기(蚌器)도 상당히 많다.

토기는 협사도 위주로 황갈색이 주를 이루며 내외벽의 색조는 얼룩이 많고 화도는 비교적 낮다. 태토는 비교적 두꺼우며 손으로 빚어 만들었다. 니질도는 소량이고 홍도가 주를 이룬다. 소량의 회도도 확인되는데, 색조가 비교적 일정하고 태토가 균일하고 얇다. 무문토기가 제일 많다. 문양이 있는 경우 부가퇴문(附加堆紋)과 각획문(刻劃紋)이 제일 많으며, 그 외 유정문(乳丁紋)·비괄문(篦刮紋)·추자문(錐刺紋)·지압문(指甲紋)·압획문(壓劃紋)이 있다. 채도(彩陶)는 수량이 적으며, 문양은 대상문(帶狀紋)만 확인된다. 모양은 삼족기(三足器)와 환저기(圜底器)가 주를 이루며, 평저기(平

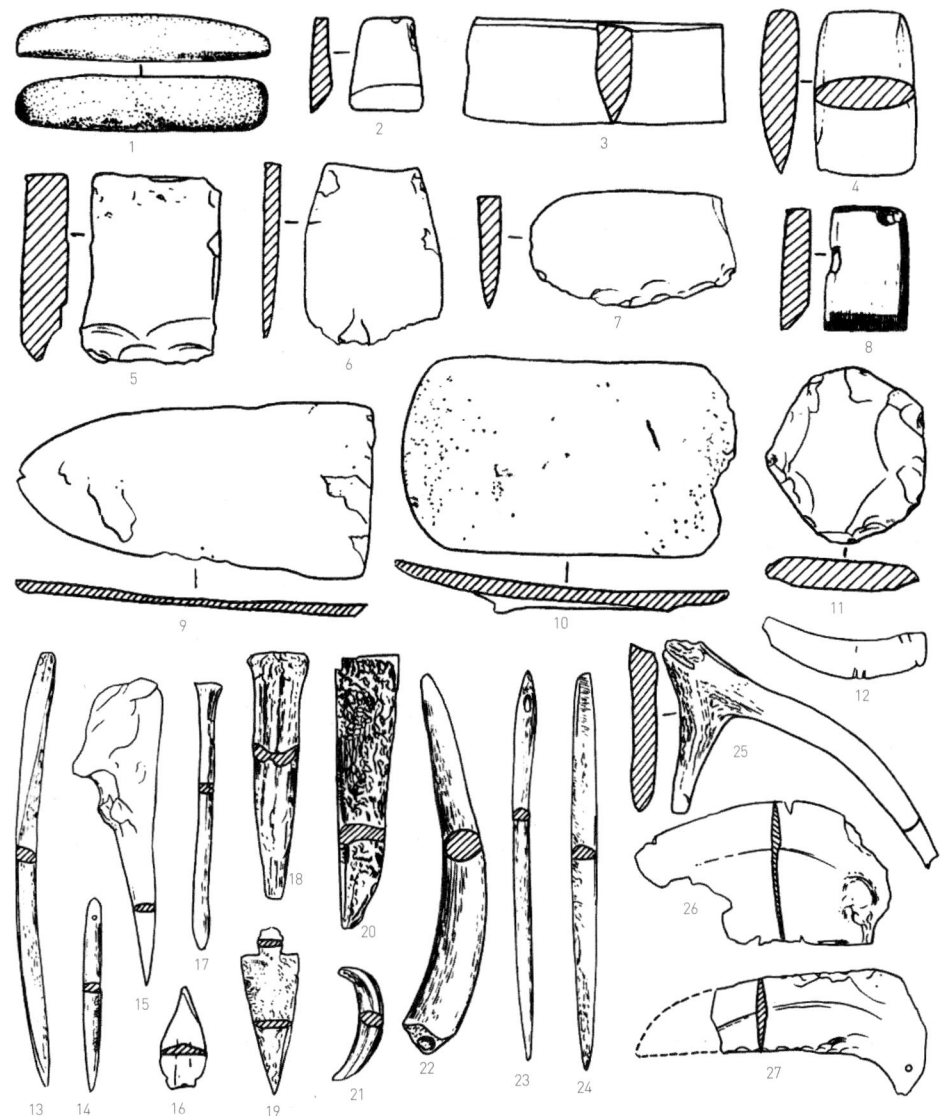

자료 10 | 북신문화 각종 유물
1·8·12·16·14·23·24. 대문구 2. 동가백 3·4·13·17·19~22. 왕인
5·6·9~11·15·18·25·26·27. 북신

底器)도 일정 수량이 있고, 권족기(圈足器)는 비교적 적다. 종류는 정·부·관·분·발·완·고(鼓)·뚜껑·기좌(器座)·지각 등이 있다. 이 중 각종 정(鼎)·환저부(圜底釜)·홍정발(紅頂鉢)·소구쌍이관(小口雙耳罐)과 각종 지각이 대표적이다.

전기의 토기는 협사도가 제일 많고, 기벽은 대부분 다소 두텁고 거칠게 제작되었다. 문양은 그룹을 이루는 좁은 부가퇴문이 확인되지 않는다. 정의 수량이 매우 적고, 발과 부의 수량이 많은 편이다. 돌기형의 소형 삼족이 달린 환저부는 비교적 정교하게 제작되어, 이 시기를 대표하는 토기 중 하나다.

중기의 토기는 좁은 부가퇴문이 그룹을 이루는 각종 문양이 유행하고, 각획문과 유정문도 비교적 많다. 채도가 출현하는데, 적색과 흑색의 대상문이 주로 발과 완의 구연부 바깥쪽에 있다. 정의 수량은 급속히 증가한다. 발형(鉢形)·관형(罐形)·우형(盂形)·부형(釜形) 등 다양하다.

후기의 토기는 좁은 부가퇴문이 그룹을 이루는 문양이 없어지고 주로 각획문 등이 유행한다. 정의 수량이 매우 많은데, 전체적으로 동체가 얕아지고 중기에 유행하던 첨환저(尖圜底)가 소멸하며, 좁은 구연에 동체가 불룩한 분형(盆形) 정의 수량이 제일 많다. 정의 다리는 단면 원형의 긴 송곳형 외에 측면에 삼각형 다리가 있는 형태가 제일 특징적이다(자료 11·12).

(3) 사회와 경제

북신문화의 농업은 후리문화에 비해 뚜렷한 발전을 보인다. 생산공구 중 농기구의 비중이 제일 높고 종류도 증가한다. 석제삽은 흙을 뒤집고 잡초를 제거하는 도구인데 기형이 비교적 크고 정교하게 마연이 되어 있다. 수량도 매우 많아서 북신유적의 경우 돌삽 조각이 1,000여 점 넘게 발견되었다. 석제 칼·낫, 패각제 삽·낫 등이 새롭게 출현한다. 농작물은 주로

분기 \ 토기이름	정(鼎)				절복부 (折腹釜)	쌍이관 (雙耳罐)	발(鉢)	지각(支脚)
	관형(罐形)		발형(鉢形)	우형(于形)				
조기 1					14	17	22	
중기 2	1	3	9		15	18	23	
중기 3	2	6	10	11	16	19	24	27
만기 4	4	7		12		20	25	28, 29
만기 5	5	8		13		21	26	30

자료 11 **북신문화 토기 분기도**
1. 북신 H1001:26 2. 동가백 H13:4 3. 북신 H706:23 4. 동가백 H2:5 5. 왕인 H1:6 6. 대문구 T71⑦:1
7. 대문구 T73⑤B:8 8. 대문구 H31:7 9. 북신 H706:1 10. 동가백 H13:34 11. 북신 H307:15
12. 대문구 ⅠT315⑤B:45 13. 대문구 T74⑤B:14 14. 북신 H601:20 15. 북신 H616:26 16. 북신 H14:15
17. 장산 J1:5 18. 북신 H1002:12 19. 동가백 H13:32 20. 왕인 T270⑤:1 21. 왕인 T406④하:110
22. 북신 H713:28 23. 북신 H1001:22 24. 북신 H20:50 25. 북신 H32:26 26. 대문구 T413⑤B:37
27. 북신 H506:4 28. 대문구 H24:4 29. 대문구 H29:4 30. 대문구 H30:3

자료 12 **북신문화 토기**
1·2. 북신 3·4. 백석촌

조류(粟類)가 대부분이다. 곡식을 가공하는 도구로 갈판과 갈돌도 출토되었다. 이는 북신문화의 농업이 후리문화에 비해 비교적 발전했음을 말해준다.

농업의 발전과 안정적인 정착생활은 가축사육을 신속하게 확산시켰다. 가축은 주로 돼지를 키웠으며, 개와 소 등도 있었을 것이다. 원시 수공업도 빠르게 발전했다. 석기의 수량이 후리문화에 비해 크게 증가하고, 마제석기가 타제석기를 대신해 주도적인 위치를 점하게 된다. 골기의 제작이 상당히 정교해졌는데, 절대 다수가 기물 전체를 마연하여 제작되었다. 토기 제작기술에도 큰 진전이 보이는데, 회전판이 대표적이다. 토기의 소성온도는 후리문화에 비해 상승하여 저화도 토기는 사라지고 종류도 현저하게 다양해진다.

이러한 현상은 북신문화의 생산력 수준이 후리문화에 비해 크게 향상되었으며, 재화의 수량도 증가하여 사회관계에 미묘한 변화가 생겨났음을 보여준다.

매장에서는 다인합장(多人合葬) 현상이 나타난다. 과거에는 이를 모계씨족사회제도를 반영하는 것으로 보았으나, 현재는 그 외의 복잡한 원인이 있었을 것으로 추정하고 있다.

주거지의 구조에도 중요한 변화가 보인다. 먼저 주거지의 면적이 현저하게 좁아진다. 후리문화처럼 면적이 수십㎡에 이르는 주거지는 사라지며, 일반적으로 5㎡ 정도가 대부분이고, 10㎡를 초과하는 경우는 매우 적다. 이러한 변화는 가족(공동체)이 출현했음을 알려주는 표지다. 주거지 내부구조에도 중요한 변화가 발생하는데, 주로 노지의 수량이 감소하는 데서 나타난다. 후리문화에서 확인되던 여러 개의 노지가 있는 주거지는 사라지는데, 이 역시 가족 공동체 출현의 표지다.

따라서 북신문화의 사회구조에 비교적 큰 변화가 발생했음을 알 수 있다. 즉, 사회 단위로서의 가족공동체가 출현하기 시작한 것이다. 이는 북신문화에 가족 사유제가 출현하고, 사회 전체적으로 비교적 발전된 부락 단계에 접어들었음을 의미한다.

대문구문화

(1) 분포와 연대

1959년 발굴된 태안(泰安) 대문구유적[원래는 보두(堡頭) 유적으로 불림]을 표지로 명명되었다. 현재 550여 곳이 넘는 유적이 발견되었으며, 50여 곳이 정식 조사되었다. 주로 산동성 태산산맥 주위에 분포하며, 동으로는 황해에 접하고, 북으로는 발해해협에 이른다. 서로는 대운하, 남으로는 소북(蘇北)·완북(皖北)·예동(豫東) 등지에 달한다. 주요 유적으로는 태안(泰安) 대문구(大汶口), 연주(兗州) 왕인(王因), 추성(鄒城) 야점(野店), 곡부(曲阜) 서하후(西夏侯), 치평(茌平) 상장(尙莊), 광요(廣饒) 오촌(五村), 교주(膠州) 삼리하(三里河), 거현(莒縣) 능양하(陵陽河)와 대주촌(大朱村), 오련(五蓮) 단토(丹土), 봉래(蓬萊) 자형산(紫荊山), 장도(長島) 북장(北莊), 강소(江蘇) 비주(邳州) 유림(劉林)과 대돈자(大墩子), 신기(新沂) 화청(花廳), 안휘(安徽) 몽성(蒙城) 위지사(尉遲寺), 하남(河南) 단성(鄲城) 단채(段寨) 등이 있다(자료 13).[9]

---

9   山東省文物管理處·濟南市博物館, 1974,『大汶口』, 文物出版社; 山東省文物考古研究所, 1997,『大汶口續集』, 科學出版社; 中國社會科學院考古研究所, 2000,『山東王因――新石器時代遺址發掘報告』, 科學出版社; 山東省博物館 等, 1985,「鄒縣野店」, 文物出版社; 中國科學院考古研究所山東隊, 1964,「山東曲阜西夏侯遺址第一次發掘報告」,『考古學報』 2; 中國社會科學院考古研究所山東工作隊, 1986,「西夏侯遺址第二次發掘報告」,『考古學報』 3; 山東省文物考古研究所, 1985,「茌平尙莊新石器時代遺址」,『考古學報』 4; 山東省文物考古研究所 等, 1989,「廣饒縣五村遺址發掘簡報」,『海岱考古』 第1輯, 山東大學出版社; 中國社會科學院考古研究所山東隊, 1988,「膠縣三里河」, 文物出版社; 山東省文物考古研究所, 1987,「山東莒縣陵陽河大汶口文化墓葬發掘簡報」,『史前研究』 3; 山東省文物考古研究所 等, 1991,「莒縣大朱家村大汶口文化墓葬」,『考古學報』 2; 山東省文物考古研究所, 2000,「五蓮丹土發現大汶口文化城址」,『中國文物報』 1月 17日; 楊波, 1996,「五蓮縣丹土遺址出土玉器」,『故宮文物月刊』 第14卷第1期; 山東省博物館, 1973,「山東蓬萊紫荊山遺址試掘簡報」,『考古』 1; 北京大學考古實習隊 等, 1987,「山東長島北莊遺址發掘簡報」,『考古』 5; 江蘇省文物工作隊, 1962,「江蘇邳縣劉林新石器時代遺址第一次發掘」,『考古學報』 1; 南京博物院, 1965,「江蘇邳縣劉林新石器時代遺址第二次發掘」,『考古學報』 1; 南京博物院, 1964,「江蘇邳縣四戶鎭大墩子遺址發掘報告」,『考古學報』 2; 南京博物院, 1981,「江蘇邳縣大墩子遺址第二次發掘」,『考古學集刊1』,

자료 13 | 대문구문화의 주요 유적 분포도

　보정을 거친 C14 연대에 의하면, 대문구문화는 전기·중기·후기의 3기로 구분된다. 전기는 지금으로부터 6,100~5,500년 전, 중기는 5,500~5,000년 전, 후기는 5,000~4,600년 전에 해당한다. 대문구문화는 북신문화에서 발전하여, 이후 산동용산문화로 발전한 것으로 추정된다.

(2) 지역유형의 발전

대문구문화는 지속 연대가 길고 분포범위도 넓다. 개괄적으로 보면, 산동

中國社會科學出版社; 南京博物院, 2003, 『花廳――新石器時代墓地發掘報告』, 文物出版社; 中國社會科學院考古硏究所, 2001, 『蒙城尉遲寺』, 科學出版社; 中國社會科學院考古硏究所·安徽省蒙城縣文化局, 2007, 『蒙城尉遲寺』(第二部), 科學出版社; 河南省文物研究所, 1981, 「郾城段寨遺址試掘」, 『中原文物』 3; 昌濰地區文物管理組 等, 1980, 「山東諸城呈子遺址發掘報告」, 『考古學報』 3.

성 전역을 포괄하는 동시에 부근의 성(省)까지 파급된다. 각 단계별로 지역적으로 확장되는 경향이 뚜렷하다.

전기 단계에는 이전의 북신문화 분포지역에서 대문구문화가 확인된다. 주로 산동 남부의 문수·사수 유역[汶泗流域]과 강소 북부의 기하·술하[沂沭河] 하류에 분포한다. 이곳에서 발전된 유형이 각각 왕인(王因)유형과 유림(劉林)유형이다. 교동반도에서도 대문구문화 전기 유적이 발견되는데, 이를 자형산(紫荊山)유형이라고 한다. 자형산유형은 앞의 두 유형과 지역적으로 격리되어 있다. 따라서 이 문화가 어떻게 교동반도에 들어오게 되었는지는 연구가 더 필요하다.

중기와 후기 단계가 되면, 대문구문화의 분포에 뚜렷한 변화가 나타난다. 문사 유역이 번영하여 전체 문화구역의 중심지대가 되어 대문구유형을 이룬다. 강소 북부의 기하와 술하 하류 역시 계속 발전하여 화청(花廳)유형이 된다. 교동반도에서는 발전이 상대적으로 느린 편이긴 하나 북장(北莊)유형이 형성된다. 지역적으로 북으로 요동반도 남단까지 진출한다.

이 외, 이 시기 대문구문화의 주민들은 사방으로 진출하여 이전 단계의 지역문화에 큰 변화를 가져오며 새로 진입한 지역의 문화에 강한 영향을 미친다. 동쪽으로는 산동 동부의 남쪽에 있는 기하와 술하 중·상류에 진입하여 지역적으로 능양하(陵陽河)유형을 발전시킨다. 그 후 다시 동쪽의 유하와 미하[濰彌河] 유역으로 진출하여 삼리하(三里河)유형을 형성한다. 북으로는 산동 서북부의 소청하(小淸河)와 도해하(徒駭河) 중·상류 지역으로 진출하여 상장(尙莊)유형을 이룬다. 다시 동으로 산동 북부의 치하(淄河)와 효부하(孝婦河) 유역으로 진입하여 오촌(五村)유형을 형성한다. 서로는 회하(淮河) 북쪽 지류인 완북과 예동 일대로 진출하여 위지사(尉遲寺)유형을 형성한다. 그 후 다시 서쪽의 하남 중부와 서부 일대로 깊숙이 진입한다(자료 13).

(3) 토기의 특징

대문구문화의 토기는 매우 뚜렷한 특징을 갖고 있다. 협사와 니질 홍도(紅陶) 위주로 회도(灰陶)와 흑도(黑陶)가 있고, 소량의 경질 백도(白陶)가 확인된다. 니질도는 누공(鏤孔)·획문(劃紋)이 주로 시문되고, 채도와 간단한 주칠(朱繪)을 한 토기가 있다. 경질토기는 일부 부가퇴문 혹은 남문(籃紋)이 시문되기도 한다. 삼족기·권족기가 발달하고 평저기·환저기와 대족기도 있다.

전기에는 홍도가 대다수를 점한다. 모두 손으로 빚은 수제이며 소성도가 비교적 낮다. 토기의 종류가 많지 않고 기형이 간단하다. 주요 종류는 고형기(觚形器)·부형정(釜形鼎)·발형정(鉢形鼎)·채도분(彩陶盆)·발(鉢) 등이

자료 14 **대문구문화의 채도**
1. 대구 출토 화(盉) 2. 대문구 출토 발 3. 대문구 출토 호 4. 오촌 출토 정
5. 왕인 출토 고형배(觚形杯)

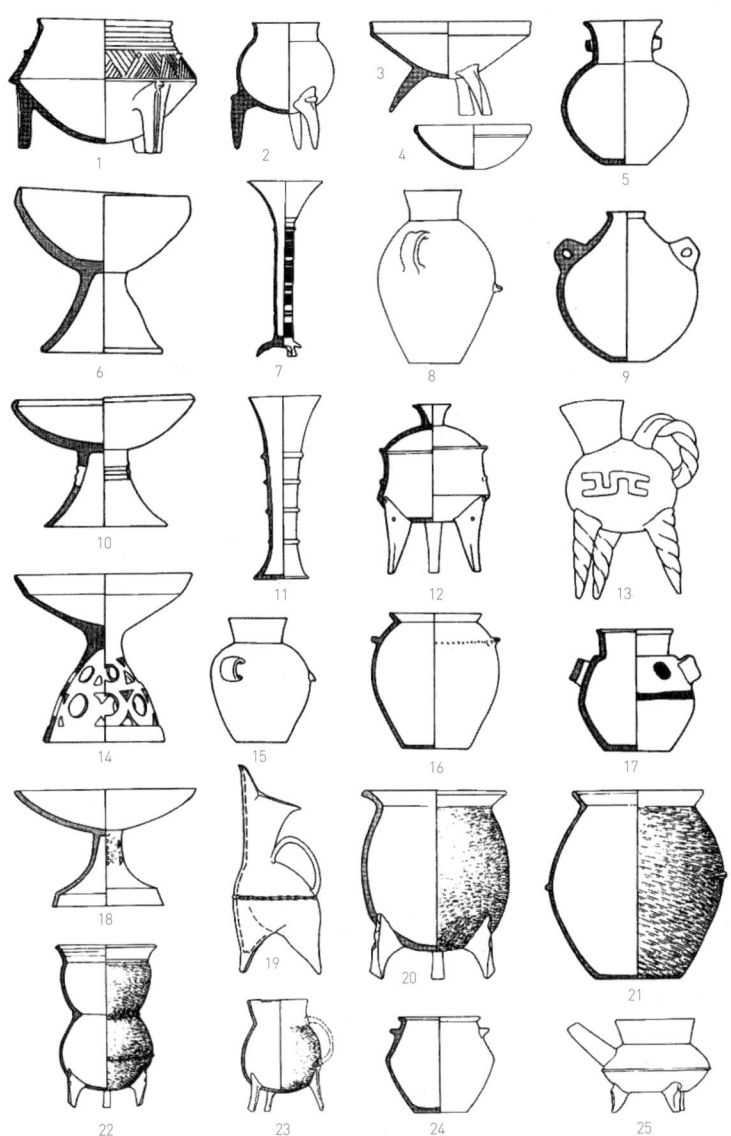

자료 15 | 대문구문화 토기 분기도(위에서부터 전기·중기·후기)
1~4·7·9. 왕인 5·6·8·10·12·14~17·24·25. 대문구
11·13. 야점 18. 능양하 19~23. 위지사

있다. 채도는 단색의 적색과 흑색 토기가 있다. 다소 늦은 시기에는 여러 가지 색을 채색한 토기와 화판문(花瓣紋)·원점구엽문(圓點鉤葉紋)·능형문(菱形紋) 등의 문양이 유행한다.

중기에는 홍도가 여전히 많고, 소량의 회도와 백도가 출현한다. 회전판 기술이 사용되기 시작한다. 백도의 소성온도는 비교적 높고 토기의 종류도 다양해진다. 주요 토기로는 절복관형정(折腹罐形鼎)·실족규(實足鬹)·대누공권족두(大鏤孔圈足豆)·심복배호(深腹背壺) 등이 있다. 채도의 문양은 전기에 유행하던 화판문 외에 파절문(波折紋)·방격문(方格紋)이 많이 사용되며, 다소 늦게 적색의 원점채회(圓點彩繪)가 출현한다(자료 14).

후기에는 회도·백도 혹은 황도(黃陶)가 급증한다. 홍도는 매우 적다. 회전판으로 생산한 얇은 기벽의 토기가 만들어진다. 예를 들면, 마광흑도고병배(磨光黑陶高柄杯)는 두께가 1mm 정도밖에 안 되어 당시 토기 제작기술의 높은 수준을 보여준다. 이후 용산문화의 단각도(蛋殼陶)가 출현할 수 있게 하는 조건이 되기도 한다. 종류는 남문정(籃紋鼎)·대족규(袋足鬹)·절복두(折腹豆)·병(瓶)·마광흑도고병배(磨光黑陶高柄杯)·남문대구준(籃紋大口尊) 등이 있다. 한편, 채도의 수량이 감소하고 나선문(螺旋紋)이 유행한다(자료 15).

(4) 경제와 사회

대문구문화는 북신문화에 비해 경제가 비약적으로 발전했다. 농업은 대문구문화에서 제일 주요한 생업이었다. 정교한 농기구가 제작되었고, 석기는 대부분 마연을 거쳐 인부를 날카롭게 제작했다. 농작물은 조가 주를 이룬다. 술잔의 발견이 보편적인데, 능양하유적에서는 무덤 1기에서 100여 점의 술잔이 출토되기도 했다.

가축 사육 역시 중요한 생계 분야였다. 가축으로는 돼지·개·소·양, 가금류로는 닭이 있으며, 이 중 육류의 주요 공급원인 돼지가 제일 중요했

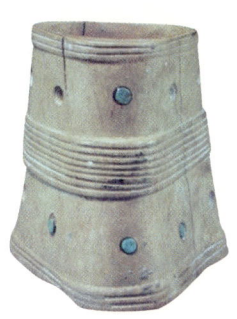

자료 16 | 대문구유적 출토 장신구

다. 어로와 수렵은 적어졌다. 노루·(꽃)사슴·삵·고라니·양자강 악어 등의 뼈가 발견되었고, 석모(石矛)·골모(骨矛) 등 대형 사냥도구와 많은 수의 어망추도 발견되었다. 주요 어획 대상은 어류와 패각류였다.

바닷가와 호수 주변 지역에서는 어로와 수렵 생산활동 중 어획을 위주로 하며, 수렵이 그다음이다. 반면, 구릉 지대에서는 수렵을 위주로 하고 어획이 그다음이 된다.

수공업도 발전하였는데, 토기·옥기·석기·골아(骨牙) 제작이 두드러진다. 일부 무덤에서는 완전한 조합을 이루는 대·중·소형의 돌자귀가 부장되어 있고, 옥으로 만든 정교한 삽이 출토되기도 했다. 특히 중·후기에는 투조와 상감 기술이 성숙기에 접어들었다. 대문구유적에서 출토된 16개의 살을 투조한 상아로 만든 빗은 정교하고 아름답게 제작되어 공예기술이 매우 뛰어났음을 알 수 있다(자료 16).

대문구문화의 사회에서는 두개골을 인위적으로 변형하고 치아를 뽑는 발치 습속이 성행했다(일반적으로 상악 앞니 양옆의 절치부를 뽑는다). 이는 무덤에서 나타나는 대문구문화 특유의 습속이다. 그 외 사자(死者)와 함께 노루 이빨로 만든 갈고리 및 거북 등껍질 등을 부장하는 것 역시 다른 지역의 신석기시대 문화에서는 보기 힘든 습속이다.

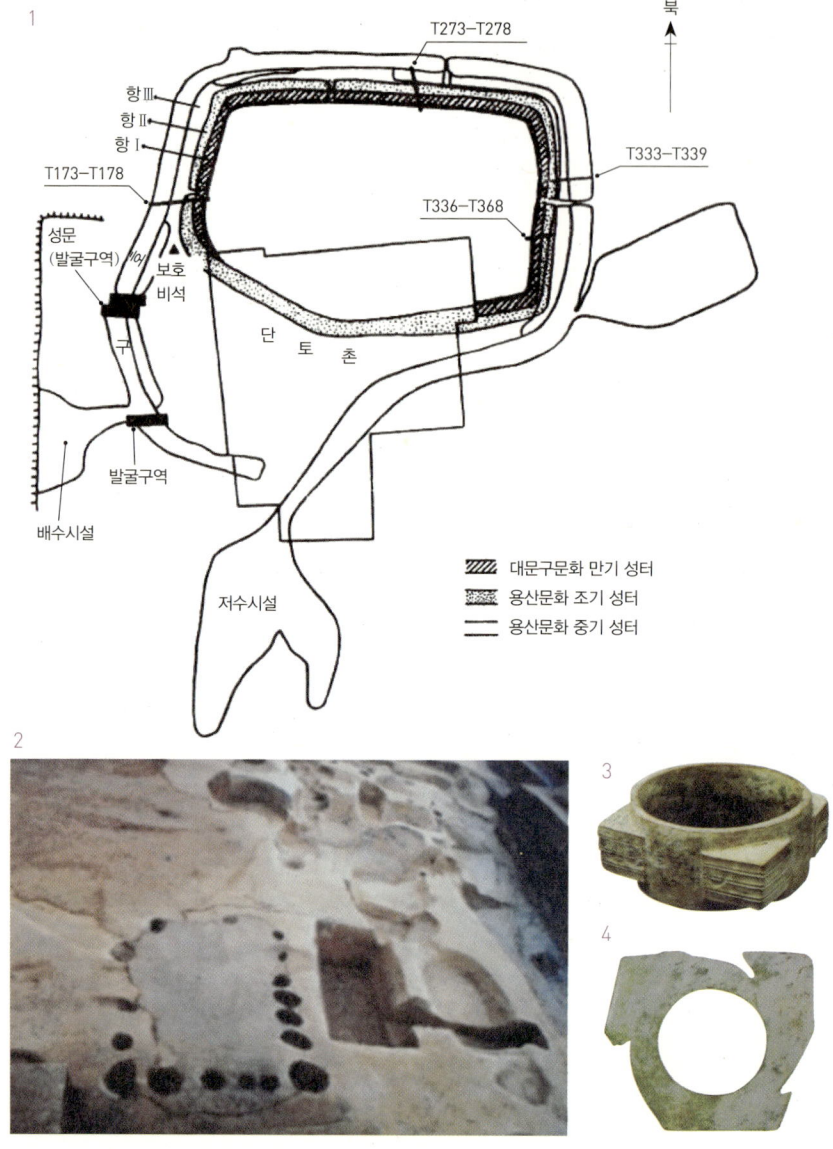

자료 17 | 단토성 및 출토유물
1. 성 평면도 2. 성문 발굴현장 3. 옥종(玉琮) 4. 옥선기(玉璇璣)

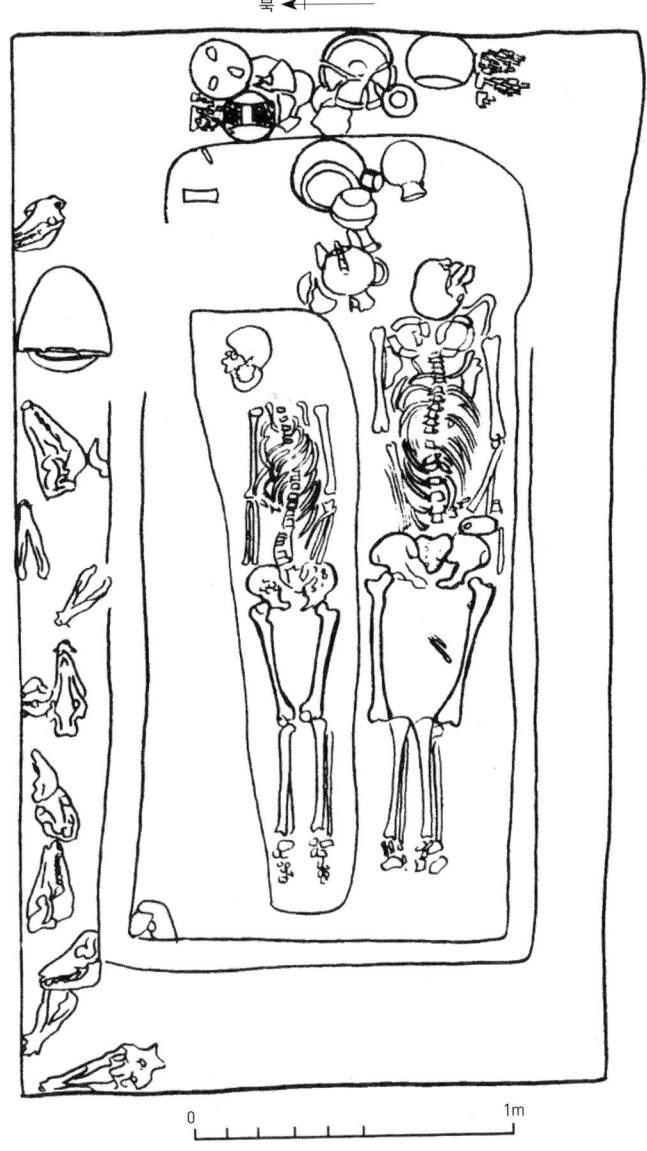

자료 18 | 대문구유적 M13 평면도

자료 19 | 대문구유적 M10 평면도

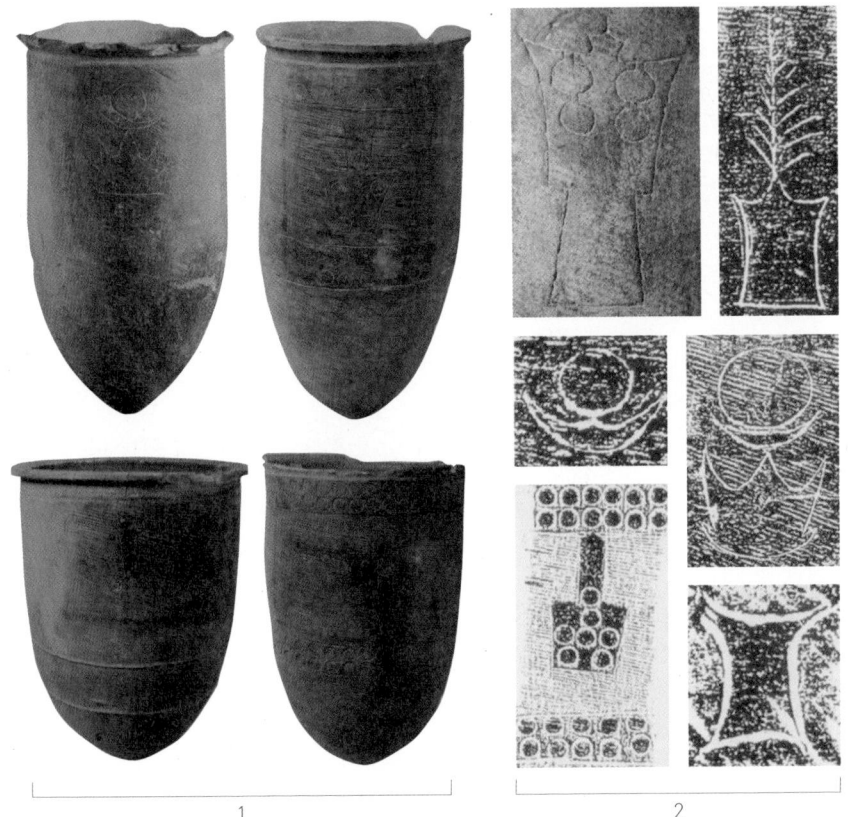

자료 20 | 대문구문화 토기 및 토기 겉면의 부호들
1. 능양하유적 2. 능양하 및 위지사 유적

오련(五蓮) 단토(丹土)에서 대문구문화 말기의 성지(城址)가 발견되었다. 면적은 10만㎡에 다소 못 미치는데 이곳에서 정교하고 아름다운 옥기가 출토되었다(자료 17).

무덤은 대문구문화의 사회발전 단계를 명확하게 보여주는데, 현재까지 1,300여 기가 발굴되었다. 전기 무덤들은 부장품의 수량과 질에 큰 차이가 없으나, 빈부의 분화 현상이 나타나고 남녀 분업이 상당히 뚜렷하게 발견된다. 중기에는 무덤의 규모와 장구(葬具), 부장품 등에서 빈부 차이가 뚜렷이 드러나며, 남녀 합장묘가 비교적 많다(자료 18). 이는 가족 사유제가 공고해졌으며, 부락 사이의 전쟁도 빈번하고 사회 내부적·외부적 교류가 증가하였음을 보여준다. 후기에는 빈부의 분화가 더욱 심해지고, 계급의 대립을 곳곳에서 볼 수 있다. 일부 무덤은 간단하고 작으며, 부장품이 매우 적거나 없기도 하다. 반면, 대문구 M10 같은 무덤은 규모가 매우 크고, 매장시설의 구조도 상당히 복잡하며, 부장품 수량이 100여 점을 넘기도 한다. 사자는 정교한 옥제장신구를 패용하고, 옥제삽과 상아로 만든 장신구, 100점에 달하는 아름다운 토기와 함께 매장된다. 또한 짐승의 뼈, 돼지 머리와 중요한 예기였을 '타고(鼉鼓: 양자강 악어가죽으로 만든 북)'의 일부로 추정되는 악어 가죽판이 출토되기도 한다(자료 19).

능양하유적은 대형묘와 소형묘가 구역을 달리하여 매장된 경우다. 또한 원시문자가 새겨진 토기가 출토되었다. 이는 대문구문화 후기 사회가 추방(酋邦) 단계에 진입했음을 보여준다(자료 20).

산동용산문화

(1) 분포와 연대

해대(海岱)용산문화는 1930년에 발굴된 장구(章丘) 성자애(城子崖)유적을 표지로 명명되었으며, 전형(典型) 용산문화라고도 불린다. 1990년대 통계에 따르면 용산문화 유적은 1,000여 곳이 발견되었고, 그중 60여 곳이 정식 조사되었다. 분포범위는 산동성 전역을 아우르며, 강소 북부, 안휘 북부와 하남 동부의 일부 지역을 포함한다. 주요 유적으로 장구 성자애, 추평(鄒平) 정공(丁公), 임치(臨淄) 전왕(田旺), 수광(壽光) 변선왕(邊線王), 유방(濰坊) 요관장(姚官莊), 임구(臨朐) 서주봉(西朱封), 유현(濰縣) 노가구(魯家口), 서하(栖霞) 양가권(楊家圈), 일조(日照) 양성진(兩城鎭), 동해욕(東海峪), 요왕성(堯王城), 임기(臨沂) 대범장(大範莊), 사수(泗水) 윤가성(尹家城), 연주(兗州) 서오사(西吳寺), 양곡(陽穀) 경양풍(景陽風), 하남의 용성(永城) 왕유방(王油

坊), 녹읍(鹿邑) 난대(欒臺) 등이 있다(자료 21).[10]

　보정을 거친 C14 연대측정 결과, 용산문화의 존속 연대는 지금으로부터 4,600~4,000년 전이며, 일부 지역의 하한은 3,900년 혹은 3,800년 전까지 내려온다. 분기는 난풍실(欒豊實)이 제시한 6기 9단설이 많이 채용된다. 학자에 따라 크게 전·후 두 단계로, 각 단계는 3기로 다시 구분하기도 한다.[11] 이 글에서는 전통적인 전·중·후의 분기법을 따르고, 전부 6기로 구분하는 안을 살펴보겠다. 즉, 전기 단계는 1·2기를 포함하고, 중기 단계

10　傅斯年·李濟 等, 1934, 『城子崖―山東曆城縣龍山鎭之黑陶文化遺址』, 國立中央研究院歷史語言研究所; 山東省文物考古硏究所, 1990, 「城子崖遺址有重大發現――龍山岳石周代城址重見天日」, 『中國文物報』, 7月 26日; 張學海, 1993, 「城子崖與中國文明」, 『紀念城子崖遺址發掘60周年國際學術討論會文集』, 齊魯書社; 山東大學歷史系考古專業 等, 1989, 「山東鄒平丁公遺址試掘簡報」, 『考古』 5; 山東大學歷史系考古專業, 1992, 「山東鄒平丁公遺址第二·三次發掘簡報」, 『考古』 6; 山東大學歷史系考古專業, 1993, 「山東鄒平丁公遺址第四·五次發掘簡報」, 『考古』 4; 山東大學歷史系考古教硏室, 1992, 「鄒平丁公發現龍山文化城址」, 『中國文物報』 1月12日; 魏成敏, 2003, 「臨淄區田旺龍山文化城址」, 『中國考古學年鑒·1993』, 文物出版社; 孫波, 2003, 「桐林田旺遺址調查與試掘」, 『中國考古學年鑒·2002』, 文物出版社; 山東省文物考古硏究所, 2015, 「壽光邊線王龍山文化城址的考古發掘」, 『海岱考古』 第8輯, 科學出版社; 北京大學考古實習隊, 1987, 「山東昌樂縣鄒家莊遺址發掘簡報」, 『考古』 5; 山東省文物考古硏究所, 1981, 「山東姚官莊遺址發掘報告」, 『文物資料叢刊』 第5輯; 山東省文物考古硏究所, 1989, 「臨朐縣西朱封龍山文化重槨墓的淸理」, 『海岱考古』 第1輯, 山東大學出版社; 中國社會科學院考古硏究所山東工作隊, 1990, 「山東臨朐朱封龍山文化墓葬」, 『考古』 7; 中國社會科學院考古所山東工作隊·山東省濰坊地區藝術館, 1985, 「濰縣魯家口新石器時代遺址」, 『考古學報』 3; 濰坊市藝術館·濰坊市寒亭區圖書館, 1984, 「山東濰縣獅子行遺址發掘簡報」, 『考古』 8; 中國社會科學院考古硏究所山東隊, 1985, 「山東省長島縣砣磯島大口遺址」, 『考古』 12; 山東省文物考古硏究所等, 1984, 「山東棲霞楊家圈遺址發掘簡報」, 『史前硏究』 3; 北京大學考古實習隊, 2000, 「棲霞楊家圈遺址發掘報告」, 『膠東考古』, 文物出版社; 王洪明, 1985, 「山東省海陽縣史前遺址調查」, 『考古』 12; 中國社會科學院考古硏究所, 1988, 「膠縣三里河」, 文物出版社; 昌濰地區文物管理組 等, 「山東諸城呈子遺址發掘報告」, 『考古學報』 3; 中美兩城地區聯合考古隊, 2004, 「山東日照市兩城鎭遺址1998~2001年發掘簡報」, 『考古』 9; 中美聯合考古隊, 2016, 『兩城鎭―1998~2001年發掘報告』, 文物出版社; 東海峪發掘小組, 1976, 「一九七五年東海峪遺址的發掘」, 『考古』 6; 臨沂地區文管會 等, 1985, 「日照堯王城龍山文化遺址試掘簡報」, 『史前硏究』 4; 中國社會科學院考古硏究所山東工作隊·山東省文物考古硏究所, 2015, 「山東日照市堯王城遺址2012年的調査與發掘」, 『考古』 9; 臨沂文物組, 1975, 「山東臨沂大範莊新石器時代墓葬的發掘」, 『考古』 1; 山東大學歷史系考古專業教硏室, 1990, 『泗水尹家城』, 文物出版社; 國家文物局考古領隊培訓班, 1990, 『兗州西吳寺』, 文物出版社; 山東省文物考古硏究所 等, 1997, 「山東陽穀縣景陽崗龍山文化城址調査與試掘」, 『考古』 5; 山東省文物考古硏究所, 1985, 「茌平尙莊新石器時代遺址」, 『考古學報』 4; 中國社會科學院考古硏究所河南二隊, 1987, 「河南永城王油坊遺址發掘報告」, 『考古學集刊·5』, 中國社會科學出版社; 河南省文物硏究所, 1989, 「河南鹿邑欒台遺址發掘簡報」, 『華夏考古』 1.

11　欒豊實, 1997, 「海岱龍山文化的分期和類型」, 『海岱地區考古硏究』, 山東大學出版社.

자료 21 | 산동용산문화의 주요 유적 분포도

는 3·4기를, 후기 단계는 5·6기를 포함하며, 각 단계는 약 200년이 된다. 용산문화는 대문구문화를 계승하여 형성된 것이고, 이후 악석문화로 발전하는 것으로 보고 있다.

(2) 지역유형의 발전

중국 학계는 600년 이상 지속된 산동용산문화를 대부분 하나의 흐름에서 이해하거나, 또는 전·후 두 단계의 시간 순서에 따라 6개의 지역유형으로 구분하기도 한다. 즉 성자애(城子崖)유형(산동 서북부의 소청하와 도해하 일대), 윤가성유형(산동 남부의 문사하 유역), 요관장유형(유하와 미하 유역), 요왕성유형(산동 동남부 기하·술하 유역과 강소 북부 일대), 양가권유형(교동반도)과 왕유방유형(산동 서남부, 하남 동부와 안휘 북부 지역)이다.

산동용산문화는 존속기간이 대문구문화에 비해 상당히 짧지만, 분포범위는 대문구문화와 동일하여 기본적으로 산동성 전역을 아우르고 주변의 인근 성(省)까지 파급된다. 게다가 분기별로도 지리적 영역 확장 경향이 명확하다. 이 과정에서 형성된 지역유형도 비교적 많고, 각지의 토착문화에 대한 영향도 큰 편이다.

전기 단계에 산동용산문화는 산동 동남부 일대에서 제일 먼저 출현하여 대범장유형을 발전시킨다. 당시 다른 지역은 대부분 대문구문화 후기 혹은 말기의 유적이 존재해서, 용산문화로의 전환이 이루어지지 않았던 것으로 보인다.

중기 단계에는 산동 동남부 기하와 술하 유역이 번영하기 시작하여 산동 지역의 중심이 되는데 이것이 요왕성유형이다. 이를 근거지로 하여 북으로 유하·미하 유역까지 진출하는데 이것이 요관장유형이 된다. 동으로는 교동반도에서 양가권유형이 형성된다. 또한 북쪽의 요동반도 남부까지 확장하여 곽가촌(郭家村)유형을 형성한다.[12]

후기 단계에는 산동 동남부 일대가 급격히 쇠락하고 유하·미하 유역과 교동반도에서도 발전이 멈춘다. 문화 중심이 서쪽의 산동 서북부와 남부 지역으로 옮겨져 각각 성자애유형과 윤가성유형을 이룬다. 이후 이를 근거지로 계속 외부로 확장하는데, 서쪽으로는 산동 서남부, 하남 동부와 안휘 북부 지역에 진출하여 왕유방유형을 발전시킨다. 그 영향은 남으로 태호(太湖) 지역까지 파급되는데, 최근에는 상해(上海) 광부림(廣富林)에서 용산 후기와 유사한 유적이 발견되기도 했다(자료 21).

(3) 분기별 특징

산동용산문화의 6기 유적은 선후 변천관계가 비교적 명확하다. 주거지·

---

12 王靑, 1995, 「試論山東龍山文化郭家村類型」, 『考古』 1.

무덤·토기에 대해 간략하게 소개하면 다음과 같다.

• 제1기: 주거지는 주로 반지하 수혈식 구조이고, 면적은 작은 편이다. 일부 지역에서는 높은 토대[臺基]가 있는 주거지도 출현한다. 무덤은 기본적으로 장방형의 토광수혈묘이고 대부분 단인 1차장과 앙신직지장이다. 묘주의 두개골 뒤통수에 인공적인 변형을 가하고, 발치를 하고 노루 치아를 손에 쥐는 습속은 대문구문화에 비해 감소한다. 무덤의 이러한 특징은 용산문화 전 시기에 걸쳐 큰 변화가 없다.

토기의 경우 흑회도와 갈색도가 비교적 많다. 단각고병두(蛋殼高柄豆)가 대표적이다. 표면에 시문된 문양은 횡·사선의 남문(籃紋)이 많고, 현문(弦紋)과 부가퇴문은 비교적 적다. 종류는 관절연착족관형정(寬折沿鏨足罐形鼎)·중구남문관(中口籃紋罐)·고경관견관(高頸寬肩罐)·세경관족규(細頸罐足鬹)·대구사벽평저분(大口斜壁平底盆)·절복두(折腹豆)·고형호(觚形壺)·엽구수체고병배(碟口瘦體高柄杯) 등이다.

• 제2기: 주거지는 지면식과 토대가 있는 대기식 구조가 비교적 많다. 반지하 수혈식은 감소한다. 흙벽돌을 쌓는 기술이 출현한다. 정공유적·성자애유적에서 성지도 발견되었다. 무덤은 1기와 비교해서 큰 변화가 없다.

토기 중 흑도의 비율이 상승하고, 갈색도도 여전히 많다. 문양은 남문의 비율이 감소하고, 현문이 많다. 종류는 절연산형족관형정(折沿鏟形足罐形鼎)·조장경실족규(粗長頸實足鬹)·실족(實足) 혹은 관족언(款足甗)·고령관(高領罐)·권족반(圈足盤)·환족반(環足盤)·접구조체고병배(碟口粗體高柄杯) 등이다.

• 제3기: 반지하 수혈식 주거지는 적고, 지면식 구조가 많은 편이다. 사면에 도랑을 굴착한 방형 혹은 장방형 주거지가 다수 확인되며, 흙벽돌로 벽체를 조성하는 방식이 증가한다. 무덤의 경우 관곽의 형태가 복잡하고 면적이 20여㎡인 대형무덤이 출현한다(자료 22·23).

토기는 흑도가 제일 많고 회도·갈색도가 그다음이다. 외면에 백색 슬

자료 22 | 임구 서주봉유적 용산문화 대묘 87M1 평면도

자료 23 | 임구 서주봉유적 용산문화 대묘 M202 평면도

립(물감의 일종)을 입힌 홍도가 비교적 많다. 문양 중 남문은 거의 사라지고, 주로 현문이 유행하며, 승문과 방격문이 출현하기 시작한다. 종류는 조수족분형정(鳥首足盆形鼎)·조수(鳥首) 또는 산형족관형정(鏟形足罐形鼎)·장경분당대족규(長頸分襠袋足鬹)·대평저분(大平底盆)·와족분(瓦足盆)·권족반(圈足盤)·통형단이배(筒形單耳杯)·반형구고병배(盤形口高柄杯) 등이다.

• 제4기: 반지하 수혈식 주거지는 거의 보이지 않고, 백회를 바닥과 벽에 바르는 방식이 증가한다. 그 외에는 제3기와 동일하다. 무덤은 대·중·소형 묘가 모두 확인되며, 부장품에서의 빈부 차이는 더욱 커진다.

토기는 흑도가 제일 많고, 회도가 그다음, 홍도·갈색도·백도는 매우 적다. 토기의 표면은 무문과 무문마광이 절대 다수를 차지한다. 문양은 요철(凹凸)의 현문이 주를 이룬다. 니병(泥餅)과 맹비(盲鼻), 자모구(子母口)를 가진 토기가 출현한다. 종류는 측삼각(側三角) 혹은 조수족분형정(鳥首足盆形鼎)·조단경분당대족규(粗短頸分襠大足鬹)·호당(弧襠)과 미분당언(未分襠甗)·자모구가권족항(子母口假圈足缸)·권족반(圈足盤)·곡복대평저분(曲腹大平底盆)·통형단이배(筒形單耳杯)·대반형구고병배(大盤形口高柄杯) 등이다.

• 제5기: 주거지와 무덤은 제4기와 비교해서 변화가 크지 않다. 토기의 변화가 비교적 뚜렷하다. 회도가 증가하고, 흑도는 감소한다. 백도 역시 감소한다. 기벽이 얇던 것에서 점차 두꺼워진다. 단각도는 점차 사라진다. 문양은 남문·승문·방격문이 증가한다. 토기의 종류는 측삼각 혹은 'V'자 다리가 달린 관형정(罐形鼎)·왜류대족규(矮流袋足鬹)·분당대족언(分襠袋足甗)·중구관(中口罐)·자모구옹(子母口甕), 무문의 분당대족력(分襠袋足鬲), 직벽에 가까운 평저분(平底盆)·권족반(圈足盤)·통형단이배(筒形單耳杯) 등이다.

• 제6기: 주거지와 무덤은 제5기와 비교해서 큰 변화가 없다. 토기는 회도 중심에 흑도는 대부분 흑색 슬립을 입혔고, 갈색도가 상당한 비율을 점한다. 기벽은 비교적 두껍고, 동체가 부드럽게 꺾이는 스타일로 대체된

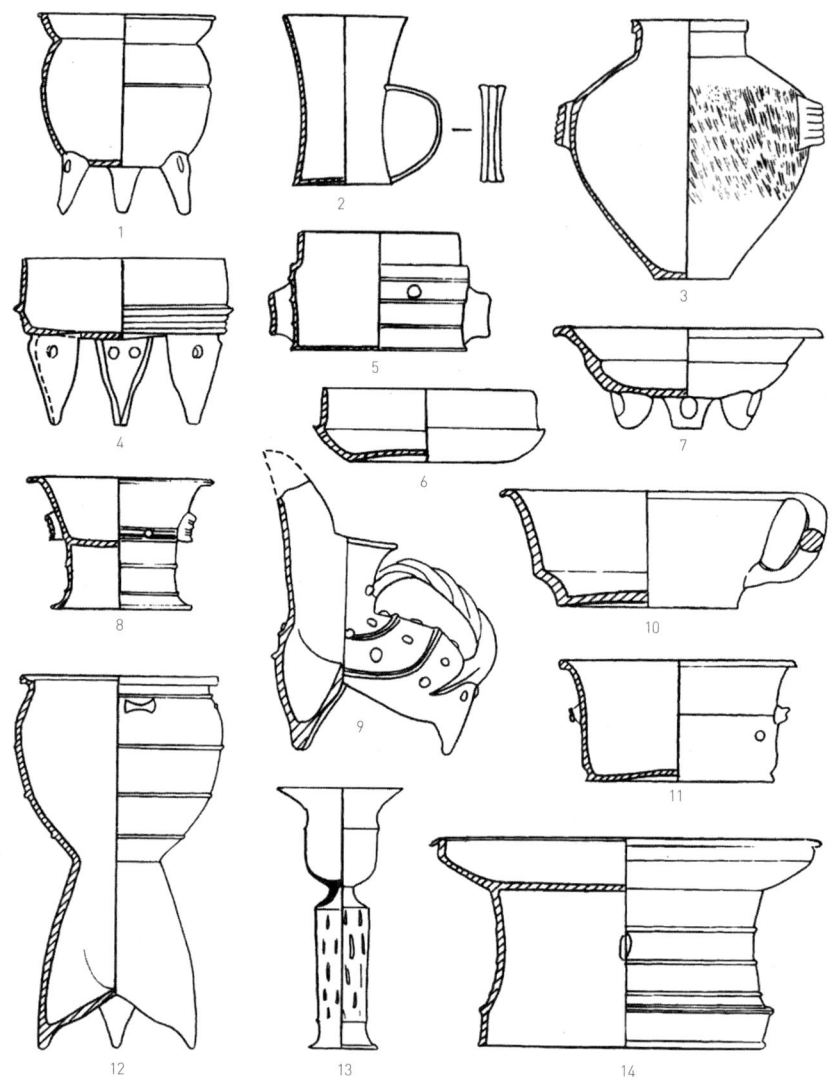

자료 24 | 산동용산문화 토기 조합

1. 윤가성 F204:23 2. 윤가성 H65:3 3. 상장 G1:13 4. 윤가성 M139:5
5·6. 윤가성 H472:25, 윤가성 H50:1 7. 윤가성 F205:39 8. 윤가성 H805:4
9. 요관장 H97:6 10. 서오사 H226:34 11. 윤가성 H276:17
12. 윤가성 H48:13 13. 윤가성 M144:1 14. 윤가성 H605:1

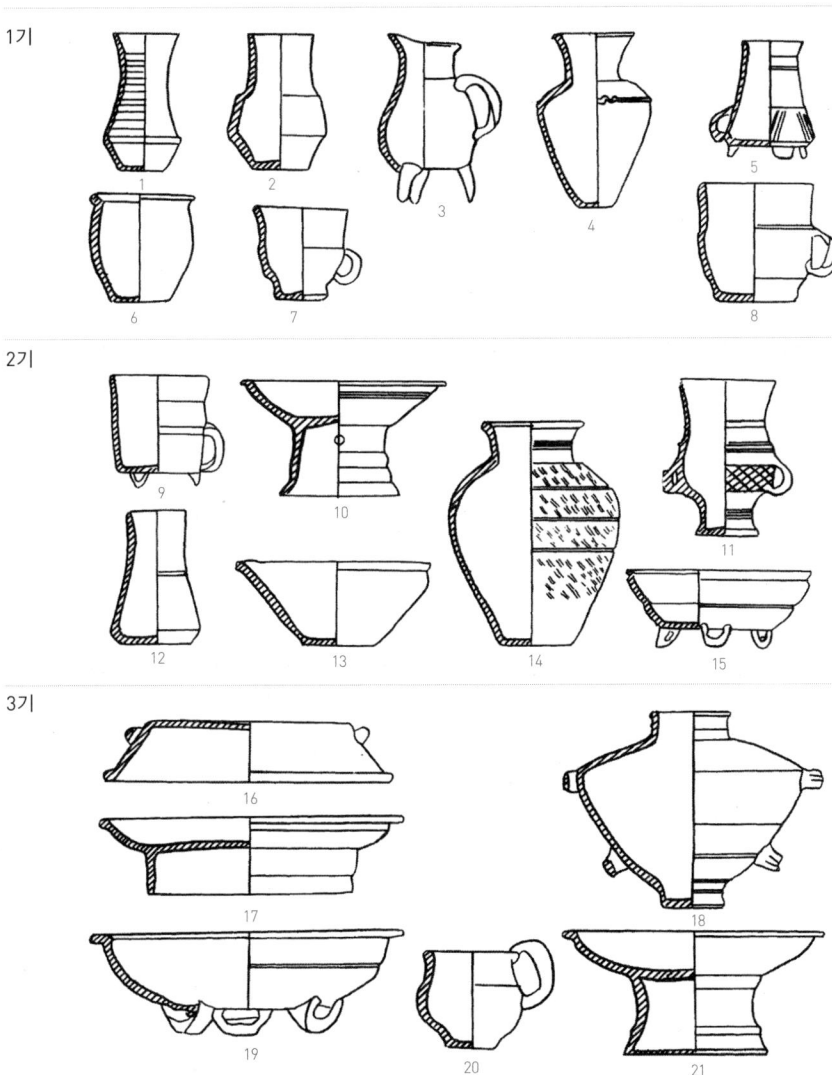

자료 25	산동용산문화 토기 분기도(1~3기)
	1·2·5·12. 대범장 M19:8, 대범장 M17:7, 사자행 M107:4, 정공 T3⑥:2
	3. 정자 M64:1 4. 전장대 6. 대범장 M22:19, 윤가성 F205:36
	7~9·11·20. 정자 M10:1, 삼리하 M2124:19, 삼리하 M2124:11, 정공 H1081:15
	10. 추가장 T202⑥B:42 13. 윤가성 F3:22 15·19. 정공 T2⑪B:5, 서오사 H235:7
	16. 서오사 H226:22 17·21. 서오사 H256:4, 삼리하 M2105:5 18. 서주봉 M201:38

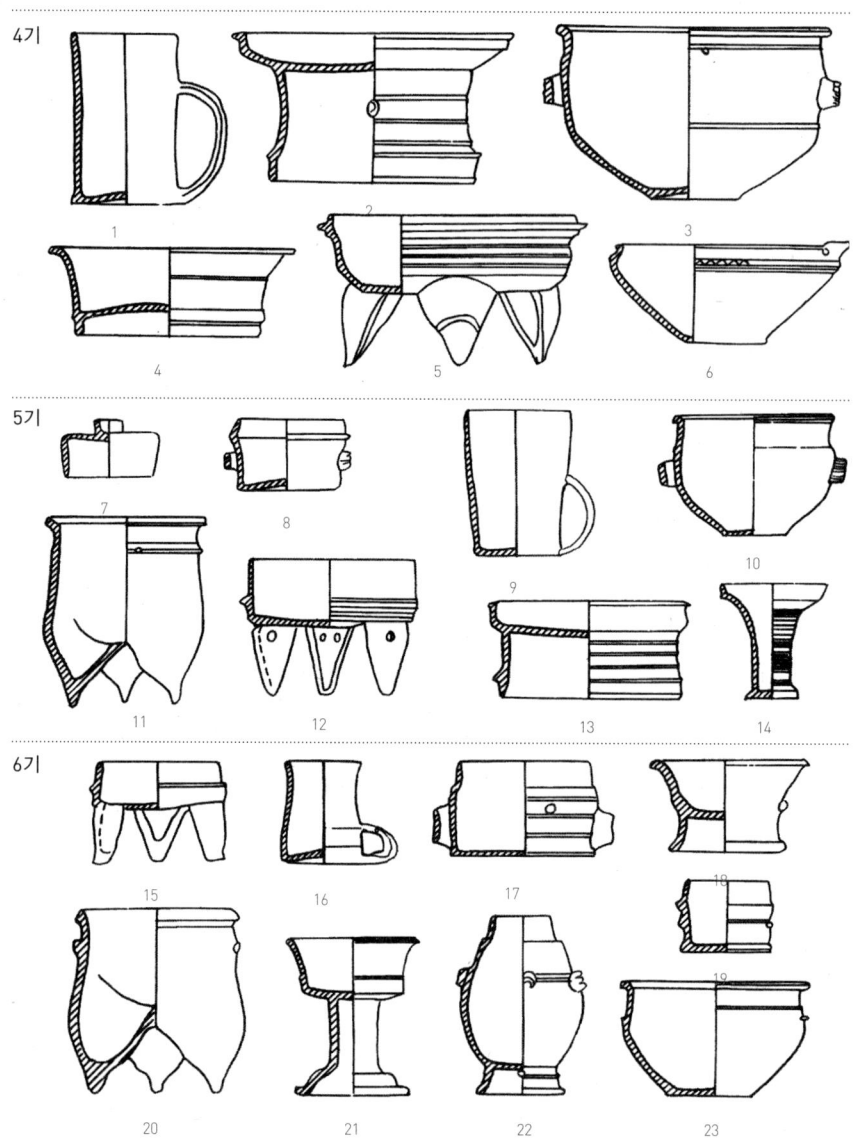

자료 26 | 산동용산문화 토기 분기도(4~6기)
1·9·16. 윤가성 H776:8, 윤가성 H23:7, 윤가성 M125:1
2·4·13·18. 윤가성 H605:1, 서오사 T3614⑦:2, 윤가성 H50:4, 양자권채집
3·10·23. 윤가성 M134:17, 정공 H1277:2, 윤가성 H472:147
5·12·15. 정자 H15:1, 윤가성 M139:5, 윤가성 H472:14 6. 윤가성 M3:16
7. 정공 H1142:25 8. 윤가성 H594:5 11·20. 정공 H1142:19, 윤가성 H728:1 14. 윤가성 M130:1
17. 윤가성 H472:25 19. 성자애 H140:1 21. 윤가성 H472:4 22. 윤가성 H472:7

자료 27 | **산동용산문화의 각종 토기**
1. 동해욕 2. 양성진 3·4. 윤가성 5·9. 요관장 6·8. 삼리하 7. 대범장

다. 철릉(凸棱)과 자모구가 비교적 유행하고, 맹비와 니병은 감소한다. 문양은 여전히 현문이 제일 많고, 승문과 방격문이 증가한다. 남문은 감소한다. 종류는 권연환저관형정(卷沿圜底罐形鼎)·왜관류세장경대족규(矮寬流細長頸袋足鬶)·분당대대족언(分襠大袋足甗)·중구관(中口罐)·자모구옹(子母口甕), 무문의 력(鬲), 직벽의 대형 평저분(平底盆)·자모구합(子母口盒)·통형단이배(筒形單耳杯)·분형구고병배(盆形口高柄杯)와 자모구기개(子母口器蓋) 등이다(자료 24~27).

(4) 경제 생활

경제는 매우 발달하여, 해대 지역에서 절정에 이른다. 농업, 가축사육, 어로와 수렵, 수공업, 상업 등 다양한 분야의 경제 활동이 이루어졌으며, 그중 농업이 제일 활발했다. 수공업과 상업의 발전 역시 상당한 수준이었다.

안정적인 정착생활은 농업 발전에 기초가 되었다. 농업 생산도구는 주로 석제 괭이·삽·낫·칼, 골제 삽·낫, 패각제 삽·낫·칼 등이 있다. 땅을 파고 뒤엎고 고르는 도구로 사다리꼴의 단인(單刃) 삽이 있다. 수확용 도구로는 곡선의 등면에 인부가 만입된[弧背凹刃] 석제낫과 장방형 석제칼이 있다.

조와 기장 외에 벼를 재배했다. 산동용산문화인 해대용산문화 유적 중에서 특수한 가공을 거친 저장갱이 매우 많이 발견된다.

옹·관·항(缸) 등의 대형 용기도 비교적 많다. 이들의 용도는 양식을 저장하는 것과 관련이 있다.

술을 만드는 양주업(釀酒業)도 매우 발달했는데, 규와 각종 배(杯), 병부가 높은 배 등의 주기(酒器)는 이를 잘 보여준다. 술이 대량생산되어 음용된 사실 역시 농업 생산이 매우 발달했음을 설명해준다.

가축과 가금류의 사육도 발달한 편이다. 말·소·양·닭·개·돼지 등 6종의 주요 가축과 가금이 갖추어졌다. 돼지의 수량이 제일 많고 개가 그다

자료 28 | 산동용산문화 단각흑도배(蛋殼黑陶杯)
1. 동해욕유적 2~4. 윤가성유적

음, 그리고 소·양의 순서다. 말과 닭은 비교적 적다. 그중 돼지 사육이 제일 중요한 위치를 점하는데, 돼지는 사람이 먹는 육류의 주요 공급원이면서 부의 상징이기도 했다. 돼지의 하악골을 부장하는 습속은 이를 반영한다. 또한 수렵과 어획의 중요성도 낮아졌음을 의미한다. 각 유적의 예를 보면, 수렵의 주요 대상은 사슴류였으며, 그 밖에 노루·오소리·너구리 등도 있다. 어획도구는 어망추·낚싯바늘·작살 등이 있다. 연해 지역과 서부 하류의 호수 지대에서는 조개와 소라 등 수생 연체동물의 채취가 이루어졌다.

수공업은 전에 없는 번영을 구가하기 시작하는데, 토기 및 공구 제작, 건축, 야금(冶金)과 방직(紡織) 등이 발전했다. 토기 제작업의 성과도 뛰어났다. 회전판을 이용한 물레기술이 보급되면서 노동효율이 대폭 상승했고, 토기의 외형이 정돈되고 모양이 아름답고 우아해졌다. 소성도도 비교적 높아 보통 1000° 이상이다. 기벽도 매우 얇아지는데 달걀 껍질처럼 얇은 고병배는 용산문화를 대표한다(자료 28).

옥기 제작도 크게 발전한다. 가공은 재료 선택, 절단, 마연, 광택, 조각, 투공, 상감과 무늬 새기기 등의 공정으로 이루어지는데, 이를 위한 전문

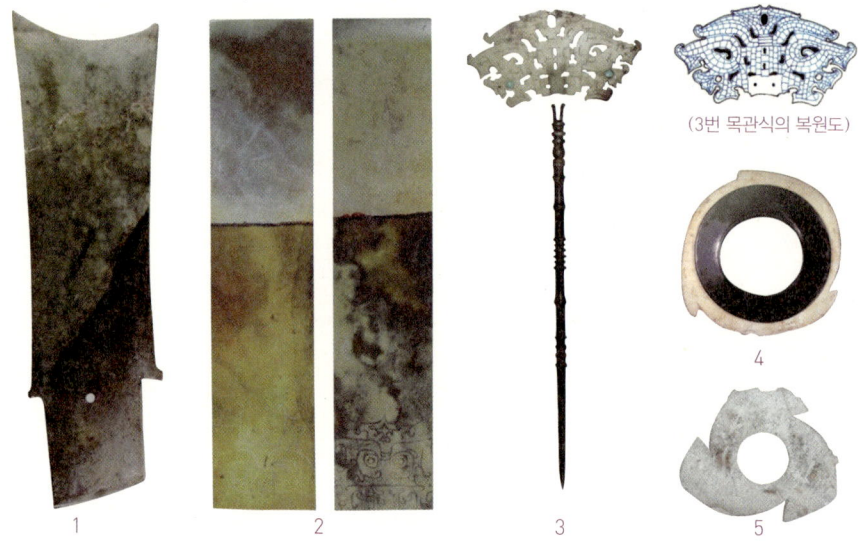

자료 29 산동용산문화 옥기
1. 대범장유적 2. 양성진유적 3. 서주봉유적
4. 사마대유적 5. 단토유적

화된 장인이 존재했을 것이다. 단토·양성·서주봉 등 유적에서는 대량의 옥기가 출토되었다. 서주봉의 대형 무덤에서는 관형 옥기가 한 점 출토되었는데, 옥기 제작의 최고 수준을 보여준다(자료 29).

야금업은 새로 출현한 업종에 해당한다. 삼리하·양가권·요왕성·대범장·난대 등의 유적에서 동추(銅錐)·동괴(銅塊)·동조(銅條)·동사(銅渣)가 발견되어 야금의 출현을 보여준다. 구체적인 야금공예에 대해서는 아직 많은 연구가 필요하다.

(5) 사회 특징

앞에서 언급한 바와 같이 산동 지역은 대문구문화 중·후기에 이미 추방(酋邦)사회 단계에 진입했다. 성의 출현은 문명사회 형성을 보여주는 중요한 지표다. 즉, 한 사회에서 내부 분화와 외부 모순이 격화된 산물인 것이

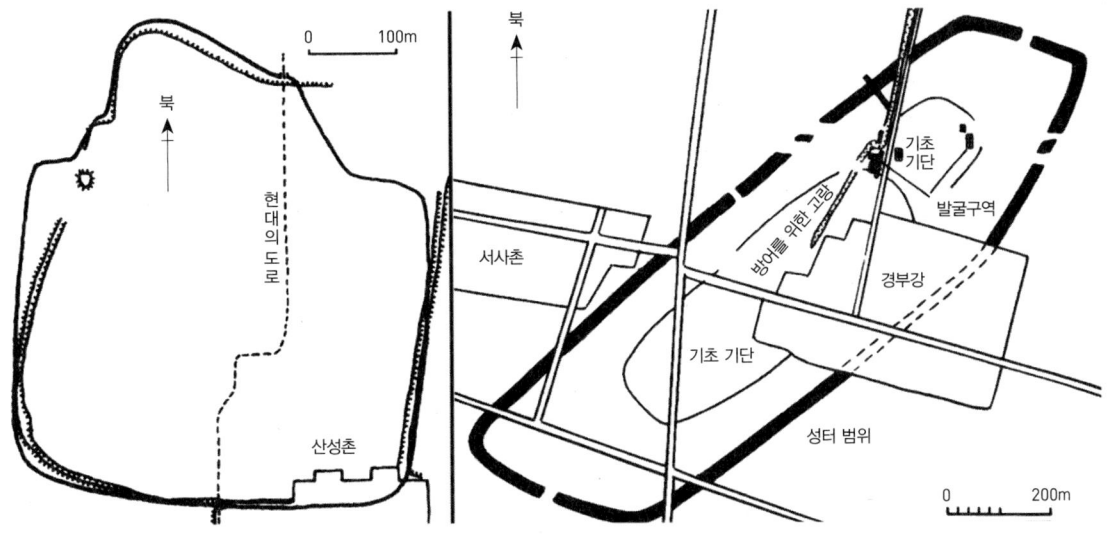

자료 30 | 산동용산문화 성지인 성자애(좌)와 경양강(우)

다. 현재까지 산동 지역에서 10기의 용산문화 성지가 발견되었다. 양곡(陽穀) 경양강(景陽崗), 유성(聊城) 교장포(教場鋪), 장구(章丘) 성자애(城子崖), 수광(壽光) 변선왕(邊線王), 추평(鄒平) 정공(丁公), 임치(臨淄) 전왕(田旺), 오련(五蓮) 단토(丹土), 일조(日照) 양성진(兩城鎭), 일조(日照) 요왕성(堯王城), 비현(費縣) 방성(防城)이 있다.[13] 그중 노북의 4기는 서로 40~50km 정도 떨어져 있는데, 각 성의 통제범위가 주변 100리 전후였음을 보여준다. 이는 초기 국가로서 방국(方國)의 관할범위일 것이다.

산동 동남부 지역의 일조 일대에 있는 3기의 성지는 더욱 밀집한 분포 양상을 보인다. 최근의 조사에 따르면 주변의 크고 작은 취락 역시 상당히 밀집해 있으며 도시·중심취락·일반취락이 다중구조를 이루고 있다.

---

13 中國社會科學院考古硏究所山東隊·山東省文物考古硏究所 等, 2005, 「山東茌平教場鋪遺址龍山文化城牆的發現與發掘」, 『考古』1; 防城考古隊, 2005, 「山東費縣防故城遺址的試掘」, 『考古』10.

도시와 농촌의 차이가 이미 존재했음을 알 수 있다.

 청동기는 사회 생산력이 일정 수준 이상으로 발전했음을 보여주는 유물이다. 청동기 생산구조는 기술, 장인의 조직 및 관리 등 모든 면에서 토기 생산구조보다 월등히 복잡하다. 이와 같은 복잡한 청동기 제작공방은 삼리하·양가권·점자(店子)·요왕성·정자(呈子)·대범장과 난대 등 7곳이 발견되었다.[14]

 예제(禮制)는 상층 귀족의 이익을 보호하는 제도로서 일종의 통치목적을 위한 수단이다. 예기(禮器)는 예제의 매개체 기능을 한다. 용산문화에 해당되는 예기로는 옥월(玉鉞), 옥규(玉圭), 옥장(玉璋), 옥관식(玉冠飾), 규(鬹), 단각도 고병배(蛋殼陶 高柄杯), 각문 흑도분(刻紋 黑陶盆), 흑도뢰(黑陶罍) 등이 있다. 이들이 반영하는 예제에 대해서는 더 많은 연구가 이루어져야 하지만, 용산문화기에 예제가 출현했음은 명확하다.

 이상을 종합하면, 용산문화기에 등급의 차이가 나는 성이 보편적으로 출현했으며, 등급화된 사회 질서를 보호하는 기능으로서 예제가 초보적으로 형성되어 초기 국가 단계로 진입했음을 추정할 수 있다.

중국 청동기시대 초기의 동이문화

중국 사학계의 일반적인 인식에 따르면, 지금으로부터 4,000년 전후 하왕조가 건립되면서, 중국의 역사는 문자기록이 있는 역사시대로 진입하게 된다. 동이문화는 주로 하·상·주 시대에 발전하여 기원전 5세기가 되면 소멸하고 만다. 이 시기는 역사시대 초기에 속하는 한편, 고고학적으

---

14 長島店子遺址的冶銅發現參見北京大學考古實習隊 等, 1983, 「山東長島縣史前遺址」, 『史前研究』 1983-1.

로는 청동기시대와 초기 철기시대에 해당한다.

   고고학 발견과 관련 연구를 통해서 동이문화는 자연환경의 변천과 함께 중원 하·상·주 왕조의 동진으로 쇠락했다고 추정된다. 이러한 동이문화의 변천을 반영하는 대표적인 유적이 악석(岳石)문화·진주문(珍珠門)문화·남황장(南黃莊)문화다. 그중 악석문화는 주로 하 왕조 시대에 해당하며 진주문문화와 남황장문화는 상·주 시대에 해당한다.

악석문화

악석문화는 평도시(平度市) 동쪽에 위치한 악석(岳石)유적의 이름을 따서 명명되었다. 1960년 이 유적에 대한 발굴이 진행되었으나 1980년대에 이르러서야 비로소 독립된 문화로 구분되었다.[15] 현재까지 발견된 악석문화유적은 340여 곳이며 주로 산동 지역에 분포하고, 그 외 하남 동부, 안휘 북부와 요동 일대에서도 발견된다. 주요 유적은 장도(長島) 대구(大口), 모평(牟平) 조격장(照格莊), 연대(煙臺) 지수(芝水), 청주(靑州) 학가장(郝家莊), 환태(桓台) 사가(史家), 장구(章丘) 성자애(城子崖) 및 왕추관장(王推官莊), 사수(泗水) 윤가성(尹家城) 및 천제묘(天齊廟), 하택(菏澤) 안구고퇴(安邱堌堆), 하남(河南) 기현(杞縣) 녹대강(鹿臺崗), 요령(遼寧) 대련(大連) 쌍타자(雙砣子) 등이 있다(자료 31).[16]

---

15 中國科學院考古研究所山東發掘隊, 1962,「山東平度東岳石村新石器時代遺址與戰國墓」,『考古』10; 嚴文明, 1989,「東夷文化的探索」,『文物』9.

16 中國社會科學院考古研究所山東隊, 1985,「山東省長島縣砣磯島大口遺址」,『考古』12; 中國社會科院考古研究所山東隊·煙臺市文管會, 1986,「山東牟平照格莊遺址」,『考古學報』4; 北京大學考古實習隊, 2000,「煙臺芝水遺址發掘報告」,『膠東考古』, 文物出版社; 吳玉喜, 1985,「益都縣郝家莊新石器時代遺址」,『中國考古學年鑒·1984』, 文物出版社; 吳玉喜, 1993,「岳石文化地方類型初探—從郝家莊岳石遺存的發現談起」,『考古學文化論集』(三), 文物出版社; 淄博市文物局 等, 1997,「山東桓台縣史家遺址岳石文化木構架祭祀器物坑的發掘」,『考古』11; 山東省文物考古研究所, 1996,「山東章丘王推官遺址發掘簡報」,『華夏考古』4; 山東省文物考古研究所, 1990,「城子崖遺址有重大發現――龍山周代城址重見天日」,『中國文物報』, 7月26日; 張學海, 1993,「城子崖與中國文明」,『紀念城子崖遺址發掘60周年國際學術討論會文集』,

자료 31 | 악석문화 주요 유적 분포도

　20여 개의 C14 연대측정 자료를 통해 악석문화의 연대가 지금으로부터 4,000~3,500년 전이며, 교동반도 같은 일부 지역에서는 다소 늦은 시기까지 존속했음이 밝혀졌다.

　악석문화의 토기는 보통 3기 혹은 4기로 구분된다. 지역유형은 일반적으로 조격장유형(교동반도), 학가장유형(산동 북부 동반부의 미하·유하 유역), 왕추관유형(산동 북부 서반부의 효부하·치하 유역), 토성유형(산동 동남

齊魯書社; 山東大學歷史系考古專業敎硏室, 1990, 『泗水尹家城』, 文物出版社; 國家文物局田野考古領隊培訓班, 1994, 「泗水天齊廟遺址發掘的主要收獲」, 『文物』12; 北京大學考古系商周組 等, 1987, 「菏澤安邱堌堆遺址發掘簡報」, 『文物』11; 北京大學考古系商周組·菏澤地區博物館 等, 2011, 「山東菏澤安邱堌堆遺址1984年發掘報告」, 『考古學研究』(八), 文物出版社; 河南省文物研究所, 1989, 「河南鹿邑欒台遺址發掘簡報」, 『華夏考古』1; 中國社會科學院考古研究所, 1996, 『雙砣子與崗上: 遼東史前文化的發現和硏究』, 科學出版社.

부의 기하·술하 유역, 토성유적이 위치하는 임기시 서북편), 윤가성유형(산동 남부의 문하·사하 유역), 안구고퇴유형(산동 서남부, 하남 동부와 안휘 북부 지역)의 6개 유형으로 나뉜다. 발굴된 유적이 많지 않아 이러한 지역유형의 확장범위와 이동 상황이 분명히 밝혀지지는 않았다. 앞으로 지속적인 관심이 필요하다.

악석문화의 토기는 협사도와 니질도 위주이다. 협사도는 보통 태토가 두껍고 무거우며, 대부분 회전판을 이용해 성형되었다. 일부는 수날법(손으로 빚어서 만드는 기법)으로 성형하였는데, 기형의 정형성이 떨어진다. 태토는 가는 모래와 운모 및 패각 등을 첨가한 것도 있다. 니질도는 대부분 회전판을 사용한 윤제(輪制)이고, 재질이 세밀하고 표면 정리를 거쳤다. 태토는 비교적 두텁고, 기형은 정형성이 있다. 표면은 마광 처리한 것이 많다. 이는 거칠고 조악한 협사도의 특징과 분명하게 대비된다. 표면의 색조는 다소 복잡하다. 협사도는 색조가 일정하지 않은 갈색이 주를 이루며 회갈색·홍갈색·황갈색 등도 있다. 니질도의 색조는 비교적 일정하다. 니질도는 회색 또는 회색 슬립이 주를 이루며 황갈색이 그다음으로 많다. 그러나 태토가 비교적 두껍고, 소성도의 차이로 인해 발생한 태토 속심과 겉면의 색조가 다른 '협심(夾心)' 현상이 보인다.

토기 문양은 무늬가 없거나 광택을 낸 것이 많지만 다양한 종류의 문양이 있는 것도 있다. 주요 문양은 부가퇴문(附加堆紋), 승문(繩汶), 남문(籃紋), 현문(弦紋), 방격문(方格紋), 지자문(之字紋), 운뢰문(雲雷紋), 철릉(凸棱) 및 니병(泥餠), 누공(鏤孔) 등이다. 부가퇴문은 협사도의 언(甗) 허리와 당부(檔部), 관(罐)의 목 및 옹(瓮)의 동체 부분에 있고, 일부는 부가퇴문 위에 각(刻)·획(劃)·날(捺)·착(戳) 등의 방법으로 시문되어 있다. 승문은 횡방향과 사선 방향의 세승문이 제일 많은데, 주로 니질의 관·분 등의 기종에서 확인된다. 철릉문은 상당히 특이한데, 성형과정에서 눌러 만든 것으로 보인다. 그 외 방격문·지자문 등도 철릉문과 마찬가지로 니질도에서 주

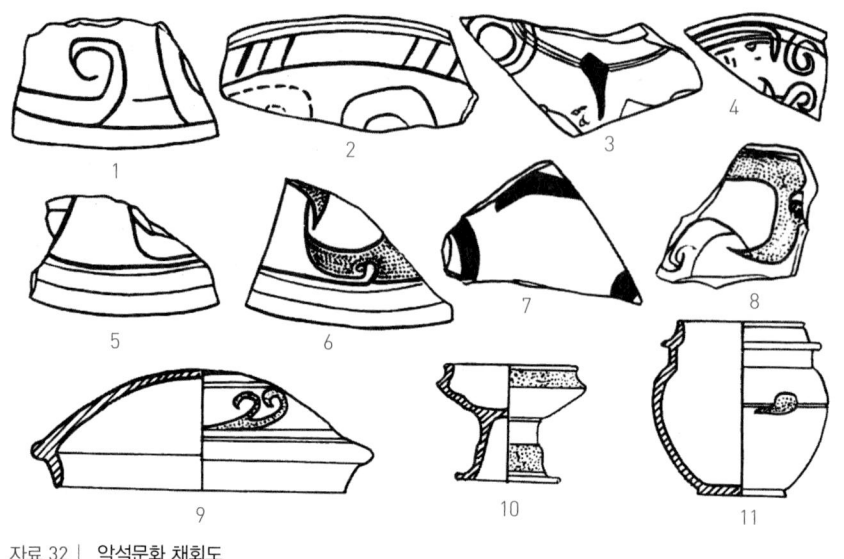

자료 32 | 악석문화 채회도
1~8. 조격장 9~11. 윤가성

로 확인된다.

　채회의 수량은 많지 않다. 두, 준형기, 버섯형 손잡이덮개[蘑菇紐器蓋]에서 자주 확인된다. 색조는 홍색 위주이며 백색·황색은 비교적 적다. 채회도의 무늬는 주로 조대문(條帶紋)·절선(折線)·와륜문(渦輪紋)·권운문(卷雲紋)·기룡문(夔龍紋) 등이다. 도안은 대부분 홍색으로 갈고리모양의 선을 그린 다음 백색·황색으로 내부를 채웠다. 문양의 선에 거침이 없고, 색조 대비가 뚜렷하여 비교적 높은 수준의 예술 효과를 보여준다(자료 32).

　토기의 모양에서 주목되는 점은 첩순(疊脣)현상이 비교적 많다는 점인데, 대부분 협사도에서 확인된다. 원순관권연(圓脣寬卷沿)이 유행하고 자모구가 자주 확인된다. 협사도의 꺾임 처리는 비교적 원만하며, 평저의 외면이 바깥으로 돌출되었다. 협사도의 내외벽에는 종종 목리흔이 확인된다. 삼족기·평저기·권족기가 비교적 많다. 종류는 언(甗)·정(鼎)·삼족관(三足罐)·중구관(中口罐)·준형기(尊形器)·우(盂)·발(鉢)·분(盆)·두(豆)·권

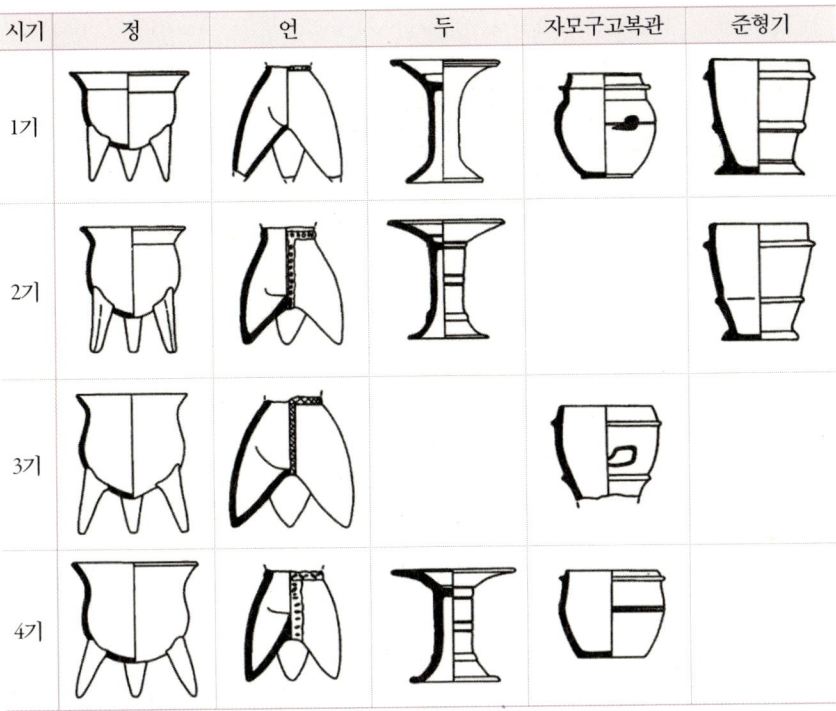

자료 33 | 악석문화 토기 분기도(윤가성 출토)

자료 34 | 악석문화 토기와 청동기
1·3·4·6. 윤가성 2·5. 천제묘

족준(圈足尊)·기물덮개(器蓋) 등이 주를 이루고, 배(杯)·통형관(筒形罐)·병(甁)·력(鬲)·완(碗) 등이 소량이다. 토기 가운데 천반두(淺盤豆)·중구관(中口罐)·언(甗)·준(尊)·삼족관(三足罐)·추상족정(錐狀足鼎)·합(盒)·곡복분(曲腹盆)·완형두(碗形豆) 등도 있다. 이러한 토기들이 악석문화의 기본적인 토기 조합인데, 존속 기간이 비교적 길고 선후 변천 순서가 명확한 편이다(자료 33·34).

1997년 환태현(桓台縣) 사가(史家)유적에서 발견된 악석문화의 목조구조 제사유구는 그 중요성을 강조할 만하다. 이 유구는 유적 중부의 북쪽으로 치우친 곳에 위치하는데, 입구가 불규칙한 타원형이고, 동서로 길이 9.05m, 남북으로 너비 7m다. 목조구조물은 평면이 방형에 가깝고 상부는 동서 길이 1.62m, 남북 너비 1.56m다. 기다란 나무막대를 교차해서 총 27층으로 쌓아올렸고, 교차하는 부분은 간단한 목조물을 이용해 결합시켰다. 나무막대는 약간 가공을 거쳤으며, 보통 길이 약 1.9~3.3m, 너비 약 0.061m, 두께 약 0.06~0.15m다. 내부 퇴적은 상하로 구분되며, 상부는 황갈색토, 하부는 7층으로 구성된다. 퇴적토도 7층으로 구분되며, 1층에 소량의 악석문화 토기편이 있는 것을 제외하고 기본적으로 유물이 없다. 토질은 대체로 조밀하며, 하부 2층은 냇돌이 포함되어 있다(자료 35).

제사 유구 내부에서 출토된 악석문화 유물은 비교적 풍부하다. 토기·석기·골기·패각기·복골(卜骨) 등 모두 356점이다.

석기는 모두 11점인데, 표면을 마연했다. 종류는 괭이·삽·낫·도끼·쌍공돌칼 등이 있다. 골각기와 패각기는 제작이 세밀하고 대부분 마광 처리를 거쳤다.

복골은 2점이 출토되었다. 모두 양의 견갑골이며 손질한 흔적이 확인되지 않는 초기 복골의 특징을 보인다. 대부분 조문(兆文)이 소실된 상태이고, 문자 혹은 부호의 일부만 잔존한다. 새김이 깊은 편이고, 필획이 곧고 거칠다.

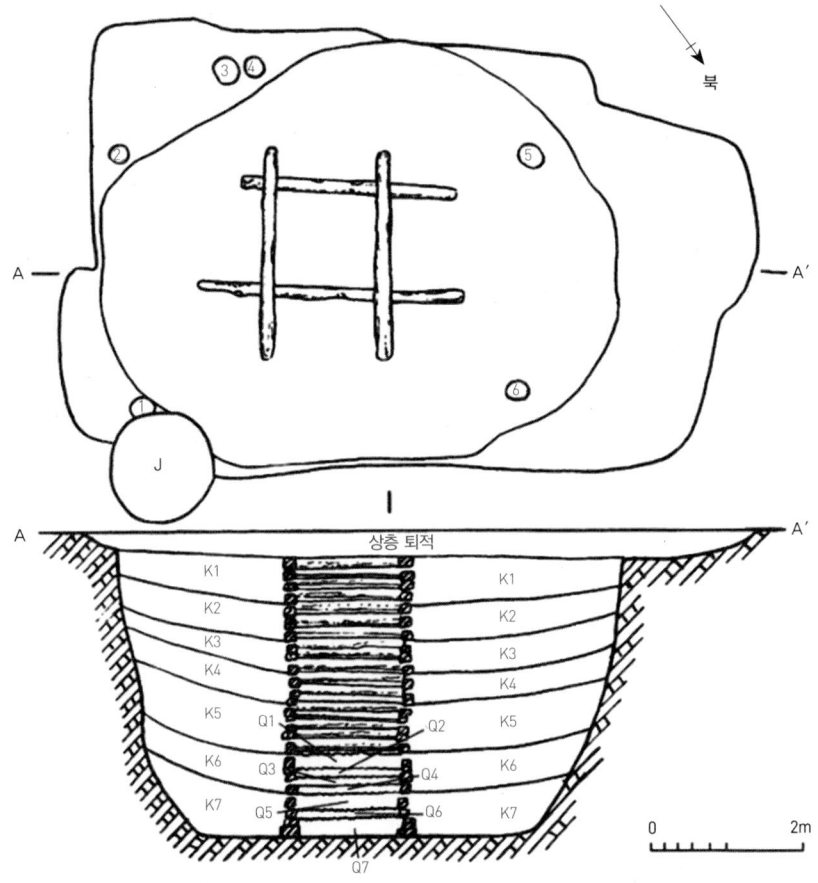

자료 35 | 환대 사가유적 목조 제사유구 평면도(상) 및 단면도(하)
1~6. 다진 흙 J. 우물 Q1. 제1층 Q2. 제2층 Q3. 제3층 Q3. 제3층 Q4. 제4층 Q5. 제5층
Q6. 제6층 Q7. 제7층 K1. 회갈색토 K2. 황갈색토 K3. 홍갈색토 K4. 회흑색토 K5. 회갈색토
K6. 회백색토 K7. 옅은 황색토

    토기는 크게 니질회도와 회갈도로 구분되며, 협사갈도가 소량 확인된다. 성형은 손으로 빚은 수제와 회전판을 사용한 윤제 두 종류로 이루어졌다. 토질이 다소 거칠고 소성도가 낮은 토기와 비교적 소형인 유물은 대부분 손으로 빚어 제작했다. 토질이 세밀하고 소성도가 비교적 높은 토기는 대부분 물레로 제작했다. 니질도의 표면은 대부분 흑색 슬립이 입혀져 있고, 일부는 마광 처리를 거쳤다. 문양은 승문이 주를 이루며, 소량의

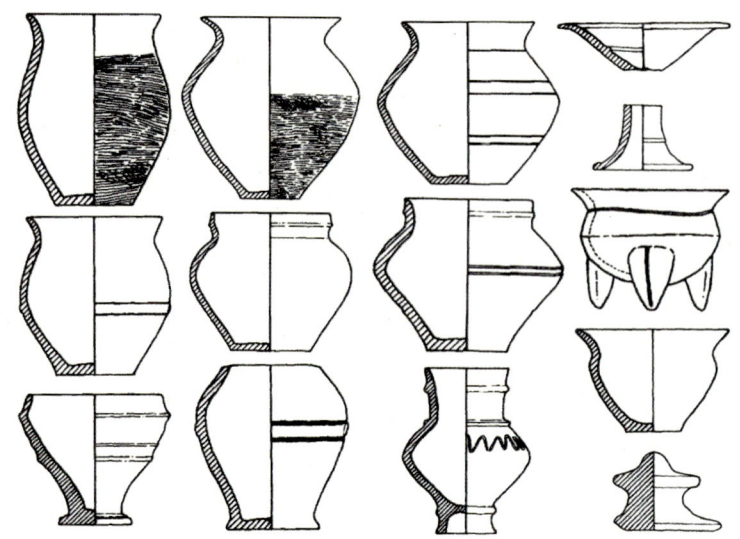

자료 36 | 사가유적 제사 유구 출토 주요 토기

남문·방격문·획문·현문이 있고, 유정문·부가퇴문 등도 확인된다. 토기의 종류는 관이 주를 이루며, 소량의 호·두·완·준·버섯형 손잡이덮개·정·궤(簋)·병 등이 있다. 무늬는 철릉 혹은 철현문(凸弦紋) 스타일이 점차 사라지고, 토기의 모양도 비교적 단순한 편이다. 토기의 변화로 판단하건대, 제일 늦은 시기의 악석문화 유적은 3,500년보다 더 이전일 가능성이 있다(자료 36).

현재까지 발견된 고고학 자료로 보면 악석문화는 용산문화에 비해 사회발전 수준이 크게 쇠퇴했음을 알 수 있다. 예를 들면, 토기 제작기술에서 용산문화기의 전성기에 비해 종류와 기형에서 크게 변화되는 모습을 보여주는데, 기벽이 대부분 두껍고 거친 수제 토기가 많다. 소성온도가 비교적 낮은 협사홍갈도 또한 많다(자료 37).

자료 37 | 용산문화와 악석문화의 언 비교
1. 성자애 출토 2. 천제묘 출토

정교하고 아름다운 단각혹도 및 모양이 복잡한 규 등이 사라지는 양상은 모두 악석문화의 쇠락을 보여준다.

성지는 사회발전의 전형적인 지표가 되는데, 악석문화기 성지는 성자애와 정공 두 곳밖에 없다. 수량이 용산문화에 비해서 큰 폭으로 감소한 것이다. 이 역시 악석문화가 쇠퇴했음을 말해준다. 물론, 악석문화에서 청동기가 발견된 유적의 수는 용산문화에 비해 많다. 예를 들면, 조격장 유적에서 출토된 청동송곳, 윤가성유적에서 출토된 동기(銅器) 14점이 있다. 윤가성의 경우 9점을 분석한 결과, 그중 3점이 주석이 첨가된 청동[錫靑銅]이고, 2점이 납 첨가 청동[鉛靑銅], 1점은 주석과 납을 모두 첨가한 청동[鉛錫靑銅]으로 판명되었다. 대다수가 주조단타 방법으로 제작되었다.

이 외에 학가장(郝家莊)·기원고자평(沂源姑子坪) 유적에서도 청동기가 출토되었다. 이는 악석문화의 청동기 제작기술이 점차 발전하고 있음을 말해준다. 그러나 이러한 청동기는 모두 단순한 송곳이나 고리 같은 종류이고, 대부분 간단한 단타 방법의 주조공예로 제작되었다. 현재까지 복잡한 주조공예를 사용한 청동기가 발견되지 않았다는 점을 고려하면, 이러한 소형 청동기가 제작되고 있었다는 점만으로는 아직 높은 평가를 줄 수 없다. 악석문화가 쇠퇴한 원인에 대해서는 4,000년 전 전후 자연환경의 악화 및 중원 왕조의 동진과 관련이 있을 것으로 생각된다.

상·주 왕조의 동진과 그 유적

기원전 1600년 전후, 상 왕조가 건립되고 황하 중류 지역을 통치하게 된다. 상 왕조는 산동 지역의 이인(夷人)을 제압하기 위해서 끊임없이 대규모 군사를 보냈다. 이인의 반항도 격렬했는데, 『좌전(左傳)』, 「소공(昭公)」 12년조에 나오는 "주극동이이운기신(紂克東夷而殞其身)"이라는 기록이 이를 증명한다. 고고학 자료에도 상문화가 서에서 동으로 진출한 상황이 드러난다. 현재까지 알려진 바에 의하면 상대 전·중기에 산동 지역 서반부까지

자료 38 | 상대 주요 유적 분포도

자료 39 | 주대 문화의 구분 및 각 나라의 도성 분포도

중국 산동 지역의 동이

진출하여 대체로 사수 운가성에서 제남(濟南) 대신장(大辛莊)까지 이르렀다. 상대 후기에는 유수에서 기수 일대까지 진출한다. 상의 주민들은 이렇게 형성된 전선을 따라 많은 수의 군사 요새를 건설했는데, 등주(滕州) 전장대(前掌大), 제남 대신장, 청주(靑州) 소부둔(蘇埠屯) 등의 대형 유적이 대표적이다(자료 38).

기원전 1046년 무왕(武王)이 상을 정벌하고 서주(西周) 왕조를 세웠다. 주공(周公)은 또 2차 동정을 진행하여 이인의 박고(薄姑)·엄(奄) 등을 정벌했다. 또한 분봉제(分封制)와 종법제(宗法制)를 시행하는데, 산동 지역에서 제(齊)·노(魯) 등 10여 개의 제후국을 새로 봉하고 10여 개의 토착 제후국을 그대로 유지한다. 또한 왕조와 제후 간의 정치적 연결 체계를 수립한다. 이를 통해 왕조는 동방 지역을 장기간 효과적으로 통치할 수 있었다. 제후국은 서주문화가 점에서 면으로 끊임없이 확장하는 거점이 되었다. 기원전 771년 주의 동천 이래 천자의 권위가 실추되는 가운데, 제·노 등 제후국은 강대해져서 패자를 칭하는 대국이 되었다. 고고학적으로는 제문화와 노문화로 대표되는 화하(華夏)문명이 산동 지역으로 확산되는데 임치(臨淄) 제고성(齊故城)과 곡부(曲阜) 노고성(魯故城) 등이 대표적인 유적이다. 래(萊)문화로 대표되는 이인문화는 교동반도 일대에 편중된다. 이러한 정황은 용구(龍口) 귀성(歸城) 등의 성지에서 출토된 유물에도 명확하게 나타난다(자료 39).

(1) 대신장유적

제남시(濟南市) 교외 왕사인진(王舍人鎭) 대신장(大辛莊) 동남부에 위치한다. 총 면적은 약 30만㎡다. 1935년에 발견된 이래 1980년대까지 여러 번에 걸쳐 발굴조사가 이루어졌고, 풍부한 토기·석기·골기·패각기·청동기 등이 출토되었다. 토기는 고당추족력(高檔錐足鬲)·왜족력(矮足鬲)·환저준(圜底尊)·대구준(大口尊)·가복두(假腹豆) 등이 있다. 이외 유약을 바른 유도(釉陶)

자료 40 | 대신장유적의 상대 무덤 및 부장된 청동기
1. M106 발굴현장 2. M139 발굴현장 3~5. M139 출토 청동 뢰·정·화

와 무늬를 새겨 넣은 각문백도(刻紋白陶)가 있다. 청동기로는 화살·침·톱 등 소형 도구가 있다. 일부 무덤에는 개를 순생했는데, 이런 장속은 정주(鄭州) 이리강, 안양의 상대 무덤과 동일하다. 따라서 이 유적은 지금까지 발견된 상대 중기(기원전 15~기원전 14세기경) 유적 중 가장 동쪽에 위치한 상문화의 군사거점에 해당하는 것으로 판단된다.

상대 동이와 상의 관계에 대한 연구는 매우 중요한 학술적 의의가 있다. 2010년 조사된 상대 대형 무덤 1기에서 10여 점의 청동기가 출토되었다. 작(爵)·가(斝)·유(卣)·뢰(罍)·두(鬥)·월(鉞)·곽(钁) 각 1점, 정(鼎)·화(盉)·모(矛) 각 2점, 그 외 대형 석경(石磬) 1점, 옥기 2점이다. 그중 원정(圓鼎)의 직경은 40cm 높이 60cm로 정주상성에서 출토된 같은 시기의 큰 정과 견줄 만하다. 한 쌍의 청동화는 문양이 정교하고 아름다우며, 모양이 독특하다. 이전에는 발견된 예가 없다. 청동월 1점은 크기가 매우 크고 육중하다. 상대 전기의 동일한 기종 중 비교적 큰 편에 속한다. 이는 무덤의 주인공이 높은 신분 계급이었음을 의미한다(자료 40).[17]

(2) 전장대유적

등주시(滕州市) 관교진(官橋鎭) 전장대촌(前掌大村)과 그 남부에 위치한다. 서쪽으로는 주대의 벽국고성(薛國故城)과 1km정도 떨어져 있다. 면적은 약 10만㎡다. 이 안에서 용산문화, 서주, 전국(戰國)시대와 한대(漢代) 유적이 발견되었다. 1981~1998년 중국사회과학원 고고연구소에서 6차례에 걸쳐 발굴했다.

상대 유적이 제일 많고, 상대 후기의 주거지와 환호가 발견되었다. 상대 후기의 '中'자형 대형 무덤과 '甲'자형 중형 무덤이 7기, 소형 무덤 20여 기가 조사되었다. 중·대형 묘는 종횡으로 배열되었으며, 배치가 규칙적이다. 무덤은 묘실·묘도·이층대·관곽, 개를 순생한 갱(坑), 무덤 위의 건축물로 구성되어 있다. 무덤이 여러 번 도굴되었지만, 부장품은 비교적 풍부하게 남아있었다. 주로 토기·인문경도(印紋硬陶)·원시청자(原始靑瓷)·

17　山東大學歷史系考古專業 等, 1995, 「1984年秋濟南大辛莊遺址試掘述要」, 『文物』 6; 山東大學東方考古研究中心·山東省文物考古研究所 等, 2008, 「大辛莊遺址1984年秋試掘報告」, 『東方考古』 第4集, 科學出版社; 山東大學東方考古研究中心, 2010, 「濟南大辛莊遺址139號商代墓葬」, 『考古』 10.

자료 41 | 전장대유적 상대 무덤 및 부장된 청동기
1~3. 무덤 및 거마갱 발굴현장   4~6. 무덤 출토 청동 정·유·고

청동기·옥기·석기·패각기 등이 있다. 연대는 상대 후기(기원전 1400~기원전 1040년경)에 속한다. 상 왕조의 분봉 통치를 받은 벽국(薛國) 상층 귀족의 무덤으로 추정된다(자료 41).[18]

(3) 임치 제국고성

치박시(淄博市) 임치구(臨淄區) 제도진(齊都鎭)의 서·북편에 위치한다. 동쪽으로 치하(淄河)와 접하고 남쪽으로 태기산맥과 약 10km 정도 떨어져 있다. 산 전면의 충적평원에 건설되었다. 평면 배치는 대성(大城)과 소성(小城)이 일부 맞물린 상감식(鑲嵌式)이다. 대성은 불규칙적인 수직장방형이며, 면적은 약 18km²이다. 남북 성벽 바깥에는 해자가 있고, 동서 양측은 치하와 계수가 흐르고 있어 천연 해자를 이룬다. 7개의 성문이 확인되었으며, 대성 성문은 동문 2개, 북문 2개, 서문 1개, 남문 2개가 있다. 각 문의 통로는 모두 동서, 남북의 간선도로와 연결되고 폭은 21m에 이른다. 이는 6량의 전차가 동시에 다닐 수 있는 너비다. 간선도로는 성 내부를 수많은 구역으로 구분하고 있는데, 각 구역 내에서도 풍부한 유물이 출토되었다. 그 외 성문과 연결된 도로 10개, 대형 배수시설 3개, 배수로 4개가 발견되었다. 대성 내부에서 청동기·골기·토기 제작 등 수공업 유적과 큰 면적의 무덤, 주거지가 발견되었다.

소성은 대성의 서남부 모퉁이에 위치한다. 평면은 종방향의 장방형이고 면적은 약 3km²다. 성 내부에 다짐층이 광범위하게 분포한다. 소성 내에서는 총 5개의 성문이 확인되었다. 남쪽에 2개의 문이, 동·서·북에 각각 1개의 문이 있다. 북문·동문은 대성을 향해 나있다. 이 두 성은 서로 연결되어 하나의 성체를 이룬다. 고문헌에 의하면 임치는 최초로 제국의

---

18 中國社會科學院考古研究所, 2005, 『滕州前掌大墓地』, 文物出版社.

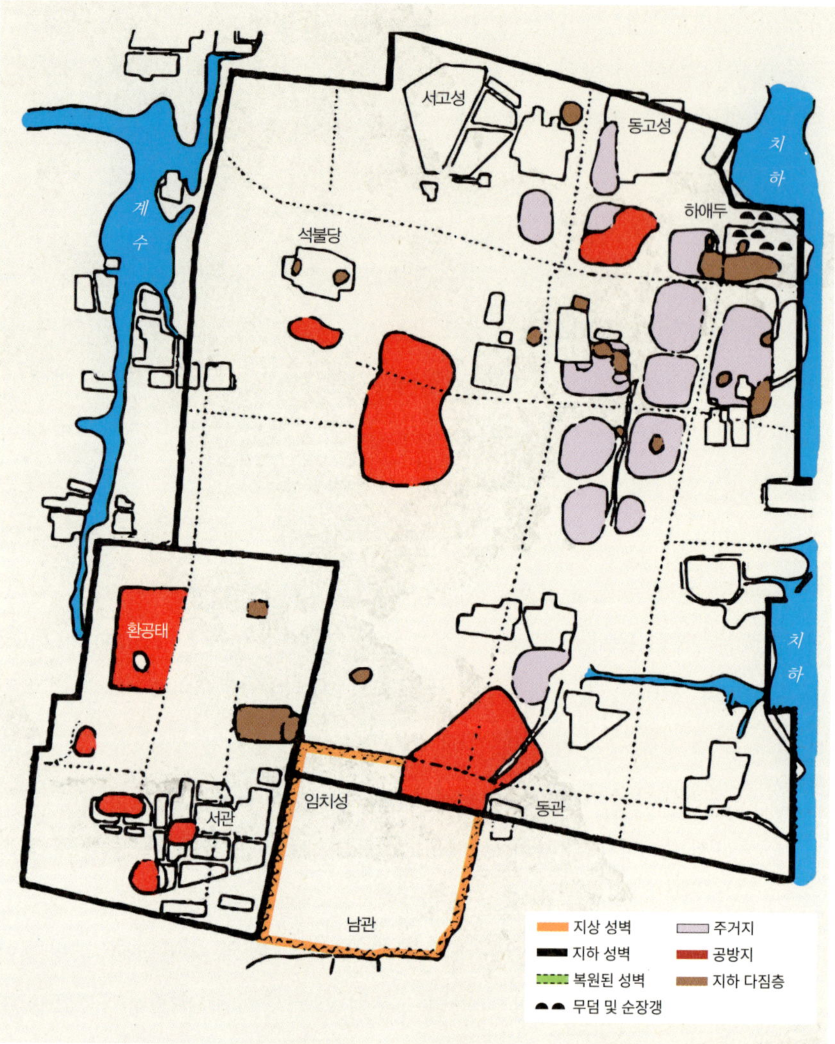

자료 42 | 임치 제국고성 평면도(상) 및 출토 청동기(하)

도성이 된 곳으로, 기원전 859년경에 처음 세워졌다. 춘추시대 이후 제국의 국력이 강대해지고 성의 규모가 확대되지만 기원전 221년 진(秦)에 의해 폐기된다(자료 42).[19]

(4) 곡부 노국고성

산동 곡부시(曲阜市) 주변에 위치한다. 내성과 외성 두 부분으로 되어 있다. 외성은 평면 불규칙한 원각방형이며 면적은 약 10㎢다. 성벽의 사면에 해자가 있고 부분적으로 강줄기가 해자 역할을 한다. 성문은 11개가 있다. 동·서·북 3면에 각 3개, 남면에 2개가 있다. 성 내부에 십(十)자형 도로와 배수로가 있다. 또한 내부의 서부·서북부 바깥에서 서주시대의 청동기·토기 제작공방, 주거지, 묘지가 발견되었다.

내성은 외성 중부의 편북에 위치하는데, 방형에 가깝다. 궁성 북쪽에 대규모 유구가 많은데 시장(市場)으로 추정된다. 내성의 남쪽에 제일 넓은 도로가 있는데, 남동문 바깥의 '무령대(舞雩臺)' 판축 유구로 연결된다. 궁성과 시장 및 직선도로가 동일한 중심축에 배치되어 있다. 이러한 구조는 『고공기(考工記)』, 「장인(匠人)」의 국도(國都) "좌조우사(左祖右社), 면조후시(面朝後市)" 기록과 일치한다. 문헌기록에 따르면, 주대 곡부성이 노국의 도성 기능을 하던 시기는 서주 초(기원전 1040년경)부터 시작하여, 기원전 256년 초(楚)가 노국을 멸할 때까지다(자료 43).

상·주 시대의 이인유적

상·주 시대에는 산동 토착의 이인문화가 계속 동쪽으로 후퇴하는 모습을 보여준다. 유물과 유적의 수량 및 분포범위에서 명확한 변화가 나타난다.

---

19 山東省文物考古研究所 等, 2013, 『臨淄齊故城』, 文物出版社.

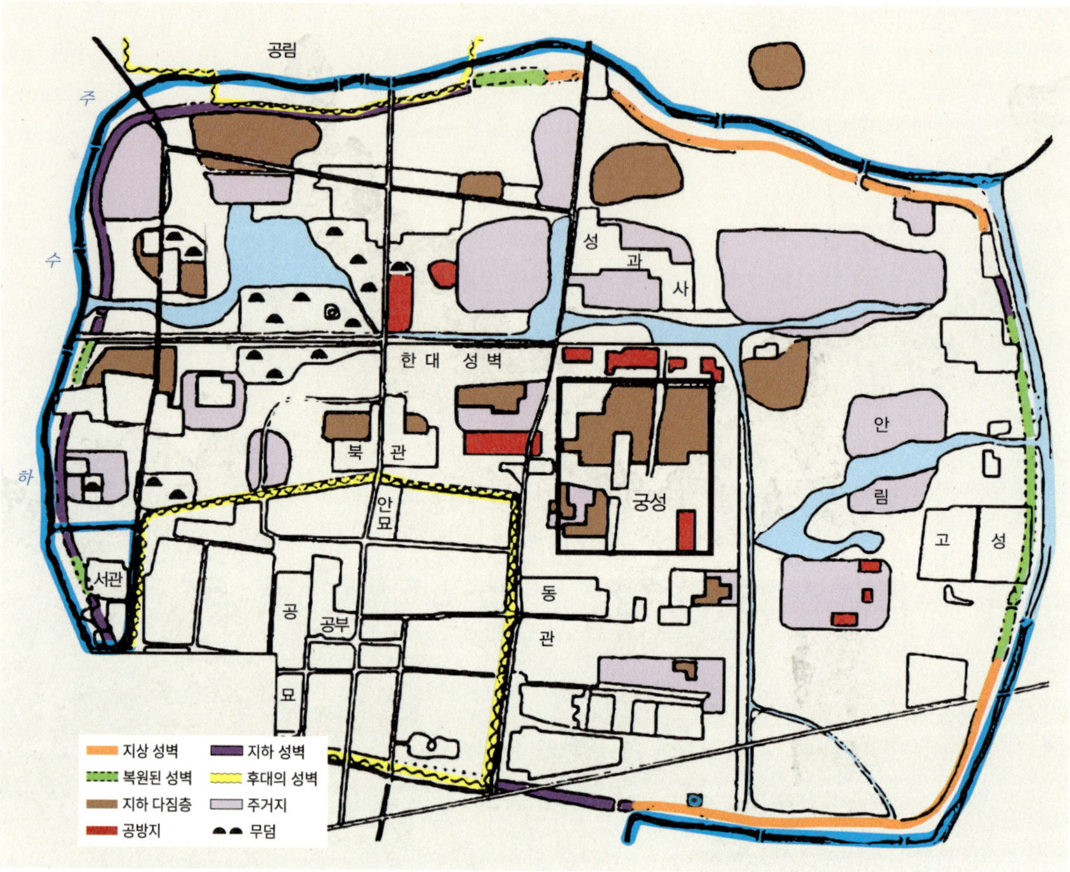

자료 43 | 곡부 노국고성 평면 배치도(상) 및 출토 청동기(하)

상 왕조는 상대 전·중기에 산동 북부 일대로 진출하는데, 이때 토착 이인문화인 악석문화가 쇠퇴하여 진주문(珍珠門)문화로 변하고, 상대 후기에 들어서는 그 분포범위도 교동반도 일대로 축소된다. 산동 북부 전역은 이미 상문화에 포괄되며, 신석기시대에 형성된 토착 이인문화는 이 시기부터 약해지기 시작한다.

서주시대에는 주 왕조가 대대적으로 제후를 분봉하게 되고 교동반도의 토착 이인국가인 래국(萊國)도 서주 왕조의 관할을 받게 된다. 래국의 상층 귀족도 점차 청동예기로 상징되는 상 왕조의 제도를 수용한다. 사회 하층의 민간에서만 여전히 진주문문화와 같은 일부 요소가 보존되어 있다. 따라서 상층부와 하층부의 문화가 융합하여 래문화를 이루게 된다. 비교적 순수한 이인문화인 진주문문화는 교동반도의 동남부 모퉁이로 더욱 축소되어 남황장(南黃莊)문화로 변화한다. 춘추 중기에 이르러서는 남황장문화도 래문화에 융합되어 사라진다. 춘추시대 후기에 제(齊)가 래국을 멸망시키면서 래문화도 제문화에 융합된다. 전국시대가 되면 결국 토착 이인문화는 소멸한다. 다만 이인문화의 개별 요소가 일부 잔존할 뿐이다.

(1) 진주문문화

1979년 발견된 장도(長島) 진주문(珍珠門)유적으로부터 명명되었다. 악석문화가 발전한 것으로, 후에는 남황장문화로 변한다. 주로 교동반도와 연해 도서 일대에 분포하며, 연대(煙臺) 지수(芝水)유적, 유산(乳山) 채산(寨山)유적 등이 대표적이다.[20] 진주문유적과 지수유적은 출토유물이 많은 편이다.

토기는 협사 홍도를 위주로 하며, 니질도는 적은 편이다. 재질은 부슬부

20　王錫平, 1987,「膠東半島夏商周時期的夷人文化」,『北方文物』2; 北京大學考古實習隊·山東省文物考古研究所, 2000,「煙臺芝水遺址發掘報告」,『膠東考古』, 文物出版社; 薑書振, 2000,「山東乳山市寨山商代遺址調查」,『考古』5.

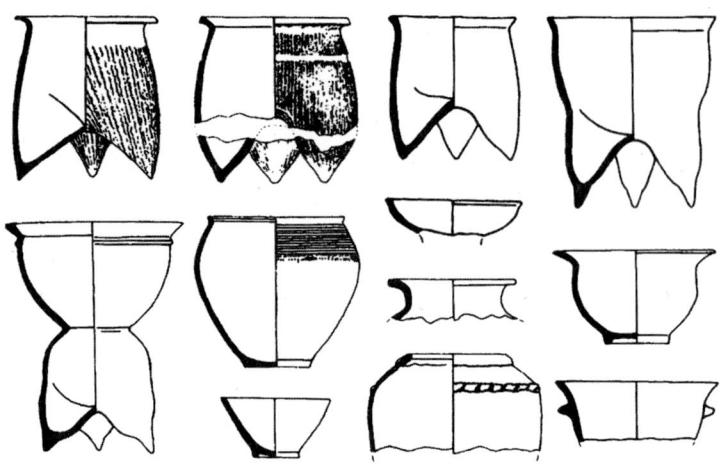

자료 44 | 진주문유적의 주요 토기

슬하며, 대부분 문양이 없으나 승문을 시문한 것이 소량 있다. 만드는 기법은 수제가 대다수이고 기형이 간단하고 거칠며, 기벽은 두텁고 무거우며, 구연부는 정연하지 못하다. 진주문문화의 토기는 력·언·궤·완·옹·분 등이 주를 이룬다. 이 중 무문의 력·언·궤·완 등의 수량이 제일 많고, 력·언의 형태는 기고(器高)가 대체로 높고, 대구권연(大口卷沿)·심복(深腹)·세요(細腰)·통형(筒狀) 혹은 유두형대족(乳狀袋足)이 있거나 동체 하부에 대부분 유정문(乳丁紋)이 있다. 궤는 대구권연·고복(鼓腹)·왜권족(矮圈足)이다. 완은 창구(敞口)·사직복(斜直腹)·왜권족이다. 관은 대부분 권연(卷沿)에 절견(折肩)이다. 승문은 력과 옹 등에만 있다. 승문력은 방순(方脣)·절연·고당(高襠)에 조승문(粗繩紋)을 시문했다. 무문토기는 대부분 악석문화가 그 조형이다. 승문 력만 늦은 시기 상문화의 영향을 받았으며, 수량은 매우 적다.

진주문문화의 연대는 상대 후기에서 서주 중기(기원전 1400~기원전 800년경)에 속한다.

이 시기에는 서주문화의 유입으로 인해 교동반도에 있던 래국의 상층 귀족은 청동예기를 대표로 하는 예제를 수용했다. 그러나 사회 하층을 이루는 대부분의 주민들은 여전히 전통문화를 고수했다. 따라서 서주시대로 들어선 후, 진주문문화는 점차 래국 하층민 사이의 전통문화가 되었는데, 이러한 정황이 래국의 토착토기에 잘 반영되어 있다(자료 44).

(2) 남황장문화

유산시(乳山市) 남황장(南黃莊)유적에서 명명되었다. 교동반도 동남부 일각에만 분포한다. 유산에 가장 밀집되어 있고 인근의 문등시(文登市)에도 소수 분포한다.[21] 남황장 부근의 북사산(北斜山)·남사산촌(南斜山村) 일대에 무덤이 집중분포하는데, 1983년 북경대학 등에서 22기의 무덤을 발굴해 정리했다. 그중 15기가 석곽묘이고 5기는 석관묘이다. 무덤은 할석을 쌓아 묘실을 조성하고, 내부에 목관을 설치한 형식이다. 단인장이고 두향은 동향 혹은 북향이다. 부장품은 대부분 관과 곽 사이에 안치했으며, 보통 1점에서 8점까지 부장된다.

토기는 운모가 섞인 협사도 혹은 협운모도(夾雲母陶)가 있고, 재질은 비교적 무른 편이다. 색조는 대부분 홍갈색이고 문양은 세승문·부가퇴문·유정문·획문 등을 시문했다. 기형은 정·력·관·궤·완 등이 있고 대부분 수제다. 일부 관과 력에는 승문과 삼각획문이 장식되어 서주문화의 영향을 보여준다(자료 45).

청동기는 화살촉 2점만 출토되었다.

연대는 서주시대 중·후기에서 춘추시대 중기(기원전 800~기원전 600년경)으로 보인다.

---

21 北京大學考古實習隊 等, 2000, 「乳山南黃莊石槨墓」, 『膠東考古』, 文物出版社.

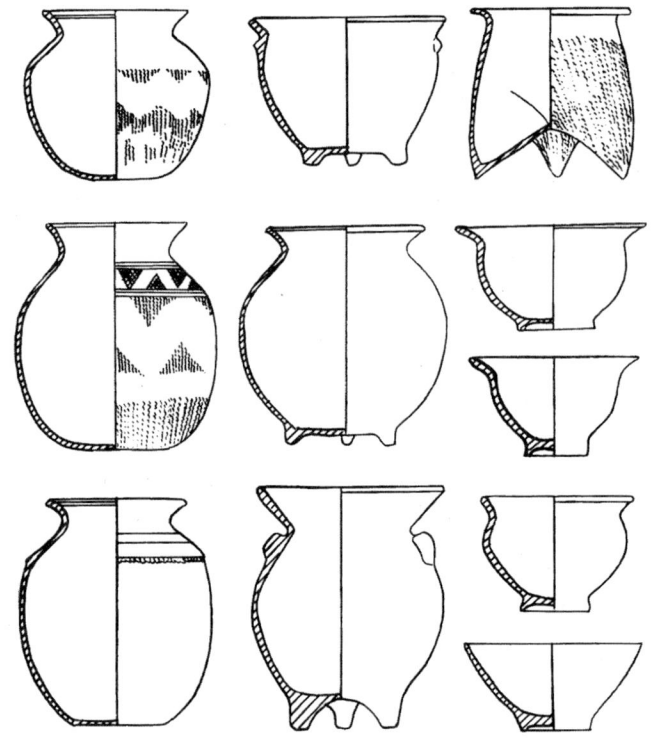

자료 45 | 남황장문화의 주요 토기

　　남황장문화는 진주문문화에서 발전한 것이 분명한 것 같다. 최근의 새로운 발견을 참고해보면, 석관묘 같은 무덤 형식은 선석기시대의 교동 동부에서 이어져온 전통으로 보인다.[22] 이 문화는 춘추시대 중기에 소멸되고, 래문화에 의해 융합되었다. 이를 통해 볼 때 산동 지역에서 신석기시대부터 이어져 온 비교적 단일한 토착 이인문화가 존재했다고 생각된다.

22　2012년 문등시(文登市) 탕리점(湯里店)유적에서 대문구문화 후기의 석관묘가 발견되었다. 자세한 것은 다음 논문 참조. 煙臺市博物館·威海市文物管理辦公室 等, 2014, 「文登市湯裏店墓地發掘簡報」, 『海岱考古』 第7輯, 科學出版社.

(3) 래문화

용구(龍口) 귀성(歸城)이 위치한 교동반도 서북부 황수하(黃水河) 유역에서 출토된 유적을 대표로 한다. 귀성은 래국의 도성으로 용구시 강가촌(姜家村)에 있다. 발굴자료에 의하면, 성지는 외성과 내성으로 구성되어 있다.[23] 외성의 평면은 그다지 규칙적이지 않고, 면적은 약 8km다. 내성은 곱자형[曲尺形]이고 면적은 22.8만㎡다.

이 성은 교동반도에서 규모가 제일 큰 주대 성지 중 하나다. 유물은 1965년 화평촌 인근에서 출토된 서주시대 후기의 청동정 1점, 같은 해 노가촌(魯家村) 남쪽에서 발견된 양주(兩周)시대 중기의 무덤 M1에서 출토된 청동기 8점, 그리고 도관, 옥제격창 각 1점이 있다.

이 외 1969년 소유장(小劉莊)에서 '계(啟)'자 명문이 있는 청동예기가 소량 출토되었다. 이중 유와 준에는 4대 소왕(昭王)의 남정(南征) 사실에 대한 기록이 있다. 따라서 이들 청동기의 연대는 소왕 후기일 것이다. 같은 해 동가촌(董家村) 동남쪽에서 증(甑)·반·정·과 4점의 서주시대 후기 청동기가 출토되었다. 또한 '래백(萊伯)'이라는 명문이 있는 청동정도 출토되었다(자료 46). 청동기의 형태와 문양은 모두 전형적인 서주 양식에 속하고, 명문의 내용도 서주 왕조와 관련된 것이다. 이는 래국의 상층귀족이 서주의 예제 및 예기를 수용했음을 보여준다.

래문화의 토기는 청동기와는 반대로 토착 이인의 특징을 반영하고 있다. 래문화의 전형적인 토기는 추족정(錐足鼎)·고복궤(鼓腹簋)·와문궤(瓦紋簋)·유정문관(乳丁紋罐) 등 4종을 들 수 있다. 이러한 토기들은 무문인 점이 제일 큰 특징이다. 그 밖에 현문과 유정문 등도 있고, 승문은 없거나 아주 소량만 보인다. 형식학적 측면에서 보면 많은 수가 진주문문화의 토

23　李步靑 等, 1991,「山東黃縣歸城遺址的調査與發掘」,『考古』10; 中美聯合歸城考古隊, 2011,「山東龍口市歸城兩周城址調査簡報」,『考古』3.

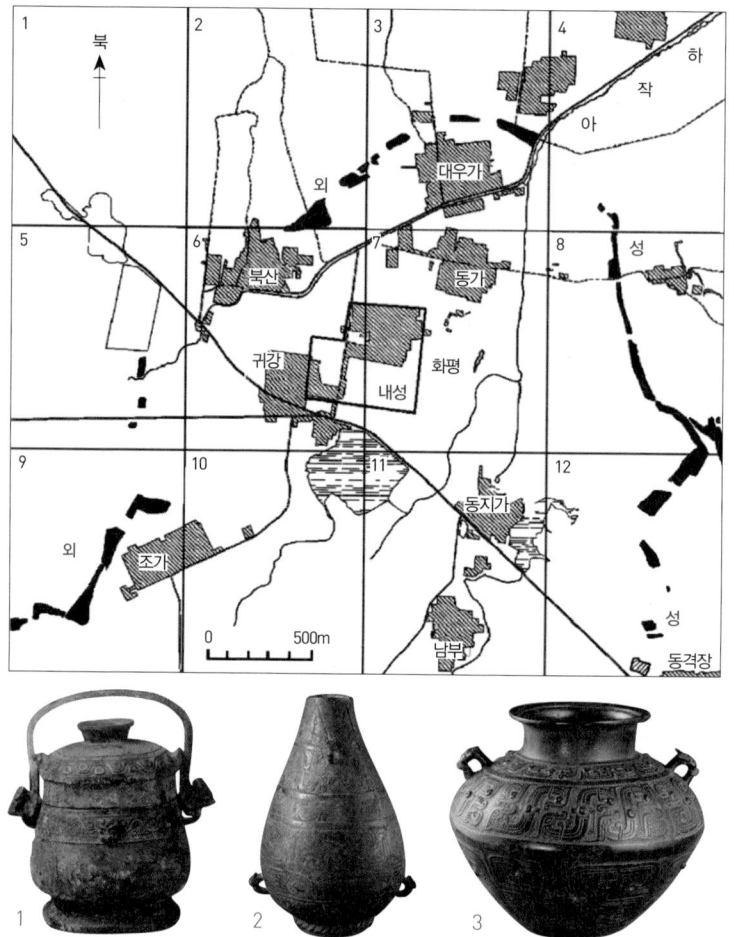

자료 46 │ 래국 귀성 평면도(상) 및 출토 청동기(하)
1. 청동유 2. 청동호 3. 청동뢰

기에서 변천해온 것이다.

  토기의 또 다른 특징은 서주시대 중기에서 춘추시대 후기까지 주로 교동반도 일대에만 분포한다는 점이다. 존속 기간이 비교적 길고, 선후 관계가 뚜렷하여 같은 시기 서주문화와 산동 북부 지역의 여러 문화와는 확연히 다르다(자료 47). 이는 래문화의 토기가 주로 토착 이인의 문화전통

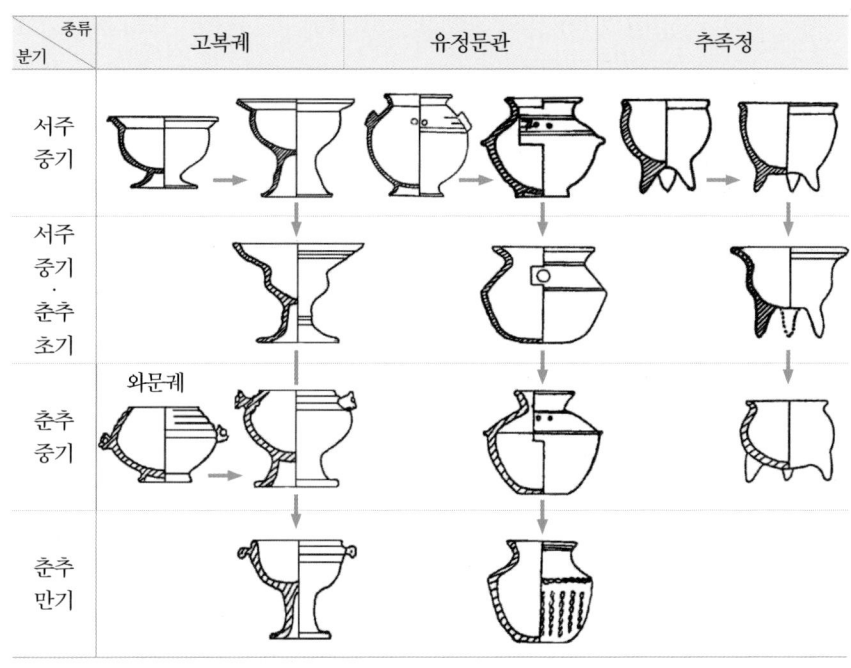

자료 47 | 래문화의 주요 토기 분기도

을 간직하고 있음을 말해준다. 기원전 567년 제가 래국을 공격하여 교동 반도를 점령하면서 제문화가 교동 지역에 출현하게 되고, 새로운 토기 조합이 나타난다. 대체로 100년 후인 기원전 5세기에는 래문화의 토기도 소멸하고, 제문화로 대체되었다. 신석기시대부터 형성된 이인의 문화는 이러한 과정을 거쳐 최종적으로 사라지게 된다(자료 47).

산동 지역 동이문화의 의의

동이문화는 중국 선사시대에 가장 발달한 문화 중 하나다. 이 문화는 고유의 특색이 있었고 시간의 흐름에 따라 전승되었으며, 전성기를 구가한 역사적 순간도 있었다. 그러나 동이문화는 점차 쇠퇴하고, 주류문화에서 서서히 물러나는 과정을 겪는다. 이 과정은 동이문화와 화하문화의 상호 작용과정을 반영하는 것이기도 하다. 동이문화는 산동 지역에서 서주문 화가 발전하는 데 중요한 역할을 했으며, 그로 인해 산동지구의 고고문화 도 발전할 수 있었다. 동시에 동이문화의 일부 토기와 청동기가 중국 내 륙의 중원으로 전해져서 화하문명의 예제 정립에 직접적인 영향을 미치 기도 했다.

한편 고문헌에 기록된 한대(漢代) 및 그 이후 동북아시아에서 활동한 '동이'도 흥미롭다. 이들 동이와 주대 이전부터 주로 산동 지역에 분포했 던 동이 사이의 문화적 연원관계에 대해서는 연구가 더 필요하다.

한대 이후 산동 지역은 한에 포괄되었고, 동이문화는 완전히 사라진 상 태였다. 그러나 '동이'라는 개념은 여전히 존재하는데, 『삼국지(三國志)』· 『후한서(後漢書)』 등의 문헌에 '동이열전(東夷列傳)'이 그것이다. 여기에 중 국 동북 지역, 한반도, 일본 등에 존재했던 부여·고구려·동옥저·읍루· 예·한(삼한)·왜 등이 편목으로 들어 있다.

필자는 이것을 한제국 건립 후 화하문화가 변천하여 한문화가 되고, 동 시에 외부로 확산된 결과로 판단한다. 또한 한의 중앙정부와 유학자들이 '천하위복(天下威服)'의 효과를 가져오기 위해 정치적인 의도를 가지고 '동 이'의 개념을 한문화권 외에 적용한 결과이며, 따라서 이 속에 인위적인 요소가 있다고 생각한다. 고고학적으로 발견된 자료를 도외시하고 단순 히 관련 문헌기록만 무조건적으로 신뢰하여, 일방적으로 한대 이래 동북 아시아의 동이와 주대 이전 동이의 문화적 연원관계를 강조해서는 곤란 하다. 이는 고고학 및 문헌의 기록과 부합하지 않는 것이다. 관련 학자들 의 과학적이고 정밀한 연구를 기대한다.

초기 청동기시대
악석문화와 동이

동이 관련 논의에서의 문제점

초기 청동기시대 악석(岳石)문화는 기원전 1900(혹은 1800)~기원전 1450년경 황하 하류 유역에서 발견된다. 지금까지 약 200여 개 악석문화 유적이 존재하는 것으로 확인되었지만, 실제 발굴된 유적의 수는 매우 적다. 취락이나 묘지에 관해서도 거의 알 수 없다. 현재 악석문화 유적이 '동이(東夷)'에 속한다는 인식이 주를 이루고 있는데, 신석기 또는 초기 청동기시대의 집단들 사이에서 사회·정치적(Socio-Political), 문화적으로 '동이'라는 정체성이 뚜렷하게 존재했다고는 확신하기 어렵다. 동이의 정체성이 산동(山東) 또는 황하 하류 유역 집단들 사이에서 형성·발전되었다고 본다면, 최소한 서주(西周, 기원전 1045~기원전 771년) 시기가 되어서야 출현했다고 보아야 한다.[1]

---

[1] 다음 논문 참조. David Joel Cohen, 2001, *The Yueshi Culture, the Dong Yi, and the Archaeology of Ethnicity in Early Bronze Age China*, Doctoral dissertation, Harvard University, Cambridge,

중국 고고학 연구의 문화사적·역사지리학적 패러다임[2] 안에서, 고고학자들은 청동기시대의 대부분 문화를 초기 명문(銘文)이나 기원전 1000년대 후반에 전승된 문헌에서 언급된 사회·정치적 집단을 동일시한다. 이러한 맥락에서 일반적으로 악석문화를 곧 동이문화로 여기면서, 동시에 신석기시대까지 거슬러 올라가 산동용산(山東龍山)문화와 대문구(大汶口)문화가 동이의 대표적 물질문화라고 추측한다. 이렇게 문헌 자료를 근거로 악석문화를 동이문화라고 파악하기 위해서, 동이가 초기 문헌에 나타난 방국(方國)이나 수많은 이(夷) 집단 등 소집단과 정치체들을 모두 포함하는 거대한 사회·정치적 실체라고 해석했다.

이러한 포괄적인 '동이' 집단 개념은 문화의 흐름이나 집단 정체성의 형성과정을 고려하지 않은 채 사용되었다. 그리고 이 개념은 주로 황하 하류~회하(淮河) 하류~산동반도에 이르는 중국 동부의 광대한 지역에서 발견되는 '토기 형태의 공통성'을 근거로 수립되었다. 그러나 출토된 토기 형태만으로 종족 정체성을 구분할 수 있다는 것은 지나치게 단순한 판단이며, 중국 국가형성기에 존재하던 다양한 집단 간 상호관계의 복합성을 무시한 결론이다.

상(商) 왕조의 기원을 동방(황하 하류)문화권에서 찾고자 했던 왕국유(王國維),[3] 부사년(傅斯年)[4](이에 K. C. Chang의 주장도 포함) 등의 논의에서 쉽게 관찰할 수 있다. 또 작고한 추형(鄒衡)[5] 교수와 그 지지자들(대다수

MA, Department of Anthropology.

2 Lothar von Falkenhausen, 1993, "On the historiographical orientation of Chinese archaeology", *Antiquity* 67(257), pp.839–849.

3 王國維, 1921, 『殷卜辭中所見先公先王考』 卷9, 觀堂集林(1971, 『殷卜辭中所見先公先王考一卷』, 藝文印書館 재간행).

4 傅斯年, 1935, 「夷夏東西說」, 『慶祝蔡元培先生六十五歲論文集』 下冊, 歷史語言研究所集刊外編第一種, 北京: 歷語言研究所, 1093~1134쪽; 傅斯年, 1996, 『傅斯年選集』, 天津: 天津人民出版社, 247~292쪽.

5 鄒衡, 1980, 『夏商周考古學論集』, 北京: 文物出版社.

중국 고고학자들)은 토기 유형을 근거로 상이 동방에서 기원했을 가능성을 배제한다. 이들은 문헌 기록의 해석에 근거하여 이 시기에 활동했다고 추측되는 동이 집단과 악석문화를 단지 토기의 유형학적 기준만으로 파악하여 동일시한다. 또한 초기 청동기시대의 동이 집단이 같은 시기 하(夏)·상(商) 집단과 지속적으로 대립했다고 파악하면서도, 동이라는 집단의 성격과 정체성이 어떤 과정으로 형성되었는지에 대해서는 분명하게 논의하지 않는다. 단지 토기 형태의 동일성만을 근거로 악석문화 관련 유물이 출토된 지역이 선상(先商) 왕실의 중심 구역이거나 상의 종교적 중심인 대읍상(大邑商)일 가능성[6]을 외면하고 있다.

초기 청동기시대 동이의 정체성은 토기 형태의 공통성에 따른 관점, 즉 문화사적 관점이 아니라 민족적 경계의 형성[7]과 문화정체성이론[8]을 바탕으로 한 인류학적 관점에서 고찰해야 한다. 다시 말하면 이 문제는 이론적 수준에서 물질문화의 탄생 및 운용과 정체성 사이의 복합적인 관계를 고려하면서 다루어야 한다는 것이다. 이러한 접근 방식을 통해 상(商)의 정체성과 대치되는 통합적인 동이의 민족적 정체성이 초기 청동기시대 황하 하류 유역 집단들 사이에 존재했음을 명백히 밝힐 수 있는 증거가 최소한 서주대까지는 존재하지 않았다는 결론을 얻었다.[9] 동이는 그 이전까지는 뚜렷한 정체성을 보이지 않았다. 즉 '스스로를 동이로 인식한 집

---

6 다음 논문 참조. Robert E. Murowchick, and David J. Cohen, 2001, "Searching for Shang's beginnings: Great City Shang, City Song, and collaborative archaeology in Shangqiu, Henan", *The Review of Archaeology* 22(2), pp.47–61.

7 Fredrik Barth(editor), 1969, *Ethnic Groups and Boundaries*, Boston: Little Brown; "Introduction", In Fredrik Barth(editor), *Ethnic Groups and Boundaries*, Boston: Little Brown, pp.9–38.

8 Siân Jones, 1997, *The Archaeology of Ethnicity: Constructing Identities in the Past and Present*, London: Routledge.

9 David Joel Cohen, 2001, *The Yueshi Culture, the Dong Yi, and the Archaeology of Ethnicity in Early Bronze Age China*, Doctoral dissertation, Harvard University, Cambridge, MA, Department of Anthropology.

단'은 악석문화가 붕괴된 이후 최소 4세기가 지나서야 비로소 존재했다고 보아야 한다.

초기 국가 단계의 사회와 악석문화

악석문화의 분포지역은 대부분의 연구자[10]가 그 기원이라고 생각하는 산동용산문화의 범위보다 약간 넓다. 대개 유적은 교동(膠東)반도, 발해(渤海)만 도서 지역, 강소(江蘇) 및 안휘(安徽) 북부, 서쪽으로는 기현(杞縣)에 이르는 동부 하남(河南) 등을 포함한 산동반도 전역과 요동반도 일부 지역[11]에서 발견된다.

이 문화의 사회발전 단계는 용산문화의 복합수장사회(複合首長社會)와 하남 중서부 지역의 정주(鄭州) 상성(商城), 언사(偃師) 상성, 소쌍교(小雙橋) 유적 등의 이리두(二里頭)·이리강(二里岡) 하층·상층 문화기의 초기 국가 단계 사이에 있는 과도기에 해당한다. 중국 학계의 추형과 그 제자들이 선 왕조 시기의 상으로 인식하는 '선상(先商)'문화(필자는 이 용어에도 문제가 있다고 생각)라고 지칭하는 하북(河北) 남부와 하남 북부의 지역문화 단계와 중첩된다. 물질문화적 특성을 보면, 악석문화와 하남의 다른 문화 지역들이 사회·정치·종교·문화적으로 활발히 상호교류했음을 관찰할 수 있다.[12]

이리두·정주·안양 등에서 초기 도시문명의 특징을 지닌 악석문화의 흔적(대형 성벽 취락, 청동기 제작, 발전된 의례체계, 문자체계 등)이 발견되었

---

10 欒豊實, 1997, 「論岳石文化的來源」, 『海岱地區考古研究』, 濟南: 山東大學出版社, 348~363쪽.
11 徐昭峰, 2012, 「試論岳石文化北向發展態勢」, 『考古與文物』 2, 14~19쪽.
12 欒豊實, 2006, 「二里頭遺址中的東方文化因素」, 『華夏考古』 3, 46~53쪽.

지만, 확인할 수 있는 흔적이 제한적이다. 공간적으로 위계화된 대형 취락, 대규모 건물, 지배층 무덤, 공방 등을 살필 수 있는 발굴자료가 아직 없다. 그럼에도 불구하고 악석문화가 이리두·정주·소쌍교 등 도시 중심지와 상호교류했다는 증거, 그리고 용산문화 단계부터 계속된 악석문화의 흐름을 보여주는 대규모 성벽 취락의 존재 등을 고려해보면, 악석문화가 상당한 수준의 사회·정치적 복합사회 단계와 문화적 생산 단계에 도달했을 가능성이 높다. 이에 대해서는 추가 발굴을 기대한다.

악석문화는 복합수장사회인 산동용산문화를 직접 계승, 발전시켜[13] 국가 단계의 사회 형성에 중요한 역할을 담당했다. 그러나 최초의 도시, 즉 국가 단계의 사회가 그 서쪽에서 출현했으므로, 악석문화의 역할은 황하 하류 유역의 용산문화 단계에 있던 사회·정치 체제의 붕괴와 관련이 있을 것이다.[14]

악석문화의 발견

악석문화의 유물은 1920년대 발굴조사과정에서 출토되었다. 요동반도 현장조사과정에서 당시에는 비자와(貔子窩)로 알려진 두 유적, 즉 단타자(單砣子)와 고려채(高麗寨) 유적의 유물 가운데 일부가 악석문화의 것이었다.[15] 또한 1933년 일본 고고학자들이 요동반도에서 악석문화 또는 이와

---

13 L. Liu and X. Chen, 2012, *The Archaeology of China : from the Late Paleolithic to the Early Bronze Age*, Cambridge: Cambridge University Press.
14 方輝, 2003, 「岳石文化衰落原因蠡測」, 『文史哲』 3, 139~143쪽.
15 Kosaku Hamada, 1929a, *Hishika: Minami ManshūHekiryūkahan no senshi jidai iseki, Tōhōkōkogaku sōkan kōshu 1*, Tōkyō: Tōhōkōkogakkai(濱田耕作, 1929a, 『貔子窩: 南満洲碧流河畔の先史時代遺跡』, 東方考古學叢刊甲種第1冊); Kosaku Hamada, 1929b, *P'i-tzu-wo: Prehistoric*

관련된 것으로 추정되는 유물을 추가로 발견했다. 요령성 여순(旅順)시 쌍타자(雙砣子) 적석묘에서 존형기(尊形器)와 버섯형 손잡이가 있는 뚜껑 등 전형적인 악석문화의 특징을 가진 토기가 출토되었다.[16] 역사어언연구소(歷史語言硏究所)의 안양(安陽) 발굴단은 1930~1931년에 산동성 역성(歷城)현[지금의 장구(章丘) 현] 용산진(龍山鎭) 성자애(城子崖)유적을 발굴했다.[17] 이 유적 하층에서 새로운 신석기문화가 발견되었는데, 당시 이를 '흑도문화'라 불렀다. 흑도문화는 현재 '용산(龍山), 산동용산, 고대 용산문화'로 알려져 있다. 당시에는 인식하지 못했지만, 악석문화유물들도 성자애 하층 용산문화유물 가운데서 발굴되었다. 이후 1990년대에 성자애유적이 새롭게 발굴되면서 악석문화기의 판축 성벽을 확인할 수 있었고, 이로써 용산문화와 악석문화를 층위적으로 구분할 수 있게 되었다.[18]

또한 1960년에 전형적인 악석문화 유적이 평도(平度)현의 동악석촌(東岳石村)에서 발굴되었다.[19] 현재까지 가장 잘 알려진 악석문화 유적인 산동 사수(泗水)현 윤가성(尹家城)유적은 1973년부터 다섯 차례에 걸쳐 발굴되었다.[20] 그 후 층위적으로 용산문화와 상문화 사이의 유물을 '윤가성 2

    Sites by the River Pi-liu-ho, South Manchuria, Archaeologia Orientalis I, Tôkyôand Kyôto: The To-koko-gaku-kwai, or the Far-Eastern Archaeological Society.

16 N. Egami, et al., 1934, "A neolithic site at Shuang-ta-tzu-shan near Port Arthur", Manchuria, *JAST* 49.

17 傅斯年 等, 1934, 『城子崖』, 南京: 中央研究院歷史語言研究所; Chi Li, et al., 1956, *Ch'êng-Tzu-Yai: The Black Pottery Culture Site at Lung-Shan-chen in Li-Ch'êng-Hsien, Shantung Province*, Translated by Kenneth Starr, Yale University Publications in Anthropology 52, New Haven: Yale University Press.

18 山東省考古研究所, 1990, 「城子崖遺址又有重大發現—龍山岳石周代城址重見天日」, 『中國文物報』7月26日, 北京; 張學海, 1993, 「海岱地區史前考古若干問題的思考」, 『中國考古學會第九次年會論集』, 北京: 文物出版社, 1~19쪽.

19 中國科學院考古研究所山東發掘隊, 1962, 「山東平度東岳石村新石器時代遺址與戰國墓」, 『考古』10, 509~518쪽; 欒豊實, 1997, 「岳石文化的分期和類型」, 『海岱地區考古研究』, 濟南: 山東大學出版社, 319쪽.

20 山東大學歷史系考古專業, 1980, 「山東泗水尹家城遺址第一次發掘」, 『考古』1, 16~17쪽.

기 문화'라고 분류하게 된 것은 악석문화의 고유한 유형학적 편년 실체를 확인한 전환점이었다.

1970~1980년대에 발굴된 유적으로는,[21] 산동 모평현(牟平縣) 조격장(照格莊)유적,[22] 하택현(菏澤縣) 안구고퇴(安邱堌堆)유적,[23] 청주시[靑州市, 당시는 익도현(益都縣)] 학가장(郝家莊)유적,[24] 연대(煙臺)시 지수(芝水)유적,[25] 장구(章丘)현 왕추관(王推官)유적,[26] 하남 동부 녹읍현(鹿邑縣) 난태(欒台)유적,[27] 기현(杞縣) 녹태강(鹿台崗)유적[28] 등이 있다.

엄문명(嚴文明)[29]은 산동용산문화 말기에 대한 연구를 통해 동악석유적에서 발견된 유물을 토대로 '악석문화'라는 명칭을 사용할 것을 처음으로 제안했다. 그는 악석문화의 특징을 "토기 기벽이 매우 두껍고 상대적으로 회색 토기와 흑갈색 토기가 많다. 흑색 토기는 대부분 회색 태토이며, 용산문화에서 보이는 매우 얇게 빚은 아름다운 흑도[蛋殼黑陶]는 보이지 않는다. 토기 종류는 주로 언(甗) 삼족기, 평저, 권족, 또는 삼족의 존형기, 권족의 두(豆), 쌍복분(雙腹盆), 관(罐), 뚜껑 등이 있으며, 일부 토기의 표면은 진사가 칠해져 있거나 채색되어 있다. 석기의 가장 중요한 특징은 조개껍질처럼 날이 약간 오목하고 등이 약간 볼록한 형태의 반달칼이다. 이 문

---

21 欒豊實, 1997, 「岳石文化的分期和類型」, 『海岱地區考古研究』, 濟南, 山東大學出版社, 319쪽.
22 中國科學院考古研究所山東發掘隊·煙臺市文物管理委員會, 1986, 「山東牟平照格莊遺址」, 『考古學報』 4, 447~478쪽.
23 北京大學考古系商周組·山東省菏澤地區文展館·山東省菏澤市文化館, 1987, 「菏澤安邱堌堆遺址發掘簡報」, 『文物』 11, 38~42쪽.
24 吳玉喜, 1984, 「益都縣郝家莊 新石器時代遺址」, 『中國考古學年鑑·1984』, 118쪽.
25 張江凱, 1984, 「煙臺市芝水商代遺址」, 『中國考古學年鑑·1984』, 120~121쪽.
26 山東省文物考古研究所, 1996, 「山東章丘市王推官莊遺址發掘簡報」, 『華夏考古』, 4.
27 河南省文物研究所, 1989, 「河南鹿邑欒台遺址發掘簡報」, 『華夏考古』 1.
28 鄭州大學考古專業·開封市文物工作隊·杞縣文物管理所, 1994, 「河南杞縣鹿台崗遺址發掘簡報」, 『考古』 8, 673~682쪽.
29 嚴文明, 1981, 「龍山文化與龍山時代」, 『文物』 6, 41~48쪽.

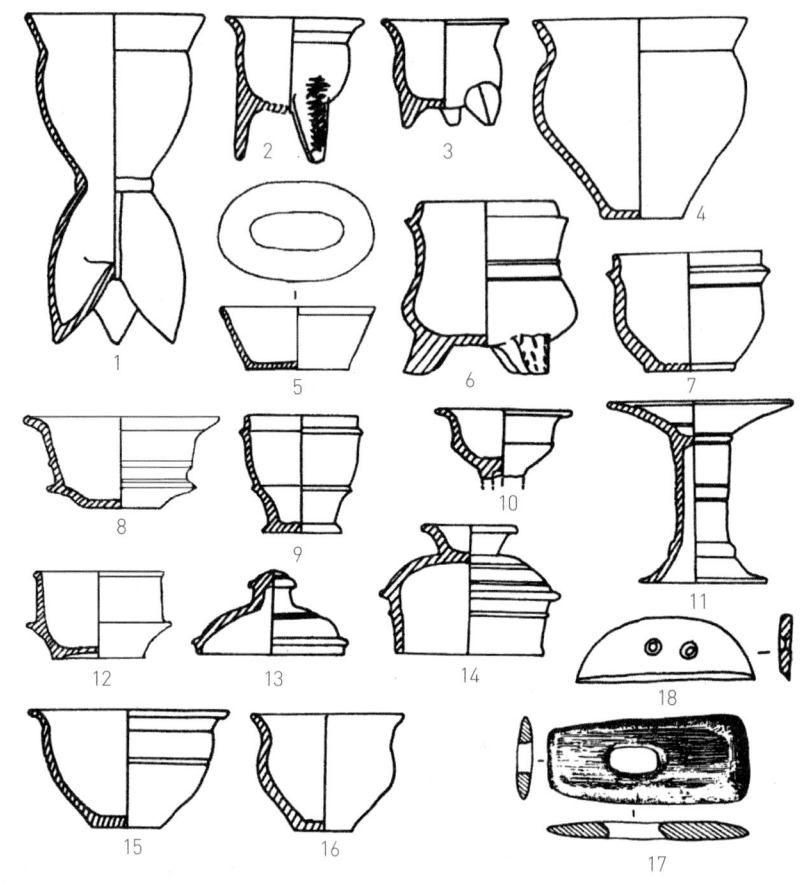

자료 1 | 악석문화의 전형적 토기 및 석기
1. 언 2~3. 정 4. 관 5. 주형기 6. 삼족관 7. 자모구관 8. 분 9. 존형기 10~11. 두
12. 항 13~14. 뚜껑 15. 분 16. 우 17. 돌괭이 18. 돌칼
(5·8·12. 왕신, 1994 17. 조조홍, 1984 1~4·6~7·9~11·13~16·18. 장취련, 1997)

화의 주민은 하(夏) 이전, 하와 같은 시기, 그 이후의 이(夷) 집단으로 추정된다"고 요약했다(자료 1).

　악석문화에 대한 엄문명의 언급은 이것이 전부지만, 이 언급은 새로운 유형학적·문화사적 연구를 촉발시켰고 이후 악석문화의 지역유형에 대한 새로운 규정이 이루어졌다. 이러한 연구는 중국의 초기 및 원사 시대의 틀에 들어맞는 '동이'를 찾는 중요한 열쇠가 되었다. 이후 조조홍(趙朝洪)은 『예기(禮記)』·『후한서(後漢書)』·『좌전(左傳)』 등 고대 문헌 구절들을 근거로 '족속 분석'[30]을 하여, 악석문화의 전반적인 분포가 동이라는 씨족집단의 활동 범위·구역으로 보이는 지역과 일치함을 밝혔다. 이전에도 물론 하(夏)·상(商)·동이(東夷)의 구체적인 역사지리 연구가 진행되었지만,[31] 이 연구에서도 악석문화라는 고고학적 개념은 동이를 개념화하고 확인하는 데 활용되었다. 또한 악석문화의 절대연대와 상대연대는 "하·상 왕조에게 때로는 우방이자 정치적으로 강력한 적수였으며, 민족적으로 독특한 사회·문화적 집단인 동이"에 관한 단편적인 기록들을 역사학적으로 해석하는 데도 활용되었다. 동이와 고고학적인 문화의 관련성은 악석문화에 대한 논의, 이리두문화, 선상(先商)문화, 이리강 하층·상층 문화, 하가점(夏家店)하층문화 등 주변의 같은 시기에 발전한 고대문화에 대한 논의에서 대부분 공통 주제가 되었다.

악석문화에 대한 인식의 문제점

악석문화는 같은 시기 그 서쪽에 자리 잡은 이리두문화·선상문화와의 유형학적 차이에 근거하여 '동이'의 문화로 인식되었다. 이 지역에 수백 개에서 많으면 수천 개의 크고 작은 정치체가 존재했을 가능성이 있음에도,[32] 초기 청동기시대에 오직 세 개의 주요 사회·정치적 집단이 활동했

30　趙朝洪, 1984, 「有關岳石文化的幾個問題」, 『考古與文物』 1, 92~99쪽.
31　傅斯年, 1935, 「夷夏東西說」, 『慶祝蔡元培先生六十五歲論文集』 下冊, 歷語言硏究所集刊外編第一種, 北京: 歷語言硏究所, 1093~1134쪽; 傅斯年, 1996, 『傅斯年全集』, 天津: 天津人民出版社; 蒙文通, 1933, 『古史甄微』, 上海: 商務印書館; 徐旭生, 1943(1985), 『中國古史的傳說時代』, 北京: 文物出版社.
32　Kwang-chih Chang, 1983, *Art, Myth, and Ritual*, Cambridge: Harvard University Press.

다는 해석에 근거한 구분이다. 게다가 이러한 문화결정론에는 하(夏)·선상(先商)·동이(東夷)라는 세 집단 사이에서 나타난 집단 정체성이 다른 집단과 서로 다른 토기를 제작하도록 유도했다는 가정이 전제되어 있다. 이러한 유형학적·문화사적 접근방식을 통해 그 연관성에 대한 어떠한 고찰도 없이, 토기 형식이라는 한정된 범주의 자료가 사회·정치적, 문화적 집단의 정체성을 대표한다고 파악하고 있는 것이다.

악석문화의 소멸에 관한 설명도 유사한 양상이다. 여러 유적을 살펴보면 악석문화 상층에서 이리강 하층·상층 문화 토기가 발견되는데 이를 중국 학계는 다음과 같이 설명한다. 즉 이리강 토기는 상 왕조를 대표하는 유물이며, 상의 토기가 악석문화 상층에서 출토되는 이유는 상이 세력을 확장하면서 악석문화를 붕괴시켰고, 이로써 상의 주민이 동이의 주민을 대체했다는 것이다. 나아가 상이 군사적 영향력을 산동 지역까지 확장한 것으로 간주하기도 한다. 이러한 해석도 토기 양식이 사회·정치적 정체성을 대표할 수 있다고 판단했다는 점에서 마찬가지 문제가 있다. 또한 역사적 문헌 기록이 악석문화처럼 넓은 영역 안에서 상의 이주, 군사적 정복, 정치적·영토적 확대를 통하여 인구나 문화를 완전히 대체했다는 가설을 뒷받침해주지 못한다는 점도 문제다.

지역유형과 편년

1980~1990년대 악석문화 유적이 더욱 많이 발굴되면서 지역유형에 대한 구분이 이루어졌다. 악석문화의 지역유형은 현재 7가지로 파악된다. 기본적으로 각 지역유형을 대표하는 주요한 문화 유적이 있는데, 연구자들에 따라 차이가 있지만 난풍실이 제시한 악석문화 7개 유형이 일반적

으로 받아들여지고 있다(자료 2).[33]

    가. 조격장유형: 산동반도를 포함한 산동 동부[34]
    나. 윤가성유형: 문하(汶河)와 사하(泗河) 유역의 태산(泰山) 남부 지역을 포함한 산동 중남부
    다. 학가장유형: 산동 북부로, 추형은 성자애와 추가장(鄒家莊)유적을 포함
    라. 안구고퇴유형: 산동 서부 및 하남 동부 안구고퇴, 녹대강, 청량산(淸凉山)의 세 하부 유형으로 세분
    마. 토성(土城)유형: 산동 동남부의 기하(沂河) 및 술하(沭河) 유역
    바. 왕추관유형: 산동 북서부(즉 산동 제남 부근, 성자애 단계)
    사. 만북(萬北)유형: 강소 북부와 안휘 서부의 회하 북부, 하묘돈(下廟墩)유형으로도 지칭[35]

이러한 지역유형 구분에도 불구하고 채봉서(蔡鳳書)[36]는 악석문화 내에서 가장 뚜렷한 지역적 구분은 산동 동부와 서부 지역의 차이이며, 이러한 구분은 하와 상의 문화적 상호작용 범위(서쪽에 한정)와 중원문화의 영향을 상대적으로 받지 않은 산동반도의 독특한 문화발전 궤적과 일치한다고 주장한다.

방사성탄소연대 편년이 제대로 확인된 것은 별로 없다. 그러나 토기 순서 배열법, 이리두·이리강 하층 및 상층, 은허(殷墟) 상문화 등과 교차편년

---

33 欒豊實, 1997, 「岳石文化的分期和類型」, 『海岱地區考古研究』, 濟南: 山東大學出版社, 318~347쪽.
34 모든 연구자들이 동의하는 것은 아니나, 추형은 악석문화의 전형을 보여주는 유적인 동악석촌유적을 포함한다.
35 高廣仁, 2000, 「岳石文化的社會成就與歷史地位」, 『海岱區先秦考古論集』, 北京: 科學出版社, 180쪽.
36 蔡鳳書, 1993, 「初論岳石文化」, 張學海 編, 『紀念城子崖遺址發掘60周年國際學術討論會文集』, 濟南: 齊魯出版社, 254~265쪽.

자료 2 | 악석문화의 지역유형(왕신, 1994 ; 난풍실, 1997b ; 점선은 구릉지대를 표시)

하면 상당히 신뢰할 만한 연대를 얻을 수 있다. 방휘가 편년한 것은 악석문화가 이리두 2기부터 초기 은허기까지 존재하지만 대부분 지역에서는 악석문화가 이리강상층문화기에 끝나는 것으로 본다.[37] 이는 악석문화가 대부분 지역에서 기원전 1800~기원전 1450년 시기에 번창했음을 의미

---

37 方輝, 1998, 「岳石文化的分期與年代」, 『考古』 4, 69쪽.

한다. 이를 기원전 1900년으로 소급하면 용산문화와 악석문화의 전환기를 포착할 수 있다.

또한 악석문화의 지역유형을 보면, 각 지역에서 발견되는 악석문화유형 내의 많은 요소들이 그에 선행하는 용산문화유형에서 주로 발견된다는 사실을 알 수 있다. 악석문화는 대부분의 지역에서 거의 동시에 시작된 것처럼 보인다. 단순히 한 중심지에서 각 지역으로 확장된 것이 아니라, 대부분 범지역적으로 문화 간 소통 및 상호작용이 이루어지면서 동시에 자생적으로 발전한 것으로 보인다.

현재까지 200여 곳이 넘는 악석문화 유적이 알려져 있지만(2001년의 논문에서 186곳), 이중 30여 곳만 발굴조사되었다. 게다가 정식 발굴보고서도 대부분 출간되지 않았다. 정식 발굴보고서가 발간된 유적을 포함, 발굴된 모든 유적을 살펴보면 면적이 상대적으로 좁았으며, 악석문화유물을 포함한 지역도 그리 넓지 않다.

악석문화와 중국의 청동기시대

판축토성의 취락, 청동야금술, 의례용 토기 생산, 점복의 실시, 문자 등을 포함한 악석문화 양상을 보면, 이 문화가 중국의 초기 청동기문명의 특징을 다수 포함했을 가능성이 있다. 그러나 상당히 제한적인 추정만 가능하다. 왜냐하면 지배층의 존재 등 사회적 계층화의 증거(부장품이 풍부한 무덤이나 대형 건물지 등)가 아직 확실하게 발견되지 않았기 때문이다. 악석문화는 황하 하류 지역에서 산동용산문화의 복합수장사회[38]가 끝난 후에 등장

---

38 Anne P. Underhill, 1991, "Pottery production in chiefdoms: the Longshan Period in northern China", *World Archaeology* 23(1), pp.12–27; Li Liu, 1996, "Settlement patterns, chiefdom

하기 때문에, 악석문화를 잘 이해해야만 북부 중국의 초기 국가형성기에 이 지역의 사회·정치적 발전 궤적을 잘 이해할 수 있다.

성읍

불평등한 매장 방식에서 알 수 있듯이, 용산문화기 동안 사회적 차별화의 증가 및 지배계층의 출현, 취락의 위계화 등이 다양한 수준으로 정치적·의례적 중심지인 성읍과 함께 등장한다.[39] 안타깝게도 악석문화의 취락 유형과 관련한 자료가 매우 적다. 이리두문화나 초기 상문화 유적 모델을 따른다면, 사원·궁전, 전문 공방, 사회 계층화를 보여주는 큰 묘지, 저장 구덩이와 다른 의례 활동의 증거, 대규모의 성벽으로 둘러싸인 취락 등이 악석문화에서도 존재했으리라고 예상할 수 있다. 악석문화 유적에서는 소수의 작은 무덤과 소형 건축물만 발견된 상태지만, 초기 청동기시대 모델로 예상되는 여러 지표들도 발견되었다.

---

variability, and the development of early states in North China", *Journal of Anthropological Archaeology* 15(3), pp.237 – 288; Li Liu, 2000, "The development and decline of social complexity in North China: some environmental and social factors", *Bulletin of the Indo-Pacific Prehistory Association* 20, pp.14 – 34.

39 Anne P. Underhill, 1991, "Pottery production in chiefdoms: the Longshan Period in northern China", *World Archaeology* 23(1), pp.12 – 27; Anne P. Underhill, 1992, "Regional growth of cultural complexity during the Longshan period of northern China", In C. Melvin Aikens and Rhee Song Nai (eds.), *Pacific Northeast Asia in Prehistory*, Pullman, Washington: Washington State University Press, pp.173 – 178; Anne P. Underhill, 1994, "Variation in settlements during the Longshan period of Northern China", *Asian Perspectives* 33(2), pp.197 – 228; Anne P. Underhill, 1996, "Craft production and social evolution during the Longshan Period of northern China", In Bernard Wailes(editor), *Craft Specialization and Social Evolution: In Memory of V. Gordon Childe*, Philadelphia: The University Museum of Archaeology and Anthropology, University of Pennsylvania, pp.133 – 150; Li Liu, 1996, "Settlement patterns, chiefdom variability, and the development of early states in North China", *Journal of Anthropological Archaeology* 15(3), pp.237 – 288; Li Liu, 2000, "The development and decline of social complexity in North China: some environmental and social factors", *Bulletin of the Indo-Pacific Prehistory Association* 20, pp.14 – 34; 高廣仁, 1996, 「說'丘'-城的起源一議」, 『考古與文物』 3, 26~30쪽.

용산문화기에 산동 지역에서 20개가 넘는 성벽 취락이 발견되었고, 악석문화기의 성벽 취락은 7개 정도만 확인되었다. 용산문화기의 성은 면적이 1만~11만㎡ 정도로 대부분 작다. 그러나 임치시(臨淄市)의 전왕(田旺)유적(15만㎡), 치평현(茌平縣) 교장보(敎場鋪) 성자애유적(20만㎡), 양곡현(陽谷縣)의 경양강(景陽崗)유적(35만㎡) 등 비교적 큰 성지가 산동 지역에 분포한다. 흥미롭게도, 이러한 대형의 용산문화기 성지에서 드물지만 악석문화 시기의 성지가 중복 발견된다. 성자애(17만~20만㎡)·정공(丁公)·전왕·경양강이 대표적이며 교장보유적도 일부는 악석문화기 성지일 가능성이 있다. 사가(史家), 정도(定陶)의 십리포북(十里鋪北)유적과 강소 감유현(竷楡縣)의 등화락(藤花落)유적에서는 매우 작은 악석문화 성지가 발견되었다. 대부분 앞 시기의 용산문화 성벽에 부분적으로 악석문화기의 성벽이 추가되거나, 부분적으로 보수된 유적이다. 정도유적의 경우 3만㎡의 성벽이 악석문화기에 만들어져 상문화기까지 사용되었다.[40]

악석문화기의 성읍은 용산문화기의 성읍보다 큰 경향이 있지만, 정주의 상 성읍(기원전 1600년경 축조 시작)은 면적이 300만㎡에 이른다.[41] 이 시기가 되면 황하 중류 지역에서 도시화(사회지배층을 위한 대규모 정치·의례 중심지라는 중국 학계의 의미에서)가 확립된다. 정주의 상 성벽은 이리두문화 하층에서 시작되는데, 이는 악석문화 말기와 같은 시기다. 일부 악석문화의 성벽은 상대(代) 정주유적에서 보이는 것과 같은 성숙한 성벽 축조기술을 보여준다. 수평을 이룬 판축 토층이 목조 틀과 기저부 도랑에 형성되어 있는데, 이를 통해 악석문화기에는 용산문화기보다 직선으로 가파르고 더 높은 내외의 성벽을 축조할 수 있었다. 이것이 가장 잘 보존

---

40 山東省文物考古硏究所, 2016,「山東定陶十里鋪北遺址發掘獲重要收穫－完善魯西南地區史前文化序列, 發現岳石和晚商城址」,『中國文物報』2月26日, 8면.
41 北京大學歷史系考古敎硏室商周組, 1979,『商周考古』, 北京: 文物出版社, 59쪽.

되어 있는 곳이 성자애 성벽이지만 아쉽게도 전체 높이가 얼마인지는 알 수는 없다. 성벽이 갖는 중요성에도 불구하고 악석문화 성벽이 공식적으로 중국 학계에 보고된 바가 없다.[42]

악석문화의 성벽이 용산문화 성지에서 중복되어 발견되는데, 이러한 형식은 소수의 대형 취락에 집중되는 어떤 형태의 정치적 통합을 시사하는 것일 수도 있다. 그러나 이는 짐작에 불과하며 악석문화기의 취락 관련 고고학 자료가 더 확보되어야 명확히 알 수 있다. 성자애[43] 같은 악석문화기 성읍은 물이 채워진 환호가 있거나 자연 하천으로 둘러싸여 있어 방어력을 높이는 형태다.[44] 이러한 환호 성읍은 초기 청동기시대에 시작되어 중국 왕조사 전 시기 동안 계속된다.

악석문화의 취락과 사회·정치적 발전

현재 가장 잘 알려진 악석문화 유적은 산동 사수현의 윤가성유적이다. 주변 하천보다 14m가량 높은 언덕 위에 위치하며 면적은 약 4,000㎢ 이상이다.[45] 지금까지 알려진 악석문화 유적은 대부분 윤가성의 입지와 유사하다. 유적이 위치해 있는 언덕은 자연 구릉이 아닌 수천 년간 쌓아온 인

---

42 山東大學歷史系考古專業敎硏室 編, 1990, 『泗水尹家城』, 北京: 文物出版社; 張學海, 1993, 「海岱地區史前考古若干問題的思考」, 『中國考古學會第九次年會論集』, 北京: 文物出版社, 1~19쪽; 任相宏, 1996, 「岳石文化的發現與硏究」, 許曉東 編, 『中國考古學會第八次年會論文集』, 北京: 文物出版社, 117~118쪽; 欒豊實, 1997, 「岳石文化的分期和類型」, 『海岱地區考古硏究』, 濟南: 山東大學出版社, 320, 337~338쪽; 高廣仁, 2000, 「岳石文化的社會成就與歷史地位」, 『海岱區先秦考古論集』, 北京: 科學出版社, 185쪽.

43 徐基, 1993, 「試論岳石文化」, 『遼海文物學刊』 1, 72쪽.

44 高廣仁, 1996, 「說'丘'-城的起源一議」, 『考古與文物』 3, 29쪽.

45 山東大學歷史系考古專業敎硏室 編, 1990, 『泗水尹家城』, 北京: 文物出版社, 2쪽.

공 언덕으로, 서남아시아의 텔(tell)유적과 비슷하다. 악석문화의 취락에 대한 연구는 현재까지 구체적으로 진행된 바가 거의 없다.[46] 다만 서로 인접된 악석문화 유적에 몇 가지 단서가 존재한다. 중국 학계의 서기는 악석문화의 취락이 산동 연주현(兗州縣)의 조왕하(趙王河) 유역(윤가성유형 지역)에 20개, 산동반도 지역(조격장유형 지역)에 28개, 성자애유적 동쪽 반경 20km 지역(학가장유형 지역)의 9개 유적처럼 일부 지역에 밀집해 분포한다고 서술했다.[47] 그러나 이 유적들은 대부분 발굴되지 않은 상태라 자세한 유형을 알 수 없다. 다만 성자애유적에서 크고 작은 취락이 발견되어 정치적 통제나 행정적 수준을 추정할 수 있을 뿐이다.

유리(劉莉)[48]의 주장처럼 악석문화를 산동용산문화가 붕괴되기 직전 마지막 단계라고 보기에는 무리가 있다. 그는 악석문화의 토기가 산동용산문화보다 조잡하고 토기 형식도 소수인 점(이리두문화도 이와 유사하지만, 이를 유리는 점증하는 정치적 중앙화에 따른 수공업 전문화와 생산의 표준화의 증가를 시사한다고 주장), 사치품의 결핍(악석문화의 무덤은 전혀 조사되지 않았고 용산문화의 무덤에서는 사치품이 발견됨), 그리고 악석문화기 동안 산동 지역에서 취락의 수가 뚜렷하게 감소한다는 것을 근거로 제시한다. 또한 악석문화 유적의 감소가 용산문화기 이후의 인구 감소를 시사하는 것으로 보는데, 현재로서는 그 가능성을 배제할 수는 없다.

유리의 주장처럼[49] 성벽 유적이 발견되는 지역에서는 악석문화가 산동

---

46 다음 논문 참조. 高江濤·龐小霞, 2013, 「岳石文化時期海岱文化區人文地理格局演變探析」, 『考古』 11, 48~58쪽; 史本恆, 2013, 「水文和地貌條件對膠東半島聚落選址的影響」, 『華夏考古』 4, 34~45쪽.

47 徐基, 1993, 「試論岳石文化」, 『遼海文物學刊』 1, 68쪽.

48 Li Liu, 2000, "The development and decline of social complexity in North China: some environmental and social factors", *Bulletin of the Indo-Pacific Prehistory Association* 20, pp.28-29.

49 Li Liu, 2000, "The development and decline of social complexity in North China: some environmental and social factors", *Bulletin of the Indo-Pacific Prehistory Association* 20, p.29.

용산문화와 같은 사회·정치 조직을 가지고 있었지만, 다른 지역에서는 '정치적 복합성을 상실'한 것일까? 현재로서는 단정하기 어렵다. 악석문화에 어떠한 형태로건 '몰락'[50]이 있었음을 추측할 수 있지만, 아직 그 몰락의 과정을 온전히 파악하기엔 퍼즐 조각이 부족하다.

사회·정치적 궤적을 논할 경우 산동 지역의 상문화 또한 고려해야 한다. 제남(濟南) 대신장(大辛莊), 청주(青州) 소부둔(蘇埠屯) 등 대형 무덤에서 순장된 희생과 명문, 청동기, 전차 등이 발견된 사실로 보아, 하남의 상 왕조 지배층 유적에서 보이는 사회·정치적 통제와 유사한 국가 단계의 구조가 악석문화 직후에 자리 잡고 있었음은 의심의 여지가 없다. 지금까지 산동 지역에서 알려진 상문화 유적은 400여 곳이다.[51] 더구나 악석문화와 마찬가지로 산동 지역의 상문화기에 존재했던 '중심지'라고 할 만한 대형 유적의 수는 용산문화기보다 적다. 그렇다면 악석문화기에 실제로 침체와 쇠퇴가 있었는가? 아니면 사회·정치 체제가 상문화기에 산동 지역에 보이는 국가 단계의 사회 구조로 진화하고 있는 과정인가? 앞으로 연구가 필요한 부분이다.

주거지와 무덤

악석문화의 건축과 주거 구조 및 조직에 관한 고고학 증거는 매우 적다. 현존하는 소량의 자료는 대부분 용산문화기 건축양식의 전통이 악석문시기까지 계속 이어졌음을 보여준다.[52] 확인된 주거지는 1~3개의 방으로 구성된 단순한 구조이며, 지배계층이 존재했음을 시사하는 대규모 건축

---

50 方輝, 2003, 「岳石文化衰落原因蠡測」, 『文史哲』 3, 139-143쪽.
51 山東省文物考古硏究所, 2000, 「山東章丘西河遺址1997年發掘簡報」, 『考古』 10, 7쪽.
52 다음 논문 참조. David Joel Cohen, 2001, *The Yueshi Culture, the Dong Yi, and the Archaeology of Ethnicity in Early Bronze Age China*, Doctoral dissertation, Harvard University, Cambridge, MA, Department of Anthropology.

물은 발견되지 않았다. 따라서 악석문화와 같은 시기인 이리두유적·정주유적에서 보이는 것처럼 사회 지배계층의 정치적 권력과 권위를 정당화하기 위해 새로운 건축양식을 사용했거나 건축적 혁신이 존재했는지 여부는 확언할 수 없다.

악석문화 묘지가 발굴된 사례도 거의 없어서 사회조직, 수공업 전문화, 장거리 교역, 의례 등에 대한 양상을 파악하기가 어렵다. 대문구문화유적·용산문화유적에는 대형 무덤이 확인되었지만, 악석문화에 해당되는 무덤의 수가 매우 적다. 2001년에 무덤 12기가 발견되었고, 윤가성유적에서 인골이 흩어진 채 구덩이만 몇 곳 확인되었을 뿐이다.[53]

수공업 기술

용산문화에서 악석문화로 이행했음을 알려주는 항목에는 청동야금술의 확산, 채색토기의 발전, 새로운 석기 형태의 출현 등이 있다. 정교한 옥기 생산의 몰락, 조잡한 토기 생산 등도 특징적이다.

몇 곳에서 출토된 청동기를 통해 청동야금술이 확산되었음을 알 수 있다. 청동기의 존재는 고고학자들이 악석문화를 초기 국가 단계로 보는 중요한 이유이다.[54] 6곳의 유적에서 청동기(구리합금 포함)가 출토되었는데, 주로 소형 도구와 장신구였다. 청동기를 생산할 수 있는 능력, 토제용범 주조기술의 규칙적인 사용, 금속유물 출토 수의 증가(윤가성 악석문화층에서 금속유물 14점 발견) 등이 모두 악석문화의 야금술이 용산 시기보다 발전했음을 분명하게 보여준다(자료 3).

---

53 David Joel Cohen, 2001, *The Yueshi Culture, the Dong Yi, and the Archaeology of Ethnicity in Early Bronze Age China*, Doctoral dissertation, Harvard University, Cambridge, MA, Department of Anthropology.

54 徐基, 2007, 「夏時期岳石文化的銅器補遺 – 東夷式青銅重器之推考」, 『中原文物』 5, 42~46, 77쪽.

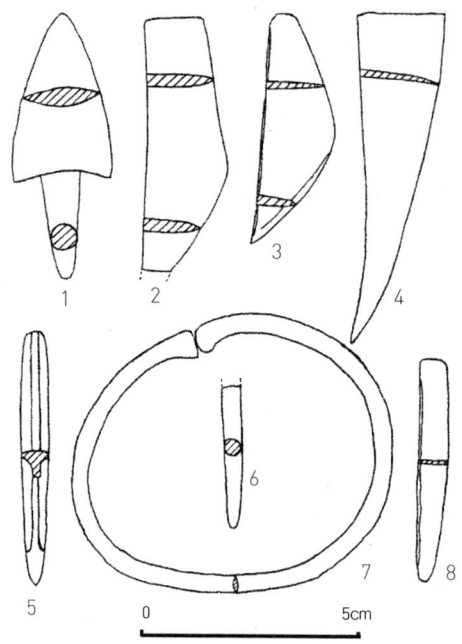

자료 3 | 악석문화 청동기(산동 사수 윤가성 출토)
1. 화살촉 2~4. 삼각형 칼 5~6. 송곳 7. 고리 8. 손칼
(고광인, 2000)

    악석문화에 청동예기를 주조했다는 정황 증거가 있지만, 팔찌와 장신구 몇 점을 제외하면 출토유물은 기본적으로 소형 손칼, 송곳, 끌 등이 있을 뿐이다. 이리두유적 1기에서는 옥기는 발견되지 않았고 청동손칼 2점만 발견되었다.[55] 이리두 2기에서는 옥기 6점, 소형 칼 5점, 송곳 1점이 발견되었고, 무덤에서 청동방울이 출토되었다. 3기가 되어서야 비로소 다양한 형태의 청동예기와 청동기시대의 공통적인 특성을 보이는 특별한 형태의 의례용 옥기가 출현한다.

---

55 中國社會科學院考古硏究所, 1999, 『偃師二里頭』, 北京: 中國大百科全書出版社.

윤가성·조격장(照格莊)·고자평(姑子坪)·학가장(郝家莊)·청량산(淸涼山)·녹태강(鹿台崗)에서 금속유물이 출토되어, 주조 청동기를 포함해 구리를 소재로 한 다양한 수공예품이 요동반도를 제외한 악석문화 전 지역에서 발견되고 있다. 주조와 관련된 유구·유물은 아직 발견되지 않았다. 금속유물을 분석한 결과 주조기술은 초보적이었다. 산화 광석이 환원되면서 금속에 남게 되는 불순물 때문에 형성된 의도치 않은 합금일 가능성이 높았다. 의도적 합금기술은 초기 단계라, 주석이나 납이 합금된 구리는 주석과 납의 함량이 매우 높은 편이었다.

채색토기

악석문화에는 용산문화 토기 전통과는 달리 채색토기가 존재했다는 점이 특징적이다. 앞 시기의 대문구문화에도 채색토기가 있지만 산동 지역에서는 용산문화기의 채색토기가 발견되지 않았다.[56] 악석문화에 이르러서야 지역 전체 범위에서 채색토기가 발견된다. 악석문화에서는 '정선된 태토로 만든' 마연토기에서 채색 장식이 발견된다. 도안은 적색의 진사로 칠해지거나 백색과 적색, 또는 적색 테두리가 있는 백색(또는 분홍)이다. 일반적인 형태는 원형 또는 방형 모서리의 선형 장식, 심엽형, 갈고리형, 삼각파도문 등이 있다(자료 4). 채색은 존(尊)·두(豆)·관(罐)·개(蓋) 등의 기종에서 발견되는데,[57] 이 토기들은 악석문화의 의례용기일 가능성이 있다.

56　李權生, 1992, 「中国の岳石文化の起源にくいて」, 『古代文化』6, 13쪽.

57　嚴文明, 1985, 「長島縣北莊新石器時代遺址」, 『中國考古學年鑑·1985』, 157~158쪽; 嚴文明, 1998(1985), 「夏代的東方」, 『史前考古論集』, 北京: 科學出版社, 306~318쪽; 嚴文明, 1998(1984), 「論中國的銅石并用時代」, 『史前考古論集』, 北京: 科學出版社, 315쪽.

자료 4 | 악석문화 채색토기(축척 부동)
1~10. 산동 사수 윤가성 출토(山東大學歷史系考古專業敎硏室 編, 1990)
11~18. 모평 조격장 출토(中國科學院考古硏究所山東發掘隊·煙臺市文物管理委員會, 1986)
(검정 부분은 적색, 점선 부분은 백색, 하얀 부분은 회백색 태토를 표현)

석기

대문구문화와 용산문화에서 석기는 표면을 완전히 마연하고, 구멍을 매끈하고 동그랗게 갈아 뚫는다. 이러한 특징이 악석문화에서는 거의 보이지 않고, 대신 석기에 구멍을 뚫는 경우 양면에서 찍거나 때려서 만든 크고 조잡하고 불규칙한 형태의 구멍이 보인다.[58] 가래와 도끼 등 악석문화 석기는 보통 완전히 마연되지 않아, 뗀 흔적이 편평한 표면에 그대로 보인다. 그러나 날카로운 작업용 날은 매끈하게 마연되어 있다.[59] 복부와 등부 표면은 거칠어도 날이 잘 마연되어 있다는 것은, 겉모양보다 실용과 효율성에 관심이 더 있었음을 반영한 것일 수 있다.

악석문화의 표지적인 석기로 곽(钁, 괭이처럼 생긴 기능을 알 수 없는 장방형 석기), 두세 개의 구멍이 있는 반달칼, 가래를 들 수 있다. 곽은 장방형이며 길이는 15~25cm(큰 것은 30cm), 너비는 10~20cm, 두께는 0.7~1.2cm이다.[60] 곽은 악석문화의 특징적인 도구로서 상대적으로 많이 발견되지만 산동 동부에서는 다른 지역보다 드물게 발견되는데, 그 기능은 명확하지 않다. 악석문화 양식의 곽은 정주의 소쌍교 초기 상문화 유적에서도 발견되었다.[61] 소쌍교유적은 백가장(白家莊) 시기로 편년되는 상 왕실의 의례 복합유적인데,[62] 이리강상층문화 후기 하남성 단계다.[63] 악석

---

58 欒豊實, 1997, 「岳石文化的分期和類型」, 『海岱地區考古研究』, 濟南: 山東大學出版社, 321쪽.

59 蔡鳳書, 1993, 「初論岳石文化」, 張學海 編, 『紀念城子崖遺址發掘60周年國際學術討論會文集』, 濟南: 齊魯出版社, 254~265쪽: 任相宏, 1996, 「岳石文化的發現與研究」, 許曉東 編, 『中國考古學會第八次年會論文集』, 北京: 文物出版社, 110~119쪽.

60 蔡鳳書, 1993, 「初論岳石文化」, 張學海 編, 『紀念城子崖遺址發掘60周年國際學術討論會文集』, 濟南: 齊魯出版社, 256쪽.

61 河南省文物研究所, 1993, 「鄭州小雙橋遺址的調査與試掘」, 河南省文物研究所 編, 『鄭州商城新考古發現與研究』, 鄭州: 鄭州古籍出版社, 246쪽.

62 河南省文物研究所, 1993, 「鄭州小雙橋遺址的調査與試掘」, 河南省文物研究所 編, 『鄭州商城新考古發現與研究』, 鄭州: 鄭州古籍出版社, 271쪽.

63 裴明相, 1998, 「論鄭州小雙橋遺址的性質」, 中國社會科學院考古研究所 編, 『中國商文化國際學術討論會論

문화의 특징적인 유물이 상의 의례적 맥락에서 발견되었다는 것은 악석문화 주민과 정주 상문화 집단 사이에 문화적 접촉이 있었음을 보여준다는 점에서 대단히 흥미롭다.[64]

옥기와 터키석

옥기와 기타 보석류의 유물은 악석문화에서는 매우 드물게 발견된다. 이는 문화적 선호보다는 발굴된 무덤유적이 적기 때문일 가능성이 높다. 윤가성에서 깨진 옥환 1점과 터키석 2점이 관옥과 함께 출토되었다.[65] 조격장에서는 구슬과 펜던트 등 터키석 2점이 유백색 마제유공석기와 함께 발견되었다.[66] 이 외 유적에서는 옥기나 터키석이 발견되지 않았다.

복골·문자·의례

청동예기와 점복술을 사용하여 조상에게 제사를 지내는 의례로써 권력을 정당화하는 양상은 중국 초기 국가에서 광범위하게 나타나는 특징이다.[67] 그러나 악석문화의 의례 행위를 보여주는 직접적인 자료가 드물다. 중국

文集』, 北京: 中國大百科全書出版社, 166쪽.

64 EDXRF 분석을 통해 형식학적으로 악석문화에 속하는 토기는 소쌍교유적에서 이리강 시기에 현지에서 제작되었음을 알 수 있다(李宏飛·李素婷·崔劍鋒·王寧·曾曉敏·宋國定, 2015, 「小雙橋遺址岳石文化風格陶器成分分析」, 『中原文物』 3, 116~120쪽). 왜 이러한지에 대하여 여러 가지로 해석할 수 있지만, 이 유적들을 통해 두 문화 지역 사람들 사이의 밀접한 상호작용이 일어나고 있었음을 분명히 알 수 있다.

65 山東大學歷史系考古專業教硏室 編, 1990, 『泗水尹家城』, 北京: 文物出版社, 190쪽.

66 中國科學院考古硏究所山東發掘隊·煙臺市文物管理委員會, 1986, 「山東牟平照格莊遺址」, 『考古學報』 4, 467쪽.

67 Kwang-chih Chang, 1983, *Art, Myth, and Ritual*, Cambridge: Harvard University Press.

의 장광직은 의례 행위를 주장했으나 악석문화 사회 지배계층의 의례 행위를 보여주는 직접적인 고고학 자료는 전혀 없다. 다만 다른 시기나 다른 문화에서 수행된 의례와 비교해보면서, 악석문화 지배계층이 수행했으리라 추측되는 의례 행위의 맥락에서 발견 가능한 요소에 대한 가설을 세워볼 수는 있다. 이를 통해 악석문화의 청동기와 채색토기가 의례적 기능을 수행했을 가능성을 상정해볼 수 있다. 이 점에서 악석문화에서 의례와 관련 있을 것으로 보이는 유물은 복골(卜骨) 하나다. 악석문화에서는 가공된 복골이 발견되었는데, 부호가 새겨진 가장 오래된 복골도 발견되었다.

복골

짐승의 어깨뼈와 거북 배껍질을 불에 그을려 점을 치는 의례는 안양(安陽) 상(商)문화의 대표적 특징으로, 이런 방식은 점복술의 가장 완숙한 형태를 보여준다.[68] 상의 점복술은 신석기시대 점술에 뿌리를 두고 있다. 악석문화의 복골을 그 이전의 용산문화와 그 이후의 상문화에서 발견된 사례와 비교함으로써 점복 의례체계가 어느 정도 발전했는가를 알 수 있다.

용산문화와 초기 상문화에서는 점복을 위하여 소의 어깨뼈를 가장 보편적으로 사용했다. 다음으로 돼지와 양, 사슴, 거북 껍질 순이다. 상 후기의 점복술에서는 균열이 만들어지도록 특별히 가공한 소의 어깨뼈와 거북 배껍질을 주로 사용했다. 신석기시대의 점복에는 어깨뼈를 자연 상태 그대로 사용했지만, 신석기시대 후기와 초기 상대(代)의 뼈에는 홈이 있으며 어깨뼈 가시 부분을 제거하고 남은 부분을 마연해 사용한 흔적이 있다. 상대 후기에는 편평한 표면을 만들기 위해 불필요한 부분들을 모두

---

68 David N. Keightley, 1978, *Sources of Shang History*, Berkeley: University of California Press.

제거한 어깨뼈, 뒷면이나 안쪽에 홈을 뚫어서 다듬은 거북 껍질을 사용했다. 점복과정에서 홈에 열을 가해서 뼈의 반대쪽에 독특한 균열이 생기도록 한 것이다.[69]

악석문화의 복골은 소·양·염소·사슴·돼지의 어깨뼈와 거북 껍질을 사용한다는 점에서 용산문화 및 초기 상문화의 복골과 유사하다. 중국 고광인에 따르면, 악석문화에서 발견된 복골의 수는 용산문화기에 비해 많다.[70] 용산문화에서는 점복과정에서 뼈의 표면에 열을 직접 가했지만, 악석문화에서는 이에 더하여 원형의 홈을 파고 얇게 다듬었다. 이러한 홈은 정연하게 줄을 이루거나 세 개씩 무리를 이루는데, 일부 연구자들은 이를 3회 점복(세 번 가운데 두 번)으로 점괘를 읽는 상의 관습과 관련이 있으리라 추측하고 있다. 또한 일부 타원형으로 홈을 판 사례도 있는데, 용산문화의 선례와 비교할 때 악석문화의 점복 양상이 상대 후기의 완숙한 단계로 진전하는 과정에 있었고 고도로 전문화된 발전 단계에 있었음을 보여준다.[71]

악석문화 복골은 여러 유적에서 발견되었다. 윤가성에서 사슴과 소의 어깨뼈 파편 3점이 발견되었는데, 원형의 홈과 불에 탄 흔적이 있었고 타원형 홈은 없었다.[72] 조격장에서는 12점의 복골이 발견되었다. 사슴 어깨뼈 6점, 양·염소 어깨뼈 4점, 돼지 어깨뼈 2점이고, 윤가성 복골처럼 홈과 불에 탄 흔적이 있다.[73] 산동 지수의 악석문화층에서 2점의 복골이 발견되

---

69 David N. Keightley, 1978, *Sources of Shang History*, Berkeley: University of California Press.
70 高廣仁, 2000, 「岳石文化的社會成就與歷史地位」, 『海岱區先秦考古論集』, 北京: 科學出版社, 178~194쪽.
71 欒豊實, 1997, 「岳石文化的分期和類型」, 『海岱地區考古研究』, 濟南: 山東大學出版社, 32쪽; 高廣仁, 2000, 「岳石文化的社會成就與歷史地位」, 『海岱區先秦考古論集』, 北京: 科學出版社, 185~186쪽.
72 山東大學歷史系考古專業教研室 編, 1990, 『泗水尹家城』, 北京: 文物出版社, 197쪽.
73 中國科學院考古研究所山東發掘隊, 煙臺市文物管理委員會, 1986, 「山東牟平照格莊遺址」, 『考古學報』 1986年 4期, 477쪽.

었는데, 돼지 어깨뼈였다.⁷⁴ 1~4기의 이리두문화에서 발견되는 복골과 비교하면 소·양·염소·돼지의 어깨뼈를 사용하고 서로 다른 크기의 원형·타원형의 불탄 흔적이 있다는 점에서 다르다. 이리두문화의 복골에서는 파거나 뚫은 홈을 볼 수 없고, 수량도 적어 14점의 어깨뼈만 출토되었다.⁷⁵

홈을 파서 가공한 복골의 존재는 악석문화의 점복체계가 상대의 완숙한 점복체계로 가는 과정에 있었고 이리두문화보다 더욱 발전한 형태였음을 보여준다. 산동 환태현(桓台縣) 사가(史家)유적의 악석문화에 속하는 구덩이에서 발굴된 글자가 새겨진 복골 2점의 사례가 이를 잘 뒷받침해 주고 있다.⁷⁶ 이 복골 2점은 모두 구덩이 가장 아래층에서 발견되었다. 복골 2점은 양·염소의 어깨뼈로 확인되었다. 남은 파편에는 형태를 다듬은 흔적은 발견되지 않았으며, 열을 가한 흔적만 발견되었다.⁷⁷

1점의 유물번호는 96HSF1H:232인데 대(大)와 복(卜)으로 보이는 두 개의 부호가 새겨져 있었다. 이 두 글자는 모양이 단순하고 뼈가 깨진 가장자리에 가까워서, 어떤 글자의 일부일 가능성도 있다. 대와 복자로 보는 주장을 완벽히 신뢰하기는 어렵다. 만약 이 부호가 정말로 대와 복자라면 상 문자체계의 뿌리를 악석문화에서 찾을 수 있지만, 단순히 이 두 글자의 형태만으로는 단정하기 어려운 일이다. 이 파편의 반대쪽에도 판독할 수 없는 글자 3개가 있다.

두 번째는 96HSF1H:226인데, 보고서에는 뼈 표면에 비교적 복잡하게

---

74 北京大學考古實習隊·煙臺市博物館, 2000, 「煙臺芝水遺址發掘報告」, 嚴文明 編, 『膠東考古』, 北京: 文物出版社, 122쪽.

75 中國社會科學院考古硏究所, 1999, 『偃師二里頭』, 北京: 中國大百科全書出版社, 68, 121, 238, 332쪽.

76 淄博市文物局·淄博市博物館·桓台縣文物管理所, 1997, 「山東桓台縣史家遺址岳石文化木構架祭祀器物坑的發現」, 『考古』 11, 1~18쪽.

77 淄博市文物局·淄博市博物館·桓台縣文物管理所, 1997, 「山東桓台縣史家遺址岳石文化木構架祭祀器物坑的發現」, 『考古』 11, 15쪽.

새겨진 흔적이 있다고 간단히 언급되어 있다. 보고자는 행(幸)의 대체 형태로 해석할 수 있는 글자가 있다고 했으나 이 역시 문제가 많다. 이 글자를 어떻게 풀이할 것인지, 또 해석이 가능한 것인지를 막론하고, 이 복골이 글자가 새겨진 안양의 상 복골보다 약 200년 이상 앞선 것이라는 점은 흥미롭다. 또한 이것이 상의 의례·정치체계의 뿌리가 동쪽 지역에 있었을 가능성을 더욱 높이고 있다.

사가유적의 제사 구덩이

사가유적의 복골은 1996~1997년 우물 모양의 구덩이 최하층에서 대부분 완전한 형태로 발견되었다. 모두 334점인데 악석문화 토기와 함께 출토되었다. 조사자들은 이 구덩이를 의례, 즉 제사 구덩이로 해석했다. 악석문화유물 가운데 의례와 연관되는 유물이 발견된 첫 번째 사례다. 구덩이의 윗부분은 부정형으로 길이 9.05m, 너비 7m이고 편평한 바닥까지의 깊이는 4m다. 구덩이 중앙에서는 방형의 목조구조물이 발견되었는데, 각 목재의 끝이 모서리를 지나는 우물 정(井)자 모양이다. 목조구조물은 구덩이 바닥에서 3.7m 높이에 위치한다.

 조사자들은 이 유구를 '제사 구덩이'라고 불렀다. 복골을 비롯한 353점의 유물(주로 토기)이 그 안에서 발견되었기 때문이다. 가장 아래인 1.1m의 층에서 대부분 발견되었다. 판재나 나무껍질이 유물층 사이에 있었던 것으로 보인다.[78] 이곳에서 334점의 거의 완전한(깨졌지만) 토기가 석기, 패각으로 만든 도구 및 복골편 등과 함께 나왔다. 토기는 우물 안에서 지질작용에 의해서 자연스럽게 깨졌다기보다는 의도적으로 깨뜨려 넣은 것으로 보인다. 그리고 출토된 토기는 대부분 악석문화 후기로 편년된다.

---

78 淄博市文物局·淄博市博物館·桓台縣文物管理所, 1997, 「山東桓台縣史家遺址岳石文化木构架祭祀器物坑的發現」, 『考古』 11, 1~3쪽.

악석문화의 속성을 파악할 수 있는 유적들이 많지 않다는 점을 고려하면 사가유적의 제사 구덩이는 이를 살펴볼 단서를 제공해준다는 점에서 의미있다.

악석문화 단계에서 동이의 정체성은 존재했는가?

악석문화 연구에서 중요한 주제 중 하나는 악석문화와 동이를 동일시하는 해석의 문제이다. 그렇다면 '동이'는 어떤 집단을 가리키는가? 동이는 원사시대(빠르면 기원전 3000년경)부터 청동기시대까지 중국 동부에 존재했던 사회문화적 집단으로 이해되고 있다. 서주(기원전 1045~기원전 771년경)의 청동기 명문과 기원전 1000년경의 문헌기록이 동이를 특정하여 언급한 사례가 있기는 하나 이보다 앞선 시기의 동이는 후대의 문헌에 '이(夷)'라고 분류된 여러 집단의 활동에 관한 기록을 논의하면서 도출된 것이다. 상의 갑골문에도 동이가 있었다고 추정되는 지역에 인방(人方)이라고 불리는, 방(方) 정치체의 존재가 언급되어 있다. 명문에 나타난 인(人)과 이(夷)라는 글자 사이의 유사성에 근거하여 많은 사람들이 '인방'이 곧 '동이'이거나 혹은 동이를 대표한다고 여긴다.

그러나 이렇게 동이를 신석기시대부터 안정적으로 지속된 사회적 정체성을 가진 집단으로 이해하는 것은, 대개 중국학 연구에 사회조직에 대한 인류학적 사고가 스며들었던 시기인 20세기 초의 산물이다. 이는 1920년대 초 런던과 베를린에서 수학하고 있던 부사년에게 영향을 주었다. 그는 1935년 논문에서 중국 원사 및 초기 역사시대의 화하(華夏) 집단이 동이와 대치했다는 입장을 수립했고, 이러한 대치적 해석이 여전히 오늘날 인식의 틀을 이루고 있다. 이러한 대치적 해석을 통해 동이는 단일 문화로 분류되고 지속성 있는 사회적 정체성을 가진 집단으로 간주되었다. 그리하여 동이라는 범주는 여러 방면에서 민족적 정체성과 유사하게 형성되었다고 생각하기에 이르렀다.

중국 고고학의 문화사적 패러다임에서는 악석문화와 동이 사이에 직접적인 상호관계가 있다고 간주한다. 악석문화는 통일된 문화적 실체로 규정되어 있으며 악석문화에 속하는 문화 유물은 통일되고, 타 집단과 경계가 구획된 사회적 집단에 의하여 생성된 것으로 추정된다(이는 사회적 집단을 문화적 그릇으로 보는 본질주의적 비유로서, 이러한 견해와 대조적으로 정체성이 상황적이며 타 집단과의 경계를 형성하는 과정에 의해 생성된다는 기능주의적 관점이 있다). 전승된 역사 문헌을 근거로 하여 '동이'를 구분하는 경계가 있었고, 악석문화의 시기에 악석문화가 분포하는 지역에 통일된 사회집단이 존재했다고 해석한다. 중국 고고학 연구의 전통에 근거하여 틀림없이 동이의 문화였다는 것을 전제로 악석문화가 규정되고 유적들이 분류된다. 이렇게 '악석문화=동이문화'라는 전제로 수립된 인식틀은 동이의 존재를 입증하는 데 사용되고 있다.[79]

그러나 그전에 동이 집단이 존재했는지 살피는 일부터 선행되어야 한다. 즉 동이의 정체성이 존재했는지, 초기 청동기시대의 사회조직에서 뚜렷하게 드러났는지 따져야 한다. 사회적 정체성이 '존재한다'고 판단하기 위해서 필요한 요소가 무엇인지 살펴보자.

종족이론(Ethnicity Theory)과 동이의 정체성

우선 종족 집단(Ethnic Group) 혹은 다른 사회조직 형태는 그 문화와 관련

---

79 중국 학자 추형이 제시한 '선상'문화 논의에는 이와 같은 순환론적 논리가 더욱 더 뚜렷하다.

된 요소에 따라 구분되어서는 안 된다는 점을 짚고 넘어가야 한다.[80] 간단히 말하면 민족 집단은 문화의 변화에도 불구하고 지속되며, 사회적 경계선이 문화의 불연속적 단위와 꼭 맞물리지는 않는다는 의미다. 따라서 문화와 사회집단의 상관관계는 간단히 파악할 수 없으며, 동시에 직통관계라고 할 수도 없다. 이러한 관점에서 종족에 대한 연구는 문화적 단위의 경계를 확인하는 데서 그쳐서는 안 된다. 동이의 존재는 특정 문화적 속성의 밀집, 즉 연구자들이 특정 물질문화의 속성을 형식적으로 결집해 도출한 고대문화인 악석문화의 존재만으로는 증명될 수 없다. 악석문화와 동이라고 불리는 사회적 정체성 사이에(또는 '선상'문화와 선 왕조 시기 상 문화 사이에) 직접적이고 절대적인 상호관련성이 성립될 수는 없다. 그러므로 일반적으로 받아들여지는 주장과는 반대로 악석문화는 동이의 문화가 아니다.

기능주의적 해석에 따르면, 동이의 정체성을 규정하는 데 필요한 결정적 요소는 다른 집단과의 상호작용이다. 타 집단과의 상호작용 안에서 타자에 의해 뚜렷한 정체성을 스스로 인식하게 되는 것이다. 즉 이러한 인식은 동이 및 그와 공생적·경쟁적 상호작용을 하는 다른 사회집단과 경계를 형성하는 과정 속에서 출현하게 된다. 이런 인식은 또한 '공통의 조상, 가치 그리고 역사'[81]라는 이념에 근거를 둔다. 다른 말로 하면 동이의 정체성은 대치하는 집단과의 경쟁·상호의존·협력·공생의 관계(상보성화, 相補性化)에서 집단적 이익을 추구하는 조직이라는 의미로서 출현하는 것

---

80 다음 논문 참조. Fredrik Barth, 1969b, "Introduction." In Fredrik Barth(editor), *Ethnic Groups and Boundaries*, Boston: Little Brown, pp.9–38; Thomas Hylland Eriksen, 1993, *Ethnicity and Nationalism*. London: Pluto Press; Siân Jones, 1997, *The Archaeology of Ethnicity: Constructing Identities in the Past and Present*, London: Routledge.

81 Hans Vermeulen and Cora Govers, eds., 1994, *The Anthropology of Ethnicity: Beyond "Ethnic Groups and Boundaries"*, Amsterdam: Het Spinhuis, p.3.

이다. 이러한 정체성은 동이와 타 집단이 서로를 구분짓는 독특한 내용(인식된 문화, 가치, 행위 규범), 독특한 역사, 친족 계통과 조상 혈통에 대한 인식을 소유하고 있다고 보는 데 근거한다.

이러한 결정적 요소를 염두에 두고 동이의 존재에 관한 역사적 증거를 다시 살펴보자. 후대의 기록이 원사 시대와 하 왕조 시기에 동이라는 정체성이 존재했음을 시사한다고 해석될 수는 있지만, 더 신뢰할 만한 증거는 그보다 앞선 상대의 명문이다. 여기 '이(夷)'[또는 인(人) 등 초기 형태라고 추정할 수 있는] 글자는 복골과 청동기 명문에서 발견된다. 이 글자는 동이 지역으로 추정되는 곳의 집단들 가운데 하나인 정치체, 즉 인방(人方)을 지칭할 가능성이 높음에도 불구하고 여전히 더 크고 포괄적인 동이가 상대 지역 전체에 존재했음을 보여주는 증거로 사용된다. 더구나 동이의 정체성은 상의 정체성과 대비되는 사회조직에서 뚜렷히 드러나는 것으로 간주하고 있다.

따라서 초기 청동기시대 동이의 정체성은 상과 이원적인 대치의 틀로 짜여 있다. 그러나 필자는 동이의 정체성은 현대 연구자들이 구체화한 것일 뿐, 상대에는 실제 존재하지 않았을 것이라고 본다.[82] '동이'는 확장적 분류로서, 인방과 같은 하나의 정치체에 대응된다고 볼 수 없다. 정작 필요한 질문은 상이 인방과의 관계를 어떻게 인식했는지, 그리고 상의 동쪽 '동이 지역'에 있는 많은 집단들과의 관계를 어떻게 인식했는지다. 실제로는 상호의존, 연맹, 정치적 경쟁, 협력, 전쟁 등 여러 방식의 상호작용이 서로 다른 수준을 보이면서 존재했을 것이다. 그러므로 상이 인식하고 있던 자신의 역사·혈통·문화·내용에 대한 개념 또한 중요하게 고려해야

---

82 David Joel Cohen, 2001, *The Yueshi Culture, the Dong Yi, and the Archaeology of Ethnicity in Early Bronze Age China*, Doctoral dissertation, Harvard University, Cambridge, MA, Department of Anthropology.

한다.

 필자는 상의 기원에 대해서는 전통적 관점을 따른다. 상이 자신의 뿌리와 문화, 조상의 혈통이 동쪽, 즉 동이로 추정되는 영역의 일부에서 기원한다고 보았음을 시사하는 증거가 여러 갈래 있다. 필자는 상이 동쪽에 있는 일정한 통일된 대치 집단과 문화적(즉 인식한 문화)·역사적으로 구분되는 집단으로 스스로를 규정했을 것이라고 생각하지 않는다. 동쪽의 여러 집단과의 상호작용은 그 대치에 있어서 훨씬 더 미묘하고 유동적이며 복합적이었다. 상과 동이보다도 훨씬 많은 씨족, 가문, 지역 정치체 등 사회집단과 서로 다른 정체성을 가진 집단이 상호교류하고 있었을 것이다. 이러한 수많은 집단들이, 해당 지역 집단들의 관계가 상과의 관계보다 더욱 가깝다고 인식했다는 증거는 전혀 없다. 따라서 동이의 정체성이 상의 정체성과 비교하여 상대의 사회조직에 뚜렷이 존재했다는 주장에 납득할 수 없다. 악석문화기에도 마찬가지로, 어느 집단도 스스로를 동이라고 인식하지는 않았을 것이다.

 동이의 정체성은 서주대에 출현했을 가능성이 높다. 안타깝게도 상호작용의 등식을 반쪽만 볼 수 있어서 확언할 수는 없다. 다시 말하면 서주대 동부 지역에 살던 사람들, 즉 동이 자신들이 쓴 역사적 기록이 없다는 것이다. 그러나 서주의 명문과 문헌기록은 주가 동이의 정체성을 포괄적으로 동쪽의 '외부' 집단에게 부여했음을 말해준다. 그 증거로서 이러한 집단을 지칭하면서 '동이'라는 완전한 단어가 명문에 처음으로 나타난다. 동이의 정체성을 주의 정체성과 대치시키는 것은 주의 사회·정치적 구조, 황실 혈통과 수도를 중심으로 집단 정체성을 파악하는 새로운 세계관에서 뚜렷하게 나타난다. 주는 그들의 국가를 중앙의 문화적으로 통합된 '우리'와 외부의 위험한 '타자'(그 동쪽에 동이가 존재)가 대척하고 있는 닫힌 문화 질서로 인식하고 있었다.

 주의 정치 질서가 어떻게 동이 집단에 영향을 미쳤는지를 보여주는 증거는 없다. 주의 명문은 동이가 강력한 적이면서 주 왕에게 중요한 공물을 제공하는 협조자였음을 보여준다. 외부자인 동이의 공물이 내부로 유입된 것이 내부 정치질서에서 주 왕의 입장을 유지하는 데 도움이 되었을 것이다. 이 조공관계는 양방향으로 작용했는데 이는 주와 동이 사이에 협상이 있었음을 암시한다. 이러한 협상·경쟁·공생의 결과 포괄적인 동이의 '민족적' 정체성이 동쪽에 있는 집단들 사이에서도 뚜렷하게 드러났을 것이다. 사회적 경계선이 출현하여 동쪽에 존재하는 집단들 사이에서 스스로를 분리해내는 동시에, 스스로를 '동이'라고 식별하며 비로소 문화적·역사적으로 주와 구별된다고 인식하게 되었을 것이다. 나아가 독특한 내용·문화·행위규범·역사·조상을 가지는 주체로서 스스로를 더욱 뚜렷하게 분리해냈을 것이다.

만약 동이가 선상 시기와 상대에 존재하지 않았다면, 악석문화와 동이를 사회·정치적으로 관련지을 수 있을까? 이는 중국 고고학계의 문화사적 패러다임 내에서만 의미 있는 질문이며, 이러한 패러다임 안에서의 해결책은 역사적 이해를 수정하여 또 다른 후보 집단을 찾는 것이다. 그러나 고대문화라는 개념 자체를 보다 많이 고려해야 하며, 중국 고고학계에서 물질문화와 사회적 정체성 사이의 등치성을 부여하려는 시도가 엄격한 이론과 인식론적 고찰로써 보완될 때까지는, 고대문화와 사회·정치적 또는 문화적 집단 사이의 상호관계에 대한 논의를 회의적인 시각으로 바라볼 필요가 있다. 이는 단지 고고학자가 만들어낸 산물로, 사회·정치적 정체성과는 관련이 없다고 간주할 필요가 있다.

만약 상대나 그보다 앞선 시기에 동이의 정체성이 없었다면, 과연 황하 하류 유역의 악석문화 및 이전의 용산문화를 상의 왕실·문화·국가의 시작으로 이해할 수 있을까? 악석문화가 동이문화가 아니고 동이의 정체성이 존재하지 않았다면, 상이 악석문화에서 기원했다는 해석을 도출해낸 삼단논법이 무너진다. 악석문화가 발견되는 곳에서 분명 상문화도 발견된다. 상의 동부 기원과 선상 시기의 도시이자 의례 중심지인 대읍상(大邑商)의 위치를 고려하는 데 있어, 악석문화와 '선상'문화 등 고고학적 문화의 존재 또는 부재에 근거를 둔 주장은 소용이 없다. 이러한 고고학적 문화는 과거 사람들이 가졌던 상의 정체성 개념과는 어떤 관련성도 없다.

현 상황에 대한 이러한 평가가 지나치게 부정적으로 보일지 모르지만, 해당 연구가 진전되리라는 희망은 보인다. 악석문화 관련 고고학 발견이 이루어져서, 이 초보적 연구에서 제시한 주장이 재평가되기를 기대한다. 나아가 광범위한 접촉과 상호작용(황하 유역에서의 이주·전파 포함)에 대한 고찰이 동이의 정체성에 대한 선험적 전제 없이 이루어진다면, 황하 하류 유역과 환발해 지역, 그리고 한반도 사이의 복합적인 상호작용과 영향을 보다 깊게 이해하는 데 도움이 될 것이다.

감사의 말씀

동이에 관한 학술대회에 초대하여 이 주제에 대한 견해를 새롭게 하고 동료 참가자들과 도움이 되는 토론을 할 기회를 주신 동북아역사재단에 감사의 뜻을 표한다. 또한 이 논문의 논평과 번역을 맡아주신 분들께도 감사한다.

2부

산동·요동·한반도의 교류

중국 요동·산동 지역과 한국의 지석묘 | 이영문

동검을 통해 본 산동과 한반도 및 주변 지역 간의 교류 | 이청규

한반도 철기의 또 다른 기원: 북방의 철기 및 철 생산 | 심재연

중국 학계의 동이 연구와 인식 | 이유표

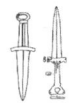

중국 요동·산동 지역과 한국의 지석묘

동북아시아의 지석묘 형태와 분포

거대한 바위를 이용해 건조된 지석묘(支石墓)는 상석(上石)이 지상에 노출된 형태로서, 옛 사람이 만들어놓은 신비스런 사물로 여겨졌다. 이 때문에 많은 전설과 여러 명칭이 전해져왔는데, 한국에서는 지석묘를 괸돌 또는 고임돌에서 유래된 명칭으로 고인돌이라 한다. 중국에서는 처마가 있는 돌집을 뜻하는 석붕(石棚)이나 큰 돌로 덮은 무덤을 뜻하는 대석개묘(大石蓋墓)로 부른다. 일본에서는 시세키보(しせきぼ, 支石墓)라 한다. 영어로는 탁자 모양의 돌이란 뜻으로 돌멘(dolmen)이라 하는데, 형태는 다르지만 탁자식 지석묘와 유사하다.

일반적으로 지석묘는 상석 아래에 석실(石室)이 있는 형태이며, 지표면에 지석(支石)이나 묘역시설을 한 다음 그 위에 하나의 상석을 올려놓은 대표적인 거석기념물이다. 탁자식 지석묘의 경우 판석으로 조립된 석실 자체가 지석 역할을 하며, 기반식(碁盤式) 지석묘의 경우 자연석이나 할석 4매로 상석 네 모서리를 받치고 있는 것이 기본이다. 묘역시설은 무덤방

자료 1 | 동북아시아 지석묘 분포도

주위에 원형이나 장방형으로 구획한 형태가 일반적이지만 흙을 다지거나 무질서하게 돌더미를 쌓은 형태도 있다. 석실은 판석으로 조립하거나 할석으로 쌓아서 만든 것이 기본이지만, 토광 안에 목관이 있는 경우도 있고, 일본 지석묘처럼 옹관을 매장주체부로 이용한 예도 있다. 이러한 형태는 지역마다 조금씩 달라 축조집단의 성향을 파악하는 데 유용한 자료가 된다.

지석묘로 대표되는 거석문화는 유라시아대륙을 감싸고 있는 대양의 인접 지역에 주 분포권을 형성하고 있다.[1] 이러한 지역에서는 유사하거나 다른 형태의 지석묘가 일정한 지역에 밀집된 양상을 보이고 있다.[2] 한국을 중심으로 한 동북아시아는 좁은 범위 안에 밀집분포상을 보인다. 동북아시아의 지석묘는 한국에 약 4만여 기가 분포하는 것으로 추산되며,[3] 그 중 전남 지방에 2만 기 이상이 분포한다. 일본에는 600여 기가, 중국에는 요령성에 700여 기, 절강성에 50여 기가 분포하는 것으로 알려졌다. 이처럼 세계의 지석묘는 서유럽과 동북아시아에 하나의 중심분포권을 형성하고 있다.

동북아시아 지석묘에 대한 관심은 19세기 말부터 서양인이나 일본인에 의해 보고된 이후 중국과 한국 학자에 의해 지속적으로 조사되어 그 분포가 파악된 상태다.[4] 그간에 개별 유적의 소개에서 종합적인 연구에 이르

---

[1] 이러한 분포는 대서양 동안, 지중해와 흑해 연안, 인도양, 태평양 서안 지역에서 확인되고 있다. 인도는 산재되어 군집되어 있지만 시기적으로 광범위하며, 동남아시아도 마찬가지다. 두 지역에서는 지금도 지석묘를 축조하는 곳이 있다.

[2] 서유럽에서 대표적인 밀집분포지역은 프랑스 브르타뉴반도의 카르나크 지역이다. 이곳은 거대한 입석군을 이룬 열석으로 잘 알려져 있지만 터널형 지석묘와 석총 등도 다수 분포해 있다.

[3] 1999년 문화재청 보고에 의하면, 한국에 2만 9,000여 기가 분포하고 있다고 한다. 하지만 최근 새로이 발견된 발굴 지석묘 수가 많아지고 있고, 북한 학계에서는 대동강 유역에 1만 4,000 기가 분포한다고 주장하고 있다. 이런 점에서 한국의 지석묘 수에 관련해서는 3만여기설과 4만여기설이 혼재하고 있다.

[4] 華玉冰, 2011, 『中國 東北地區 石棚硏究』, 科學出版社; 최몽룡 외, 1999, 『한국 고인돌(지석묘)유

기까지 심층적인 연구가 이루어져왔다.[5] 이를 통해 동북아시아의 지석묘 문화는 크게 탁자식 문화권과 기반식 문화권으로 양분되고 있음이 밝혀졌다.

이 글은 한국과 중국이 한 지석묘 문화권을 이루고 있다는 점에서 유물의 형식과 현황을 살피고 그 공통점을 찾아보고자 한다. 바위를 이용한 지석묘라는 공통점이 있지만 각 축조집단 간에 차이를 보이고 있기 때문에 지역적 종족집단을 상정할 수 있을 것이다. 외형적인 형태가 축조집단을 상징하는 의미가 있고, 부장유물은 각 집단의 장례풍습을 반영하기 때문이다. 이에 따라 큰 틀에서 양 지역 간의 공유된 문화양상과 상이점에 대해 비교해보고자 한다.

중국 지석묘의 현황과 특징

중국의 지석묘는 요동반도를 중심으로 한 동북 지역과 절강성 남부를 중심으로 한 동남 지역에서 양대 분포를 보인다. 두 지역은 거리상 너무 떨어져 있고, 지석묘의 형태와 유물상, 밀집도에서 커다란 차이를 보이기 때문에 서로 관련성이 없다고 보는 것이 일반적이다. 또한 산동반도에서도 지석묘가 존재한다고 알려져 있지만, 보고된 예는 극히 일부다.

적 종합조사 연구』, 문화재청: 국립나주문화재연구소, 2012, 『韓國 支石墓』 동북아시아 지석묘 1·2·3·4: 국립나주문화재연구소, 2011, 『中國 支石墓』 동북아시아 지석묘 5: 국립나주문화재연구소, 2011, 『日本 支石墓』 동북아시아 지석묘 6.

5 대표적인 한국 지석묘 관련 논저는 다음과 같다. 하문식, 1999, 『고조선지역의 지석묘 연구』, 백산자료원: 이영문, 2002, 『한국 지석묘사회 연구』, 학연문화사: 유태용, 2003, 『한국 지석묘 연구』, 주류성: 우장문, 2006, 『경기지역 지석묘 연구』, 학연문화사.

중국 동북 지역의 지석묘[6]

한반도와 인접한 중국 동북 지역에는 석붕산(石棚山) 지석묘를 비롯해 대형 탁자식 지석묘들이 온전한 형태로 잔존해 있어 한국 학자들에게 관심 지역이다. '석붕'이라 부르는 대형 탁자식 지석묘가 요동 지역을 중심으로 일정한 거리를 두고 여러 지역에서 발견되고 있다. 이와 같은 규모와 형태를 가진 지석묘는 북한 대동강과 재령강 유역에도 분포해 주목을 끈다.[7] 두 지역은 대형 탁자식 문화권에 속한다.

(1) 지석묘의 분포현황

화옥빙(華玉冰)의 통계에 의하면 중국 동북 지역의 지석묘는 약 243곳 688기이며, 탁자식 지석묘인 석붕묘는 114곳 300여 기, 개석식 지석묘인 개석묘는 129곳 388기다. 이 중 요령성 보란점(普蘭店)시에 102기(석붕 36기, 개석묘 66기)와 개주(蓋州)시에 103기(석붕 87기, 개석묘 16기)가 분포하지만, 보란점시 북쪽과 개주시 남쪽에 집중되어 지리적으로 하나의 분포권을 형성하고 있다. 길림(吉林)성 지역에는 유하(柳河)에 68기(석붕 33기, 개석묘 35기), 동풍(東豊)에 48기(석붕 12기 개석묘 12기), 매하구(梅河口)에 41기(석붕 29기, 개석묘 12기)가 분포하는데, 이 지역들은 서로 인접해 있어 중심분포지를 형성하고 있다. 즉 요동반도 남부 지역과 제2송화강 남부 상류 지역에서 하나의 밀집분포권을 형성하고 있다.[8]

---

[6] 중국 동북 지역 지석묘에 대해서는 하문식과 오강원이 지속적으로 연구·발표하고 있다. 許玉林, 1994, 『遼東半島石棚』, 遼寧科學技術出版社; 華玉冰, 2011, 『中國東北地區石棚硏究』, 科學出版社; 하문식, 1999, 『고조선지역의 지석묘 연구』, 백산자료원; 국립나주문화재연구소, 2011, 『中國支石墓』 동북아시아 지석묘 5.

[7] 하문식, 1999, 『고조선지역의 고인돌 연구』, 백산자료원.

[8] 華玉冰, 2011, 『中國東北地區石棚硏究』, 科學出版社, 98~102, 163~157쪽.

(2) 지석묘의 분류

중국의 탁자식 지석묘는 그 형태와 규모, 상석과 석실을 구성하는 벽석의 양상, 석재의 손질 정도에 따라 세 가지 유형으로 구분하고 있다.[9]

개주 석붕산 지석묘를 표지로 하는 대석붕은 석붕산유형으로, 상석 길이 4~5m 이상, 석실 높이 1.5~2.0m 이상, 상석 두께 0.4m 이상 규모의 탁자식 지석묘다. 이 지석묘는 규모 면에서 웅장하며, 구릉 정상부 혹은 높은 대지에 단독으로 입지한 것이 특징이다. 구조적으로는 석실 밖으로 넓은 처마가 있고, 잘 다듬어진 석재를 사용해 상석과 지석을 정교하게 맞물려놓았다는 특징이 있다. 모두 단벽 중 한 쪽을 개폐가 가능하게 하여 석실 입구 역할을 하도록 되어 있다. 대표적인 대형 탁자식 지석묘로는 개주 석붕산을 비롯한 해성(海城) 석목성(析木城), 와방점(瓦房店) 대자(台子), 수암(岫岩) 흥륭(興隆), 장하(庄河) 대황지(大荒地) 지석묘 등이 있다(자료 2).

금주(金州) 소관둔(小關屯) 지석묘를 표지로 하는 중석붕은 소관둔유형으로, 상석 길이 2~3m 정도, 석실 높이 1~1.5m, 상석 두께 0.3m 이상의 규모이며, 석실 밖으로 처마가 있는 탁자식 지석묘다. 석실 결구는 약간 다듬은 석재를 사용하여 상석과 지석 결합이 정교하지 못한 편이다. 대석붕처럼 높은 대지에 입지한 경우도 있지만 주로 낮고 평평한 대지 위에 축조한 양상이며, 군집을 이룬 경우도 많다. 대표적인 중형 지석묘로는 금주 소관둔을 비롯하여 보란점(普蘭店) 교둔(喬屯), 와방점(瓦房店) 화동광(鏵銅壙), 길림(吉林) 대사탄(大沙灘) 지석묘 등이 있다(자료 3).

수암(岫岩) 흥륭(興隆) 지석묘를 표지로 하는 소석붕은 흥륭유형으로, 상석의 길이와 너비가 약 2m 내외, 높이가 1m가량 되는 탁자식 지석묘다.

---

9 許玉林, 1994, 『遼東半島 石棚』, 遼寧科學技術出版社, 66~70쪽; 백운상(白雲翔), 2011, 「중국의 지석묘」, 『중국 지석묘』, 국립나주문화재연구소, 31~45쪽.

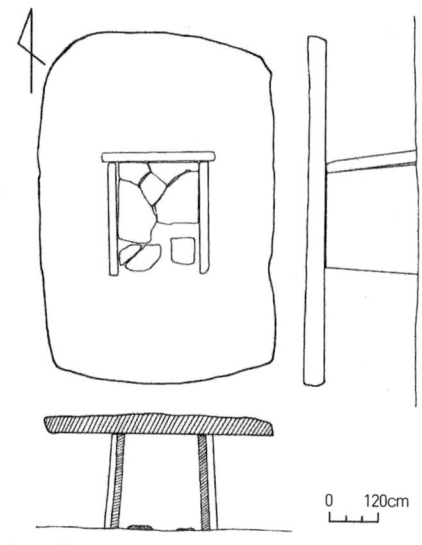

자료 2 | 중국 대석붕(개주 석붕산 지석묘)

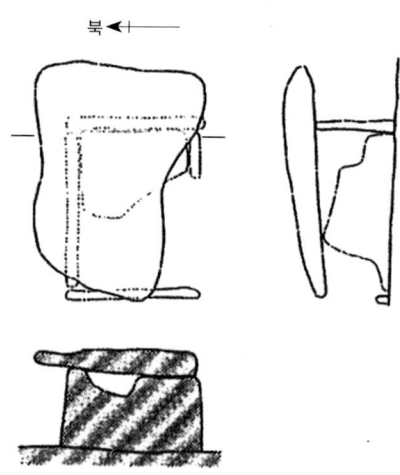

자료 3 | 중국 중석붕(금주 소관둔 지석묘)

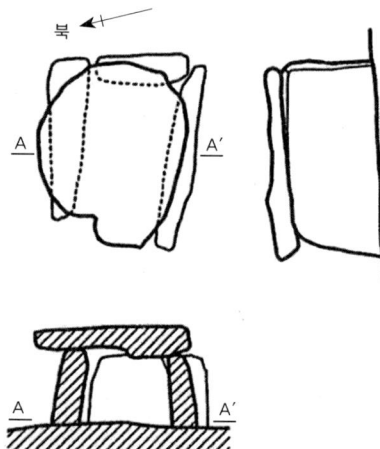

자료 4 | 중국 소석붕(수암 흥륭 지석묘)

석실 밖으로 돌출된 상석 처마가 좁아서 석실만 덮고 있는 형태다. 사용된 석재는 다듬지 않은 것이어서 상석과 석실의 결합이 정교하지 않다. 이 유형은 낮은 대지 혹은 평지에 군집을 이루어 분포한다. 모두 요령성 지역에서 발견되며, 길림 남부 지석묘는 대부분 이 유형에 속한다(자료 4).

(3) 석붕묘와 개석묘의 비교

대석붕 유형은 대형 지석묘로 석실의 형태도 장방형 혹은 정방형에 가까운 형태이고, 구릉의 정상부나 높은 대지 위에 단독으로 존재하는 경향을 보인다. 이에 비해 중석붕과 소석붕 유형은 상대적으로 대석붕보다 소형이지만 여러 기가 군집을 이루는 경향이 있고, 석실의 형태가 세장방형에 가깝다. 대석붕이 입지나 구조, 규모에서 축조집단의 상징성이 강한 기념물적인 지석묘라면, 소석붕은 평지 같은 지형에 열지어 군집해 있고 무덤 기능이 강한 지석묘다. 중석붕은 대석붕 또는 소석붕의 기능이 있는 것으로 나뉜다.

석붕묘와 같은 시기의 묘제인 개석묘는 20cm 내외의 대형 판석으로 된 상석이 지상에 놓여 있는 무덤으로 그 아래에는 토광, 석관 혹은 석곽 등 다양한 종류의 매장주체부가 발견된다. 탁자식 지석묘와는 공간적 분포와 존속기간의 측면에서 밀접한 관련성이 있지만, 석붕과는 다른 계통의 무덤이라는 견해가 일반적이다. 분포지역은 요하 하류의 동쪽 지역으로, 지역에 따라 장법이 다르다. 요동반도의 개석묘는 일회용 무덤인 데 반해, 길림성 중남부 지역 개석묘는 화장과 다인장 등 추가장이 가능했던 무덤들이다. 석붕묘는 석실이 지상에 드러나 있지만, 개석묘는 석실이 지하인 점에 큰 차이가 있다.

(4) 지석묘의 기능과 성격

탁자식 지석묘의 기능과 성격에 대해서는 대체로 원시사회의 종교 제사

의례용 기념물로 보는 것이 일반적이다.[10] 이 외에도 원시 씨족사회의 공공활동 장소라거나, 지도자가 제사를 드리는 장소로 보는 설이 있다. 지석묘에서 인골과 부장품이 발견되어 무덤이라는 설이 우세하지만, 이와 달리 보는 학자도 있다. 허옥림(許玉林)은 지석묘를 당시 귀족 혹은 씨족 부락 족장의 무덤인 동시에 조상을 숭배하고 제사 지내던 성지로 본다. 또 무덤으로 보지만 화장을 한 장소로 보는 학자도 있다.[11] 이러한 견해에서 대형과 중형 지석묘는 시신을 화장하거나 안치한 곳이면서 제사 활동을 한 장소로 보며, 소형 지석묘는 시신을 화장하거나 뼈만 추려 안치한 무덤의 기능으로 보는 것이 일반적이다. 탁자식 지석묘도 집단 화장묘일 가능성도 없지 않다.

(5) 지석묘의 유물과 연대

탁자식 지석묘의 부장품으로는 이중구연의 원통형 단지, 항아리형 토기 등이 대표적이고, 석기로는 가락바퀴·곤봉대가리·도끼·끌·자귀·화살촉·돌칼 등이 있으며, 비파형동검이나 세형동검 이외에 다양한 청동기들이 발견된다. 장하 양둔(梁屯) 지석묘에서는 청동부식의 흔적이 사람뼈에 남아 있어 당시 청동장신구를 패용했을 것으로 추정하고 있다. 또 개석묘에서는 유물 중 철기가 발견되어 늦은 시기까지 축조되었음을 알 수 있고, 지석묘의 출토품과는 차이가 있다.

지석묘의 기원은 신석기시대 만기 요동반도의 적석묘에서 발전해서 남에서 북으로, 서에서 동으로 확산된 것으로 보는 것이 일반적이다. 그 연대에 대해서는, 허옥림은 대형 지석묘를 기원전 1500~기원전 1100년, 소

10　白云翔, 2011, 「중국의 지석묘」, 『중국 지석묘』, 국립나주문화재연구소, 41쪽.

11　譚長生, 2002, 「遼寧東南部的石棚與大石蓋墓及其關係」, 『21世紀中國考古學與世界考古學』, 中國社會科學出版社, 백운상 논문에서 재인용.

형 지석묘를 기원전 1000~기원전 500년으로 보아 대형에서 소형으로 변화했다고 보지만, 그 반대 견해도 있다. 화옥빙은 가장 빨리 등장한 요동반도 남부 지석묘를 상대(商代) 조기(약 3,500~3,600년 전)로 보고, 길림 남부 혼하 상류와 압록강 상류가 가장 늦어 전국시대 만기에서 한 초인 기원전 3세기 전후까지 축조한 것으로 보았다.[12] 최근에는 상한을 기원전 1200년 전, 하한을 기원전 500년 전후로 보고 있다. 개석묘도 요동반도 적석묘에서 발전했다고 보고 있다. 상한은 기원전 1300년 전후, 하한은 기원전 2세기 초로 편년하고 있다. 상한은 지석묘보다 앞서지만 하한은 지석묘보다 더 늦게까지 존재했던 것으로 보고 있다.

중국 산동 지역 지석묘[13]

중국 산동성 지석묘에 대한 자료는 거의 없는 편이다. 문헌과 일제강점기 때 조사된 자료를 토대로 살펴볼 수 밖에 없다. 이나마 현재 남아 보존되어 있는 예는 거의 없다.

(1) 태안 내무산 지석묘의 문헌 기록

반고(班固)가 지은 『후한서』 권27 「오행지」에는 탁자식 지석묘를 묘사한 것으로 보이는 구절이 있다.[14] 이 문헌을 보면 "태산(泰山, 山東省 泰安縣 北五里)의 내무산(萊蕪山) 남쪽(山東省 萊蕪縣)에 수천 명이 '쉥쉥' 하는 소리가 들려 사람들이 이를 자세히 살펴보니 대석(상석, 지석묘)이 세워져 있었다. 이는 높이가 5척(약 1.5m)이요, 크기가 48보(步)이고, 깊이(길이?)가 8

12　華玉冰, 2011, 『中國 北地區石棚研究』, 科學出版社.
13　산동성 지석묘에 대해서는 박준형의 글에 잘 정리되어 있어 이를 토대로 필자의 견해를 수정 보완했다. 박준형, 2013, 「산동지역과 요동지역의 문화교류」, 『한국상고사학보』 79호, 47~49쪽.
14　반고(8~92)가 지은 『후한서』 권27 「오행지」에 의하면 "孝昭元鳳三年正月, 泰山萊蕪山南, 匈匈有數千人聲, 民視之, 有大石自立, 高丈五尺, 大四十八圍, 入地深八尺, 三石爲足, 石立處, 有白鳥數千集其旁".

척(尺)(약 2.4m)으로, 대석의 밑에는 3개의 족석(지석)이 받치고 있는데, 이 대석 주변에 수천의 백조가 모여 있다"라 기록되어 있다.

　이 지석묘는 기원전 78년[효소(孝昭) 원봉(元鳳) 3년]으로, 문헌에 기록된 중국 지석묘 중 가장 오래된 것이다. 그러나 이 기록이 기원전 1세기에 지석묘를 축조한 모습을 묘사한 것인지, 아니면 후대 사람들이 이곳에서 제의 같은 행위를 한 것인지는 확실치 않다. 기록으로 보아 지석묘라는 자체를 모르고 있었던 것이 아닌가 한다. 그렇다면 이를 기록한 집단이 지석묘 축조집단과는 전혀 다른 집단이었음을 시사하므로 지석묘를 축조한 시기와는 상당히 차이가 있음을 알 수 있다.[15] 이 기록을 분석해보면, 이 지석묘는 단독 입지한 것으로 상석 크기는 8m, 석실은 길이 2.4m에 높이가 1.5m 정도로 추정된다. 이런 입지와 규모는 요동 지역의 대석붕과 매우 흡사한 특징이라고 할 수 있다. 기록에 보이는 대석이나 족석 같은 명칭은 요령 지역의 대형 석붕을 묘사한 문헌과도 일치한다.

(2) 치천현 남정 왕모산 지석묘

산동성의 대표적인 지석묘는 치천(淄川)현 남정(南定) 왕모산(王母山) 지석묘이다.[16] 이 지석묘는 왕모산 북쪽 구릉에 있는데, 3개의 지석 위에 하나의 상석(거석)이 올려져 있는 형태다. 크기는 길이 184cm, 너비 116cm, 두께 88cm, 전체 높이 1.8m, 석실은 길이 150cm, 너비 90cm, 높이 70cm이며, 지석 3개 중 1개는 파괴된 상태다. 부장품으로는 석실 내부에서 적갈색 토기편이 출토되었고, 부근의 구릉에서 타제석부와 박편석기, 규암제 발화석, 석회암 편평석기, 어망추, 벽옥제 박편 등이 발견되었다고 한

15　지석묘 축조집단의 후손이라면 지석묘에 대해 구전으로라도 전승했을 것이다.
16　鳥居龍藏, 1946, 「中國石棚之硏究」, 『燕京學報』 31, 16~18쪽.

 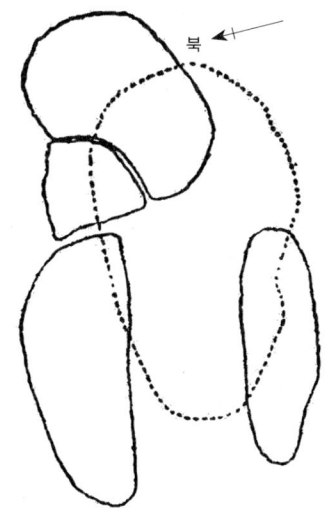

자료 5 | 중국 산동성 치천현 남정 왕모산 지석묘

다. 여기에 사용된 석재는 규암으로, 서쪽 효부천(孝婦川)에서 운반된 것으로 추정했다. 도면으로 보아 석실 벽석이 두꺼운 괴석상을 3면에 세운 퇴화된 탁자식 지석묘로 추정된다.[17]

구릉상에 단독 입지하고 있어 대석붕과 유사한 점이 있지만, 규모나 석실 구조, 사용된 석재는 소석붕에 속하는 지석묘다. 특히 괴석상의 상석·지석의 배치나 결구 모습은 마치 남한의 기반식 지석묘와도 유사한 면이 있지만, 지석의 배치에서 장방형 석실을 마련한 점에서 탁자식 지석묘의 특징을 보인다(자료 5).

(3) 치천현 두파촌 하마석 지석묘

산동성 치천현 두파촌(杜坡村)에 하마석(蝦蟆石)이라는 지석묘가 있다. 보고에 의하면 자연에 노출된 편평한 거석(벽석으로 추정) 위에 다른 거석이 덮여 있는데, 한 개는 기울어져 있다. 지석묘 주위는 도랑으로 구획되어

---

17 기반식 지석묘는 지석 4개가 기본이며, 지석 간에 일정한 거리를 두고 배치된 것과는 다르기 때문이다.

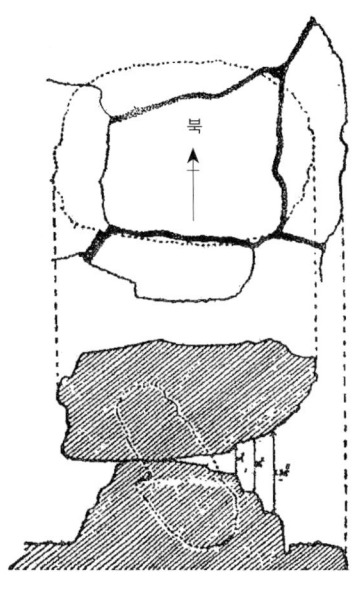

자료 6 | 중국 산동성 치천현 두파촌 하마석 지석묘

있다. 상석(천정석)은 길이 540cm, 너비 292cm, 두께 150cm의 규모이며, 방향은 정동이다. 유물은 출토되지 않았다. 비스듬히 기울어진 거석의 높이가 366cm라 하는데, 탁자식 지석묘가 무너진 상태를 서술한 것인지 확실치 않다. 자료 6은 당시 도면으로 제시된 것인데 하나가 아니라 두 개의 지석묘를 묘사한 것이 아닌가 한다. 즉, 〈자료 6〉 왼쪽 그림의 지석묘는 기반식과 같은 상석 아래에 두꺼운 판상석으로 결구된 석실이 있는 탁자식 지석묘이다. 규모나 형태로 보아 대형 탁자식에 속하나, 상석으로 보아 기반식과의 관련성도 엿보인다. 〈자료 6〉 오른쪽 그림의 지석묘는 남한의 기반식과 매우 흡사한 형태다.

   이 두 기의 지석묘는 대형 판석을 이용한 점에서 요동 지역의 대석붕일 가능성이 많지만 상석의 두께가 한국 남부의 기반식 지석묘의 두께와 흡사하다는 점에 차이가 있다. 요동 지역의 석붕과 남한 지역의 기반식 지석묘가 결합된 형태가 아닌가 한다.

(4) 기타

이 외에 일제 때 조사 보고된 산동성 영성(榮成)현 석문자(石門子)에 탁자식 지석묘가 군집해 있었다고 하며, 산동성 영성현 아녀석(兒女石)은 13~14m의 입석으로 그 동쪽에 큰 지석묘가 있었다고 한다. 이에 대한 자세한 기록은 없고 단지 소재지만 언급하고 있을 뿐이다.[18]

한국 지석묘의 형식과 특징

북한 지역 지석묘

북한 지역의 지석묘는 대략 4,000여 기가 알려져 있으나, 북한 학계에 따르면 이보다 훨씬 많은 1만 4,000기가 대동강 유역에 분포하는 것 같다.

여하튼 분포현황을 살펴보면 대동강 유역과 그 이남 지역인 황해와 평남 지역에 집중해 있는데, 서해안에 인접한 곳과 재령강, 대동강 유역에 밀집된 경향이다. 평안북도나 함경도에는 매우 희박하다. 북한에서 발견된 지석묘는 대부분 탁자식과 개석식이며, 거대한 기반식은 아직 발견된 바 없다.

북한 학계는 묘역시설과 석실(무덤칸) 형태를 무덤 변천의 가변적 요소로 보고, 석실 형태, 상석 및 지석 형태, 상석의 치석술 등에서 남한과 다르게 지석묘를 분류하고 있다. 발굴된 지역명을 붙여 오덕형·침촌형·묵방형으로 나눈다.[19] 오덕형은 탁자식, 침촌형과 묵방형은 개석식의 일종이다. 이러한 세 가지 유형은 각각 지역성을 보인다. 오덕형은 전 지역에

---

18   三上次男, 1961, 『滿鮮原始墳墓 研究』, 吉川弘文館, 113쪽.
19   석광준, 1998, 『조선의 고인돌무덤 연구』, 사회과학출판사.

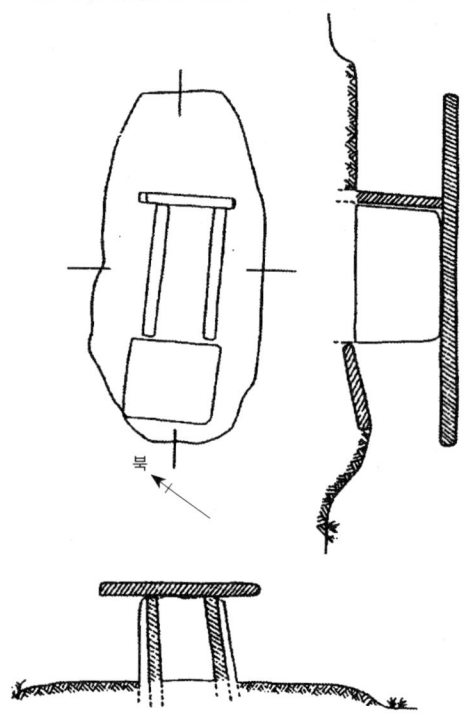

자료 7 | 북한 오덕형 지석묘(은율 관산리) (국립광주박물관 제공)

서 발견되지만, 침촌형은 대동강 유역과 그 이남에서, 묵방형은 대동강과 청천강 사이에서 주로 발견된다.

(1) 오덕형 지석묘

오덕형 지석묘는 하나의 돌무지 묘역 안에 1기의 지석묘가 있는 것으로, 판석으로 조립된 개별화된 무덤이다. 석실은 벽석의 두께가 15cm 정도의 판석 4매를 세워 조립했다. 지상에 드러난 높이는 30~40cm에서 200~300cm까지 있다. 대표적인 대형 탁자식으로는 은율 관산리, 안악 노암리, 연탄 오덕리 송신동, 배천 룡동리, 용강 석천동 지석묘 등이 있다. 대형의 오덕형인 은율 관산리 지석묘는 중국 동북 지역 대석붕과 규모·형태의 차이가 없다. 오덕형 지석묘는 세 가지로 세분되는데, 중국 동북 지역의 석붕과 같은 분류도 가능하다(자료 7).

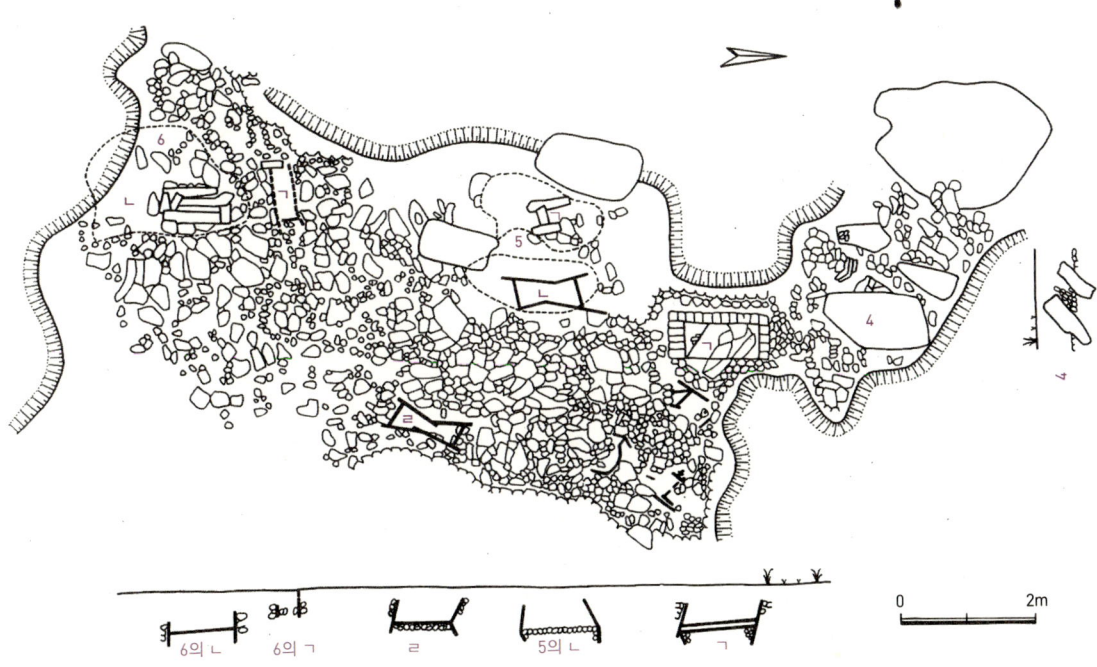

자료 8 | 북한 침촌형 지석묘(황주 침촌리)

자료 9 | 북한 묵방형 지석묘(개천 묵방리)

(2) 침촌형 지석묘

침촌형 지석묘는 하나의 돌무지 묘역 안에 5~6기 또는 10여 기의 석실이 밀집된 형태(집합식)이며, 묘역 내 석관들은 두께 5cm 정도의 판석 4매로 조립된 유형이다. 대표적인 유적으로는 황북 황주 침촌리 일대, 침촌리 긴동, 천진동, 상원 장리 와새봉, 연탄 오덕지구 평촌 일부 무덤이 있다. 이 형식은 4개 형식으로 세분되는데, 개별적으로는 모두 개석식 지석묘이며, 석관형 석실이다(자료 8).

(3) 묵방형 지석묘

묵방형 지석묘는 하나의 묘역에 1기 무덤이지만 할석이나 강돌로 쌓아서 만든 무덤으로 석실의 단벽 쪽에 판석으로 문이 설치된 형식이다. 석실을 할석이나 강돌로 쌓아 축조한 것은 남한 지역에서도 일반적이지만 문을 따로 마련한 것이 특징이다. 문돌 형태에 따라 3개 형식으로 구분된다. 대표적인 유적으로는 평남 개천 묵방리, 순안지구 석암 일대, 평원 원암리, 증산 석다리, 개천 묵방 로동지구, 석암야영소 1호, 숙천 검산리, 길주 문암리, 강동 문흥리 등이 있다(자료 9).

남한 지역의 지석묘

(1) 형식과 구조

지석묘는 외형적 형태를 기준으로 크게 탁자식·기반식·개석식·위석식 등으로 분류한다.

탁자식은 잘 다듬어진 판석 3매 또는 4매로 짜맞춘 석실을 지상에 축조하고 그 위에 편평하고 거대한 판상석을 얹어놓아 마치 책상 같은 모양이다. 이 형식은 중·서부 서해안과 임진강, 한강 유역에 주로 분포한다. 그 이남은 서해안을 따라 전남 강진과 해남까지 산발적으로 나타나나 희박한 편이며, 지석의 높이가 1m 이내로 낮아지고, 상석이 1m 이상 두터워

자료 10 | 강화 부근리 탁자식 지석묘

자료 11 | 화순 벽송리 기반식 지석묘

자료 12 | 고창 죽림리 기반식 지석묘

자료 13 | 완도 청산도 읍리 개석식 지석묘

자료 14 | 제주 용담동 위석식 지석묘

자료 15 | 창원 덕천리 지석묘 (경남대학교 박물관 제공)

지는 형태로 전형에서 벗어나고 있다.

  기반식은 두꺼운 상석 아래에 자연석이나 다듬어진 지석을 괴어 마치 바둑판 모양이다. 지석은 4개가 기본이다. 거대한 기반식은 호서 서해안(보령)에서부터 호남, 영남의 낙동강 중류 이남 지역에 분포한다.

  개석식은 지하에 만든 석실 위에 바로 상석이 놓인 형식으로 수적으로 대부분을 차지한다. 중국 동북 지역, 한반도, 일본 구주(九州) 지역까지 광범위하게 분포해 있다. 이 형식은 기본적으로 무덤으로 축조된 것이며, 지역에 따라 차이를 보인다. 위석식은 땅 위에 여러 매의 판상석을 잇대어 상석 아래를 돌려 조립한 형식이다. 이런 형태는 특히 제주 지역에서 다수 발견되어 제주식이라고도 한다.

  이외 최근에는 돌을 이용하여 묘역을 조성한 뒤 중앙에 석실을 만든 묘역식 지석묘가 추가로 발견되었다. 주로 창원, 진주 등 영남 지역에 분포한다. 상석이 없는 것도 있어서 지석묘의 범주에 넣지 않는 학자도 있으나 참고로 부기해둔다.

  지석묘는 땅 위아래에 일정한 구조물을 갖추었다. 즉 땅 위에 상석과 지석, 지표면에 묘역시설이 있고, 지표 아래에 석실로 구성되어 있다. 이런 구조는 지역에 따라 다양한 형태로 나타나고 있다. 남한 지역 지석묘의 하부구조는 매우 복잡하고 다양하다. 특히 남해안 지역에서는 4~6개의 묘역이 연접된 지석묘, 20~30m에서 60m에 이르는 거대한 묘역을 가진 지석묘, 30기 이상의 지석묘군 등이 다수 분포해 있다. 깊은 묘광에 3중의 적석시설을 한 특이한 구조도 있다.

(2) 부장유물

지석묘에서 출토되는 유물은 크게 석실 안의 부장용 유물과 석실 주변의 의례용 유물로 나뉜다. 부장용 유물은 사자가 사용한 물건 또는 특별히 제작한 유물로, 석검·석촉·적색마연토기·채문토기·청동기·옥 등이 있다.

자료 16 | 비파형동검(여수 월내동)과 석검(여수 적량동) (세바스티언 촬영)

　가장 대표적이고 특징적인 부장유물은 석검이다. 석검은 손잡이 부분의 형태에 따라 이단병식·일단병식·유경식 석검 등으로 구분되지만, 각 속성의 차이가 매우 다양하게 나타난다. 석검은 북한에서는 드문 편이지만 남한에서는 거의 전 지역에서 발견된다. 특히 이단병식 석검은 전국적이나, 유경식 석검은 주로 서해안 지역 지석묘에서 부장되는 양상이다. 유병식 석검은 영남과 호남 동부 지역, 남해안 지역의 지석묘에 주로 부장된다. 석촉도 삼각만입촉과 유경식 석촉으로 크게 대별되나 유경식의 경우 평근촉(平根鏃)과 첨근촉(尖根鏃), 능형촉(菱形鏃)으로 구분되고, 지역성이 강한 부장유물이다. 비파형동검은 완형으로 부장된 예도 있지만, 분절품·파손품·파쇄품·재가공품 등 다양한 동검들도 부장되어 있다. 동검도 전기부터 부장품으로 등장했다. 적색마연토기나 채문토기는 형태상 매우 유사하여 같은 계통으로 이해한다. 전기는 뚜렷한 경부를 특징으로 하며, 점차 목의 구분이 애매해지는 형태로 변한다. 적색마연토기는 전기부터 나타나지만 중기에 성행했고, 채문토기는 전기에 주로 부장품으로 발견된다. 천하석제(天河石製) 옥이나 벽옥제 관옥도 전기부터 부장품으로 등장하며, 중기에 성행하고, 후기의 세형동검문화에서도 여전히 부장유물로 계승되었다. 옥 이외 다른 유물들은 후기에 거의 부장되지 않는 것

자료 17 | 채문토기와 석촉, 옥(나주 장동리 토광묘)(전남문화재연구원 제공)

자료 18 | 각종 옥(여수 평여동 지석묘)

자료 19 | 의례용 유물(영암 서호리 지석묘)
(동북아지석묘연구소 제공)

과는 다른 점이다.

　의례용 유물로는 지석묘 축조와 관련된 제의에 쓰인 일상생활용구나 사자를 위한 장송 관련 유물이다. 유물의 일부를 의도적으로 깨뜨리거나 부러뜨린 것으로 모두 조각난 상태로 발견된다. 완형을 반파한 경우도 많다.

　지역적으로 차이가 크지만, 지석묘의 대표적인 부장유물은 석검과 석촉이다. 특히 남해안 지역의 지석묘에서는 비파형동검 등 청동기와 옥류,

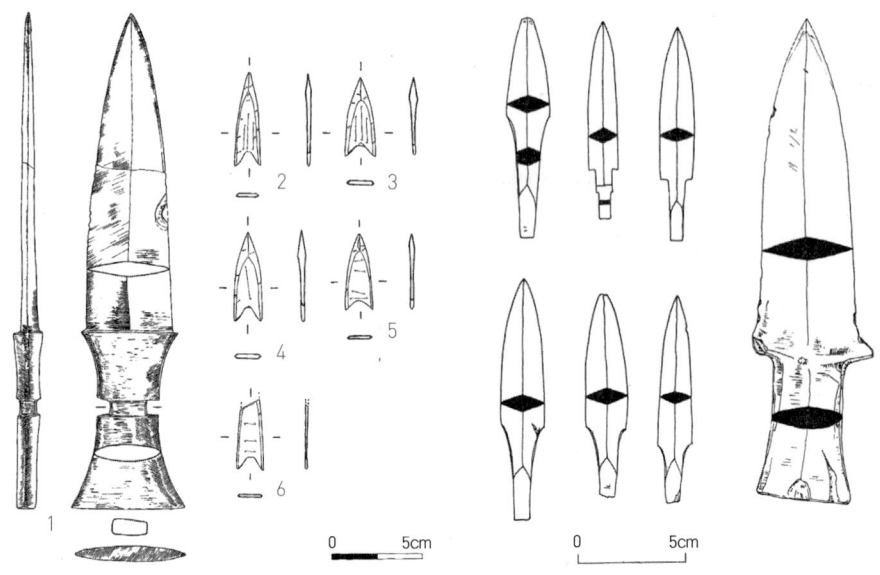

자료 20 | 전기의 석검과 석촉(진안 삼락리 지석묘) 자료 21 | 중기의 석검과 석촉(제원 황석리 지석묘)

적색마연토기나 채문토기를 부장하는 풍습이 매우 성행했다.

(3) 지석묘의 연대

청동기시대 전기부터 후기에 속한 유물이 모두 지석묘에서 출토되는 점을 통해 청동기 전 시기에 걸쳐 축조되었음을 알 수 있다. 전기 지석묘는 단독 또는 2~3기가 일정한 간격을 두고 배치된 양상이다. 출토유물은 이단병식 석검과 삼각만입촉과 이단경촉, 적색마연토기와 채문토기가 세트를 이루면서 발견되기도 한다. 이 중 2종류가 세트된 예도 많다. 중기 지석묘는 대체로 평지나 구릉에서 열상의 군집된 양상이며, 대규모 분묘군이 나타나며, 매우 다양한 형태가 성행한다. 출토유물은 다양한 석검과 석촉, 옥, 적색마연토기가 대표적이다. 일단병식 석검과 유경식 석촉이 공반된 예가 많으나 대체로 1종만 단독으로 부장되어 있다. 후기는 유물이 거의 발견되지 않지만 천하석제 곡옥과 벽옥제 관옥이 세형동검 등과 공반되며, 석검은 퇴화된 형식으로 발견된다.

절대연대에 의한 지석묘 연대를 보면 가장 올라가는 측정치는 지금으로부터 3,100~3,400년으로 보정연대가 기원전 1500년이나 그 이상의 연대를 나타내는 경우도 있다. 그러나 시기 폭이 크고 밀집도가 떨어져 현재 학계에서 받아들이지 않고 있다.

전기 지석묘의 방사선탄소연대 측정치는 지금으로부터 3,100~2,800년에 집중되어 있고, 보정연대는 기원전 1200~기원전 900년이다. 중기 지석묘는 지금으로부터 2,700~2,400년으로 기원전 800~기원전 400년으로 추정된다. 이 외 지금으로부터 2,300~2,100년도 일부 있다. 전체적으로 지석묘의 축조 연대는 기원전 12세기(또는 기원전 13세기) 이상 올라가는 측정치가 많기 때문에 이 무렵부터 축조되었다고 할 수 있을 것이다. 대부분의 측정치는 기원전 800~기원전 400년에 집중되어 있어 이 시기에 가장 성행했으며, 세형동검문화에 와서는 서서히 쇠퇴, 소멸하는 양상이다. 방사성탄소연대 등 절대연대 자료로 보아 기원전 12세기를 전후한 시기에서 기원전 3~기원전 2세기에 걸쳐 약 1,000년간 축조되었다고 할 수 있다.[20]

한·중의 지석묘 비교

지석묘의 명칭과 지명의 공통성

한국과 중국의 지석묘는 명칭·지명·전설 등에 차이는 있지만, 민간신앙

---

20 이영문, 2000, 「한국 지석묘 연대에 대한 검토」, 『선사와 고대』 14, 한국고대학회.

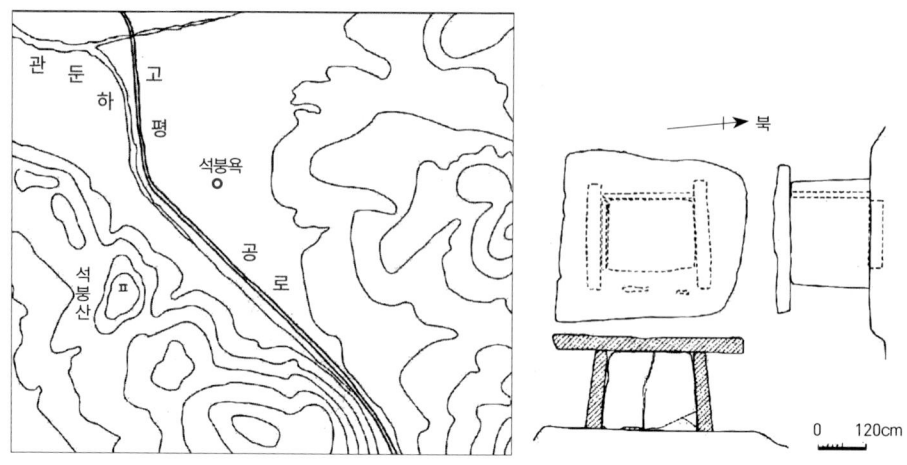

자료 22 | 중국 석붕산(대석교 석붕욕 지석묘)

과 관련하여 전승되어왔다는 공통점을 가지고 있다. 옛 사람들이 인위적으로 축조한 지석묘에 대한 신비감이나 경외감에서 숭배나 신앙의 대상물로 삼았던 결과라 생각된다. 지석묘의 명칭은 문헌에는 대석(大石)이나 관석(冠石)으로 묘사되어 있으나 중국은 금 이후부터 석붕(石棚)이, 한국은 고려시대(13세기 전후) 이후부터 지석(支石)이라는 용어가 사용되어 오늘날까지 이어지고 있다. 옛 문헌에 지석은 족석(足石)이라 했다.[21] 오늘날 중국에서는 탁자식 지석묘를 석붕이라 하는데, 이와 관련된 지명이 중국의 요령이나 산동 지역에 많이 남아 있다.[22] 요령성의 대표적인 지석묘인 석붕산·석붕욕(石棚峪)·석붕구(石棚溝) 지석묘가 그것이다. 지석묘가 있는 곳도 석붕산이라 부르는데, 개주 석붕산, 대석교 석붕욕(석붕산), 장하 백점자(석붕산), 보란점 석붕구(석붕후산) 등이 있다.

---

21 이영문, 2002, 『한국 지석묘사회 연구』, 학연문화사, 218~222쪽.
22 박준형, 2013, 「산동지역과 요동지역의 문화교류」, 『한국상고사학보』 79호.

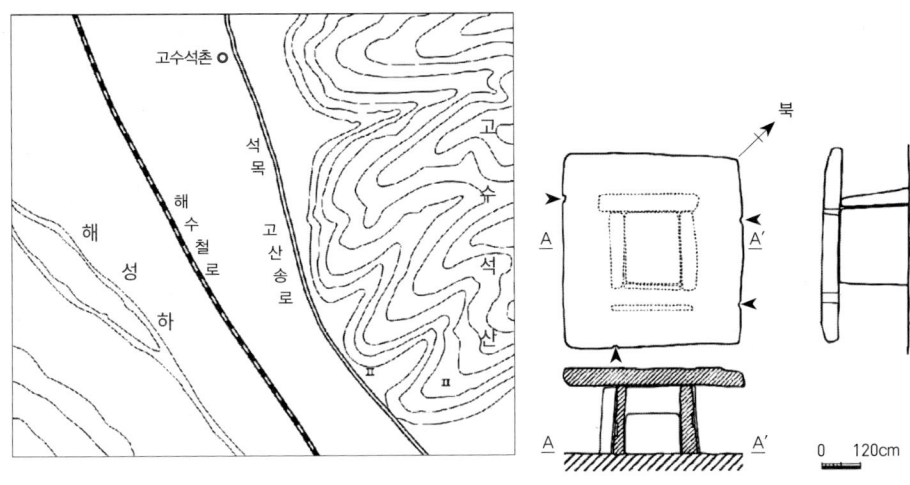

자료 23 | 중국 고수석산(해성 석목성 지석묘)

한국에서도 예부터 괸돌·괸바위·고인돌이라 부른 곳이 지석리·탱석리 같은 행정구역명으로 개명되어 사용되고 있다. 북한도 지석리나 지석동·탱석(撐石)이란 마을 이름이 많고, 석장골(石葬谷)·광석(廣石)·굄돌밭·돌배기골 등 지석묘나 입석과 관련된 지명도 많다.[23] 석장골은 '돌로 무덤을 쓴 골짜기'란 뜻이며, 광석은 '마당바위', '덕석바위'와 같은 뜻이다. 이처럼 한·중 양 지역은 예부터 부르던 지석묘 명칭을 마을명이나 지명으로 부르고 있다.

중국에는 크고 작은 지석묘가 같이 있는 경우 고수석(姑嫂石)이란 지명으로 남아 있다. 민간에서 대형 탁자식 지석묘를 시어미[姑], 그 아래에 있는 작은 지석묘를 며느리[婦]라고 부른 것이다. 고수석산이라 부른 곳은 장하 백점자, 해성 석목성, 와방점 태자, 수암 흥륭, 장하 대황지 등이 있다. 또 산동성에는 하마석(蝦蟆石)이란 지석묘가 있다. 하마석은 두꺼비

---

23 국립나주문화재연구소, 2012, 『韓國 支石墓』 4(북한 편).

자료 24 | 산동성 치천현 하마석(두꺼비바위)

자료 25 | 나주 만봉리 두꺼비바위 지석묘

바위란 뜻으로, 한국의 민간신앙에서 복을 가져다준다고 두꺼비바위라 부른 지석묘와 같은 의미다. 한국과 중국에서는 지석묘를 복을 비는 민간신앙의 대상물로 삼았던 것이다. 절강성 지석묘 중 기반산에 있는 지석묘를 선인기반암(仙人碁盤巖)이라 부르고 있다.[24] 이 바둑판 모양의 바위에서

---

24 이영문, 1999, 「중국 절강성지역의 지석묘」, 『문화사학』 11~13호.

선인들이 바둑을 두었다는 전설이 남아 있다. 한국에도 선암(仙巖)이나 신선바위와 같이 도교와 관련된 명칭이 많다.

남한 지역 지석묘를 민간에서는 여러 명칭으로 부르고 있다. 논밭 등에 무리 지은 지석묘를 독배기나 바우배기 등으로, 상석이 크고 넓적하면 마당바우·덕석바우·떡바우, 지석묘들이 무리지어 있으면 장기바우·떼엄바우라고도 한다. 민간신앙과 관련되어 칠성바우라 하기도 하며, 형상에 따라서는 거북바우·두꺼비바우·개구리바우·배바우 등으로 불리고, 옛날 장군이 돌을 옮겼다는 전설이 있는 지석묘는 장군바우·왕바우 등으로 불린다. 지석묘와 관련된 지명으로는 배바우[舟巖]·거북바우[龜巖]·칠성바우[七巖, 七星]·돌고개[石峴]·바우고개[巖峙] 등이 잘 알려져 있다.[25]

지석묘 입지와 군집상의 유사성

지석묘는 평지나 구릉, 평지가 내려다보이는 평탄한 산기슭, 양 지역을 넘나드는 고개마루 등 사람들이 활동하는 거의 모든 지역에 분포해 있다.[26] 이와 같은 지석묘의 입지는 대체로 동북아시아의 공통된 특징이다. 하지만 단독 입지와 군집 입지의 경우는 지석묘의 형식과 구조, 석실의 배치 상태 등에서 차이가 있다.

단독 입지의 경우는 규모가 큰 대형 지석묘이며, 1기가 대부분이나 2기[27]도 있다. 주로 구릉상과 산기슭 대지상에 위치하며, 하천과 그 주변의 평지가 내려다보이는 곳에 입지한 것이 특징이다. 남한의 강화 부근리 탁자식 지석묘, 포천 금현리 탁자식 지석묘, 창녕 유리 기반식 지석묘, 북한

---

25 이영문, 2014, 『고인돌, 역사가 되다』, 학연문화사, 38~41쪽
26 예외적으로 인천 강화 고려산 등산로 정상부에 입지한 경우도 있다.
27 2기가 있는 경우는 부여 산직리, 곡성 연반리 전기와 중국 길림 유하 대사탄 지석묘가 대표적이다.

자료 26 | 북한 은율 관산리 지석묘(국립광주박물관 제공)

자료 27 | 중국 개주 석붕산 지석묘

의 은율 관산리 탁자식 지석묘 등이 대표적이다. 중국의 경우는 개주 석붕산, 해성 석목성, 와방점 태자, 장하 대황지 지석묘가 있다. 단독입지한 지석묘의 형식을 보면 중국 동북 지역, 한반도 북부 및 중·서부와 임진강 유역은 모두 대형 탁자식이지만, 중부 이남 지역은 지석 4개를 고인 대형 기반식인 점에서 지역성이 뚜렷하다. 이러한 지석묘는 지연집단(지역공동체)의 상징적인 기념물로 축조된 것으로, 제단이나 제사 관련 유적으로 보고 있다.[28] 개폐가 가능한 대형 탁자식과 기반식 지석묘 중 일부는 시신을 임시로 보관한 가매장(빈소)시설일 가능성도 제시되고 있다.[29]

군집된 지석묘군은 대개 평지와 평탄한 구릉에서 나타나는데, 중국에서는 10여 기 내외지만 한국 남부 지역에서는 수십 기에서 100여 기까지 군집을 이룬 예가 많다. 군집은 석실이 열을 이룬 것과 무질서하게 배치된 것이 있는데, 중국과 한국에서는 두 유형이 모두 보이나 열상(列狀) 배치가 많다. 또한 열상 배치 석실군이 한쪽에 독립되어 대형 지석묘가 1기씩 배치된 예도 중국과 북한, 남한에서 모두 나타나지만 남한의 남부 지역에 특히 많다. 남부 지역에서 보이는 거대한 기반식 지석묘는 석실이 없는 점에서 혈연집단의 묘역을 상징하는 묘표석의 기능으로 보기도 한다.[30]

지석묘 형태와 구조의 다양성

지석묘의 형식은 외형적인 분류와 하부구조상의 분류가 있다. 외형적인 분류는 상석 아래 지석의 유무, 지석과 상석의 형태 등이 분류기준이 된

---

28 중국의 화옥빙(華玉冰)은 박사논문에서 탁자식을 제사석붕(祭祀石棚)과 묘장석붕(墓葬石棚)으로 분류하여 그 성격을 논하고 있다.
29 이영문, 2011, 「호남지역 지석묘의 형식과 구조에 대한 몇 가지 문제」, 『한국청동기학보』 8호.
30 이영문, 2002, 『한국 지석묘사회 연구』, 학연문화사, 222~232쪽.

자료 28 | 한국 진안 모정리 여의곡 지석묘군

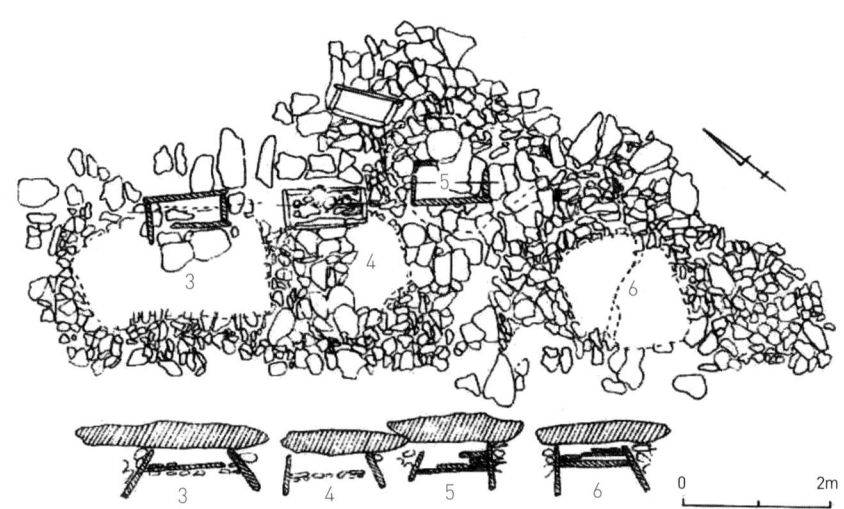

자료 29 | 북한 황주 침촌리 긴동 지석묘군

다. 그러나 각 지역에 따라 성행한 지석묘 형태와 구조가 다르기 때문에 분류방식도 각기 다른 실정이다.

탁자식의 정형은 판석형의 상석(두께 50~60cm 내외)을 잘 다듬어진 판석 4매가 지상에서 받치고 있는 형태다. 이러한 정형은 지석 3매가 상석을 직접 지지하고 있어 안정적이다. 나머지 한쪽은 개폐가 가능한 구조인데 대부분 유실되어 지석 3매만 남아 있는 경우가 많다. 이런 형태는 중국 요령 지역, 북한에서 주로 보인다.[31] 남한에서는 대개 2매의 장벽석만 남아 있는 경우가 많다.

대형 탁자식은 한강 이북에서, 중소형 탁자식은 중국 동북 지역에서 남한 지역에 분포하며 일본에서는 아직 확인되지 않았다. 탁자식도 지역적으로 구조적인 차이가 있는데, 북한에서는 대형 탁자식 석실 안에 칸막이 시설을 한 것이 특징이다. 남한의 탁자식 지석묘는 상석이 1m 내외로 두꺼워져서 기반식과 유사한 상석 형태와 결합된 양상이다. 석실 높이도 1m 내외로 낮아지고, 석실 폭도 50~80cm 내외로 좁아져서 상징적 의미보다는 무덤화되거나 가매장 시설로 활용한 것이다.

기반식 지석묘의 정형은 거대한 상석 아래에 지석 4개를 고인 형태인데, 남한의 호남과 영남 지역에 주로 분포한다. 괴석형 상석에 지석 4개를 고인 것이 보편적이지만 전북 고창과 전남 서북부 지역에서는 입방체형 상석에 기둥 모양의 주형 지석 4개가 고이고 있어 지역성을 보인다. 이런 형식은 석실이 거의 발견되지 않으며, 중국·북한·일본에서는 확인되지 않는다.

---

31 이와 유사한 형태는 규모는 작지만 임진강 유역인 포천 금현리나 자작리에서도 확인된다. 고창 도산리 지석묘는 길이 3.5m, 너비 3.1m, 두께 38cm로 두께가 매우 얇은 판상석의 상석 밑에 2개의 장벽석이 지상에서 1.8m 높이로 고인 형태이나 폭이 매우 좁다. 형태상 유사하지만 지석 2매만 있는 점에서 차이가 있다.

개석식은 한·중 지역에서 모두 공통적으로 보이는 묘실이 있는 지석묘다. 수적으로 다수이며, 부장유물도 이 형식에서 주로 발견된다. 이 형식의 석실구조와 묘역시설도 다양하게 확인된다. 중국에서는 위체형(圍砌型)·개석형(蓋石型)·정석형(頂石型)으로 분류하는데, 위체형은 석곽형과 같은 석실 주위에 적석묘역을 하고 있어 적석묘로 부르며, 혼하(渾河) 상류와 혼강(渾江) 상류 지역에만 분포해 있다. 개석형은 요동 전역에서 확인되며, 대개 석관형 형태의 석실을 하고 있지만 탁자식의 벽석처럼 두꺼운 판석을 이용한 석실이 많다. 정석형은 원형상의 봉토형의 적석부 가운데 비교적 작은 상석이 올려진 것인데, 압록강 상류 지역에서만 확인된다.[32]

북한에서는 침촌형과 묵방형으로 분류한다. 침촌형은 넓은 장방형 형태의 적석묘역 안에 석실이 3~6기 정도 배치된 것으로, 석실은 석관형 석실과 소형 탁자식 석실이 공존하기도 한다. 이 유형은 대동강 유역과 황해 지역에 주로 분포한다. 묵방형은 석곽형 석실의 단벽쪽에 문 시설이 마련된 특이한 유형이다. 이 유형들은 청천강과 대동강 유역 사이에서 주로 발견된다.

한국에서는 석관형·석곽형·혼축형·위석형·토광형으로 석실 형태를 분류한다. 묘역시설은 석축형·적석형·부석형·위석형·주구형 등이 있다. 다양한 형태의 석실과 묘역시설은 주로 남부 지역에서 성행했다.

제주식으로도 불리는 위석식은 10매 내외의 판상석이 상석의 가장자리를 따라 돌려세워진 형식이다. 이런 모양은 앞의 소형 기반식과 유사하지만 지석의 형태에 차이가 있다. 제주 지석묘와 유사한 형태는 중국 절강성 지석묘에서 보인다. 이곳에서는 장대판상석을 장방형으로 세워 석실을 구축한 것이 확인되며, 한쪽에 출입문 시설이 있다. 이런 출입시설은

---

32 華玉冰, 2011,『中國東北地區石棚硏究』, 科學出版社.

제주 지석묘에서도 관찰된다.

이상에서 보면 당시 공통적인 상석을 가진 지석묘들이지만 각 지역별로 다시 세분될 수 있는 형식과 석실 유형, 묘역시설이 확인되고 있어 각 지역 축조집단의 성향이 매우 다름을 알 수 있다. 물론 시기적인 차이도 있을 수 있지만 일정한 지역을 중심으로 한 생활범위 안에 거주하는 종족집단의 성향을 드러내는 현상으로 이해할 수 있다.

지석묘 부장유물의 선호도와 지역성

지석묘에서 출토된 유물은 크게 토기·석기·청동기·옥기(장신구) 이외에 패각제품 등이 있다. 중국 소재 지석묘의 출토품을 보면 토기는 단지형 토기·호형 토기·심발형 토기·제기 등이 있으며, 모두 사립질 태토에 활석가루가 섞인 것이 많다. 이 중 단지형과 호형 토기가 주를 이룬다. 단지형 토기는 경부와 동체 부분의 경계가 확연하고, 팽배된 동체에 경부가 약간 꺾여 있으며 동체에 손잡이(파부)가 달렸다. 손잡이는 동체 중앙이나 약간 위쪽에 있고, 띠 모양과 고리 모양이 있다. 경부와 동체 상단에 새겨진 무늬는 묶음식 줄무늬가 가장 많다. 저부는 평저이지만 굽이 형성된 것도 있다. 대표적인 출토지는 보란점(普蘭店) 쌍방(双房)과 봉성(鳳城) 서산(西山)유적이다. 지역적인 특징을 가진 단지형 토기 중 소위 미송리식 토기는 보란점 쌍방 6호, 본계 신성자, 봉성 동산 7호와 9호, 서산 1호에서 출토되었는데, 모두 개석식 지석묘이다. 청동유물이 공반되기도 한다. 심발형 토기는 기형이 원통형으로, 평저에 이중구연이고, 동체와 구연부의 직경이 거의 같은 것이 특징이다. 이중구연에 사선문이 새겨진 것도 있다. 석기는 석부류가 가장 많고, 방추차·석촉·석도·어망추 등이 있다. 석부류는 다양한데 날의 형태에 따라 양인석부와 단인석부로 나뉘며, 단인석부류에는 자귀·끌·대패날 등이 있다. 석검은 없고, 석촉도 매우 드물어서 한국과는 차이가 많다.

청동기는 무기류·실생활용구·장신구 등 종류가 다양하고, 출토 빈도도 높은 편이다. 길림 지역은 동풍(東豊) 조추구(趙秋溝)에서 청동팔찌, 동풍 보산(寶山) 동산(東山)에서 청동단추, 화전(樺甸) 서황산(西荒山) 동산(東山)에서 청동도자·오르도스식 동검·세형동검·청동검파·청동팔찌·철부가, 반석(磐石) 상둔(上屯) 서산(西山)에서 청동도자, 소달구(騷達溝) 산정대관(山頂大棺)에서 동부와 청동도자, 공주령(公主岭) 후석(猴石)에서 청동팔찌·청동도자·동부 등이 모두 개석식 지석묘에서 부장품으로 발견되었다. 장신구나 생활용구가 주를 이룬 점이 주목된다. 요령 지역은 보란점 쌍방에서 비파형동검과 도끼 주범이, 본계(本溪) 양가촌(梁家村)에서 세형동검·비파형동검(검파두식)·뇌문경 등이, 무순(撫順) 하협심(河夾心)에서 철부가, 신빈(新賓) 왕청문(旺淸門)에서 동병철검·철과·청동종 등이, 환인(桓仁) 대전자(大甸子)에서 세형동검·명도전·철도자 등이 개석식 지석묘에서만 출토되고 있다. 요령과 길림 지역은 청동무기류와 철기 부장에서 차이를 보이지만 군집된 개석식 지석묘에서 출토된다는 공통점이 있다.[33]

북한 지역의 출토유물은 석기·토기·청동기·옥 등 다양하게 나타나지만 지역적 차이가 있다. 토기는 소위 미송리식 토기와 그 변형인 묵방리 토기 또는 조롱박형 토기 등이 있다. 다양한 토기가 출토된 중국 동북 지역에 비해 단순한 편이며, 남한 지역이 적색마연토기와 채문토기로 한정된 것과도 비교된다. 석기도 석검·석촉·석창·석과·환상석부 등 무기류, 석부와 석착 등 공구류, 석도·방추차·어망추 등 생활용구 등 매우 다양하다. 중국 동북 지역이나 남한에 비해 종류도 다양하고, 무기류가 다종다양하다는 점이 특징이다. 석검은 세장한 경부에 홈이 있는 유경유구식 석검이 주를 이루며, 석촉도 삼각만입촉과 이단경촉이 많으나 일단경촉과

---

33 국립나주문화재연구소, 2011, 『中國支石墓』 동북아시아 지석묘 5에 중국 석붕과 대석개묘의 유물이 잘 소개되어 있다.

능형촉도 출토되었다. 또 석검과 여러 점의 석촉이 공반된 경우는 남한 지역 지석묘와 유사점이 있다.[34] 하지만 석과나 석창 같은 무기류와 환상석부 등은 북한 지역에서만 발견된다. 옥류도 관옥과 구슬옥이 출토되나 관옥이 대부분을 차지하며, 곡옥은 매우 드문 편이다. 청동기는 비파형동검, 비파형동모, 세형동검, 청동단추, 청동방울, 동착, 동촉 등 다양한 편이다.[35] 청동장식품과 청동방울, 청동단추 등의 청동기는 중국 동북 지역과 유사점이 있지만 남한 지역에서는 거의 발견되지 않는 청동유물이다.

이에 비해 한국 지석묘에서는 토기·석기·청동기·옥류 등이 주로 출토되는데, 중국에 비해 석기와 옥의 출토 빈도나 종류가 다양하다. 하지만 토기나 청동기는 매우 단순한 편이다. 토기는 소위 미송리식 토기가 북한 지역에서, 적색마연호와 채문토기는 남한에서 출토되는 지역성을 보인다. 청동기는 비파형동검이 대체로 부장유물로 발견되고 있으며, 특히 남해안 지역에서 출토 빈도가 매우 높다. 석기는 석검으로 대표된다고 할 수 있는데, 북한보다는 남한에서 그중 남부 지역에서 빈도가 매우 높은 편이다. 석검의 종류도 이단병식과 일단병식 등 유병식 석검, 장경식과 단경식 등 유경식 석검 등 매우 다양하다. 유경식은 주로 유구경식으로 남한은 단경식이, 북한은 장경식이 주로 발견된다. 유경식 석검의 분포는 북한과 남한의 서해안 지역에서 출토되는 양상이다. 유병식은 남한 지역 지석묘에서 주로 출토되었다. 석촉도 석검과 같이 부장유물로 선호하는 유물인데, 무경식과 유경식이 있으며 형태상 다종다양하게 세분되고 있다. 이 외 석기는 청동기시대 주거지에서 출토되는 모든 생활용구들이 발

---

34 부장풍습에서 청천강 이남 지역에 공유된 양상으로 나타난다. 배진성, 2012, 「청천강 이남지역 분묘의 출현에 대하여」, 『영남고고학보』 60.
35 국립나주문화재연구소, 2012, 『韓國支石墓』 4(북한 편)에 지석묘 출토 유물 도면과 출토유물 목록이 제시되어 있다.

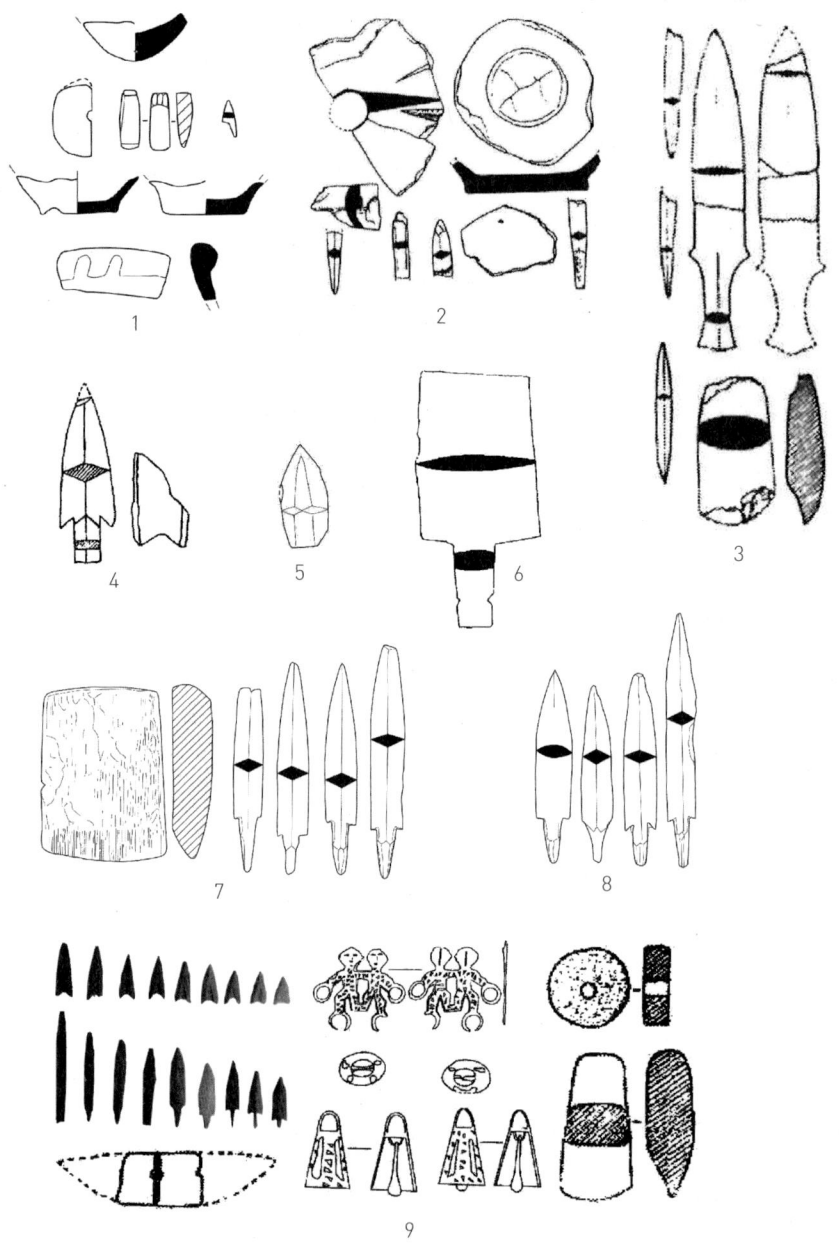

자료 30 | 북한 지석묘 출토 유물
1. 안악 로암리 화평 1호 지석묘 2. 연탄 오덕리 송신동 5호 지석묘 3. 연탄 오덕리 송신동 10호 지석묘
4. 강동 구빈리 창계동 2호 지석묘 5. 성천 거흥리 1호 지석묘 6. 강동 구빈리 창계동 1호 지석묘
7. 용강 석천산 동기슭 10호 지석묘 8. 용강 석천산 동기슭 12호 지석묘 9. 상원 장리 지석동 1호 지석묘

자료 31 | 한국 지석묘 출토 각종 마제석검

견되지만 부장유물이 아닌 지석묘 주변에서 의례용 유물로 출토된다.

　이상에서 본 한국과 중국의 출토유물에서 보이는 차이를 요약하면, 중국은 다양한 청동기와 토기가 출토되지만 석기는 석부류에 한정된 감이 있고, 옥도 그리 많지 않다. 청동기는 비파형동검·세형동검·오르도스식 동검 등 검류와 청동도자 출토 비율이 높고, 이 외 청동팔찌·청동단추·동부·청동병부·명도전·청동종·동경 등 장신구와 생활용구, 의기류로 다양하다. 특히 철제품이 공반된 경우도 있으며, 철검이나 철부 등 철제품이 개석식 지석묘에서 출토된 점에서 늦은 시기까지 지석묘가 축조되었음을 시사한다. 부장풍습에서도 다양한 유물이 부장되는 후장풍습이 일부 확인되며, 토기도 1점이 부장된 경우가 많지만 3점 내외로 부장되는 유구도 적지 않다. 세트 관계에서 토기와 석부류가 함께 부장되는 유구가 많은 점도 특징이다.

　한국은 석검과 석촉으로 대표된다. 부장유물로 석검·동검·토기(적색마연호, 채문토기)가 1점씩 부장되는 것이 일반적이지만 석검과 토기는 2점이 부장되는 경우도 있다. 공반관계를 보면 석검(동검)＋석촉＋토기(적색마연호)가 세트되는 경우가 있는데, 청동기시대 전기에서 중기 전반에 주로 나타난다. 소위 검＋촉＋호라는 세트관계는 시기가 내려오면서 단독으로 부장되거나 2종이 조합 부장되기도 한다. 조합상은 석검+석촉, 석검+호형토기, 석촉+호형토기가 있으며, 비파형동검은 주로 옥(관옥, 곡옥)과 세트되어 있다. 한국 지석묘 유물 출토는 중국과 북한에 비해 부장유물과 부장양상에서 매우 발전된 양상이다.

탁자식 문화권과 기반식 문화권의 설정

중국 동북 지방과 한반도는 지석묘라는 공통점에서 하나의 문화권으로 설정할 수 있지만 형태와 부장유물을 기준으로 하여 좀 더 세분된 문화권으로 나누어 살펴볼 수 있다. 지석묘의 외형은 축조집단의 상징적 의미를 내포하고 있다고 생각하며, 부장유물은 축조집단의 문화와 내세관이 반영된다고 보기 때문이다. 일정 영역을 바탕으로 한 지연집단들이 공동체 사회를 구성하면서 공동체의식을 돈독히 하는 상징적 기념물로 입지의 우월성이나 규모의 웅장함을 가진 대형 지석묘를 축조했다고 볼 수 있다.

지석묘를 대표하는 탁자식과 기반식으로 문화권을 대별해보자. 초대형 지석묘는 북쪽에서 탁자식과 남쪽에서 기반식 지석묘가 입지적 유사성에서 동일한 기능을 가진 지석묘였을 것으로 생각된다. 이러한 대형 지석묘는 대부분 1기만 단독으로 축조되었다. 또 한곳에 밀집된 경우는 없고, 일정한 거리를 두고 있다.

먼저 탁자식 지석묘 문화권이다. 초대형 규모의 지석묘는 요령 지역과 북한 대동강 유역에서만 확인되고 있다. 그 이남 지역에서는 입지가 유사하지만 규모가 작은 점에서 차이가 난다.[36] 이 지역은 탁자식 지석묘로 대표되며, 무덤으로 사용된 경우도 탁자식 지석묘가 대부분을 차지한다. 이

---

36 남한 중부 지역인 강화 부근리나 임진강 유역인 포천 자작리와 금현리 지석묘도 이에 포함될 수 있을 것이다. 규모는 작지만 보령 주교리 탁자식 지석묘도 거의 같은 기능적 역할을 했다고 생각된다.

자료 32 | 산기슭 대지 입지 대형 탁자식 지석묘(중국 해성 석목성)

자료 33 | 고개마루 입지 대형 기반식 지석묘(전남 곡성 금반리)

를 통해 한강 유역을 포함한 북한과 중국 동북 지역을 하나의 탁자식 문화권으로 설정할 수 있다. 넓게 보자면 경기 지역과 충남 보령 지역까지 포함할 수 있지만 보령 지역은 대형 기반식이 존재하여 양 문화권의 점이지대에 속한다고 할 수 있다. 그 이남에서도 탁자식이 서해안을 따라 전남 해남까지 분포하지만 단독 입지는 거의 없고, 석실이 낮아진 탁자식 지석묘가 군집을 이루거나 군집 안에 1기만 공존된 양상이다. 한강 이북에서 초대형 탁자식 지석묘의 기능을 남한 지역에서는 거대한 기반식 지석묘가 대신하고 있다.

다음으로 대형 기반식 지석묘 문화권이다. 대형 기반식 지석묘도 대형 탁자식 지석묘의 입지와 유사하며, 주변을 관망하거나 주변에서 관찰되는 입지다. 이 지석묘는 기본적으로 4개의 지석이 받치고 있으며, 석실이 없다는 특징이 있다. 대표적으로 부여 산직리와 창녕 유리 지석묘, 곡성 금반리 등이 있으며, 전북 고창과 전남 지역 곳곳에 분포한다. 이 외 경북, 경남 등 영남 지역에도 비교적 많이 있다. 지리적으로 태안반도에서 낙동강 유역을 잇는 이남 지역에 국한되어 있다.

이와 같이 한강 유역을 경계로 북쪽인 북한과 중국 동북 지역을 포함한 지역을 탁자식 지석묘 문화권으로, 한강 이남인 호서·호남·영남 지역을 기반식 지석묘 문화권으로 크게 설정할 수 있다.

이 문화권 안에서 지역에 따라 무덤의 형태와 구조에서 차이가 있고, 부장유물의 양상에서 좀더 세분된 소문화권을 설정할 수 있다. 부장유물로 본 한국 지석묘의 문화권은 관옥이 전 지역에서 부장유물로 출토되며, 또한 석검과 석촉이 공반된 점에서 하나의 큰 문화권이라 할 수 있다. 석검으로 보면 탁자식 문화권과 유경식 석검 출토지역이, 기반식 문화권과 유병식 석검 분포지역과 대체로 일치한다. 세부 형식에서 보면 지역적 차이가 있다. 유경식 석검은 서해안 지역을 따라 주로 발견되지만 세장한 경부를 가진 북한과 달리 남한의 유경식 석검은 넓고 짧은 경부 양쪽에 홈이 있는 형식이다. 이단병식 석검 중 유절병식은 경남 남해안에서 낙동강 유역에 집중되어 있고, 유단병식은 남한 전역으로 그 범위가 더 넓게 나타난다. 일단병식 석검도 유절병식이 남한 전역에서 출토되는 반면에 유단병식은 보성강 유역과 여수·고흥반도에 집중되어 있다. 비파형동검은 여수반도를 중심으로 한 남해안 지역에 집중되어 있고, 부여와 대전 등 금강 유역과 춘천을 중심으로 한 북한강 유역으로 대별된다. 이처럼 지역에 따라 부장유물이 차이를 보임에 따라 이를 다시 소문화권으로 설정할 수 있을 것이다.[37]

지석묘 사회의 영역권과 생활권

지석묘 사회의 영역권은 지석묘의 밀집분포권과 대형 지석묘의 거리를 산정해 추론해볼 수 있다. 밀집분포권을 형성한다는 것은 지역공동체가 하나의 영역권을 형성했던 것으로 볼 수 있다. 전남 지역의 지석묘 분포를 분석한 연구에 따르면 밀집분포권들 간의 거리는 30~40km, 밀집분포권 안의 3~6개 소밀집군은 6~10km의 거리를 두고 있어 하나의 영역권 안에 여러 종족집단의 생활권이 존재했다.[38] 초대형 탁자식 지석묘 간의 거리를 당시 하나의 영역권으로 보는 연구도 있다. 중국 동북 지역은 30~40km와 60~70km로, 북한 지역은 30km와 60km 내외로 초대형 탁자식 지석묘가 분포해 있다.[39] 이로 보아 지석묘 사회의 집단 간의 영역권은 30~40km로 볼 수 있을 것이다. 60km의 거리는 모두 강과 산맥을 사이에 두고 있기 때문에 하나의 영역권으로 보기에는 무리가 있다.

또한 여수반도 지석묘 중 30기 이상의 대군집된 곳을 분석한 것을 보면

---

37 이재언, 2016, 「한반도 남부지역 청동기시대 부장풍습 연구」, 『한국청동기학보』 19호.
38 이영문, 2002, 『한국 지석묘사회 연구』, 학연문화사, 307~311쪽.
39 김석현, 2015, 『동북아시아 대형 지석묘의 성격』, 목포대학교 석사학위논문.

자료 34 | 중국 요동반도 초대형 탁자식 지석묘 분포(김석현, 2015)

자료 35 | 북한 초대형 탁자식 지석묘 분포(김석현, 2015)

적게는 2~3km, 많게는 5~10km의 거리를 두고 있다.[40] 중국 부도하(浮渡河)·복주하(復州河) 유역권 지석묘 간 거리를 분석한 연구를 보면 강안 지석묘 간 거리는 대체로 10~12km, 강안을 사이에 두고 대체로 7km 거리를 두고 있는 점에서 대형 탁자식 지석묘를 기준점으로 반경 5~6km 범위로 설정할 수 있을 것으로 보았다.[41] 이러한 분석은 동 시기에 지석묘를 축조한 집단의 존재가 전제되어야 하지만, 이 또한 의미있는 분석으로 당시의 영역권과 생활권을 추론하는 데 참고가 된다. 왜냐하면 지석묘 축조집단의 무덤군으로 상정할 때 시기

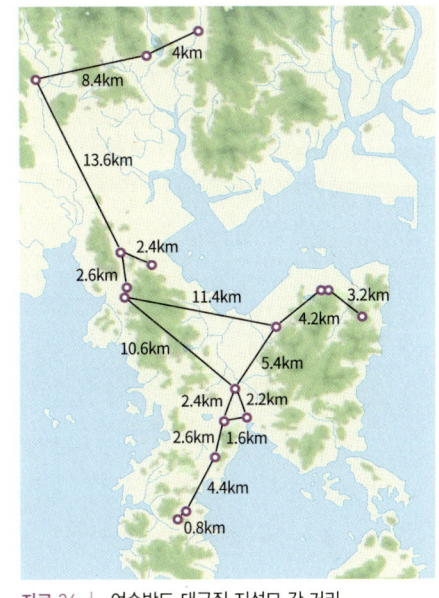

자료 36 | 여수반도 대군집 지석묘 간 거리 (최성훈, 2015)

적으로 우세집단이 변화할 수 있지만 같은 영역권에서는 크게 벗어나지 않았을 것으로 보이기 때문이다.

동북아시아 지석묘 문화의 공통성과 지역성

세계적으로 거석을 이용한 건조물은 보편적이고 공통적으로 나타난 거석숭배 현상이다. 이런 점에서 동북아시아는 하나의 거석문화권에 속한

---

40 최성훈, 2015, 「전남 동남부지역 지석묘사회 변천과정」, 『한국청동기학보』 17호.
41 오강원, 2011, 「요동 남부 부도하 유역권의 형성과 대형 지석묘군 출현의 사회경제적 배경」, 『고고학탐구』 10.

다고 할 수 있다. 중국과 한국의 지석묘 명칭이나 지명, 지석묘의 형태와 관련된 전설 등은 각 나라나 지역에 따라 여러 명칭으로 부르고, 민간신앙의 대상물이란 점에서 공통점이 있다. 지석묘의 입지와 분포상, 지석묘 축조집단의 영역권 등은 큰 차이가 없다. 하지만 지석묘 형태와 구조, 출토유물에서는 다양성과 지역성이 뚜렷하게 나타난다.

지석묘의 입지는, 대형 지석묘의 경우 구릉 정상부나 산기슭 높은 대지상에 단독 입지하며, 군집의 경우는 강변의 충적대지상에서 하천과 평행하게 배치된 것이 한국과 중국의 공통적인 특징이다. 형식과 구조에서는, 개석식 지석묘의 경우 중국과 한국의 지역적 차이를 여실히 보여준다. 다양하게 분류한 중국의 개석형 지석묘는 전역에서 발견되지만, 위체형 지석묘는 혼하 상류와 혼강 상류에서, 정석형은 압록강 상류 지역에서 주로 발견되어 지역적 차이가 있다. 북한에서도 침촌형 지석묘는 대동강 유역과 황해도 지역에서, 묵방형 지석묘는 대동강과 청천강 사이에서 확인되고 있어 이도 지역성이 반영되어 있다. 남한 지역에서 탁자식 지석묘는 서해안을 따라 전남 영암과 해남까지 분포해 있지만, 탁자식만 군집된 곳은 거의 없고 대형 기반식이나 개석식 지석묘 군집 안에 1기 정도가 공존하고 있는 양상이다. 특히 남해안 지역의 지석묘에서는 거대한 묘역시설과 소단위 묘역이 연접되거나 단독 묘역을 갖춘 것이 특징이라 할 수 있다. 이와 같이 형식과 구조에서 지역적으로 차이가 있는 것은 각 지역의 종족집단들이 그들만의 상징물로서 무덤 형식을 다르게 축조했다고 생각된다. 장례풍습이나 무덤 유형은 종족집단을 드러내는 표지 자료이기 때문이다.

출토유물에서도 중국·북한·남한 지역의 공통점과 상이점을 엿볼 수 있다. 이들 지역의 공통점은 비파형동검 등 무기류와 장신구, 부장토기를 부장유물로 선호한 점에서는 같지만 유물의 종류에서는 차이가 있다. 중국과 북한은 다양한 청동기가 있지만 청동거울과 철검·철부 등 철기유물은 중국에서만 발견되었다. 남한은 비파형동검이 주를 이루며, 간혹 비파형동모, 청동검파두식 등으로 한정된 점에서 중국이나 북한과는 차이가 있다. 토기는 지역성이 뚜렷하다. 중국은 다양하지만 단지형과 호형토기가, 북한은 중국과 유사한 미송리식 토기와 묵방리식 토기가, 남한에서는 적색마연호와 채문토기가 부장유물로 사용되어 지역 간 차이를 엿볼 수 있다.

석기의 경우도 중국 소재의 지석묘에서는 다양한 석부가 출토되지만 석검이나 석촉은 매우 드문 편이다. 북한은 석검과 석촉이 부장되지만 많지 않다. 석검은 유경유구식으로 매우 단순한 형태만 나타나고, 석촉은 삼각만입촉과 이단경촉이 많은 편이다. 석과나 석창, 환상석부는 북한 지석묘에서만 나타난다. 이에 비해 남한에서는 다양한 형태의 석검과 석촉이 대표적인 부장유물이며, 중국과 북한에 비해 부장유물과 부장양상이 정형화된 모습으로 발전된 모습이다.

중국 동북 지역과 한국의 지석묘는 탁자식이나 기반식, 개석식 같은 지석묘 유형으로 보아 지역적인 형식 분포 차이가 있을지라도 하나의 문화권으로 엮을 수 있다. 좀 더 세분하면 요동반도와 북한, 남한의 중부 지역은 탁자식 지석묘 문화권으로, 충남 서해안 지역인 보령 지역에서 경북 동해안 지역을 잇는 그 이남 지역은 기반식 지석묘 문화권으로 설정할 수 있을 것이다.

지석묘의 밀집분포지역과 초대형 지석묘 간의 거리 분석은 지역공동체의 영역권과 생활권을 추론하는 데 유용한 자료다. 초대형 지석묘 간의 거리를 분석해보면, 지석묘사회의 지역공동체를 형성한 종족집단 간의 영역권은 30km 내외로 볼 수 있다. 지석묘 밀집분포권 안의 3~6개의 소밀집군 간에는 6~10km의 거리를 두고 있으며, 대군집 간의 거리는 짧게는 2~3km, 많게는 5~10km의 거리를 두고 있다. 이 거리는 생활권의 범위로 설정할 수 있지 않을까 한다. 이러한 분석은 아직 추론에 불

과하지만 각 종족집단 간의 영역권이나 생활권을 상정할 수 있는 근거가 된다.[42]

이상에서 본 중국 동북 지역과 한국은 지석묘라는 하나의 거석문화권 설정이 가능하고, 지석묘의 하부구조와 출토유물 등 부장풍습에서 보면 더 세분할 수 있다. 즉 일정한 지역을 중심으로 한 지석묘 축조집단 안에서도 여러 종족집단이 형성되어 있었다고 할 수 있는 것이다. 이들이 문헌에 어떻게 혹은 어떤 명칭이나 이름으로 기록되었는지에 대해서는 연구가 더 필요하다.

---

42 이 범위는 오늘날 행정구역으로 보면 군과 면 단위에 해당하는 범위와 대체로 일치한다.

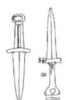

동검을 통해 본 산동과 한반도 및 주변 지역 간의 교류

한국과 중국 동검의 상호 전래

고대 한국과 중국 간의 본격적인 교류에 대해서는 한대(漢代)에 기록된 중국 측 문헌을 통해서 비로소 확인되지만 사람과 물자의 이동이 이루어진 구체적인 방식과 그 경로에 대한 정보는 거의 없다시피 하다. 더군다나 한대 이전의 교류에 대해서는 문헌에 소략하게 기록되어 있으므로 많은 부분을 고고학 자료에 의존하여 논의할 수밖에 없다. 동원할 수 있는 자료도 많지 않은데, 한 군현 이전 한국에서 확인되는 중국계 유물, 그리고 중국에서 발견된 한국계 유물로서 공통되는 기종은 청동제단검이 거의 유일무이하다.

동검은 사람을 죽이는 데 사용한 무기이면서 위압을 가하는 데 활용한 상징적인 위세품이다. 이를 제작하는 장인의 공방은 실력자나 정치조직의 관리와 후원을 받아 운영되었을 것이다. 병사들에게 공급할 무기를 다량 생산하거나 정교하게 제작된 고도의 위세품일 경우 더욱 그랬을 것으로 이해된다.

또한 동검의 형식은 일정 기간 일정 집단에 소속된 장인에 의해서 완성된다. 동검의 날이 직선 혹은 곡선인지, 등대가 있는지 없는지, 검자루와 검몸의 합주(合鑄) 혹은 별주(別鑄) 어느 것을 선택하느냐에 따라 형식이 달라진다. 그것은 단순히 모양 자체로 그치는 것이 아니라, 사용방법의 차이를 반영한다. 그러한 이유로 중국 동북 지역과 한반도에서 등대가 있는 비파형·세형의 별주식 동검, 내몽골과 연산(燕山) 지역에서는 등대가 없는 직인(直刃)의 동물문에 편병(偏柄)의 합주식 동검, 산동(山東)·절강(浙江)·강소성(江蘇省)에서는 등대가 없는 직인 통형병(筒形柄) 혹은 원주병(圓柱柄) 동검이라는 서로 다른 형식의 동검이 제작, 보급되는 것이다.

그동안 필자를 비롯한 한국 고고학 연구자들은 이러한 동검과 관련해서 논의했지만, 중국 동북 지역에서 한반도로 이어지는 내륙의 지리적 공간에서 그 확산과정을 설명하는 데 그쳤다. 중국 동부 해안과 한반도 서해안 간에 황해 해로를 거친 전이(傳移)과정에 대해서는 충분하게 설명하지 않았다.

후자와 관련한 연구내용을 살펴보면, 한반도 출토 동주식(東周式) 동검과 하북·산동 지역 출토 비파형·세형 동검의 사례를 토대로 구체적인 시기와 이를 제작하고 사용·매납한 주인공에 대해서 각기 달리 설명하고 있다. 이러한 이견은 고고학 자료가 제공하는 정보가 매우 제한적인데서 비롯했으므로, 각 의견에 대해서 그 논리적 근거가 적절한지 또는 다른 관점에서 설명할 수는 없는지 충분히 검토할 필요가 있다.

이를 위해서는 중원 지역의 관련 고고학적 연구성과는 물론 역사적 정황에 대해 충분하게 숙지할 필요가 있다. 이에 대해서는 향후의 과제로 남겨두기로 한다. 대신 일차적으로 가능한 중국 동부 및 동북부와 한반도에 걸치는 공간적 범위에서 양 지역 간에 동검을 통해서 확인할 수 있는 상호교류의 경향성을 살펴보기로 한다.

비파형·세형 동검의 하북·산동 지역으로의 전이

중국 동북 지역과 한반도에서 제작, 보급되는 비파형·세형 동검은 기본적으로 검몸의 중앙에 주척(柱脊) 혹은 등대를 갖춘 것이 특징이다. 중국의 동검 중에도 등대가 있는 사례가 있고 그것들이 이와 관련이 있다는 주장도 제기된 바 있지만,[1] 대부분은 등대가 없어서 차이가 분명하다. 등대가 연장되는 검경(劍莖) 혹은 슴베에 별도의 자루를 장착하게 되어 있으며, 그 자루는 대부분 목제다. 청동으로 제작된 별도의 자루를 장착한 사례도 중국 요서 지역을 중심으로 요동과 한반도 여러 지점에서 출토되었다. 예외적으로 검몸과 자루가 함께 주조되는 사례도 전하는데, 비파형·세형 동검 분포권에서 서북부 주변 지역인 내몽골과 흑룡강성, 동남부 주변 지역인 일본 서부 지역에서 출토된다.

이러한 중국 동북·한반도계 동검은 기원전 1000년기를 중심으로 그 전후에 걸쳐 있는데 시공간적으로 일정한 변화를 보여주는 속성이 검날의 평면 형태. 이 속성을 형식 분류의 일차 기준으로 제시하는 관점이 다수이며, 합주된 검자루의 형태를 표지로 하여 설명하는 중국의 동검과 차이가 난다. 초기에는 봉부(鋒部) 혹은 검 끝에서 일정 길이를 내려와 곡선을 크게 그리며 돌출된 돌기를 만들고, 후기에 이르면 돌기와 곡선이 약화되고 직선을 그리는데, 일반적으로 전자를 비파형, 후자를 세형으로 구분하는 것이다.

비파형동검의 경우, 돌기에 이르기까지의 봉부가 3분의 1 미만이면서 검신(劍身) 하부의 날이 크게 둥근 곡선을 그리는 요양(遼陽) 이도하자식(二道河子式)은 요동 지역, 봉부의 길이가 그 이상에서 2분의 1에 이르며 검

---

1 김정렬, 2016, 「동주식동검의 기원과 발전」, 『숭실사학』 34집, 379~411쪽.

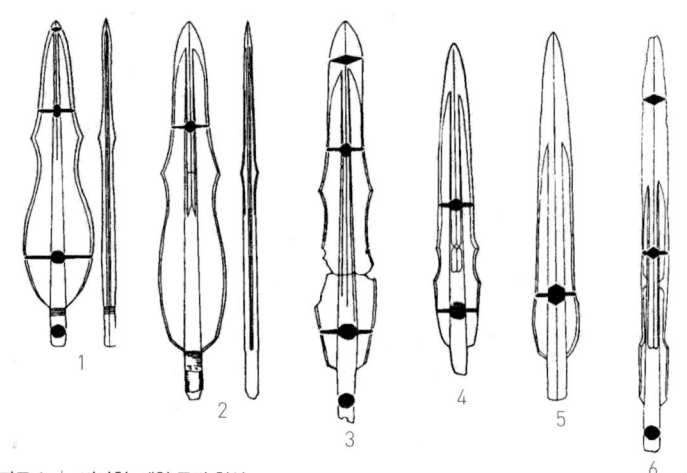

자료 1 | 비파형·세형 동검 형식
1. 이도하자식 2. 십이대영자식 3. 정가와자식 4. 괴정동식 5. 윤가촌식 6. 상보촌식

신 하부의 날이 다소 완만한 조양(朝陽) 십이대영자식(十二台營子式)은 요서 지역에 집중된다. 검날의 곡선이 완만하고 장과 폭의 비가 줄어드는 것이 심양(瀋陽) 정가와자식(鄭家窪子式)으로 중국 동북 지역과 한반도에 두루 분포하는 경향을 보인다.[2]

비파형에서 세형으로 이행하는 과정은 점진적으로 이루어질 뿐만 아니라, 지역별로 각기 다른 형태를 보여준다. 돌기 아래의 검몸 하부가 여전히 곡선을 이루는 건창(建昌) 동대장자식(東大杖子式),[3] 돌기 아래가 살짝 결입(抉入)되다가 직선을 이루는 대전 괴정동식(槐亭洞式), 결입되지 않고 팽창된 상태로 직선을 이루는 본계(本溪) 상보촌식(上堡村式), 아예 검신 전체가 직선을 이루는 대련(對連) 윤가촌식(尹家村式) 등으로 나뉜다. 이 형

---

2 이청규, 2005, 「청동기를 통해 본 고조선과 주변사회」, 『북방사논총』 6호, 고구려연구재단, 7~58쪽.

3 이후석, 2016, 「윤가촌유형의 변천과 성격」, 『중앙고고연구』 19, 중앙문화재연구원, 1~32쪽.

식들은 집중분포지가 각기 다르며, 대체로 동대장자식은 요서 지역, 괴정동식은 한반도, 상보촌식은 길림 지역, 윤가촌식은 요동반도 남단에 집중된다.

하북 북부 지역

비파형동검은 원래의 분포지역을 벗어나 중국 하북성 북부에서 출토되는 사례가 간헐적으로 확인된다. 모두 정확한 발굴조사를 거친 것은 아니지만 지금까지 보고된 자료를 보면 7점이 있다. 대부분 검자루를 별도로 장착하는 별주식이지만, 일부는 합주식으로 검병 끝에 동물형 또는 쌍원형(雙圓形) 검파두식(劍把頭式)이 연접되어 있다.

우선 전형적인 별주식의 사례로 승덕(承德)에서 출토된 것으로 전하는 동검 2점이 있다.[4] 1점은 비파형 검몸에 전체 길이 26.3cm, 다른 한 점은 봉부가 결실된 잔존길이 20cm로, 전체 길이와 검 폭의 차이가 있지만 둘 다 십이대영자식에 속한다. 다음 청룡(靑龍)에서 출토된 동검 1점이 있는데, 봉부가 결실되어 남은 길이가 27.8cm로, 역시 전형적인 십이대영자식에 속한다.[5] 승덕과 청룡에서 출토한 별주식 비파형동검은 직접 관찰하지 않아 판단하기 어려우나 출토유물의 수가 적을

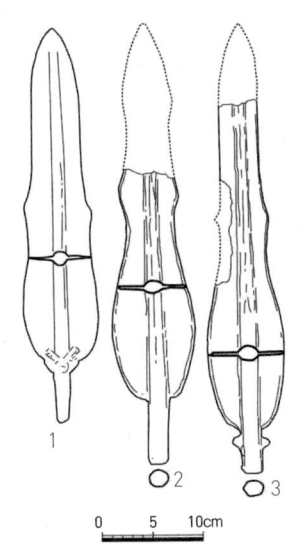

자료 2 | 하북 출토 별주식 비파형동검
1·2. 승덕 3. 청룡

---

4 鄭紹宗, 1975, 「河北省發現的靑銅短劍」, 『考古』 1975-4, 226~227, 248쪽.
5 鄭紹宗, 1975, 「河北省發現的靑銅短劍」, 『考古』 1975-4, 226~227, 248쪽.

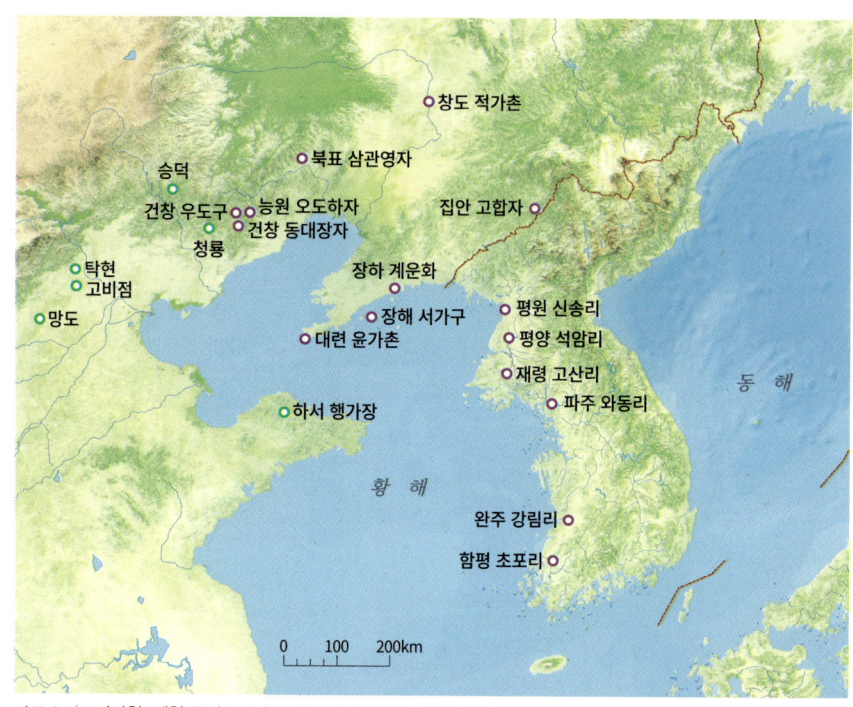

자료 3 | 비파형·세형 동검(○)과 동주식 동검(○)의 주요 출토 위치

뿐만 아니라 전형적인 속성을 갖춘 것으로 보아 현지에서 제작되었다고 보기 어렵다.

   그러한 추정이 맞는다고 하면 각각의 제작지 후보에 대해서 대체로 3개의 지역권으로 구분하여 설명할 수 있다. 첫째로는 대릉하(大陵河) 중·상류를 중심으로 조양 십이대영자를 지표로 한 십이대영자문화권, 둘째로는 요하 상류를 중심으로 하는 하가점상층(夏家店上層)문화권으로서 내몽골 소흑석구(小黑石溝)와 남산근(南山根)을 대표로 하는 권역, 그다음 발해만 건너 요동 지역의 여순(旅順) 강상(崗上) 유적을 대표로 하는 강상 유형의 분포권을 제시할 수 있다. 거리로 볼 때 그중에서 청룡 출토 사례는 요령성 건창을 통해서 십이대영자 문화권, 승덕 출토 사례는 영성을 중심으로 한 하가점상층문화권에서 유입되었을 가능성이 높다.

검자루가 함께 주조된 합주식 비파형동검으로 융하(隆河) 풍령의 사례가 있는데, 남은 길이 31.3cm로 검신에 돌기가 없는 변형 비파형이다. 검병에 두 줄의 파상문이 있고, 쌍원형 검파두식이 연접되어 있다. 같은 융하의 하전자(下甸子)무덤의 사례는 길이 40.2cm로, 검병 끝에 등 뒤로 머리를 돌린 호랑이 반신상이 장식되어 있다. 역시 전형에 가까운 비파형 검신, 두 줄의 파상문이 장식된 판상형(板狀形) 검병을 갖추고 있다.[6]

융하 삼도영(三道營) 낙타량(駱駝梁) 2호묘의 사례는 길이 41.8cm로 비파형 검신에 등대가 검격(劍格)으로 연장된 모양이며, 검병에 파상문이 있고 쌍원문의 검파두식이 연접되어 있다. 낙타량 8호묘의 사례는 길이 36.3cm로 비파형 검신에 검격이 있고 등대가 경계 없이 검격에 연결되어 있다. 판상 검병에 두 줄의 연속 삼각무늬가 장식되고 검 끝에 고개 숙인 곰의 전신상이 연접되어 있다.[7]

대릉하 동쪽의 요서와 요동, 그리고 한반도에서 출토되는 전형적인 비파형동검은 대부분 별주형이므로, 이러한 동물 장식 검자루가 합주된 비파형동검과 대조된다. 이러한 융하 출토 합주식 동검의 동물 장식 검병은 인접한 하북성 군도산(軍都山)을 중심으로 한 옥황묘(玉皇廟) 문화권에서 흔하게 발견되는 전형적인 오르도스식 북방 동검의 특징을 보여준다. 그러나 검신이 비파형인 사례는 북방식동검 문화권에서는 확인되지 않으며, 더 멀리 떨어진 하가점상층문화에 속하는 남산근과 소흑석구 무덤을 비롯한 다수의 유적에서만 발견된다.

---

6 鄭紹宗, 1984, 「中國北方靑銅短劍的分期及形制硏究」, 『文物』 1984-2, 37~49쪽; 町田章, 2006, 「中國古代の銅劍」, 『奈良文化財硏究所學報』 75, 奈良文化財硏究所, 107~108쪽.

7 鄭紹宗, 1984, 「中國北方靑銅短劍的分期及形制硏究」, 『文物』 1984-2, 37~49쪽; 町田章, 2006, 「中國古代の銅劍」, 『奈良文化財硏究所學報』 75, 奈良文化財硏究所, 107~108쪽.

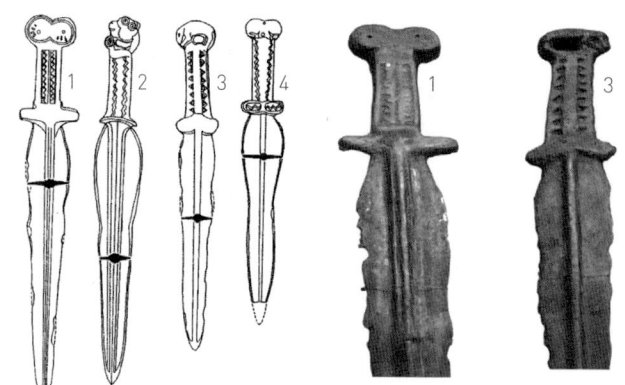

자료 4 | 하북 출토 합주식 비파형동검(정전장 도면과 이청규 사진)
1. 융하 낙타량 2호묘 2. 융하 하전자 3. 융하 낙타량 8호묘 4. 풍령

양날의 돌기가 뚜렷하지 않아 전형적인 사례와 차이가 나는 것은 사용하면서 마모·훼손되거나 재가공되었기 때문일 수도 있다. 그러나 제작 당시 그대로일 수밖에 없는 등대가 원형에 비해 왜소하여, 비파형동검에 속하지만 전형적인 형태와 다른 이유는 중심분포권역에서 멀리 떨어진 지점에서 제작되었기 때문일 것으로 판단된다.

드문 사례이지만 같은 융하 지역에 전형적인 공병식(銎柄式) 동검이 출토된 사실로 보아[8] 하가점상층문화권의 장인이나 주민집단이 현지로 이동하여 제작, 공급했을 가능성을 전혀 배제할 수 없다.

하북 남부 지역

하북성 남부로 더 내려가 북경 남쪽에 위치한 탁현(涿縣), 신성(新城) 고비점(高碑店), 그리고 망도(望都)에서 세형동검이 발견되었는데, 구체적인 출

---

8 王爲群, 2008, 「河北隆化縣發現的兩處山戎墓群」, 『文物春秋』 2008-3, 19~22쪽.

토 상황은 보고되지 않는다. 대부분 봉부가 유난히 긴 형식으로서 탁현 1점, 고비점 2점은 검신 하단이 다소 팽창하면서 곡선을 그리는 동대장자식에 해당된다. 잔존길이가 각각 28cm, 27.8cm, 총길이가 33.4cm다. 망도 출토 1점은 검신 하부가 일부 곡선을 그리지만 보다 직인화되었으며, 신성 고비점 1점은 전형적인 윤가촌식으로 길이가 28.2cm이다.[9]

산동 지역에서는 비파형 혹은 세형에 속한다고 주장되는 동검으로 2점, 그에 유사한 사례가 몇 점 있다. 첫 번째는 산동 서하(栖霞) 행가장(杏家莊) 2호묘에서 출토되었다. 춘추 말 전국 초로 추정되고 있는 병기(兵器)와 차마구 등의 청동기가 다량 부장되었으며, 동검은 목관 내 주인공 상반부 우측에 부장되었다. 잔존길이 25.8cm로 굵은 등대가 뚜렷하고 검신 하부가 만곡한 선을 그리는데, 대체로 정가와자식 혹은 동대장자식에 속한다.[10] 산동 일조시(日照市)에서 출토된 것으로 전하는 또 다른 세형동검이 있는데, 길이 44.6cm로 비교적 긴 편이다. 양쪽 검날이 직선화된 폭 좁은 윤가촌식이다.

이 밖에도 산동 지역에서는 요동·한반도 출토 세형동검과 유사한 형식의 동검으로서 신태(新泰) 주가장(周家莊) 13호, 창락 악가하(岳家河) 107호, 서하 금산(金山) 출토의 주척식 동검이 보고된 바 있다.[11] 그러나 이들 동검은 슴베가 등대와 막바로 이어지지 않는 점에서 행가장이나 일조에서 출토된 사례와 큰 차이가 있다. 경부(莖部) 단면이 굵지 않고 편평하며 등대의 폭이 좁아 중원에서 발달한 주척식 유경(有莖) 동검의 속성을 보인다. 따라서 이들 동검이 중국 동북 지역·한반도에서 제작되었을 가능성

---

9 鄭紹宗, 1975, 「河北省發現的靑銅短劍」, 『考古』 1975-4, 226~227, 248쪽.
10 王靑, 2007, 「山東發現的其把東北系靑銅短劍及相關問題」, 『考古』 2007-8; 烟台市文物管理委員會·栖霞縣文物管理處, 1992, 「山東栖霞縣占疃鄕杏家莊戰國墓淸里簡報」, 『考古』 1992-1, 11~21, 31쪽.
11 王靑, 2007, 「山東發現的其把東北系靑銅短劍及相關問題」, 『考古』 2007-8; 烟台市文物管理委員會·栖霞縣文物管理處, 1992, 「山東栖霞縣占疃鄕杏家莊戰國墓淸里簡報」, 『考古』 1992-1, 11~21, 31쪽.

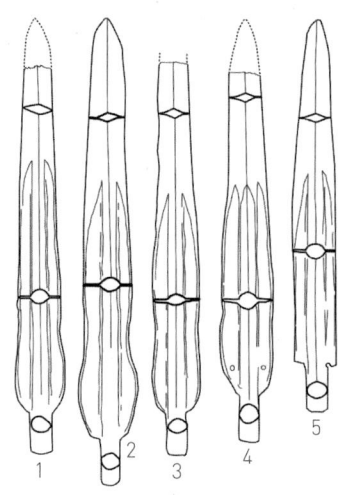
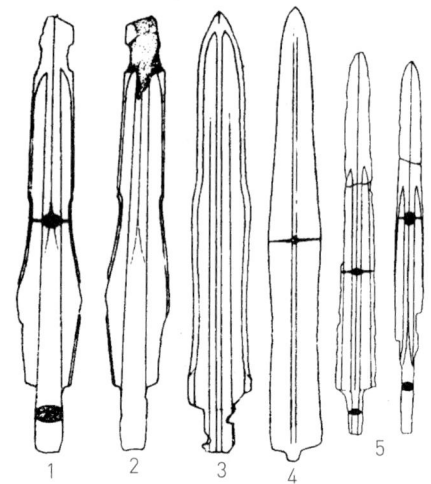

자료 5 | 하북 출토 세형동검(왕청 도면)
1. 탁현 2·3·5. 고비점 4. 망도

자료 6 | 산동 출토 세형동검과 유경식 동검(왕청 도면)
1. 행가장 2호 2. 행가장 3호 3. 악가하 4. 금산 5. 일조

은 희박하다고 추정된다.

이러한 하북성 중부와 산동 지역에서 발견되는 말기 비파형 혹은 세형 동검은 하북 북부 출토 비파형동검과 구분된다. 그 지역이 같은 형식의 동검문화권, 즉 하가점상층문화 혹은 십이대영자문화의 주변 권역에 속하지 않을 뿐만 아니라, 그 경계 지역에서도 크게 벗어난다. 동검 형식으로 보아 연대는 기원전 4세기 이후일 가능성이 높으며, 각각 하북 남부는 연(燕)의 왕도 연하도(燕下都)를 중심으로 한 연하도문화,[12] 산동 북부는 제(齊)의 문화 권역에 속한다고 이해된다. 다른 문화권에 유물이 본격적으로 전이된 사례로서 그 과정 혹은 방식에도 일정한 차이가 있다.

---

12 배진영, 2009, 『고대 북경과 연문화 – 연문화의 형성과 전개를 중심으로』, 한국학술정보(주), 246~316쪽; 裵炫俊, 2016, 『東周時期燕文化的擴張與東北地區文化的變遷』, 北京大學博士研究生學位論文.

하북 남부 연하도문화권의 경우, 실제로 거리상 가장 근접한 요서 지역 혹은 내몽골 지역의 비파형·세형 동검 문화권에서 육로로 전이되었다고 설명하는 관점이 타당하다고 하겠다. 그중에서도 건창 동대장자유적의 사례로 대표되는 동대장자유형의 권역이 그 가능성이 높은 후보지일 수 있다. 그러나 앞서 지적했다시피 고비점, 망도, 일조 등의 동검은 윤가촌식에 속하거나 근접한 것으로 요동과 서북한 지역에서 다수 출토되었다.[13] 대련 윤가촌이나 와룡천(臥龍泉), 그리고 황해 고산리 등지의 사례가 해당된다. 따라서 육로라 하더라도 요동에서 요서를 거쳐 이들 지역에 이르렀을 가능성을 배제 할 수 없다.

산동 행가장 사례에 대해서도 요서 지역의 동검이 하북성을 거쳐 육로로 전이되었다는 주장이 제기된 바 있다.[14] 그러한 추론이 타당하려면 우선 동 제작 산지가 요서 지역이어야 하고, 요서 집단과 연 세력간에 모종의 상호작용이 이루어져야 한다. 더 나아가 다시 연과 제 사이에 이 동검을 매개로 한 교류과정이 있어야 될 뿐만 아니라, 또다시 제의 중앙에서 외래계 유물을 취하는 복잡하고 어려운 과정을 거쳐야 하는 셈이 된다.

비슷한 형식의 동검은 금주(錦州) 사아보(寺兒堡) 등 요서 지역에도 있지만, 장하(庄河) 상마석(上馬石) 등의 사례처럼 요동 남부 지역에서도 더 많은 숫자가 확인된다. 또한 동 지점이 산동 지역에 근접하므로 앞서 제시한 육로 이외에 묘도(廟島)열도를 거치는 요동반도·산동반도 경로를 통해서 전이되었을 가능성도 있다.[15]

---

13 이후석, 2016, 「윤가촌유형의 변천과 성격」, 『중앙고고연구』 19, 중앙문화재연구원, 1~32쪽.

14 오강원, 2001, 「춘추말 동이계 래족 목곽묘 출토 비파형동검」, 『한국고대사연구』 23, 한국고대사학회, 199~228쪽.

15 白雲翔, 2013, 「한국의 완주 상림리에서 일본 후쿠오카 평원촌까지 – 중국 고대 청동장인의 동도노선 –」, 『동아문화』 15, 동아세아문화재연구원, 409~435쪽; 박준형, 2006, 「고조선의 해상교역로와 래이」, 『북방사논총』 10, 159~194쪽.

이 경로가 기원전 2000년기부터, 즉 신석기시대 후기부터 이미 적극적으로 활용되었다는 사실은 요남(遼南) 지역에서 발견되는 산동 혹은 교동(膠東)반도의 용산(龍山)문화와 악석(岳石)문화 토기들을 통해서 이미 잘 알려져 있다.[16] 수가 많지는 않지만 묘도열도 남부 혹은 산동반도 북부에도 요동 남부의 신석기시대 토기가 전한다. 따라서 동검을 제작한 시점보다 훨씬 이전부터 오랫동안 지속적으로 요동반도·산동반도의 해로를 양 지역 주민들이 숙지하고 왕래했다고 생각된다.

또한 기원전 1000년기 전반 비파형동검 단계에도 요동 지역에서 확인되는 선형동부의 실물과 용범이 묘도열도에 속하는 장도(長島) 왕구촌(王溝村)유적에서 출토된 사례도 있다. 그러므로 이 경로를 통한 사람의 왕래와 물자유통이 기원전 1000년기 전반 이전에 활성화되어 있었음이 분명하다.[17] 따라서 행가장 출토 동검 또한 묘도열도를 통해서 요동반도에서 전이되었을 가능성이 낮지 않다.

이처럼 관계적 지리를 고려할 때 묘도열도와 요동반도를 거쳐 한반도 서해안으로 오는 경로로, 요동의 동검이 해상을 통해 이동되었을 가능성도 있다. 이 동검은 일반인이 보편적으로 희망하는 가치재일 수는 없으므로 전형적·상설적인 교역과정을 거친 것이 아니다. 아울러 정연한 모양을 갖추지 못했을 뿐만 아니라, 장식성이 강한 부속금구가 전하고 있지 않기 때문에 당초부터 최고 엘리트를 위한 위세품이라고 보기도 어렵다.

---

16 이청규, 2016, 『해상활동의 고고학적 기원과 전개』, 경인문화사.
17 박준형, 2013, 「산동지역과 요동지역의 문화교류: 산동지역에서 새로 발견된 선형동부를 중심으로」, 『한국상고사학보』 79, 39~68쪽.

동주식 동검의 요서 지역으로의 전이

중국 동해안, 즉 하북성·산동성·강소성·절강성을 중심으로 하여 기원전 1000년기에 걸쳐 제작, 보급된 동검은 자루가 별도로 장착된 별주 유경식, 자루를 함께 주조한 합주 유병식(有柄式)으로 분류할 수 있다.[18] 합주 유병식은 다시 병부의 형태에 따라 밋밋한 원통형인 통형병식, 이중 돌대(箍)를 갖춘 원주병식으로 분류한다. 또한 검신에 등대가 있는 형식을 주척(柱脊)식, 없는 형식을 무주척식으로 세분하는데, 전자의 사례는 대체로 유경식에 많다.

이러한 중국의 동검은 앞에서 설명한 중국 동북·한반도의 비파형·세형 동검과 제작 및 형태면에서 크게 다르다. 등대가 있는 주척유경식이라 하더라도 비파형·세형 동검은 등대가 연장되어 자루를 결박하는 슴베 기능을 하지만, 중국의 사례는 경부 혹은 슴베가 납작해서 검몸의 주척과 구분된다.

각 형식의 동검을 구체적으로 살펴보면, 우선 유경식 동검[임수진(林壽晉)의 I식]은 검몸을 보면 주척을 갖추거나, 단면이 편평한 것, 그리고 납작한 마름모꼴을 한 것 등 다양하다. 대부분 검몸과 검경의 경계에 검격이 없으며, 있는 경우는 거의 일자형이다. 검자루 끝[劍首] 장식은 딸리지 않았다. 하북·하남·산동·산서에서 주로 출토되지만 호남·호북·강소 등 강남에서도 출토되는데, 춘추 중기 이전 것은 많지 않고 대부분 춘추 후기에서 전국 중기에 속한다.

통형병식 동검(임수진의 II식)의 경우 검몸 역시 등대를 갖추거나 단면

18　林壽晉, 1962, 「東周式銅劍初論」, 『考古學報』 1962-2, 75-76쪽; 町田章, 2006, 「中國古代の銅劍」, 『奈良文化財硏究所學報』 75, 奈良文化財硏究所; 김정렬, 2015, 「동주식동검의 기원과 발전」, 『숭실사학』 34집, 379~411쪽.

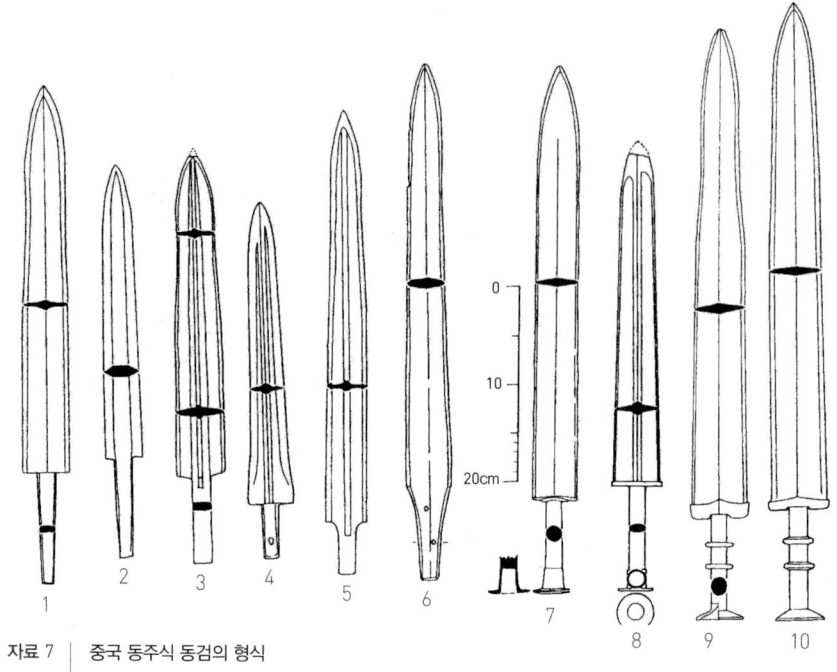

자료 7 | 중국 동주식 동검의 형식
1·2·3·4·5·6. 유경식 7·8. 통형병식 9·10. 유절병식

이 편평한 것, 마름모꼴인 것이 모두 있으며, 검격(劍格)은 상당수가 일자형(一字形)이다. 원반형의 검수가 대부분 딸려 있는데, 대체로 그 기원에 대한 의견이 강남 혹은 중원 지역으로 엇갈린다. 하북·산동 등의 화북과 강소·절강의 중국 동해안은 물론, 내륙의 하남·산서·안휘·호북 지역에서도 두루 발견된다. 춘추시대로 거슬러 올라가는 사례는 거의 없으며, 대부분 전국시대 이후 것으로 추정된다. 원주병식 동검 상당수는 손잡이에 마디가 있는 유절병식(有節柄式) 동검으로서 검자루의 기본 형태는 통형병식과 유사하다. 그러나 검몸과 검병 사이의 검격은 얇은 일자형도 있지만 상당수가 두터운 요자형(凹字形)이라는 점에서 차이가 난다.

  검경이 요자형과 일자형, 그리고 전자는 다시 장식을 덧붙인 형식과 없는 형식으로 구분하여 각각 소유자의 지위 혹은 위세와 관련해 달리 설명하기도 한다.[19] 대체로 그 기원은 중원의 주척검에서 찾을 수 있겠지만 춘추시대 말기 오 혹은 월 지역인 강소·절강 지역에서 발전하여 제의 산동이나 중원의 하남 등지로 파급되었다고 이해된다.

요서 지역에서 동주식 동검이 출토된 유적은 대체로 대릉하 상류와 그 주변에 위치한다. 그중에서 우선 북쪽에 치우친 능원(凌原) 오도하자(五道河子)의 사례를 살펴보면[20] 총 11기의 무덤 중에서 1·2·4·8·9호 5기의 무덤에서 10점의 동검이 확인되었다. 8호에는 3짐의 동검, 다른 무덤에는 1점 혹은 2점이 부장되어 있었는데, 그중 통형병식은 2점으로 모두 4호 무덤에서 출토되었다. 길이 42~45cm로 검몸 단면이 납작 마름모꼴로 일자형의 가는 격에, 속이 빈 원통형 손잡이 모양을 갖추었으며, 검수는 확인되지 않았다.

단면 납작 마름모꼴의 검몸에 검격이 없는 유경무척식의 사례로는 1호에서 출토된 길이 27cm의 동검, 8호에서 출토된 잔존길이 30cm의 동검이 있다. 검몸에 폭 좁은 등대가 있는 유경주척식의 사례로는 2호 무덤에서 출토된 잔존길이 22cm의 동검, 8호 무덤에서 출토된 잔존길이 24.3cm의 동검이 있다. 얇은 일자형 검격에 환수(環首)가 달린 변형 통형병식에 속하는 것으로는, 검몸이 납작한 마름모꼴인 길이 29.2cm의 1호묘 사례, 검몸에 가는 등대를 갖춘 길이 28cm의 9호묘 사례가 있는데, 9호 무덤에는 제대로 보고되지 않은 2점의 사례가 더 있다.

오도하자 사례는 동검 등 청동기가 거의 출토되지 않아 상호 차이가 나지만, 북방계 요소가 많은 비슷한 시기의 내몽골 정구자(井溝子)무덤유적의 사례와 통한다고 볼 수 있다. 중원계 요소를 갖추었을 뿐만 아니라, 동

---

19 町田章, 2006, 「中國古代の銅劍」, 『奈良文化財研究所學報』 75, 奈良文化財研究所.
20 遼寧省文物考古研究所, 1989, 「遼寧凌源縣五道河子戰國墓發掘簡報」, 『文物』 1989-2, 52~61쪽.

검 자체의 비중이 더욱 높다는 점에서는 오히려 연산산맥 주변에 위치한 옥황묘문화의 유적과 더욱 가깝다. 특히 오도하자의 원주식동검은 중원계이면서도 변형된 형태가 옥황묘유적의 사례와 같아서 주목된다. 옥황묘문화는 같은 시기에 더 남쪽의 중원계 연하도문화와 병립하고 그 요소를 받아들이면서 북방계 특징을 보이는 문화로 이해되고 있다. 그러한 옥황묘문화를 담당한 주민이 이주하여 오도하자유적을 남겼다고 할 수 있다.

오도하자유적 남쪽에서 약간 떨어진 건창 동대장자에서는 40여 기의 무덤이 발굴조사되었다.[21] 오도하자유적과 달리 10여 기의 무덤에서 말기 비파형동검과 초기 세형동검이 같이 부장되어 있으며, 동주식 동검이 출토되는 사례는 5호 1기의 무덤만 확인된다. 봉부가 예리한 직인검으로 횡단면이 납작 마름모꼴의 검몸을 갖추고 검몸의 능선이 슴베까지 연장되는 변형 유경식에 속한다.

동대장자에서 멀지 않은 건창 우도구(于道溝)에서는 총 11기의 무덤이 조사되었는데, 그중 가장 많은 부장품을 낸 1호묘에서 1점의 동주식 동검이 1점의 세형동검과 함께 출토되었다.[22] 전체 길이 42.9cm로서 납작한 마름모꼴 단면의 직인검에 검격은 얇은 직선형이며, 환수 장식이 없는 통형병식 동검이다.

이처럼 요서 지역에서 발견되는 동주식 동검이 기본적으로 연산 이남의 이른바 연하도문화 권역에서 유입되었음은 지리적 정황으로 보아 당연하다고 하겠다. 오도하자의 경우 더 많은 동주식 동검이 무덤에 공반되어 있지만, 비파형·세형 동검 등 재지계 무기가 확인되지 않는 것과 달리

---

21 이후석, 2016, 「동대장자유형의 계층분화와 그 의미」, 『한국상고사학보』 94, 5~36쪽.
22 遼寧省文物考古硏究所·胡蘆島市博物館·建昌縣文管所, 2006, 「遼寧建昌于道溝戰國墓地調査發掘簡報」, 『遼寧省博物館館刊』 1, 27~37쪽.

건창 동대장자와 우도구의 무덤에서
는 재지계인 말기 비파형 혹은 초기
세형 동검이 부장되었으며, 중원식
동검은 상대적으로 드물게 보인다.
그러나 이들 유적에서는 오도하자에
없는 중원계 청동예기와 마구가 다량
출토된다. 유적별로 무덤 주인공의
신분과 출자뿐만 아니라 전이에서 부
장에 이르기까지의 과정에서 차이를
보여준다.

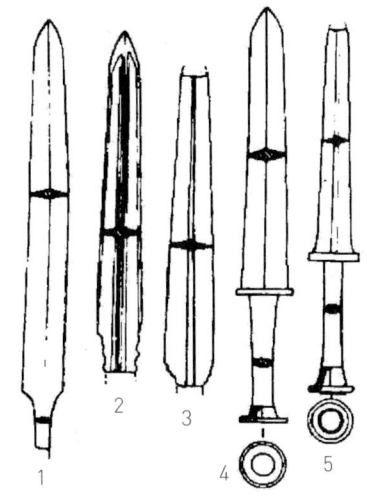

자료 8 | 능원 오도하자 출토 동주식 동검
1·2. 오도하자 8호 3. 오도하자 2호
4. 오도하자 1호 5. 오도하자 9호

앞서 언급했듯이 동대장자와 우도
구의 사례는 중원계 청동기의 비중
이 많음에도 불구하고 말기 비파형과
초기 세형동검 등의 재지계 유물을 모두 갖추고 있어 앞선 시기의 십이대
영자문화의 전통을 이어받았다고 주장되기도 한다. 그러나 십이대영자문
화의 전통을 강하게 계승하는 것은 중원계 유물이 거의 없다시피 한 요동
지역의 심양 정가와자무덤이다. 동대장자유형에는 상대적으로 연하도문
화의 중원계 요소가 더욱 많다.

그렇지만 오도하자유형의 경우 중원계 유물의 수가 적을 뿐만 아니라
북방계 혹은 재지계 유물이 다수 공반되고 있으므로 연산 이남 하북의 중
원계 집단에 속하는 세력이 이주한 산물로 볼 수는 없다. 장인집단을 현
지에 유치하여 제작시켰고 보기에는 출토 수량도 적은 편이어서, 기록에
전하지 않는 소규모 무력적 충돌과정에서 전리품으로 획득했거나 소수의
사람이 육로로 왕래하여 증여했을 가능성이 더욱 높다.

이와는 달리 동대장자유형에는 다른 중원계 연하도문화의 청동기유물
이 다량 출토된다. 상대적으로 건창 동대장자의 다수 지배층 무덤에서는

하북성 지역에서 드물게 확인되는 등대가 있는 말기 비파형 혹은 초기 세형 동검이 부장되지만 연의 청동기가 공반되는 양상을 보여준다.

동검 자체의 수는 적지만, 각종 청동예기와 동과, 마구가 공반되는 사례가 오도하자유형과 다르다. 오히려 동대장자유형 자체는 무덤과 토기, 동검 등에서만 일부 현지 고유 계통이 확인되고, 중원 연의 형식이 더 많다. 이와 같은 연하도

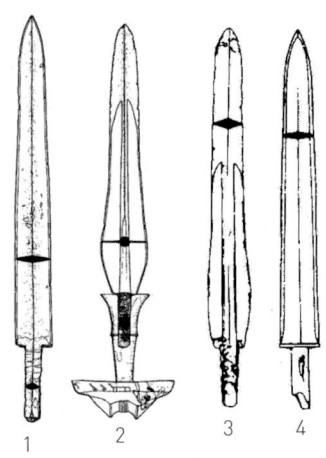

자료 9 | 동대장자유형의 동주식 동검과 세형동검
1·2. 동대장자 5호 3·4. 우도구 90-1호

유물갖춤새의 전폭적인 전이는 소수 사람에 의하거나 일시적인 사건을 통해 이루어진 것이 아니다. 앞선 단계와 달리 하북 지역에서 요서 지역으로의 위세품 유입이 체계적이고 전면적으로 이루어졌다고 판단된다.

연하도문화권에 속하는 유적으로 동대장자유형의 권역에서 가까운 북경 동북 지역에 위치한 천서(阡西) 대흑정(大黑町) 무덤 등이 있다.[23] 거리상으로 보아 연하도문화 요소는 이 지역에서 요령의 서부 지역으로 이어지는 육로로 전이되었을 가능성이 높다. 그러나 전이된 토기, 청동기 등이 유물갖춤새 수준이어서 단순히 대리인이 물자로 유통시켰거나 소수의 장인이 이주하여 제작한 것으로 보기 어렵다. 이러한 모습은 한반도 서북한 지역의 무덤유적에서 일부 세형동검 등 재지계 청동유물과 함께 상당수 한식계 유물이 부장된 사례와 비교된다.

---

23 이후석, 2016, 「동대장자유형의 계층분화와 그 의미」, 『한국상고사학보』 94, 5~36쪽.

동대장자와 오도하자유형의 사례는 다음에 볼 한반도 세형동검문화권역에 동주식 동검이 유입된 양상과는 근본적인 차이가 있다. 무엇보다 전이된 동검에 유경식과 통형병식이 섞여 있는 점은 유절(有節) 원주병식이 대부분인 한반도 사례와 다르다. 전자가 하북의 연 지역, 후자가 산동반도 이남의 제·오·월 지역에 분포하는 상황과 대체로 맞물리므로, 서로 각기 다른 지역에서 유입되었다고 할 수 있다. 또한 요서 지역의 경우 동검 이외에 동과와 청동제기 등 이미 다른 기종의 중원계 유물이 다량 확인되는 것과 달리, 한반도의 경우 일부 예외가 있지만 대부분 동 형식의 동검만이 전이되는 차별성을 보여준다.

동주식 동검의 요동·한반도로의 전이

요하 가까운 서쪽에 위치한 북표(北票) 삼관영자(三官營子)에서 주민이 채집한 동검은 편평한 검몸에 격(格)이 없는 유경식으로 경부 끝에 구멍이 있다. 전체 길이 32.6cm, 경부 길이 9.5cm, 검폭 4cm으로 "연왕직(燕王職)" 명문이 있어 주목되는데 연왕은 소왕(昭王, 기원전 311~279년)을 가리키는 것으로 알려진다.[24]

이 밖에 요동 지역에서는 명문이 새겨져 있어 조(趙)의 제작품이 분명한 동검 2점이 전한다. 장하 계운화(桂云花)에서 수습된 동검은 길이 28.4cm, 폭 3.12cm의 유경식으로 검몸 한 면에 2행으로 "四年 相邦春平侯 邦左庫 工師岳身 冶匋瀝執齊"가, 다른 면에 "大攻尹趙閒"이라는 글씨가 새겨

---

24 楊鐵男, 1993, 「對燕王職劍的初步考證」.

자료 10 | 요령 출토 명문 동주식 동검
1. 북표 연왕직명 동검
2·3. 조의 동검(2. 장하 3. 집안)

져 있다.²⁵ 또 다른 조나라 동검은 길림 집안(集安) 고합자(高合子)에서 발견되었는데, 전체 길이 30.2cm, 폭 2~3cm, 경부 길이 7.2cm의 유경식이다. 검몸 양면에 명문이 있는데, 정면에 "十(七)年 相邦陽安君 邦右庫 工師○朝 冶吏疱○劑", 뒷면에 "大攻看○○"이 새겨져 있다.²⁶

요동 지역에서 동주식 동검이 출토된 사례를 살피면, 요동반도 끝의 대련 윤가촌에서 윤가촌식 동검과 함께 출토된 길이 32cm의 유절병 원주식 동검이 있다. 검몸 횡단면이 납작한 마름모꼴이고, 검자루 끝에 원반형이 달려 한반도 출토 동주식 동검과 유사하다.

요남 해안의 장해(長海) 서가구(徐家溝) 석곽묘에서는 윤가촌식의 1점 세형동검과 함께 5점의 동주식 동검이 출토되었다고 전한다.²⁷ 그중 실측도가 보고된 사례는 길이 45cm로 횡단면 마름모꼴의 검몸에 두툼한 검격, 이중 돌기의 원주병식 동검으로 원판상의 검자루 장식이 달려 있다.

요동 북부에 위치한 창도(昌圖) 적가촌(翟家村) 무덤에서는 상보촌식 동검과 함께 2점의 동주식 동검이 출토되었다.²⁸ 그중 1점은 길이 40cm로, 검몸 횡단면 마름모꼴, 요자형 검격, 원주형 2절병, 원판형의 검끝 장식을

---

25 旅順博物館報 導組, 1973, 「旅大地區發現趙國銅劍」, 『考古』 1973-6.
26 張雪岩, 1982, 「吉林集安縣發現趙國青銅短劍」, 『考古』 1982-6.
27 許明綱, 1993, 「大連市近年來發現青銅短劍及相關的新資料」, 『遼海文物學刊』 1993-1, 8~13쪽.
28 李矛利, 1993, 「昌圖發縣青銅短劍墓」, 『遼海文物學刊』 1993-1, 16~18쪽.

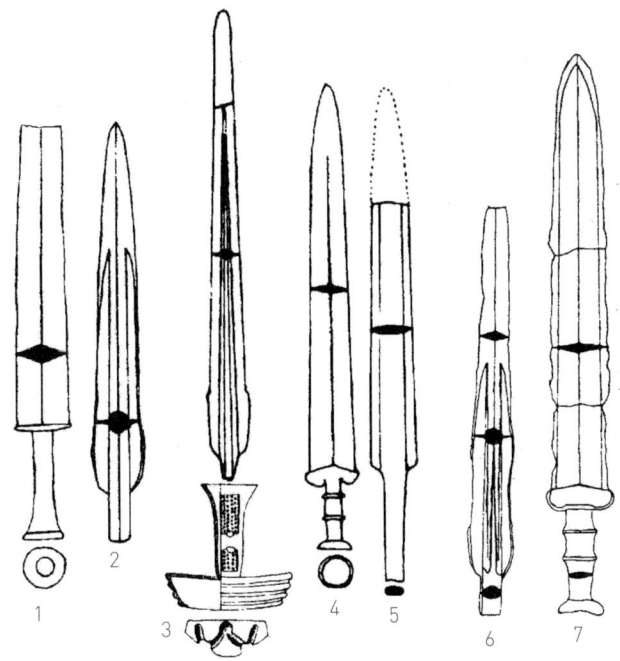

자료 11 │ 요동 출토 동주식 동검(1·4·5·7)과 세형동검(2·3·6)
1·2. 대련 윤가촌 3·4·5. 창도 적가촌 6·7. 장해 서가구

갖춘 동주식 동검의 전형적인 사례다. 다른 1점은 검몸의 횡단면이 편평한 것으로 봉부가 훼손된 유경식 동검이다.

현재까지 서북한 지역에서 토착계 청동기가 출토되지 않은 예는 발견되지 않았지만, 대체로 무덤으로 추정되는 평양 석암리(石巖里)유적에서 유절병식 동검 1점이 진(秦)의 동과 1점과 세트를 이루어 출토된 사실이 전한다. 백동질의 전장 54cm로 날이 예리하고 손잡이의 마무리가 깔끔하게 처리된 상태다. 금동제 일산살대 끝이 장착된 상태로 전하는데, 무덤에 부장되었을 당시에도 그러했는지 확실하지 않다. 동반된 진과(秦戈)도 백동질의 예리한 날을 유지하고 있으며, 긴 내(內)에는 "二十五季上郡守○造 高奴工師竈 丞申工(曳)(薪)○"이라는 명문이 새겨져 있었다. 이 동과의 명문

에 근거한 추정 연대는 기원전 270년 혹은 기원전 222년이다.²⁹

평남 순안(順安)에서 출토되었다고 전하는 동검도 유적이 명확하지 않은데 길이가 69.8cm로 긴 편에 속한다. 날이 예리하고 마무리가 잘 되었을 뿐만 아니라 검격에 동물 얼굴 무늬가 장식되어서 상급품에 속하는 것으로 추정된다.³⁰

요동 지역의 경우처럼 서북한 지역에서 세형동검과 함께 출토된 사례로 황해도 재령군 고산리(孤山里)와 평남 평원군 신송리(新松里)유적이 있다. 전자에서는 결입부가 없는 고산리식 세형동검과 그에 부속된 T자형 검병, 동부 1점이 공반되었다. 동주식 동검은 유절병식으로 검신 상부 대부분이 멸실되었으며, 병부 아래쪽으로 탕구(湯口) 흔적이 선명하고, 주조흔이 남아 있다. 출토 상황으로 보아 토광묘의 부장품일 가능성이 높다.³¹

평남 신송리의 경우도 출토 상황으로 미루어 무덤의 부장품으로 추정되는데, 고산리 사례와 마찬가지로 고산리식 세형동검에 T자형 검병이 동반된다. 발견되는 동주식 동검은 모두 6점으로 유절 원주병식에 속하며 주조 상태가 좋지 않고 가공 흔적도 없는 것으로

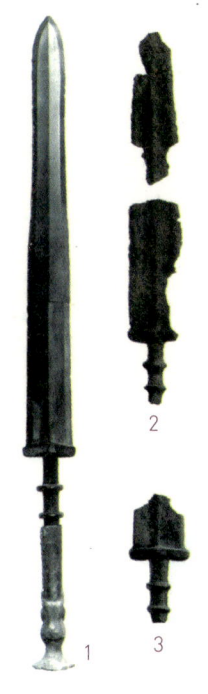

자료 12 | **한반도 출토 동주식 동검**
1. 평양 석암리
2. 함평 초포리
3. 파주 와동리

---

29 梅元末治·藤田亮策, 1947, 『朝鮮古文化綜鑒(第一卷)』, 養德社.
30 국립전주박물관, 2015, 『완주 상림리 청동검』.
31 황기덕, 1974, 「최근에 새로 알려진 비파형단검과 좁은놋단검 관계의 유적유물」, 『고고학자료집』 4, 사회과학출판사, 157~164쪽.

보고되었다.³²

이 밖에 서북한에서 출토되었다고 전하는 동주식 동검은 평남 출토 45.8cm 길이의 유절병식, 대동강변 출토 43cm 길이의 유경식 동검 등이 있다.³³ 동검 실물은 아니지만 동주식 동검의 용범 조각이 해방 전에 평양 부근에서 발견되었다는 사례가 전한다. 봉부 끝부분만 남아 있으며, 중국 현지에서 출토된 것과는 달리 석제용범인데, 한반도에서 중국 동검이 제작되었음을 알려주는 귀중한 사례다.³⁴

남한에서 정식 조사를 통해서 확인된 사례로 매납유구와 무덤이 있다. 그중 매납 구덩이에서 출토한 대표적인 사례로 완주 상림리 동검 일괄 유물이 전한다.³⁵ 구릉에서 동서로 수평을 유지하며 지표 아래 60cm에서 총 26점이 발견된 것으로 보고되었다. 이들 동검은 모두 유절병식이면서 길이도 비슷하여 44~47cm 내에 속한다. 세부적으로 살펴보면 병부의 절병(節柄) 크기, 인부 형태·길이 등이 모두 달라서 각각 별개의 용범에서 주조된 것으로 추정되며, 무게는 274g에서 498g까지 있어 거의 2배의 차이가 나는 사례가 섞여 있다. 주조 상태는 일부는 좋지만 대부분 중급품이면서 실제로 사용한 증거가 거의 확인되지 않는다.

무덤의 사례인 함평(咸平) 초포리(草浦里) 적석목관묘에서는 다수의 세형 동검과 세문경, 청동방울 등과 함께 유절 원주병식 동검 파편 1점이 공반되었다. 이미 훼손된 상태에서 수습조사를 한 것이어서 확실하지 않지

---

32 송순탁, 1993, 「우리나라에서 좁은놋단검의 형성과정에 대하여(1)」, 『조선고고연구』 93-2, 사회과학출판사, 32~37쪽.

33 송순탁, 1993, 「우리나라에서 좁은놋단검의 형성과정에 대하여(1)」, 『조선고고연구』 93-2, 사회과학출판사, 32~37쪽.

34 송순탁, 1993, 「우리나라에서 좁은놋단검의 형성과정에 대하여(1)」, 『조선고고연구』 93-2, 사회과학출판사, 32~37쪽.

35 전영래, 1976, 「완주 상림리출토 중국식동검에 관하여」, 『전북유적조사보고』 6.

만 무덤 바닥에 부장되지 않고 관 외부 충진토에서 출토된 것으로 추정된다. 두께가 얇을 뿐만 아니라 검신과 병부 사이 검격과 병부의 이중 절대가 윤곽이 뚜렷하지 않아 품질이 낮은 편에 속한다.[36]

이 밖에 경기도 파주 와동리(瓦洞里)에서 백제 전기 유물과 함께 퇴적된 상태로 유절병식 동검 파편이 1점 출토되었다.[37] 충청남도 해미(海美)에서 출토되었다고 전하는 유절병식 동검은 이형동령(異形銅鈴)과 공반했다고 보고되었으나 확인하기 어렵다.

이러한 요동·한반도 동주식 동검의 사례를 설명하기 위해서는 기본적으로 정리·구분해야 할 사항이 몇 가지 있다. 우선 동검을 제작기법 혹은 품질에 따라 세 가지 종류로 분류할 수 있다. 첫째는 평남 대동강면 석암리 출토 진25년명 동과 공반 동검 사례에서 보듯이 비교적 날이 예리하고 손잡이의 이중 돌대 마무리가 깔끔하여 A급으로 분류된다. 두 번째는 완주 상림리 출토 사례에서 보듯이 날이 예리하지 못하고 손잡이 이중돌대 마무리가 깔끔하지 않은 B급이 있다. 세 번째는 함평 초포리 출토 사례에서 보듯이 전반적으로 거칠고 이중돌대의 형태가 분명하지 않은 C급이 있다. 이러한 분류가 피상적인 관찰에 근거하여 문제가 있지만, 제작·유통되는 정황을 보다 구체적으로 논의하기 위해서는 필요하다.

대체적으로 동검 품질의 차별화 현상은 기술력을 갖춘 장인의 확보, 금속 원자재의 공급, 이를 지원하는 실력 있는 권력자 혹은 지원 조직의 존재 여부가 각기 다르기 때문에 발생한 것으로 추정된다. A급은 일정 수준의 장인과 공방시설, 재료 공급이 좋은 여건에서 제작되었으며, B급은 다소 떨어지는 조건을 갖춘 시스템, C급은 더욱 열악한 여건의 공방 시스템

---

36 이건무·서성훈, 1988, 『함평초포리유적』, 국립광주박물관.
37 경기문화재연구원, 2011, 『파주 와동리 III 유적』.

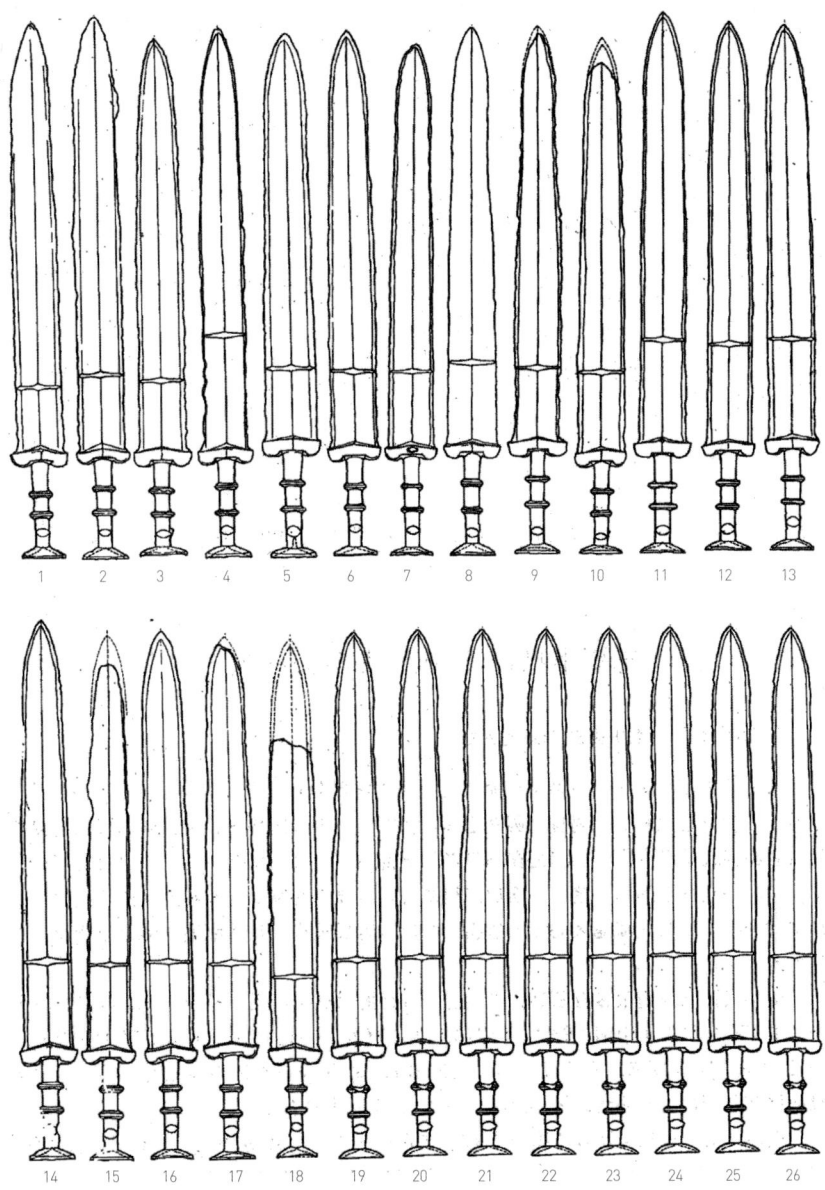

자료 13 | 전북 완주 상림리 출토 동주식 동검(전영래 도면)

에서 제작된 것으로 이해된다.

각각의 사례와 관련하여 제품의 생산지와 소비지, 그 유통과정에 대해서 가설 수준에서 설명한다면, 우선 생산지에 대해서는 A급의 경우 같은 형식의 동검이 밀집분포한 중국 현지, C급은 같은 형식의 동검에 익숙하지 않은 한반도일 가능성이 높다. 그 중간 B급의 경우는 여러 연구자들 간에 중국 현지 혹은 한반도 어디인지 각기 다른 의견이 제시되고 있는데, 후자라 할지라도 중국 현지 장인이 이동하여 제작했다고 본다.

동검과 동검 제작 장인이 이동하는 방식을 살펴보면 첫 번째로 한·중양 지역 간에 확립된 유통관리시스템에 의해 물자만 이동하는 경우다. 교역을 전문적으로 담당한 사람이 아니거나 일정 지역의 사람이 반드시 다른 지역으로 건너가지 않는다 하더라도 가능하다. 두 번째는 실물 대신 기술자의 이동이다. 제작기술 보유와 공방시설의 설치는 단순 모방만으로는 어려우므로 충분하게 숙련된 기술자의 존재를 전제로 한다. 세 번째는 앞서 여러 방식으로 전달 혹은 제작된 동검을 다시 모방하여 제작하는 경우다. 이러한 전이과정은 엘리트나 정치체가 수행한 군사·정치적 지배 등의 상호작용, 혹은 환란을 피하기 위한 피난이나 망명 등 여러 방식에 의해 이루어진다.

다음은 이들 동검 실물 혹은 대리인이 전이되는 교통로에 대해 논의가 필요하다. 중국 하북 지역과 요서, 내몽골 간의 교류는 육상로로 이루어졌겠지만, 요동·한반도와 산동반도 이남을 연결하는 경로를 살필 때는 황해를 횡단하는 해로에 주목하지 않을 수 없다.

첫 번째 해로는 앞서 언급한 황해북단 항로다. 산동반도에서 묘도열도를 경유하여 요동반도 남해안과 한반도 서북 해안으로 이어지는 경로다. 요동은 물론이고 서북한의 경우도 일단 요동 남단의 도서 연안을 거쳐 도달한다. 이 길은 대체로 다수의 연구자들이 삼국시대 전기 이전에 중국 지역에서 한반도로 이어지는 해상교통로로 보고 있다. 한반도 북부의 고구려와 한반도 서남해안을 영역으로 한 백제의 경우도 한성백제기에 중국과의 왕래 대부분은 이 길을 통해서 이루어지는 것으로 설명해왔다.

두 번째로 주목되는 경로는 산동반도와 한반도 서해안을 막바로 연결하는 황해횡단로다. 황해북로의 경우 신석기시대 말기부터 활용되었으므로, 그로부터 1000년 이상 지나는 동안 묘도열도를 다소 벗어나는 경로를 거치는 표류성 항해가 적지 않았을 것이다. 그리하여 중국 산동반도와 그 주변 한반도 서해안의 거주민들이 동쪽으로 150여 km 떨어진 양 지역의 주민집단과 지리에 대한 정보가 충분히 전달되었을 가능성이 높다. 그렇다고 한다면 유사시 황해북로를 통하여 수배나 더 먼 거리 여정 대신에 이 해로를 택하는 경우를 배제할 수 없다.

산동 지역에서 동쪽으로 바다를 건너갔다는 사실을 강력하게 시사하는 사례가 기원전 110년경 전후의 기록에 전한다. 낙랑에서 세력을 확장한 왕씨 집안의 경우가 대표적이다. 그보다 불과 1~2세기 앞서는 시기에 그와 유사한 사례가 얼마든지 있었을 것이다.[38] 훨씬 후대이기는 하나 9세기경에 범선을 이용하여 일본 승려 엔닌이 이 해로를 단 하룻만에 횡단했다는 기록이 그 가능성을 높여준다.[39]

이와 같은 상황을 고려하여 앞서 소개한 동검의 출토 사례를 등급별로 살펴보면 다음과 같다.

우선 A급 동검의 경우 대부분 재지계의 다른 유물과 공반 없이 매납 혹은 부장되는 맥락에서 확인된 것이 특징이다. 요령 북표 출토 연왕직명 동검, 장하 출토 4년 춘평후명 검, 길림 집안의 십칠년명 검, 그리고 진 25년명 동과와 공반하는 평양 석암리 검이 이에 속한다. 모두 자체 명문이

---

38 권오중, 1993, 『낙랑군연구』, 일지사; 오영찬, 2006, 『낙랑군연구』, 사계절.
39 정진술, 2009, 『한국해양사 – 고대편』, 경인문화사.

있거나 명문이 있는 중원식 유물과 공반된다. 이들 동검은 3세기 전엽의 연, 중엽의 조 혹은 진의 동검으로, 일종의 위세품으로서 현지인에게 증여되었을 가능성도 있다. 그러나 그보다 양국에 속하는 대리인이 보유하고 있다가 본국에서 이동하여 현지에 남겼을 가능성이 더 높다. 그들의 이동경로는 연왕직명 동검의 경우 요령 지역의 내륙일 수도 있다. 하지만 조와 진의 동검은 요서 지역이 아니라 요동 남쪽과 동쪽에 치우치거나 아예 한반도 서북부라는 지리적 위치로 보아, 산동반도에서 묘도열도를 거치는 황해 북단항로 혹은 막바로 서북한으로 연결되는 횡단항로를 거쳤을 가능성도 배제할 수 없다.

다음 B급 동검의 경우 완주 상림리 사례를 들 수 있다. 앞서 설명한 동검의 특징을 종합할 때 이 유적의 동검들은 동주식 검의 제작방법을 충실히 따르며 제작되었지만, 처음부터 실제 사용을 염두에 두지 않고 제작된 것이다.[40] 동검 자체가 중국 현지 혹은 한국 출토지 두 곳에서 제작되었을 가능성이 제시되고 있다. 그러나 후자라 하더라도 형식은 물론 세부 속성이 거의 중국 현지산과 흡사하므로 현지 토착인이 제작했다고 보기 어렵다. 그렇다고 한다면 장인이 이주했을 가능성이 높은데, 육로와 황해 북단항로 이외에 산동반도 혹은 그 주변 지역에서 직접 한반도 남부 서해안의 해로로 이동했을 가능성도 배제할 수 없다. 오히려 산동 이남에서 널리 성행한 유절병식의 동검만 26점 출토한 정황을 고려하면 특별한 상황에서 급박하게 전이된 것으로 추정된다. 따라서 황해북로와 멀리 떨어진 한반도 남부 서해안이라는 출토 위치를 고려할 때, 그 구체적인 전이 경로는 황해 횡단항로일 가능성이 높다.

한편 유절병식의 전형적인 형태를 충실히 따른 동검 26기를 한데 묶어

---

40 이나경(2014)의 연구에 따르면 일부 동검은 마연한 흔적이 남아있다고 한다. 그렇다고 해도 대부분의 동검은 사용한 흔적을 전혀 찾아볼 수 없다.

서 매납했다는 점을 감안하여, 제사행위의 결과물일 가능성이 크다는 주장도 제시되었다.[41] 그러할 가능성도 있지만 동검의 크기나 형태, 재질에서 다소 차이가 있어 각기 다른 과정을 통하여 제작·전이되다가 은닉되었을 가능성 또한 배제할 수 없다.

세 번째로는 C급 동검으로 세형동검 등의 재지 청동기와 함께 부장된 무덤에서 출토되는 경우다. 그 유물의 갖춤새는 당대 요동과 한반도에서 각각 발전한 윤가촌·고산리 혹은 초포리 유형에 속한다. 동주식 동검이라도 현지에서 모방하여 제작되었을 가능성이 높은데 특히 함평 초포리의 사례가 그렇다. 중국 장인에 의해 제작·공급되지 않았지만 현지 수요가 있어 모방·제작되었는데, 현지에서 구하여 관찰이 가능한 A급 혹은 B급의 동검이 모델이 되었을 가능성을 상정할 수 있다. 중국과의 연계를 상징하는 위세품으로 무덤에 부장된 것으로 이해하는데, 이러한 과정을 고려하면 중국과의 직접적인 인적·물적 교류를 반영한 것이 아니라 할 수 있다.

그렇다고 하여 당시 이 동검이 출토되는 지역, 특히 한반도 남부가 중국과의 직간접 교류가 없다는 것은 아니다. 다만 동검을 소지하거나 제작하는 사람이 전 단계처럼 이주 혹은 이동하지 않았다는 의미다. 따라서 A·B급과 C급 동검에 대해서 같은 중원계라 할지라도 그 제작지와 전이과정에 큰 차이가 있다는 점에 주의해서 동검이 전이되었음을 설명해야 한다.

---

41 강인욱 2016, 「완주 상림리유적으로 본 동아시아 동검문화의 교류와 전개 – 동주식검의 매납과 청동기 장인의 이주를 중심으로」, 『호남고고학보』 54, 호남고고학회, 4~24쪽.

동검을 통해 본 한·중 간의 교류

각기 다른 형식의 동검이 상호 전이되는 상황은 앞서 본 것처럼 대체로 기원전 1000년기 전체에 걸치는데 중국의 춘추전국시대와 진·한시대, 한국의 고조선 전 기간에 해당된다. 여기서는 양국 동검의 전이가 개략적이나마 어떠한 역사적 배경과 과정을 거쳐 이루어졌는지 단계를 구분하여 설명하고자 한다. 이에 대해서는 기원전 8~기원전 6세기경 춘추시대 혹은 전기 고조선 전반의 1단계, 서기전 5~4세기경 전국시대와 전기 고조선 후반의 2단계, 그리고 기원전 3~기원전 2세기경 전국시대 말 진·한대와 후기 고조선과 위만조선 3단계로 구분하여 설명할 수 있다.

우선 1단계인 기원전 8~기원전 6세기경에 하북성 북부 지역에 비파형동검을 전이시킨 하가점상층문화와 십이대영자문화의 담당 주체가 누구인지 검토할 필요가 있다. 일정한 물질문화가 반드시 일정 집단 혹은 종족과 1대 1로 대응하지 않는다는 사실은 많은 연구자들이 동의한다. 그렇다고 해서 문화를 공유하는 인구집단 자체가 존재하지 않는 것이 아니므로 양자가 전혀 관계 없다고는 할 수 없다.

하가점상층문화의 주인공에 대해서는 동호 혹은 산융이라는 주장이 있는데, 전자는 북쪽 연산산맥 일대의 옥황묘문화가 동호에 대응된다는 주장과 맞물린다.[42] 이 주장은 동 문화가 지리상으로 연과 근접한 북방계 문화라는 점에서 설득력이 있지만, 산융이 제에 격퇴당했다는 기원전 660년경에 비로소 출현하고 뒤늦게까지 지속된다는 점에서 비판을 받고 있다. 따라서 북쪽으로 더 멀리 떨어져 있으나 8세기 이전에 출현하여 7세기에 성행하고 그 이후에 소멸한다는 점에서 하가점상층문화가 산융과

---

[42] 靳風毅, 1987, 「夏家店上層文化及其族屬問題」, 『考古學報』 1987-2; 靳風毅, 2001, 「軍都山玉皇廟墓地的特徵及其族屬問題」, 『蘇秉琦與當代中國考古學』 1991-1.

더 잘 어울린다.

십이대영자문화의 유물갖춤새에 대해서는 오래전부터 동호에 대응한다는 의견이 있지만,[43] 최근에는 고조선에 대응되거나 예맥과 관련된다고 주장하는 연구자들이 늘어나고 있다. 십이대영자문화 세력과 춘추시대 이후 연과의 교류에 대해서는 분명하게 드러나 있지 않다. 그러나 전형적인 별주식 비파형동검이 앞서 하북 북부 지역에서 확인되는 사례가 있으므로 동 지역의 고조선 또는 그 이웃한 토착세력이 하북 북부 지역을 완충지대로 하여 연과 어떠한 방식으로든 상호교류가 있었다고 주장할 수 있다.

같은 시기에 역으로 하가점상층문화권에서는 중원 계통의 제기, 십이대영자문화권 중 오금당유형에서는 중원식 동과가 공반 출토되는 사실이 확인된다. 따라서 하북 이남 지역에서 이들 지역으로도 유물이 전이되었음을 확인할 수 있다. 다만 하북 이남 지역의 중국식 동검이 연산 이북으로 전이된 사실은 확인되지 않는다. 그것은 당대 연나라가 동검보다는 동과 등에 중점을 두는 무기체계를 수용하고 있기 때문일 수 있다.

여하튼 연계 청동기가 전쟁을 통해서 약탈·노획되었을 가능성이 높지만, 일정한 합의 아래에 증여받았을 가능성도 전혀 배제할 수 없다. 출토되는 기종의 다양성과 수량으로 보아 그러한 정황은 십이대영자문화집단보다는 하가점상층문화집단이 주도했을 것으로 보인다. 기원전 660년경 연과 산융의 무력적 충돌 이전에 연과 산융의 관계는 우호적이었을 것이라는 주장도 이와 궤를 같이한다.[44]

43　秋山進午, 1969, 「中國東北地方の初期金屬器文化の樣相－考古資料とくに青銅短劍を中心として(下)」, 『考古學雜誌』 54-4.

44　배진영, 2009, 『고대 북경과 연문화－연문화의 형성과 전개를 중심으로』, 한국학술정보(주), 246~316쪽.

2단계는 기원전 5~4세기경 춘추 말 전국 초·중기로 산동 이북에서는 연·제·조, 산동 이남에서는 오·월 등 영역국가가 상호 각축하는 시기다. 연의 경우 문헌기록에 확인되지 않지만 위축단계인 1단계를 벗어나 세력을 회복하고 연산 이북으로 영향력을 확대한 것으로 추정된다. 그럴 즈음에 내몽골 동부와 요령성 서부 지역에는 동호 또는 고조선이 자리했다고 여러 연구자들이 주장하고 있다.

이러한 상황에서 하북성 연하도문화권에서 동북계 동검이 확인되고, 요령성 서부 동대장자유형의 문화권에서 중원식 동검이 확인된다. 동대장자유형에 대해서는 고조선과 관련 있는 토착세력이거나, 고조선을 구성하는 세력이라는 의견이 제시된 바 있다. 그러나 상당수의 고대 사학자들은 이들 대릉하 지역의 물질문화를 고조선과 전혀 관련이 없다고 이해한다.[45]

이전 단계의 십이대영자유형 청동유물군의 고유 전통은 요동 지역으로 전이되는데, 그 대표적인 사례가 심양 정가와자무덤 출토 청동유물군이다. 이에 대해서 고조선과 관련하여 설명하는 관점이 적지 않으므로, 정가와자유형과 갖춤새뿐만 아니라 지리적 위치에서 크게 차이가 나는 동대장자유형을 고조선과 관련하여 설명하기가 어렵다.

여하튼 중원식 동검이 다량의 중원계 청동예기와 도기를 비롯한 각종 유물과 함께 전이된 것은 동 지역에 대한 연의 영향력이 크게 증대되었음을 의미한다. 이는 다음 단계인 연 소왕 때 동호와 조선을 물리치고 5군을 설치하여 주민을 이주시키는 등, 정치·군사적 통제력을 강화하기 이전에 요서 서부 지역으로의 인적·물적 전이가 크게 진전되었음을 보여준다. 그러한 전이과정에 일부 말기 비파형 혹은 초기 세형의 동북계 동

---

45 송호정, 2003, 『한국고대사 속의 고조선사』, 푸른역사.

검이 하북 중부 연의 중심지 근처에 유입되었는데, 숫자나 출토 정황으로 보아 증여품·전리품일 가능성도 배제 못한다.

산동 지역에서도 초기 세형동검이 확인되는데, 산동 행가장무덤이 대표적인 사례다. 이 무덤의 위치가 주 이후 래족(萊族) 혹은 래국이 있었던 곳으로 보아 무덤의 주인공을 제에 복속된 후손의 지배층이라 이해하고, 동 유물이 비슷한 시기에 요서 지역의 집단에서 북쪽의 연을 거쳐 제에 수증된 기물이 다시 사여된 것이라고 설명한다.[46] 그러나 이 행가장 출토 세형동검은 앞서도 지적했듯이 요동반도 남단에서 주로 출토되므로 묘도열도를 거쳐 증여 형식으로 전이된 것일 수도 있다. 언제부터 제에 조선의 문피가 수입되었다고 기록되었는지 학자들 간에 논란이 있지만 적어도 동 시기일 가능성이 높으므로, 이 또한 고조선과 제와의 교류를 입증하는 증거로 이해할 수도 있다.

3단계는 기원전 3~기원전 2세기경으로 전국 말 진·한대에 해당된다. 우선 요령성 지역의 경우 연의 물질문화가 급속히 확대되는 현상이 나타난다. 앞선 단계의 재지적인 물질문화는 대폭 축소되며, 연계 유물만 부장한 무덤이 요동 지역까지 확대된다. 이러한 상황은 연 소왕 때 진개의 동진 이후와 맞물린다고 이해하는 것이 일반적이다.

필자는 그동안 수장층의 청동기 부장묘로 확인되는 정치체의 시공간적인 전개과정을 토대로 전기 고조선은 요서와 요동, 후기 고조선과 위만조선은 서북한을 중심으로 한다고 추정했다. 아울러 서남한 지역에서는 최상급 청동기 부장묘를 근거로 동 시기에 진국 혹은 마한이 성장하고, 동남한 지역에서는 진·변한의 정치체가 확립되는 것으로 이해했다.

이제 한·중 간의 교류를 입증하는 증거는, 중국에서는 하북 이남으로

---

46 오강원, 2001, 「춘추말 동이계 래족 목곽묘 출토 비파형동검」, 『한국고대사연구』 23, 한국고대사학회, 199~228쪽.

표 1 한국과 중국 동검의 사례별 상호 전래상황

사례	생산자	생산지	동검 혹은 대리인 유통 경로	최종 소비지	최종 출토 맥락	비고
비파형 동검	산융, 고조선	내몽골, 요동	내몽골/ 요서-하북 육로	하북	부장(?)	하북성 출토 합주식과 별주식 비파형동검
세형 동검	고조선 혹은 동호	요서/요동	요동-산동 해로	산동	부장	하북 산동성 출토 세형동검
A급 동주식 동검	연, 제, 조, 진	하북/산동	하북-요동 육로 산동-서북한 해로	서북한	부장	요동·서북한 출토 동주식 동검(명문)
B급 동주식 동검	제, 오, 월	한반도	산동-서남한 해로 (장인)	서남한	매납	서남한 완주 상림리 동검
C급 방제 동주식 동검	조선 혹은 한인	한반도	한반도	한반도	부장	한반도

내려가 산동 지역, 한국에서는 요동과 한반도 지역에서도 발견된다. 그것은 동 시기에 오와 월의 각축을 비롯해 진의 군사적 정복 등으로 정국 불안이 발생하여 병사 혹은 장인 등 중국 지역 주민이 바다를 건너 피난하거나 망명했기 때문으로 추정된다.

하북 남부와 산동 지역에서 세형동검은 거의 없다시피 하지만, 한반도계 다른 유물 또한 전이되었다고 볼 만한 증거도 없다. 상대적으로 후자로 전이된 동주식 동검은 그 수도 적지 않을 뿐만 아니라, 일정한 수준의 정형화된 양상을 보여준다. 무덤의 경우 무기와 공구(工具) 수 점과 함께 1~2점의 동주식 동검을 부장하는 사례가 요동 북부에서 한반도 남부에 이르는 지리적 공간에 두루 걸쳐 있는 것이다. 한편으로 한반도 남부의 완주 상림리 사례에서 보듯이, 산동 이남의 제·오·월 지역에서 전이되는 동검은 앞서 1~2단계와 다른 경로를 통해서 유입되었을 가능성이 있다. 이와 관련된 사례를 정리하면 〈표 1〉과 같다.

과제와 전망

지금까지 단검이라는 단일 기종의 청동기를 대상으로 황해와 발해만을 둘러싼 한·중 양 지역의 주민들 간에 해로 및 육로 교류 모습을 역사적 정황과 함께 살펴보았다. 그러나 동검만으로는 증거가 불충분하여 설명할 수 있는 내용에 한계가 많을 수밖에 없다. 또한 이와 연결할 수 있는 역사적 사실이 과연 얼마만큼 존재하는지 검증할 수가 없다.

그럼에도 불구하고 문헌기록 등을 통해서 밝힐 수 없는 교류 모습을 다소나마 설명할 수 있다고 생각해 이 글을 시도했다. 이미 몇몇 한·중 연구자들이 시도한 적이 있어 이 연구의 발판이 되었는데, 특히 황해 횡단 항로를 통한 한반도와 산동 지역과의 교류 연구가 바탕이 되었다. 해상 이동은 특히 그 경로의 물질적 증거가 전혀 남아 있지 않아 고고학적인 관점에서 접근하기 어려워 신중할 필요가 있다. 한편으로 당대의 항해 기술과 여건에 대한 충분한 이해 없이 그 경로를 상정할 수 없음은 물론이다.

문헌기록에 전하지 않다고 해서 상호교류가 없었다고 단정하는 것 또한 적절한 관점이 아니다. 지배층이 아닌 병사·장인 등 평범한 사람들이 전란 등의 위기를 맞아 해상로를 통해 1~2일 걸려 건널 수 있는 거리라면 충분히 교류가 가능하다. 이러한 경우 정사에 제대로 기록되지 않을 가능성이 많다. 특히 한반도 남부 완주 상림리의 26점 일괄출토 동주식 동검의 사례가 그러한 가능성이 있다는 점을 특히 강조하면서 글을 맺는다.

한반도 철기의
또 다른 기원

북방의 철기 및 철 생산

동아시아 지역의 철기 유입과 생산

인류의 역사에서 불의 사용, 농경과 목축의 시작과 함께 철의 사용은 매우 중요하다. 철은 지구상에 매장량이 알루미늄 다음으로 많은 금속으로, 철의 발견은 획기적인 사건이었다. 매장량이 풍부한 철은 지역적으로 편중하여 매장되어 있지 않기 때문에 발견 이후 생산방법이 전 세계로 빠르게 전파될 수 있었다. 이 때문에 19세기 후반 플라스틱이 발명되고 20세기에 각종 신소재가 개발되었지만, 철은 지금까지 지속적으로 인류가 상용(常用)하고 있는 유일한 소재다.

철은 어떻게 발견되었을까? 철의 발견 경위에 대해서는 세 가지 견해가 있다. 첫 번째는 청동의 원료인 황동석을 채광하던 중 비슷한 색깔을 내는 적철광을 잘못 채광한 후 제련과정을 거치면서 발견했다는 '채광착오설'이다. 두 번째는 지표에 존재하는 철광석이 산불에 녹아 철의 존재를 알렸다는 '산불설'이다. 세 번째는 하늘에서 떨어진 운석에서 철이 발견되었다는 '운석설'이다. 이중에 가장 유력한 견해는 채광착오설이다.

인류 역사에서 철이 가장 먼저 발견된 지역은 몇 가지 이견이 있지만 지금의 터키 아나톨리아 지역으로 보는 것이 일반적이다. 이곳의 제철유적으로는 알라자 휴크(Alaca Höyük), 트로이(Troy) Ⅱ 등이 있다. 이들 유적에서 기원전 2800~기원전 2500년경에 해당하는 인공 철기가 출토[1]되었다. 기원전 2200~기원전 2000년 터키의 카만 카레휴크(Kaman-Kalehöyük)유적 전(前)히타이트 Ⅳa층에서도 제철 과정을 거친 철기편이 출토되었다.[2] 이 지역에서 발명된 철 생산방법은 전 세계로 전파되었는데, 북아시아 쪽으로는 지금의 초원(스텝)지대를 통하여 전파된 것으로 보인다.

초창기 철 생산방법은 철광석을 저온으로 가열한 상태에서 환원된 철과 불순물이 섞인 해면철(海綿鐵, sponge iron)을 생산하는 것이었다. 이 해면철을 돌 또는 쇠망치로 반복하여 두들겨 단조철기를 만들었을 것이다. 해면철을 이용하여 단조철기를 만드는 방법은 전 세계로 전파되었지만, 선철을 이용하여 만든 주조철기는 황하 중류를 중심으로 하는 중국 중원지역에서 처음으로 나타난다. 이 주조철기의 주조기술은 유럽에 비해 적어도 수백 년이나 앞선 기술이었다.

이 때문에 동아시아 지역에서 철기의 출현 및 철 생산은 중국의 철기와 철 생산방법이 전해진 것으로 보는 견해가 자연스럽게 받아들여져 왔다. 한반도 지역은 기원전 3~기원전 2세기경 중국 전국(戰國)계 철기가 유입되면서 철기시대로 돌입했다고 보기도 하고, 한반도 서북한 지역의 주조철기의 출토 및 금강 유역의 주조철부와 철착 등의 출현 등은 한반도가

---

1 Ünsal Yalçın, 1999, Early Iron Metallurgy in Anatolia. *Anatolian Studies*, 49, pp.177-187.
2 Hideo Akanuma, 2008, The Significance of Early Bronze Age Iron Objects from Kaman-Kalehöyük, Turkey, *Anatolian Archaeological Studies*, 17, pp.313-320.

철기문화로 진입한 표지 유물[3]로 보기도 한다. 그런데 최근 호남 지역과 가평 대성리유적, 한반도 동남부 지역을 조사[4]하면서 철기 출현에 대한 재검토가 이루어지고 있다.

한편, 요동 지역을 위만조선의 영역으로 보면서 요동 지역에서 출토되는 철기[5]를 그 증거라 보는 견해도 있다.

그럼에도 불구하고 기원전 108년 한사군을 설치하면서 한반도 중부 및 남부 지역에 철기문화가 획기적으로 변화했다고 보는 견해[6]가 주류를 이루고 있다.

이 주장들은 낙랑군(樂浪郡) 설치 시점을 기준으로 나뉘지만, 한반도의 철 생산과 철기 생산 계통은 중원(전국 연, 전한)에 있다고 보는 점에서 큰 차이는 없다.

이 글에서는 철과 철기의 계통에 대하여 중원 지역에서 전파된 것으로 보는 견해와는 달리 중원 지역을 거치지 않은 다른 계통이 존재할 가능성을 검토해보고자 한다. 이에 지금까지 진행된 철기 계통론을 정리하고 새로운 철기 생산 경로에 대해 논의를 진행하고자 한다.

---

3 李南珪, 2002, 「韓半島初期鐵器文化의 流入樣相」, 『韓國上古史學報』 36, 韓國上古史學會.

4 우병철, 2012, 「한반도 동남부지역 철기문화의 성격과 전개양상」, 『2012 동아시아 고대철기문화연구 – 燕國철기문화의 형성과 배경 – 』, 국립문화재연구소.

5 鄭仁盛, 2013, 「衛滿朝鮮의 鐵器文化」, 『白山學報』 96, 白山學會 ; 鄭仁盛, 2016, 「燕系 鐵器文化의 擴散과 그 背景」, 『嶺南考古學』 74, 嶺南考古學會.

6 李南珪, 1993, 「1~3세기 낙랑지역의 금속기문화」, 『한국고대사논총』 제5집, 한국고대사회연구소 편, 가락국사적개발연구원 ; 이남규, 1999, 「한반도 고대국가 형성기 철제무기의 유입과 보급」, 『한국고대사연구』 16, 한국고대사학회 ; 李南珪, 2012, 「한반도를 중심로 한 동아시아 고대 철기문화 연구동향 – 초기철기~삼국시대를 중심으로 – 」, 『2012 동아시아 고대철기문화연구 – 燕國철기문화의 형성과 확산』, 국립문화재연구소.

한반도의 철기 유입에 대한 여러 견해

한반도 지역으로 진행된 철기의 확산을 논의함에 있어 가장 중요한 획기(劃期)로서, 한반도 남부 지역의 토기문화의 변화와 함께 기원전 108년 낙랑군의 설치를 주목하고 있다. 이 획기에 대한 인식은 중국 중원에서 시작한 철기문화가 한반도로 확산되는 과정을 낙랑군 설치로 설명하는 것이 가장 간편하고 설득력 있는 방법이기 때문이다. 이러한 견해는 김원룡이 처음 제기한 것[7]으로, 이후 남한 학계가 문화변동을 설명하는 기제로 지속적으로 사용되고 있다.

이에 비해 북한 학계는 정백운[8]을 필두로 한반도 북부 지역의 철기문화는 낙랑군 설치 이전으로 소급된다는 주장을 했다. 그는 적어도 청천강 유역까지의 철기 확산은 전국시대로 소급된다고 보았다. 그러나 이러한 주장은 남한 학계에서 부정적으로 인식되어왔다. 이 때문에 최근 정인성·김상민 등이 한반도 지역의 철기 유입 시기를 앞당겨 파악해보려는 시도가 있기 전까지는 낙랑군 설치 이후에 한반도 남부 지역에 철기가 급속히 확산되었다고 보는 견해가 주를 이루고 있었다.

한편, 남한에서는 부산 동래 복천동 래성유적에서 철기가 생산되었을 가능성이 언급되면서 철기 생산방법의 유입 시기에 대해 새롭게 연구되기 시작했다. 래성유적을 재검토한 송계현[9]은 단련단야(鍛鍊鍛冶) 가능성을 언급하여 영남 지역의 철기 생산이 낙랑군 설치 이전으로 소급될 가능

7　金元龍,「第六章 原三國文化」,『韓國 考古學 槪說』, 一志社(初版), 109~110쪽. 이에 대한 자세한 논의는 정인성의 글에 자세히 정리되어 있다. 정인성, 205,「韓國考古學史에서 '原三國時代'와 金海貝塚」,『先史와 古代』第46號.

8　정백운, 1958,「우리나라 철기사용의 개시에 관하여」,『문화유산』3, 과학원출판사.

9　송계현, 2002,「嶺南地域 初期鐵器文化의 收容과 展開」,『영남지역의 초기철기문화』第11回, 嶺南考古學會學術發表會, 嶺南考古學會.

성을 열어놓았다.

이와 함께, 한반도 서남부 지역을 중심으로 원형에서 삼각형 점토대 토기로 변화하는 시기에 출토되는 주조철부에 주목한 연구가 진행되었다. 일반적으로 연(燕)에 그 기원을 두고 있는 경향이 있지만 무라카미 야스유키(村上恭通)[10]와 김상민[11]은 연국의 철기 제작방법과는 다른 방법이 확인되는 점을 강조한다. 그 차이점은 철부 윗면의 형태와 주조합범에 두고 있다. 이러한 인식을 정인성[12]이 구체화했는데, 요동 지역의 철기와 한반도 서남부 지역의 철기를 비교하면서 상사성을 강조하고 요동 지역의 철기는 위만조선의 것이라고 구체화하면서 용범을 이용한 생산방법의 차이까지 연구[13]가 진행되고 있다. 이러한 주장은 낙랑군 설치 이전에 한반도에 철기 유입이 이루어졌다는 점을 강조하는 구체적인 설명 기제로 작용하고 있다. 그러나 용범을 이용한 주조철기의 생산이 한반도에서도 이루어졌다는 구체적인 증거가 보이지 않아 한계가 있다.

또한 철기 유입 시기에 대한 여러 견해는 절대연대의 차이만 있을 뿐이지 철 생산, 철기 제작방법의 원향(原鄕)을 모두 중국의 중원 지역에 두고 있다는 점에서 낙랑군 설치 이후설과 차이점을 부각하기에는 한계가 있다.

이러한 연구와는 달리 낙랑군 설치 이전에 철기 제작기법이 유입된 원향으로 설명되던 중국 하북성 연하도유적 연하도 44호묘,[14] 신장두 30호

10　村上恭通, 2011, 「②東アジア周縁域の鐵器文化」 2 文明世界への登場, 『彌生時代の考古學 – 古墳時代への胎動』 4, (株)同成社, 54~67쪽.
11　金想民, 2013a, 「東北アジアにおける初期鐵器の成立と展開」, 九州大學大學院比較社會學部 博士學位論文.
12　鄭仁盛, 2013, 「衛滿朝鮮의 鐵器文化」, 『白山學報』 96, 白山學會.
13　鄭仁盛, 2016, 「燕系 鐵器文化의 擴散과 그 背景」, 『嶺南考古學』 74, 嶺南考古學會.
14　趙鎭先, 2014, 「燕下都 44號墓의 造營時期와 性格」, 『白山學報』 100, 백산학회.

묘[15]에 대한 새로운 연대관은 철기 기원설에 새로운 국면이 조성되었음을 보여준다.

중원과 초원지대의 철기 제작 양상

한반도에 철기가 유입된 과정에 대해서는 전국칠웅(戰國七雄) 중의 하나인 연에서 유입되었다고 보거나, 한 군현이 설치된 이후 철문화가 발전한 것으로 보고 있다. 그런데 한반도에 유입된 철·철기의 생산(제작)방법이 중국 중원을 통해서 전파되었다는 단선론에 대한 의문이 제기된다.

언제 중원에 철기가 유입되었는지에 대한 문제부터 풀어야 한다. 중국 학자들은 중국의 철기는 중원 지역이 아닌 중원 북서쪽 신강위구르 지역에서 전파된 것으로 보고 있다. 이 지역에서 확인되는 철기는 초기에는 운석을 이용한 운철제(隕鐵製) 철기를 사용하다가 괴련철계(塊鍊鐵系)를 이용했다. 이후 중원 지역에서는 선철(銑鐵, 鑄鐵)을 원료로 주조철기를 생산한다. 그런데 선철을 이용한 주조제품의 생산은 중원 지역이 가장 빨리 시작되었다. 중국 학자들은 이러한 기술이 발명된 기반으로 중원 지역의 발달된 청동기 제작기술을 가진 집단의 존재를 주목한다. 즉 이들이 자체적으로 주조철기를 생산했다고 보고 있다.[16] 이 주조철기를 만드는 기술은 중원 지역이 유럽보다는 수백 년 앞섰고, 이로 인해 선철의 생산체계는 전 세계에서 중국이 가장 빨리 구축했다는 주장에 대해서는, 지금까지 반박할 만한 고고학적 자료는 확인되지 않았다.

---

15 조진선, 2012, 「燕下都 辛莊頭 30號墓의 年代와 性格」, 『한국고고학보』 84, 한국고고학회.

16 白雲翔, 2005, 『先秦兩漢鐵器的考古學硏究』, 科學出版社; 韓建業, 2007, 『新疆的靑銅時代和早期鐵器時代文化』, 文物出版社.

그러나 주조철기를 만드는 기술 이전, 괴련철을 생산해 철기를 만드는 기술은 터키 아나톨리아 지역에서 발생했고, 지금의 동유럽과 유라시아 초원지대를 통해 동쪽으로 전파되었다는 것은 주지의 사실이다.

다음에서는 동쪽으로 전파된 철기의 유입과 제작기술, 철 생산기술이 어떠한 양상으로 중원 및 한반도 서북 지역에 영향을 주었는지 살펴보자.

중원과 서북 지역의 초기 철기

중국의 초기 철기시대에 대한 연구는 인공철이 언제 발생했는지에 관심이 집중되고 있다. 대체로 신강위구르 지역에서 초현(初現)했다고 보는 것과 중원에서 자체적으로 발생했다고 보는 견해로 나뉜다.

중원에서 처음 확인되는 철기는 운철(隕鐵)을 사용한 것이다. 즉, 철광석이나 사철을 제련하여 만든 철이 아니다. 가장 오래된 철기로 알려진 북경시 평곡현 류가하묘(劉家河墓)의 철인동월(鐵刃銅鉞)은 전체 길이 8.4cm, 폭 5cm다.[17] 이 동월의 철제날을 금속학적으로 분석한 결과 다량의 니켈이 검출[18]되어 운철임이 확인되었다. 이 유물과 함께 이리강상층기의 청동예기와 하가점하층문화의 토기편, 금으로 된 팔찌와 나팔형 금제이식이 출토되었다. 이 나팔형 금제이식은 남부시베리아 안드로노보(Andronovo)형이라 불린다.[19]

하북성 고성현(藁城県) 태서촌묘(台西村墓)에서도 철인동월(자료 1의 3)이 출토되었다.[20] 이 월의 날 부분에서 니켈과 코발트가 검출되어 운철로 밝

---

17 北京市文物管理所, 1977, 「北京市平穀県発現商代墓葬」, 『文物』 11.
18 張先得·張先録, 1990, 「北京平穀劉家河商代銅鉞鐵刃的分析鑑定」, 『文物』 7.
19 高浜秀, 2000, 「前2千年紀前半の中央ユーラシアの銅器若干について」, 『シルクロード學研究叢書』 3, シンポジウム 『金屬と文明』--「和の國」連続國際シンポジウム.
20 河北省博物館·文物管理所, 1973, 「河北藁城台西村的商代遺址」, 『考古』 5; 河北省文物研究所, 1985, 『藁城台西商代遺址』, 文物出版社.

혀졌다.[21]

　하남성 능현(浚県) 신촌(辛村)묘지에서는 2점의 동철(銅鐵)복합기가 확인되었다.[22] 이 중 철인동월(자료 1의 4)의 금속 부분을 분석한 결과[23] 날에서 29.3% 니켈이 확인되었고, 철원동내과(鐵援銅內戈) 날에서는 5.2%의 니켈 함유가 판명되었다.

　서주시대의 하남성 삼문협(三門峽) 괵국(虢國)묘지 2009호묘에서도 동철복합기가 4점 확인되었는데 3점이 운철제다.[24] 운철로 만든 것은 철원동내과(M2009:703), 동공철분(銅銎鐵錛, M2009:720), 동병철삭도(銅柄鐵削刀, M2009:732)이다.

　중원에서 처음으로 인공철이 확인된 곳은 삼문협 괵국묘지 2001호묘다. 이곳에서 철기 2점이 출토되었는데, 철원동내과(M2001:526)와 옥병철검(玉柄鐵劍, M2001:393)이다. 철원동내과는 괴련철, 옥병철검은 파라이트 흔적이 있어 괴련침탄강으로 확인되었다. 이 두 점 외에 운철제 철기가 2009호묘에서 교철엽모동(鮫鐵葉矛銅, M2009:730)의 형태로 출토되었는데 파라이트 흔적이 확인되었다.

　이러한 출토 상황으로 보아, 중원 지역에는 서주 말기부터 인공철(괴련철, 괴련강)이 출현했음을 알 수 있다.

　이후 춘추시대의 철기로는 진(秦)의 묘인 감숙성 영태(靈台) 경가장(景家莊) 1호묘에서 출토된 동병철검(銅柄鐵劍)이다. 이 동병철검은 잔존길이 17cm, 청동으로 된 손잡이 길이 8.5cm, 철로 된 검신 잔존길이 9cm, 폭

21　李衆, 1976, 「関於藁城商代銅鉞鐵刃的分析」, 『考古學報』 2.
22　梅原末治, 1954, 「中國出土の一群の銅利器に就いて」, 『京都大學人文科學研究所創立二十五周年記念論集』, 京都大學.
23　Rutherford J. Gettens, Roy S. Clarke, Jr. and W. T. Chase, 1971, *Two Early Chinese Weapons with Meteoritic Iron Blades*, Freer Gallery of Art. (재인용)
24　河南省文物考古研究所, 1999, 『三門峽虢國墓地』, 文物出版社.

3cm, 두께 0.6cm, 칼날의 단면은 렌즈 모양이고 칼집[格]에는 짐승얼굴[獸面紋]이 시문되어 있다. 손잡이에는 종 2열로 4개의 투공이 있다.[25] 철로 된 날 부분은 분석결과 괴련강으로 확인되었다.[26] 이러한 괴련철, 괴련침탄강인 단조철기는 서주 말부터 춘추 전기까지 섬서성과 감숙성 등 중국 서북 지역의 유적을 중심으로 출토된다(표 1·2, 자료 1).

한편 중원 지역에서 인공철이 출현하기 전에 신강위구르 지역에서는 인공철이 부장된 무덤이 발굴되었다. 가장 이른 시기(상 말 서주 전기)의 무덤은 지금까지 언부랍극(焉不拉克, 얀부라크)묘와 찰오호(察吾呼, 차우후)묘다. 기원전 1300~기원전 900년경으로 보이는 언부랍극묘지 제1기 무덤에서 철제로 된 도자·칼끝·반지와 청동귀걸이[耳環]의 철제수식, 철제 파편 몇 점이 출토되었다.[27] 그리고 찰오호묘지 4호와 3호에서 철제도자(ⅣM98:23), 철못(ⅢM7:2), 철제단검(ⅢM10), 철촉(ⅢM9:5) 등이 출토되었다.[28]

최근에는 감숙성 임담진기(臨潭陳旗) 마구유적(磨溝遺蹟) M444호와 M633에서 각각 철조(鐵條, 봉상철정)와 철수괴(鐵鏽塊, 녹슨 철괴)가 출토(자료 1의 15)[29]되었다. 이들 유물에 대한 금속학적 분석결과, 운철이 아니라 괴련철이라는 것이 확인되었다. 연대는 기원전 13세기로 측정되어 가장 오래된 인공철(괴련철)로 밝혀졌다. 이 유물에 대한 금속학적 분석을 진행한 진건립(陳建立)은 서방에서 철 생산기술이 유입되었다는 사실을

---

25 劉得禎·朱建唐, 1981, 「甘肅靈台縣景家莊春秋墓」, 『考古』 4.
26 韓汝玢, 1998, 「中國早期鐵器(公元前5 世紀以前)的金相學研究」, 『考古』 2.
27 新疆維吾爾自治區文化庁文物処·新疆大學歷史系文博幹部專修班, 1989, 「新疆哈密焉不拉克墓地」, 『考古學報』 3.
28 新疆文物考古研究所編, 1999, 『新疆察吾呼』, 東方出版社.
29 陳建立·毛瑞林·王輝·陳洪海·謝焱·錢耀鵬, 2012, 「甘肅臨潭磨溝寺窪文化墓葬出土鐵器與中國冶鐵技術起源」, 『文物』 第8期.

표 1　서주 말 춘추 초의 인공철기

성	유적	유구	철기	재질	시대
河南	三門峽	虢國墓地 2001號墓	玉柄鐵劍	塊鍊浸炭鋼	西周末春秋初
河南	三門峽	虢國墓地 2001號墓	鐵援銅內戈	塊鍊鐵	西周末春秋初
河南	三門峽	虢國墓地 2009號墓	銅骹鐵葉矛	塊鍊浸炭鋼	西周末春秋初

표 2　춘추시대 출토 철기

성	현	유적	철기
山東	長清	仙人台6號墓	鐵援銅內戈
山東	泗水	石景村	環頭刀
山東	臨淄	郎家莊 1號	鐵鑿, 環頭刀
陝西	隴縣	辺家莊	銅柄鐵劍
陝西	長武	春秋早期墓	鐵短劍
甘肅	靈台	景家莊1號墓	銅柄鐵劍
甘肅	禮縣	秦公墓地 大堡子山2號中字形墓 南側1號 車馬坑	鐵片
甘肅	禮縣	秦公墓地 趙坪墓區2號墓	塗金鏤空銅柄鐵劍
甘肅	永昌	蛤蟆墩 M7	鐵劍片
甘肅	永昌	蛤蟆墩 M9	鐵劍片
甘肅	永昌	三角城 H1	鐵斧片
山西	曲沃	天馬-曲村 84QJ7T12 ④ : 9	鐵片, 주조품 다수

부정할 수 없다는 입장을 개진하고 있다.[30] 그러나 마구유적 분묘에서 철조가 출토되었다는 점은 이 지역에서 철 소재를 생산했을 가능성이 있다고 판단된다. 다만, 이러한 자료의 출현에도 불구하고 철 생산을 증명하는 제련유적이 확인되지 않는다는 한계가 있다. 그리고 이 양상들은 주로 당시 중원의 외곽 지역에서 확인되고 있기 때문에 중원 지역 철(철기) 생산이 이른 시기에 이뤄졌다는 것은 아니다.

30　진건립·진진·장주유, 2016, 「중원지역 한대(漢代) 야철(冶鐵) 유적의 신(新)탐색」, 『고대 제철기술 융복합 연구 현황과 과제』 2015년 국립중원문화재연구소 국제학술세미나, 국립중원문화재연구소.

자료 1 운철제 철기
1. 북경시 평곡현 출토 철인동월 2. 북경시 평곡현 출토 나팔형 금제이식 3. 하북성 고성현 태서촌묘
4. 하남성 능현 신촌 철인동월 5. 하남성 능현 신촌 철원동내과 6. 곽국묘 출토 철원동과

괴련철제(塊鍊鐵製) 철기
7. 곽국묘 2001호 동병철검 8. 곽국묘 2001호 출토 철원동과 9. 엉태경가장 1호 동병철검(M1:4)
10. 보계익문(寶鷄益門) 2호 금병철검(金柄鐵劍) 11. 보계익문 2호 금환철도자(金環鐵刀子)
12. 언부랍극묘 철도자(M31:5) 13. 지환(指環, M75:26) 14. 이륜(耳輪, 수식 부분이 철, M31:7)
15. 감숙 임담진기 마구유적 철조(M444), 철수괴(M633)

북방 지역의 철기와 철 생산

중국의 서북쪽인 신강위구르 지역, 남시베리아[미누신스크(하카시야), 투바, 알타이], 세미레체와 이리하유적에서는 약간의 시차를 두고 운철제 철기와 인공철(괴련철)로 만든 철기가 출현한다. 아울러 지금의 몽골 지역[내·외몽골, 대해지구(내몽골 중남부)]과 오르도스에서도 비교적 이른 시기에 철기가 출현하기 시작한다. 지역별로 살펴보면 다음과 같다.

(1) 신강위구르 지역

언부랍극고분군과 찰오호고분군에서 이른 시기의 철기가 출토되었다. 언부랍극묘 31·75호에서는 검 선단부, 도자편, 철수식청동이환(鐵垂飾靑銅耳環), 반지[指環]가 출토(자료 2)되었고, 33·35·75호분에서는 초원지대에서 유행하는 곡병청(曲柄靑)동도자(銅刀子)가 출토되었다. 찰오호 4호 고분군 98호묘에서 도자, 3호 고분군 7·9·10호묘에서 도자·철정·단검·철촉이 출토(자료 3)되었다. 고분군의 연대는 기원전 13~기원전 6세기[31] 경이다. 주목되는 점은 언부랍극고분에서 출토된 괴련강이다. 함께 출토된 마구류를 볼 때 남시베리아 지역과의 친연성(자료 4)이 보인다. 이 외 신강위구르 각지에서 철제도자, 철추(鐵錐), 철수식청동이환, 동철복합대구(銅鐵複合帶扣) 등이 출토된 바 있다.

이 유물들은 공통적으로 청동기에 비해 극히 적은 분량을 차지한다. 특히, 생산도구가 극히 드물다는 점을 고려할 때 후술할 남시베리아 지역처럼 도구로서의 기능보다는 권위의 상징물로 기능한 위세품일 가능성이 높다.

청동기의 경우 곡병청동도자가 출토되는 것으로 보아 남시베리아를 중심으로 하는 초원문화와의 친연성을 확인할 수 있다. 군파극(群巴克)고분

---

31 新疆維吾爾自治區文化庁文物処·新疆大學歷史系文博幹部專修班, 1989, 「新疆哈密焉不拉克墓地」, 『考古學報』 3.

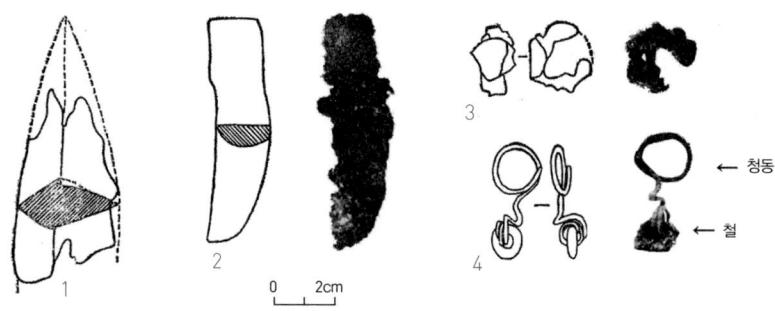

자료 2 | 언부랍극묘 출토 철기
1. 칼 끝(선단부, M75:28) 2. 철도자(M31:5) 3. 지환(M75:26) 4. 이환(수식 부분이 철, M31:7)

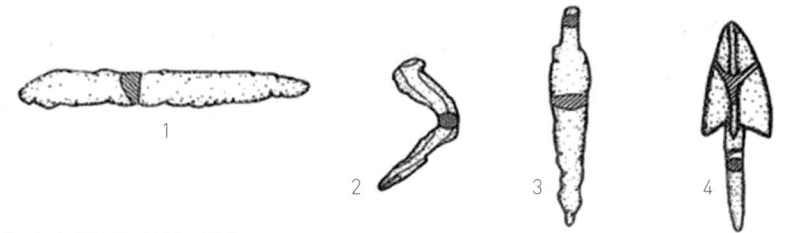

자료 3 | 찰오호고분 출토 철기
1. 도자(ⅣM98:23, 잔존길이 10cm) 2. 철정(ⅢM7:2, 길이 2.1cm)
3. 단검(ⅢM10:1, 잔존길이 18.8cm, 날 부분 길이 15.4cm, 슴베 길이 3.4cm) 4. 철촉(ⅢM9:5, 길이 7.6cm)

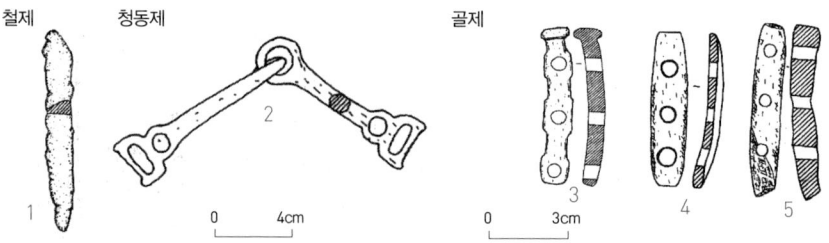

자료 4 | 찰오호 4호 고분군 출토 유물
1. 철제도자(MM98:23) 2. 청동함(M114:6) 3~5. 골표(骨鑣, M129:10, M93:1, M113:6)

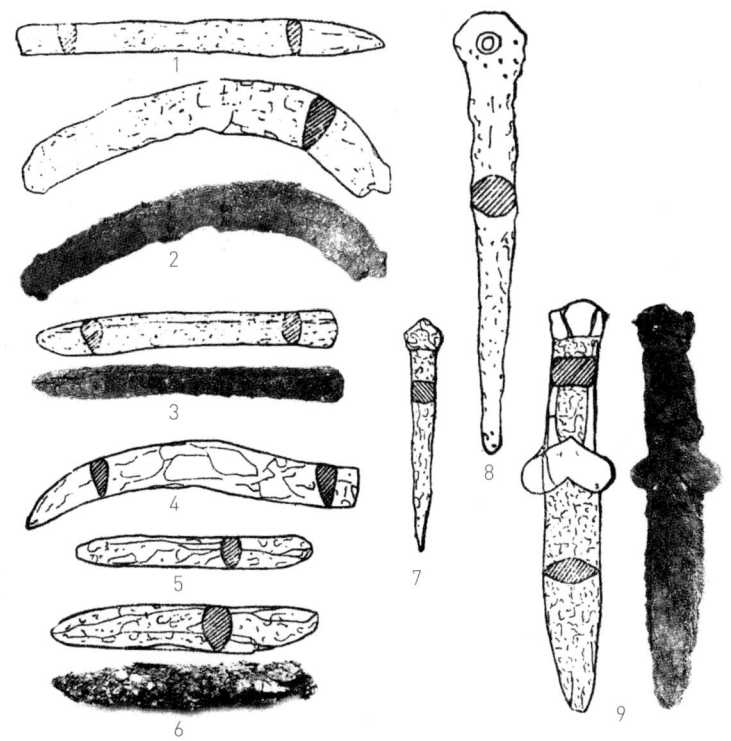

자료 5 | 군파극고분군 출토 철기
1·2·3·8. Ⅱ호 묘지 4·5·6·7·9. Ⅰ호 묘지

1호묘에서 출토된 동병철검(자료 5)[32]은 미누신스크분지 타가르문화기 출토품과 유사한 것으로 보아 이 지역에서 수입한 것으로 추정된다. 군파극 묘지군에서는 철제 낫·추·도자 등이 출토되었다.

이와 같이 이른 시기에 이 지역에서 출토된 철기들은 어디에서 제작되

---

32 中國社會科學院考古硏究所新疆隊·新疆巴音郭楞蒙古自治州文管所, 1987, 「新疆輪台群巴克古墓葬第一次發掘簡報」, 『考古』 第11期; 中國社會科學院考古硏究所新疆工作隊·新疆巴音郭楞蒙古自治州文管所, 1991, 「新疆輪台群巴克墓葬第二, 三次発掘簡報」, 『考古』 第8期.

었을까? 철기의 '출현'과 철 '생산'은 근본적으로 체계가 다르다. 철기의 등장이 곧바로 철기의 생산을 의미하는 것이 아니기 때문이다. 동철복합기 등과 함께 출토되는 유물이 남시베리아 등지의 것과 유사하므로, 이 지역에서 생산한 것은 아닐 것으로 판단된다. 남시베리아나 그 서쪽 지역에서 유입되었을 것인데, 남시베리아 지역은 빨라야 기원전 2세기경에 철이 생산된 증거가 확인되기 때문에 그 서쪽일 가능성이 더 높다.

춘추시대 후기에서 전국시대에는 이전 단계의 양상과는 다른 모습을 보여준다. 외부에서 철기가 유입되고 청동기의 사용이 줄 것으로 보이는 이 시기에 대체적으로 철기의 사용이 증가하지 않는다는 것이다. 철제도자의 유행이 나타나기는 하지만, 무기와 공구들 대부분은 청동기를 사용한 것으로 보인다. 이것은 이전 시기에 철기가 유입되었으나, 자체적으로 제작하려 노력하기보다는 청동기 제작에 모든 역량을 투여한 것으로 보인다. 비교적 늦은 시기에 중원 서북 지역에 가까운 합밀(哈密)지구에서 철제마구류가 출현한다.

이후 전국이 통일되고 진·한대를 거치면서 이 지역의 무기와 공구류 대부분이 철기화된다. 이는 한의 서역 진출 및 흉노의 서진과 연동되어 이루어지는 것으로 판단된다. 한과 관련된 사실은 여러 이견이 있지만 남시베리아 아바칸에서 '이릉(李陵)의 저택'으로 확인할 수 있으며, 흉노의 진출[33]은 문헌과 고고학적 자료를 통하여 확인할 수 있다.

(2) 남시베리아 지역

이 지역도 초기에는 운철제 철기가 사용되었다. 즉, 미누신스크분지 지역에서는 아파나시에보(Afanas'evo)문화기에 속하는 아파나아세야산유적에

---

33 강인욱, 2008, 「北匈奴의 西進과 신강성의 흉노시기 유적」, 『中央아시아硏究』 제13호, 중앙아시아학회.

서 운철제 장신구(팔찌)가 확인되었다. 이후 안드로노보문화기, 카라수크 문화기에는 철기가 잘 확인되지 않는다. 본격적인 철기는 타가르문화기에 출현하는데, 단검·투부·도자 등이 있다. 단검의 경우는 동병철검(銅柄鐵劍)과 철병동검(鐵柄銅劍)이 함께 출현한다.

그런데 이러한 철기의 출현에도 불구하고 철 생산을 증명하는 유적은 확인되지 않았다. 이후 흉노의 진출에 따라 기원전 2세기경에 하카시야와 투바 지역에서 제철유적이 출현한다.

철기가 본격적으로 확인되는 유적으로는 투바 지역에서 우윽문화기에 속하는 아르잔고분군이 있다. 아르잔고분군은 철기가 공반되지 않는 아르잔 1호분[34]과 철기가 공반되는 아르잔 2호분[35]이 알려져 있다.

아르잔 1호분은 기원전 9~기원전 7세기로 거대한 권력의 집중 및 국가 형성의 증거라기보다는 무덤·기념물의 축조를 통한 각 유목집단의 연합을 상징한다. 이에 비해 아르잔 2호분은 기원전 7세기 중반~기원전 5세기에 해당하는데 부의 집중 및 무덤 구조의 차이가 뚜렷하다. 즉, 개인에게 권력이 집중되는 방식으로 변화한 것으로 보인다. 아르잔 2호분은 방사성탄소연대를 측정한 결과 기원전 619~기원전 608년으로 나왔다. 이러한 점으로 볼 때 남시베리아 지역은 적어도 기원전 7세기 말엽에 철기가 유입된 것으로 보인다.

그러나 투바 지역 아르잔고분에서 보이는 철기는 동 시기 이 지역에서 발견된 청동기와 비교해볼 때 별도의 용도로 사용된 것을 알 수 있다. 1호와 2호를 조성하는 동안 철기가 유입되었음에도 불구하고 철기의 발

---

34 강인욱, 2016, 「스키토–시베리아 문화의 기원과 러시아 투바의 아르잔 1호 고분」, 『중앙아시아연구』 20권 1호.
35 콘스탄틴 추구노프, 2016, 「투바 아르잔 2호 고분 발굴조사 성과」, 『중앙아시아 연구의 최신 성과와 전망』, 국립문화재연구소·(사)중앙아시아학회·국립중앙박물관.

1

2

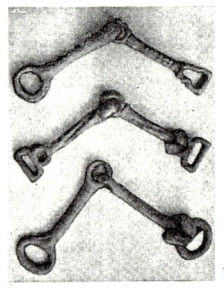

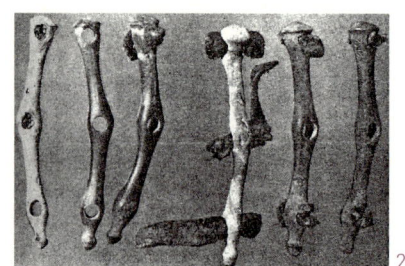

자료 6 | 아르잔 1호 고분 출토 유물
1. 청동함 2. 골표

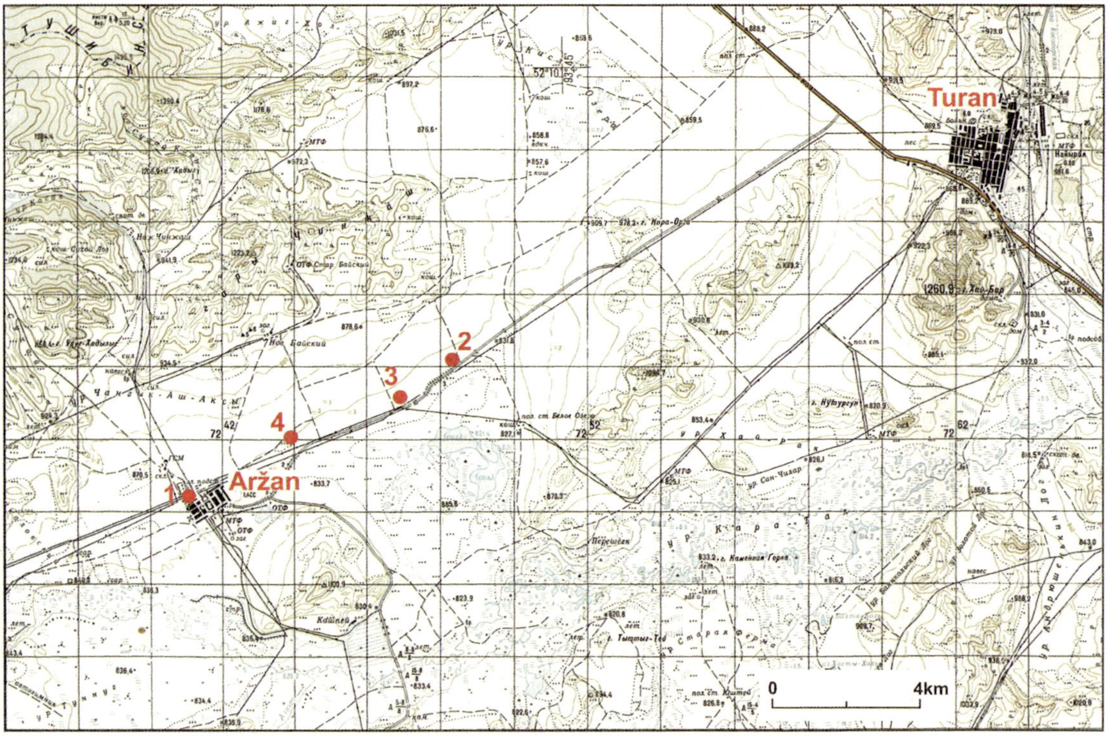

자료 7 | 아르잔고분군 분포도(Konstantin V. Čugunov, 2010)

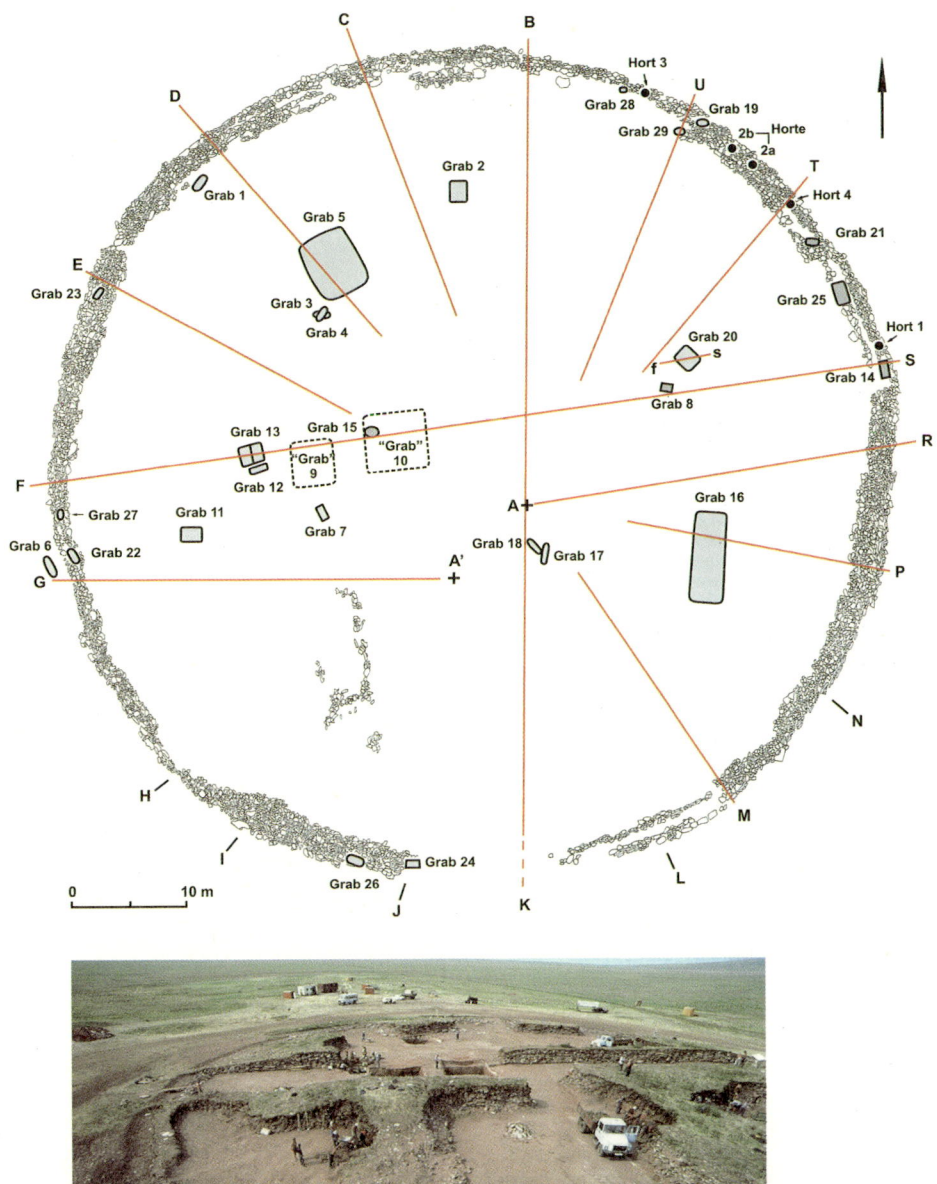

자료 8 | 아르잔 2호분 유구 배치도(상) 및 발굴 광경(하) (Konstantin V. Čugunov, 2010)

자료 9 | 아르잔 2호분 출토 철기(장식철검 및 도자)와 발굴 전후 모습(Konstantin V. Čugunov, 2010)

자료 10 | 아르잔 2호분 5호묘 전경(Konstantin V. Čugunov, 2010)

자료 11 | 아르잔 2호분 출토 철촉(금상감)(Konstantin V. Čugunov, 2010)

달을 보여주는 증거가 보이지 않기 때문이다. 하카시야(미누신스크) 지역이나 투바 지역에서는 철기를 제작하는 제련유적이 기원전 2세기경부터 다양하게 확인되고 있다. 이에 비해 앞 시기에는 철기 제작에 필요한 철을 생산하는 유적이 확인되지 않는다. 이는 철기의 사용 배경이 다르다는 것을 의미한다. 이 때문에 아르잔고분 1호분과 2호분은 부장유물에서도 차이가 나는 것이다. 아르잔 1호분과 2호분에 부장된 장식철검은 손잡이 부분이 금으로 화려하게 치장되었는데, 이 검이 권위의 상징으로 사용되었음을 보여준다. 그리고 여기에 필요한 철은 외부에서 수입했을 것이다. 아르잔고분을 조영했던 집단들이 유목경제를 중심으로 생활했기 때문에 농업 등에 필요한 철기에 대한 수요는 발생하지 않았던 것으로 보인다.

(3) 알타이 지역

이 지역의 양상을 파악할 수 있는 자료가 최근 국내에 번역 소개되었다. N. V. 폴로스막의 글[36]로 이 지역의 초기 철기시대 양상을 파악하기 용이하다. 또한 최근 한국 측의 발굴조사[37]도 이루어져 차후 진전된 초기 철기시대 양상을 알 수 있을 것으로 보인다.

우코크(Ukok)고원에 위치한 유적으로는 아크-알라하(Ak-Alakha)강가의 아크-알라하유적이 잘 알려져 있다. 이들 유적이 파지리크(Pazyryk)고분으로, 1990년 아크-알라하 1유적 발견 후 제1호 고분과 제사유구가 조사되었다. 1992년에 2호 고분, 1995년에 3호 고분이 조사되었다. 1·2호 고분은 파지리크문화, 3호 고분은 고(古)투르크 시기에 해당한다.

---

36 N. V. 폴로스막 지음, 강인욱 옮김, 2016, 『알타이 초원의 기마인』, 주류성. 아크-알라하유적은 이 책을 바탕으로 작성되었다.

37 유라시아문명사연구회, 2016, 「유라시아 고분문화 비교연구 보고」, 『한국고고학의 기원론과 계통론』 제40회 한국고고학전국대회, 한국고고학회; 변영환·남호현, 2016, 「우리 역사의 흔적을 찾아서…」, 『2015 한국고고학저널』, 국립문화재연구소.

이 고분군 중에 가장 큰 1호 고분은 직경이 동서 약 18m, 남북 17.5m다. 1호 고분 추가장 부분에서 철제재갈 2점, 철제고리, 작은 철제허리띠고리, 부장용 말무덤에서 철제재갈 4점, 제1호 통나무관에서 청동투부의 창고달이가 철제인 것 1점, 제2호 통나무관에서 금박을 입힌 납작하고 둥근 철제품이 출토되었다.

   아크-알라하 1유적 2호분은 1호 고분과 연접하여 북쪽으로 서로 맞닿았다. 적석의 직경은 약 11m다. 2호분에서는 부장된 말무덤에서 철제재갈이 출토되었다.

   아크-알라하 3무덤유적은 1유적에서 동쪽으로 3km 떨어진 곳에 위치한다. 제1호 고분에서는 말을 부장한 묘광에서 3개체의 철제재갈이 출토되었다. 1호 묘장(카라-코바문화의 추가장)에서는 손잡이 끝이 원형이 철도 2점, 2호 묘장에서는 철제칼이 큰 쟁반에 꽂힌 채로 1점이 출토되었다. 또한 2호 묘장에서 재갈멈치[銜]가 출토되었는데 말이 부장된 부분의 두 번째, 네 번째 말의 재갈멈치 각 2점과 여섯 번째 말의 재갈멈치 1점은 철제[38]다.

   아크-알라하 5무덤유적은 1유적의 근처에 위치하고 전체적으로 하나의 커다란 무덤 조합군을 이룬다. 1호 고분 묘광 안에서는 시상대의 끝쪽 목곽의 남벽쪽에 목제칼집에 녹슨 채로 들어 있는 철제단검 1점, 시상대 위에서 철제칼편 1점, 제3호 고분 말부장묘에서 철제재갈 4점, 4호 고분 매장주체부에서 철제칼 1점이 출토되었다.

   쿠투르군타스고분군은 1991년에 조사되었다. 적석부의 크기는 직경 25.5×27.75m로 표고는 0.95m다. 매장주체부인 목곽 바닥에서 철제칼, 말부장칸에서 철제재갈 10점이 출토되었다.

---

38 번역문에는 철제(鐵製)라는 설명은 없다.

자료 12 | 아크-알라하와 쿠투르군타스 고분 전경(국립중앙박물관, 1995)

이외에 우코크고원에는 베르흐-칼쥔(Верх-Кальджин) Ⅱ유적[39]이 있다. 그중 2호분은 남성이 부장된 무덤으로 자세한 유물 공반관계는 알 수 없지만 철제재갈, 철제투부(21cm), 목제칼집에 철제단검(28.0cm)이 출토되었다.

우코크고원에 위치한 파지리크문화기의 고분에 묻힌 피장자들은 실제 전쟁보다는 제사와 같은 일을 주로 담당했던 집단으로, 전사-사제[40]로 알려져 있다. 그리고 이 문화의 중심연대는 수륜연대측정법에 의하면 기존에 알려졌던 기원전 7~기원전 3세기가 아닌 기원전 4세기경으로 알려진다. 그리고 이들의 의복을 보면 적어도 동투르키스탄, 서아시아, 사카(Saka)문화와의 관계가 나타나고 있다. 그럼에도 불구하고 최상층의 전사-사제가 묻힌 무덤임에도 불구하고 철기의 부장은 그리 두드러지지 않는다. 이 고분군들에서 보이는 철기는 말재갈·칼·창고달이[鐵鐏]에 불과하다. 이는 투바 지역에서 보이는 것과 마찬가지로 철기가 실생활에 실용기로 사용된 것은 아니라고 판단된다. 그렇지만 투바 지역의 아르잔고분에서 보이는 것처럼 화려한 장식이 되어 있는 것도 아니다. 따라서 이 지역의 철기 유입은 사회구조에 커다란 변화를 일으키지는 않았다는 것을 보여준다.

반면에 폴로스막[41]은, 파지리크문화인이 계절에 따라 이동 생활을 하기 때문에 겨울집과 여름집으로 나뉜다고 보고 있다. 이들은 여름 목초지에 청동제품 및 철제품들과 금박을 만드는 장인들이 집결하는 정착지가 있다고 한다. 그러나 지금까지 알려진 매장유적으로 기원전 4세기경에

---

39 국립중앙박물관, 1995, 『알타이 문명전』, 국립중앙박물관.
40 N. V. 폴로스막 지음, 강인욱 옮김, 2016, 「2500년전 어떤 유목민 여성의 삶과 죽음」, 『알타이 초원의 기마인』, 주류성, 472쪽.
41 폴로스막, 1995, 「파지리크 시대(초기 철기시대)」, 『알타이문명전』, 국립중앙박물관.

자료 13 | 아크-알라하 1유적 3호 고분 금도금철제환두도자 출토 광경(강인욱 역, 2016)

자료 14 | 아크-알라하 1유적 3호 고분 두 번째 말의 목제 굴레 장식(재갈이 철제)(강인욱 역, 2016)

자료 15   1. 우코크고원 전경 2. 우코크고원 파지리크무덤 전경 2. 베르흐-칼쥔고분 전경
4~7. 베르흐-칼쥔유적 2호분 및 철제 출토유물
(국립중앙박물관, 1995)

해당하는 철 생산유적이나 철기 제작유적이 확인되지 않는다는 한계가 있다.

(4) 세미레체·이리하 유역

중앙아시아 초원지대 중심부인 카자흐스탄 남동부에서 키르키스스탄 북부에 걸친 지역을 세미레체(Semirech'e)라고 부른다. 그리고 이리하(伊犁河) 유역은 발하슈호 이동의 이리하, 츄하아 지류, 이시크호 지역을 이야기한다. 이 지역은 중국령 중앙아시아보다 강수량이 많아 주로 밀을 경작하고 고지대에서는 목축을 한다.

세미레체 지역은 유목민문화가 발달했는데, 크게 사카문화(기원전 8~기원전 3세기), 오손문화(기원전 3~5세기)로 나뉜다. 이에 비해 이리하 유역은 신강 지역에 위치하고 있으나 문화적인 특징으로 인하여 진과(陳戈)는 이리하유역문화[42]라고 명명하기도 했다.

세미레체 지역에서는 전기 사카문화기에 철기가 드물게 확인된다. 가장 이른 시기의 것은 카라사르(Karashr, 焉耆) 2호분 출토 철제편이다. 이후 후기 사카문화기에는 황금인간으로 유명한 이시크(Issylc)고분군이 있다. 이 고분들은 직경 60m, 높이 6m에 달하는 것으로 1기의 매장주체부는 도굴당했으나 나머지 1기에서 황금인간이 발견되었다. 이 매장주체부에서는 4,000여 점의 유물이 출토되었다. 이 유물들 대부분은 금으로 화려하게 장식된 것들이다. 철제 장검과 단검도 공반되었다. 한편, 이러한 대형 목곽묘과 같은 화려한 고분과는 달리 이후에는 철복과 철제등잔대가 일괄 매납되는 수혈이 확인된다. 이후 형성된 오손문화기(기원전 3세기)에는 철제 도자·장검·침 등이 무덤에서 공반된다.

---

42 陳戈, 1993, 「新疆靑銅器時代諸文化的比較硏究」, 『國學硏究』 1 ; 田中裕子, 2013 再引用.

이리하 유역은 길림태(吉林台)댐의 축조로 많은 고고학적인 조사[43]가 진행되면서 진과,[44] 한건업(韓建業)[45]이 집중적으로 연구를 진행했다. 진과에 의하여 명명된 이리하유역문화는 전기·중기·후기로 나뉜다. 철기는 중기(기원전 6~기원전 5세기)부터 출현하는데, 단검·도자·송곳[錐] 등이 있다. 대표적인 무덤은 니륵극(尼勒克, Nilka)현 궁과극(窮科克, Qiongkeke) 1호 묘지, 15호 묘지를 들 수 있다.[46] 찰포사이현(察布査爾県) 색돈포랍극(索墩布拉克, Sudongbulaq) 묘지도 있다.[47] 후기(기원전 3~기원전 1세기)는 한대(漢代)와 병행하는 시기로 단검·장검·도자·송곳 등이 출토된다. 대표적인 유적은 니륵극현(尼勒克縣) 흡보기해(恰甫其海, 차푸치하이)유적,[48] 산구(山口)유적,[49] 신원현(新源縣) 종양장(種羊場)유적[50]이 있다.

세미레체 지역과 이리하 유역의 철기는 후기 사카문화, 이리하유역문화 중기에 출현한다. 후기 사카문화기에는 이리하유역문화와 비슷한 철기의 공반관계를 보이고 있으나 철제장검이 공반된다는 특징이 있다. 이는 이 지역 연구자의 연대 비정 오류이거나 서부 유라시아에서 유입된 것

---

43 新疆維吾爾自治區文物考古研究所, 2007, 「新疆考古十年間」, 『中國文化遺産』 1 ; 張林虎 2010, 「新疆伊犁吉林台庫區墓葬的人骨研究」, 吉林大學 碩士學位論文 ; 耿廣響, 2015, 「新疆伊犁河流域墓葬分期研究 - 公元前17世紀至公元前後 - 」, 中央民族大學 碩士學位論文.

44 陳戈, 1989, 「新疆出土的早期鐵器」, 『慶祝蘇秉琦考古五十五年論文集』, 文物出版社 ; 陳戈, 1990, 「関於新疆地區的青銅時代和早期鐵器時代文化」, 『考古』 4 ; 陳戈, 1993, 「新疆青銅時代諸文化的比較研究」, 『國學研究』 1 ; 田中裕子, 2013 再引用.

45 韓建業, 2005, 「新疆青銅時代一早期鐵器時代文化的分期和譜系」, 『新疆文物』 3 ; 韓建業, 2007, 『新疆的青銅時代和早期鐵器時代文化』, 文物出版社.

46 新疆文物考古研究所, 2002, 「尼勒克県窮科克1號墓地考古発掘報告」, 『新疆文物』 3, 4 ; 陳建立·毛瑞林·王輝·陳洪海·謝淡·錢輝鵬, 2012, 「甘肅臨潭磨溝寺窪文化墓葬出土鐵器與中國冶鐵技術起源」, 『文物』 8.

47 新疆文物考古研究所, 1999, 「新疆察布査爾県索墩布拉克古墓群」, 『考古』 8 ; 新疆文物考古研究所, 1988, 「察布査爾県索墩布拉克古墓葬発掘簡報」, 『新疆文物』 2.

48 新疆文物考古研究所, 2006, 「特克斯県恰甫其海A區 X號墓地発掘報告」, 『新疆文物』 1.

49 新疆文物考古研究所, 2006, 「2005年度伊犁州鞏留県山口水庫墓地考古発掘報告」, 『新疆文物』 1.

50 新疆社會科學院考古研究所, 1985, 「新源鞏乃斯種羊場発現石棺墓」, 『考古與文物』 2.

으로 볼 수 있다. 이후 전기 오손문화와 이리하유역문화 후기(기원전 3~기원전 1세기)는 중원 지역의 전국시대 말~진·한시대에 해당하는 시기로 주조품이 유입된 것으로 볼 수 있다. 하지만 복잡한 형태의 주조철기는 주로 세미레체 지역에서만 보인다.[51] 이 철기들에 대한 금속학적 연구는 드물지만 진건립의 연구에 의하면 괴련철 중심의 철기가 지속적으로 확인되고 있다. 이처럼 이 지역 역시 철기의 출토는 확인되고 있지만, 철 생산유적은 확인되지 않는다는 한계가 있다.

자료 16 | '이릉의 저택'에서 발견된 막새기와 (심재연)

이상의 내용으로 볼 때 신강위구르 지역, 남시베리아 지역, 세미레체 지역, 이리하 유역은 초기 운철제 제품에서 괴련철을 이용한 단조철기가 사용되었다. 그런데 단조철기를 만드는 소재인 괴련철을 생산하는 제련유적은 확인되지 않았다. 다만, 하카시야공화국의 아바칸시 '이릉의 저택'에서 발견된 '천자천추만세상악미앙(天子千秋萬歲常樂未央)'이라는 명문이 새겨진 막새기와를 볼 때 적어도 기원전 어느 시기에 한의 영향이 이 지역에 미쳤을 가능성이 있다. 즉, 이때에 중국인 제와공(製瓦工)이 유입될 때 제철 기술자도 유입되었을 가능성이 있다. 그러나 출토된 유물의 속성이 다른 것이 확인되기 때문에 이 저택을 만든 집단의 성격에 대해서는 자세한 검토가 필요하다.[52]

---

51 田中裕子, 2013, 「セミルチエとイリ川流域における初期遊牧民文化の交流」, 『技術と交流の考古學』, 同成社.

52 강가딘의 북방기행(http://blog.naver.com/kanginuk/220580873287)에 소개되어 있다. 周連寬, 1956, 「蘇聯南西伯利亞所發現的中國式宮殿遺址」, 『考古學報』 第4期.

 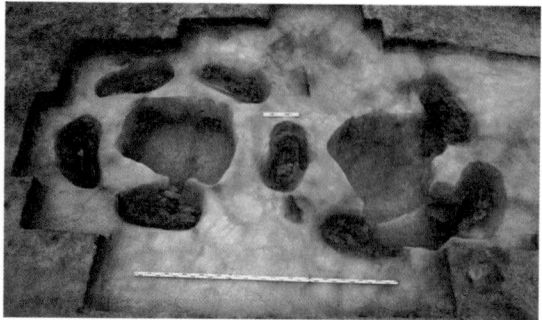

자료 17 | 하카시야공화국 톨체야유적 제련로(P. B. Amazarakov, 2015)

아울러 하카시야공화국을 중심으로 하는 미누신스크분지와 투바공화국 지역에서 확인되는 타슈티크(Tashtyk)문화기 제련로의 구조(자료 17)[53]가 중원 지역에서 확인되는 지상식 제련로와는 다르기 때문이다. 이 지역에서 확인되는 제련로는 최근의 조사 성과를 참고하면 한의 영향보다는 흉노의 영향이 미쳤을 것으로 보인다.

(5) 몽골 지역
① 몽골공화국
이 지역에서 철기의 출현 양상은 자세하지 않다. 최근 일본 에히메대학 동아시아고대철문화연구센터와 몽골아카데미 고고학연구소가 공동으로 제철유적을 발굴조사해왔다. 공동 발굴조사 결과, 확인된 제련로는 모두 지하식이다. 즉, 지금까지 한반도에 알려졌던 지상식로가 아니다. 지금까

---

53 P. B. Amazarakov, 2015, PRELIMINARY RESULTS OF RESEARCH OF IRON METALLURGY SITE "TOLCHEYA" OF THE TASHTYK PERIOD, *Ancient Metallurgy of The Sayan-Altai and East Asia*, Abakan-Ehime, pp.103-104.

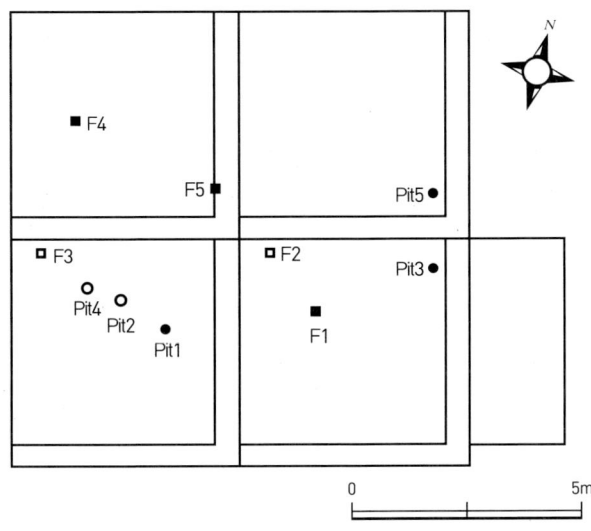

자료 18 | 호스틴 볼락유적 유구 배치도(笹田朋孝, 2014)

지 알려진 호스틴 볼락유적[54] 조사 내용을 보면 다음과 같다.

조사 결과 세 가지 유형의 제련로, 2기의 배소로가 확인(자료 18)되었다. 배소로는 적철광을 자철광으로 변화시켜 환원을 용이하게 하기 위한 공정이다. 배소작업은 용이한 제련작업을 위해 반드시 필요한 공정이다.

제련로는 다음과 같이 세 가지 유형으로 나뉜다.

- 1유형: 제1기의 3기 제철로는 배소로를 중심으로 일정한 간격을 두고 방사상으로 배치되어 있다. 약 50cm 사방의 작은 방형 수혈과 약간 폭 넓은 타원형 내지는 말각 방형 수혈(넓이 약 200×100cm) 2개의 부분으로 구성되어 있

---

[54] 笹田朋孝·L. 이시체렝, 2014, 「몽골 호스틴 볼락유적의 조사와 연구 – 흉노의 수공업생산 연구 –」, 고고학으로 본 흉노와 한반도」, 『한국고고학의 신지평』 제38회 한국고고학전국대회, 한국고고학회.

자료 19 | 호스틴 볼락유적 전경(笹田朋孝, 2014)

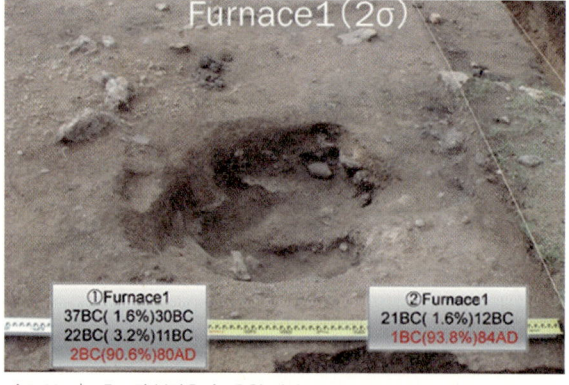

자료 20 | 호스틴 볼락유적 1유형 제련로(笹田朋孝, 2014)

자료 21 | 호스틴 볼락유적 2유형 제련로 근경(笹田朋孝, 2014)

자료 22 | 호스틴 볼락유적 3유형 제련로(8호) 전경(笹田朋孝, 2017)

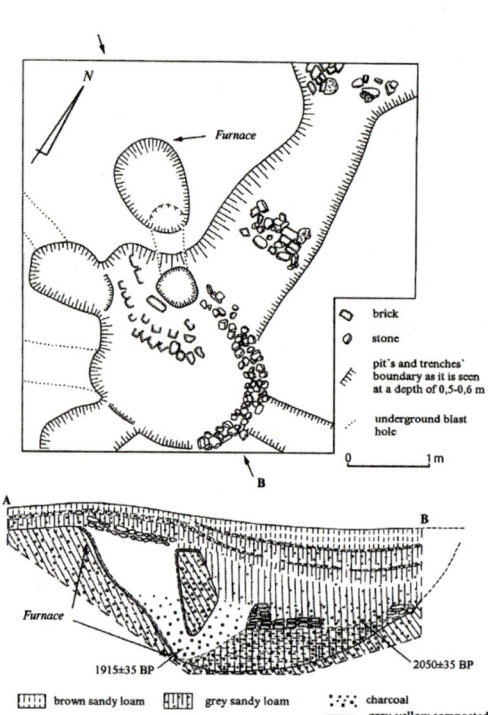

자료 23 | 바이칼 서안 고퍼 굴유적 제련로
(Nikolai O. Kozhevnikov 외, 2001)

자료 24 | 바가 나링 암유적 제련로(Ernst Pohl 외, 2012)

자료 25 | 트로쉬키스노-류유적(타식티크문화기, 1세기)
무라카미 야스유키(상), 심재연(중·하) 촬영

다. 작은 수혈은 깊이 30~40cm의 슬래그피트이고 그 위에 제철로가 구축되었다. 한편 대형 수혈은 철재 및 노벽과 송풍구 등으로 충전되어 있고 노(爐) 밖으로 흘러나온 철재가 확인되지 않는 것으로 보아 폐기장으로 보인다.

- 2유형: 2호 제련로는 방형의 슬래그피트(넓이 약 100×50cm, 깊이 30~40cm)를 가지고 있다. 1유형 같은 폐기 수혈은 없다. 슬래그피트 내에서는 피트를 대부분 충전할 만큼 커다란 슬래그가 확인되었다. 이 슬래그의 밑에는 재(灰)만 확인되는 것으로 보아 조업 시작 때에는 나무와 가지, 나뭇잎 등이 충전되어 있었던 것으로 추정된다.
- 3유형: 8호 제련로(자료 22)와 같은 사례다. 왼쪽 말각 방형의 토광(동서 80×남북 50cm, 깊이 45cm)이 슬래그피트를 지닌 제련로이고, 오른쪽 토광이 폐기 토갱(동서 110×남북 65cm, 깊이 44)으로, 그 둘이 터널로 연결되어 있다.

이러한 유형의 제련로 중에 1유형은 남시베리아 트로쉬키스노-류(Troshkisno-Lyu)유적(자료 25)[55]에서 확인된 것과 유사하다. 터널을 가진 3유형의 것은 카라코룸 바가 나링 암(Baga Narin Am)유적(자료 24),[56] 고퍼 굴(Gopher burrow)유적(자료 23)[57]에서 확인된 것과 바이칼호수 서안에서 확인된 것과 유사하다.[58]

---

55 Petr Amazarakov, 2015, Early Iron Production in South Siberia, *The Present-Day Research on Ancient Iron Production in the World*, pp.39-46
56 Ernst Pohl, Lkhagvadorj Mönkhbayar, Birte Ahrens, Klaus Frank, Sven Linzen, Alexandra Osinska, Tim Schüler, Michael Schneider, 2012, Production Sites in Karakorum and Its Environment: A New Archaeological Project in the Orkhon Valley, Mongolia, *The silk Road*, Vilume 10, pp.49-65.
57 Nikolai O. Kozhevnikov, Arthur V. Kharinsky, Oleg K. Kozhevnikov, 2001, An accidental geophysical discovery of an Iron Age archaeological site on the western shore of Lake Baikal, *Journal of Applied Geophysics* 47, pp.107-122.
58 笹田朋孝·L. 이시체렝, 2014, 「몽골 호스틴 볼락유적의 조사와 연구-흉노의 수공업생산 연구-, 고고학으로 본 흉노와 한반도」, 『한국고고학의 신지평』 제38회 한국고고학전국대회, 한

이처럼 지하식 제련로가 초원지대를 중심으로 동서에 걸쳐 형성된 것이라면 최초 철 생산방법이 발명된 원형 전통이 몽골(바이칼) 지역까지 이어지고 있음을 시사해준다고 할 수 있다.

② 오르도스·하투(河套)지구

이 지역에는 춘추시대 말~전국시대 전기에 해당하는 이극소맹(伊克昭盟) 항금기(杭錦旗) 도홍파랍묘(桃紅巴拉墓) 6기, 공소호묘(公蘇壕墓) 1기가 있다.[59] 7기의 무덤을 조사한 결과 철기 4점이 확인되었는데, 2점은 형태를 알 수 없고 나머지 두 점은 철제도자(M1:25, M2:9)이다.[60]

본격적으로 철기가 출현하는 시기는 전국시대 후기로, 이때부터 철기의 종류와 수량이 증가하기 시작한다. 옥륭태전국묘(玉隆太戰國墓)[61]에서는 투부[鶴嘴斧]·재갈[銜]·포수(鋪首), 서구반묘(西溝畔墓)[62]에서는 철제장검·철촉·창고다리[鐵鐏]·철국자[鐵勺]·재갈 등이 출토되었다. 납림고토묘(納林高兔墓)[63]에서는 은병철검(銀柄鐵劍)이 출토되었다. 연방거수혈[碾房渠窖藏][64]에서는 고양이 머리를 상징하는 장식품의 심(芯)을 철로 만든 장신구(자료 26의 1)가 출토되었다.

이후 한대에는 철기의 종류와 수량이 증가한다. 대표적인 유적은 서구반한묘(西溝畔漢墓), 보동구묘(補洞溝墓) 등이 있다. 공반 유물은 철정·철

국고고학회.

59 田広金, 1986,「桃紅巴拉墓群」,『顎爾多斯式靑銅器』, 文物出版社.
60 이 철기들은 본문에 언급되어 있으나, 그림 또는 사진이 제시되지 않아 자세한 상황은 알 수 없다.
61 內蒙古博物館·內蒙古文物工作隊, 1986,「玉隆太戰國墓地」,『顎爾多斯式靑銅器』, 文物出版社.
62 伊克昭盟文物工作站·內蒙古文物工作隊, 1986,「西溝畔戰國墓」,『顎爾多斯式靑銅器』, 文物出版社.
63 戴応新·孫家祥, 1983,「陝西神木県出土匈奴文物」,『文物』12.
64 伊克昭盟文物工作站, 1991,「內蒙古東勝市碾房渠発見金銀窖藏」,『考古』5.

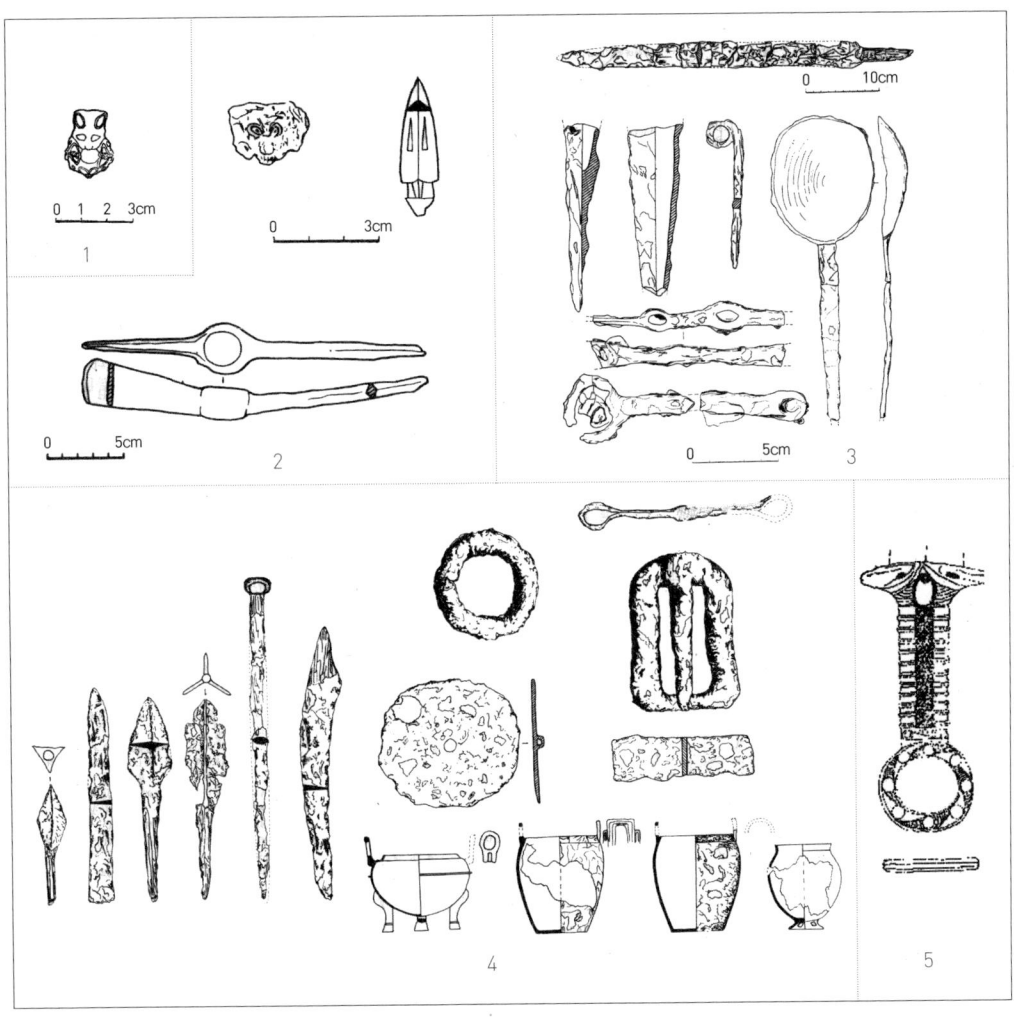

자료 26 오르도스·하투지구 출토 철기
1. 연방거교장(碾房渠窖藏) 2. 옥륭태묘(玉隆太墓) 3. 서구반묘(西溝畔墓) 4. 보동구묘(補洞溝墓)
5. 납림고토묘(納林高兎墓) 은철복합단검(銀鐵複合短劍)

복·재갈(鐵銜)·철대구·철환·철제장식판·철촉 등이다. 대부분 흉노와 관련이 있다.

이상을 통해 보면 오르도스·하투 지역의 철기 출현은 전국 후기로 소급되지만, 본격적인 철기 보급은 한의 성장에 따라 진행되었음을 알 수 있다. 이 지역은 상대적으로 중원 지역에 근접하다는 면에서 전국시대 말~한대에는 철기의 유입이 상대적으로 자연스러웠던 것으로 보인다. 따라서 본격적인 철기의 유입이 이루어지기 전의 운철제 철기나 인공철기는 확인되지 않는다.

③ 호화호특(呼和浩特)·대해(岱海)지구

이 지역은 내몽골 중남부에 해당[65]한다. 양성(凉城) 모경구(毛慶溝)유적,[66] 백우(白雨) 묘을단(廟圪旦)유적, 음우구(飮牛溝)유적[67]에서 철기가 출토되었다. 이 유적들의 시기는 춘추시대 말~전국시대 초에 해당한다. 모경구유적 M63호에서 철로 된 소형 장식품이 출토되었는데 가장 이른 시기에 해당한다. 이후 전국시대 전기~중기에는 모경구유적을 중심으로 도자·단검·철제투부·대구·소형과 대형 장식판 등이 출현한다. 이후 전국시대 후기에는 모경구유적과 음우구유적에서 도자·단검·투부·장방형 철부·대구·구슬[珠] 등이 출토된다. 특히, 음우구유적에서는 장방형 철부가 출토되었으며 이외에도 철기가 공반된다. 장방형 철부는 주조품으로 중원 지역과 관련된 것이다.

이들 유물 중에 묘경구유적과 음우구유적에서 초원지대에서 사용되던

---

65 강인욱, 2007, 「중국 오르도스(顎爾多斯) 靑銅器의 槪念과 初期硏究에 대한 檢討 - 骨董學에서 新中國 成立以前까지 - 」,『중국사연구』48, 중국사학회.
66 內蒙古文物工作站, 1984; 內蒙古文物工作隊, 1986, 227~315쪽; 岱海地區考察隊, 2001.
67 內滾古文物考古硏究所·日本京都中國考古學硏究會岱海地區考察隊, 2001, 「飮牛溝墓地年發掘報告」, 『岱海考古二 - 中日岱海地區硏究報告集』, 科學出版社.

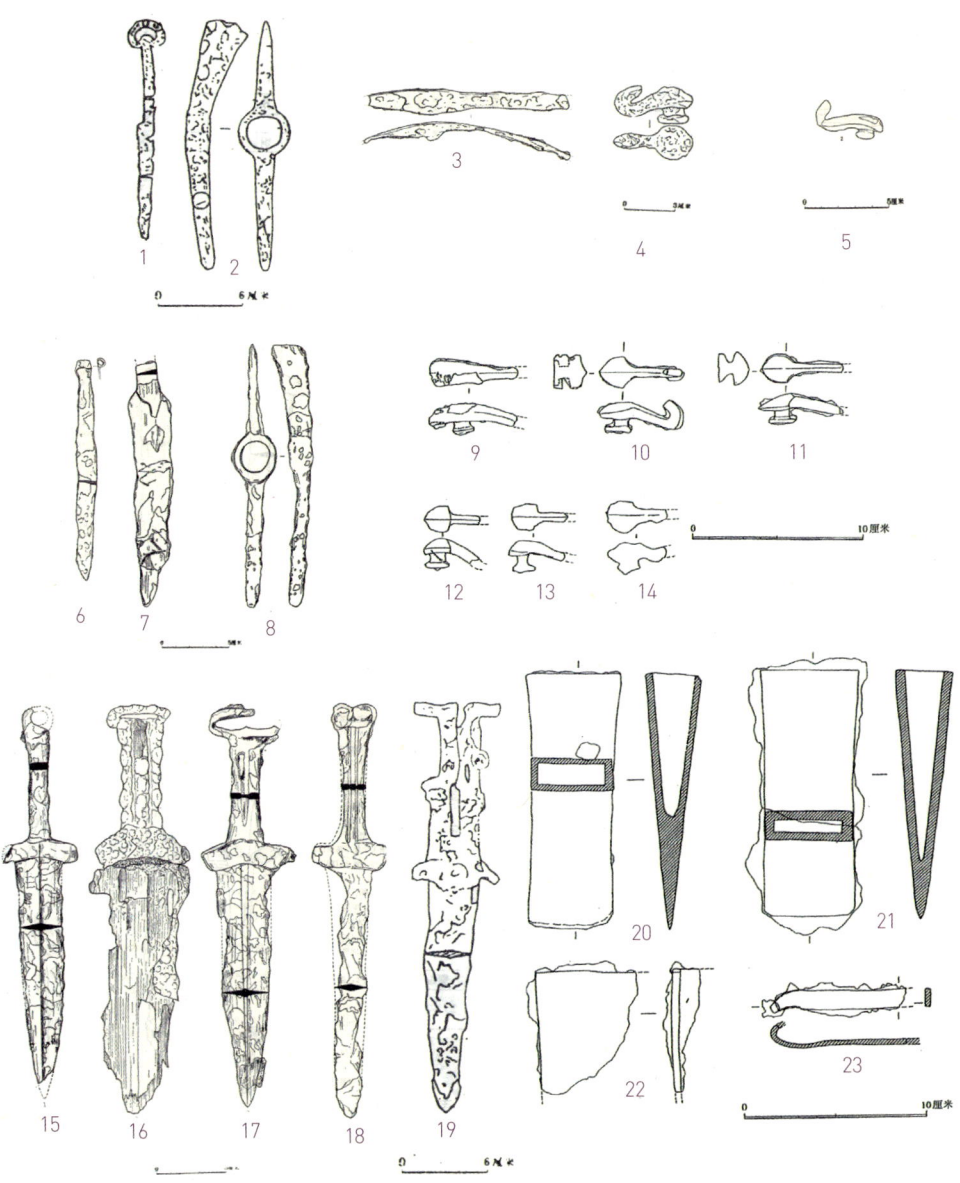

자료 27 | 호화호특·대해지구 출토 철기
1·2·4·9~14·19~23. 음우구유적 3·6. 백우 묘을단유적 5·7·8·15~18. 모경구유적

청동투부가 철기화되어 출현했다. 철기가 유라시아 서쪽에서 동쪽 지역으로 확산되는 과정에서 초원지대를 통과하면서 변화된 것으로 보인다.

이 청동기의 철기화 과정에 대하여 철기를 제작하는 장인의 이동을 상정할 수 있지만, 이 지역에서는 지금까지 철 생산유적이 확인되지 않는 한계가 있다. 그러나 지금의 몽골 지역에서 철 생산유적이 확인되는 것으로 보아 이 지역 역시 흉노가 활동하던 지역이라는 점에서 자체 생산의 가능성이 있다고 판단된다.

북동아시아 지역의 초기 철기 양상[68]

이 지역은 크게 중국 길림성·흑룡강성, 러시아의 연해주 지역을 포함한다. 지역적으로 범위가 넓은데도 불구하고 철기는 비교적 이른 시기에 출현했다. 다만 철 생산유적은 다른 지역에 비해 늦다는 특징이 있다.

길림성 북부와 흑룡강성·아무르주·연해주 지역은 수계로 보면 대부분 흑룡강 수계에 속한다. 연해주 남부와 흑룡강 남동쪽은 목단강·수분하·두만강 수계가 분포하고 있다. 그리고 이 지역에서 확인되는 철기류들은 중국 및 북서쪽 지역과 내몽골 지역처럼 운철제 철기와 괴련철 계통의 단조철기가 순차적으로 출현하는 과정은 보이지 않는다. 철제 유물의 종류는 화살촉[69]·소찰·교구(鉸具)·철부 등이다.

러시아 학자들은 우릴문화기를 기점으로 철기가 출현했다고 보고 있

---

[68] 이 부분은 다음 글을 주로 참고했다. 강인욱, 2003, 「Ⅴ. 초기 철기시대」, 『시베리아의 선사고고학』, 주류성; 洪亨雨·薑仁旭, 2004, 「러시아 극동지역 철기시대 연구의 제문제」, 『동북아 청동기시대 문화 연구』; 홍형우, 2006, 「아무르강 유역 및 연해주의 철기시대」, 『아무르 연해주의 신비』, 국립문화재연구소; 홍형우, 2009, 「연해주 초기철기시대의 연구현황과 과제」, 『철기시대 한국과 연해주』, 주류성출판사; 홍형우, 2011, 「러시아 극동(極東)지역 철기시대의 연구현황과 과제」, 『漢江 考古』 第7號, 한강문화재연구원; 홍형우, 2016, 「극동지역 초기철기시대 지역별 토기문화의 양상과 전개」, 『韓國上古史學報』 第84號, 한국상고사학회.

[69] 이 유물들은 단조품과 주조품으로 나누어야 하지만 필자의 능력 한계로 구분할 수 없었다.

다. 그러나 러시아 경내에서 출토되는 철기를 비교·분석한 일본 학자는 철기 출현의 연대를 낮추어 본다. 이에 비해 한국 학자들은 러시아 학계의 연대관을 비판적으로 수용하는 입장과 일본 학자의 견해를 따르는 입장으로 나뉜다. 연대관은 폴체유적에서 출토한 철부에 대한 것이 가장 활발하다. 폴체유적에서는 철기가 약 140여 점이 출토되었다. 폴체유적을 중심으로 시작된 폴체문화에 대한 연대는 처음 러시아에서 연대관이 제시된 후 수차례 수정을 거치고 있으며 중국·일본 등에서도 새로운 견해가 제기되고 있다. 특히, 무라카미 야스유키는 이 유적의 연대를 2조돌대 철부의 예를 근거로 중국 한대에 생산된 것으로 하향 조정되어야 한다고 주장했다. 이러한 철부에 대한 연대관은 한국의 박경신[70]에 의하여 폴체 1유적 4호 주거지는 2세기, 1유적 7호 주거지는 3세기로 비정되기도 했다. 이처럼 기원전으로 소급되던 폴체유적의 철부는 연대폭을 상당히 넓히는 결과를 낳았다.

 흑룡강 지역을 포함한 아무르강 유역 하류의 우릴문화와 폴체문화는 이른 시기의 철기가 확인되는 지역이다. 흑룡강(아무르) 지역은 소흥안령 산맥에 의해 동서로 분리되는데, 철기문화의 양상은 양 지역 간에 다소 차이가 있다. 서아무르 지역은 우릴문화 이후 딸라깐(Талакан)문화로, 동아무르 지역은 폴체문화로 이어진다.

(1) 우릴문화

아무르강 유역에서 철기가 처음 출현하는 것은 우릴문화다. 우릴문화는 아무르강 중류와 하류에 폭넓게 분포한다(자료 28). 연해주의 얀콥스키문화와 연변 일대의 유정동(柳庭洞)유형과 병행한다. 우릴문화의 생산도구

---

70 박경신, 2016, 「二條凸帶鑄造鐵斧의 編年과 展開樣相」, 『韓國考古學報』 98, 한국고고학회.

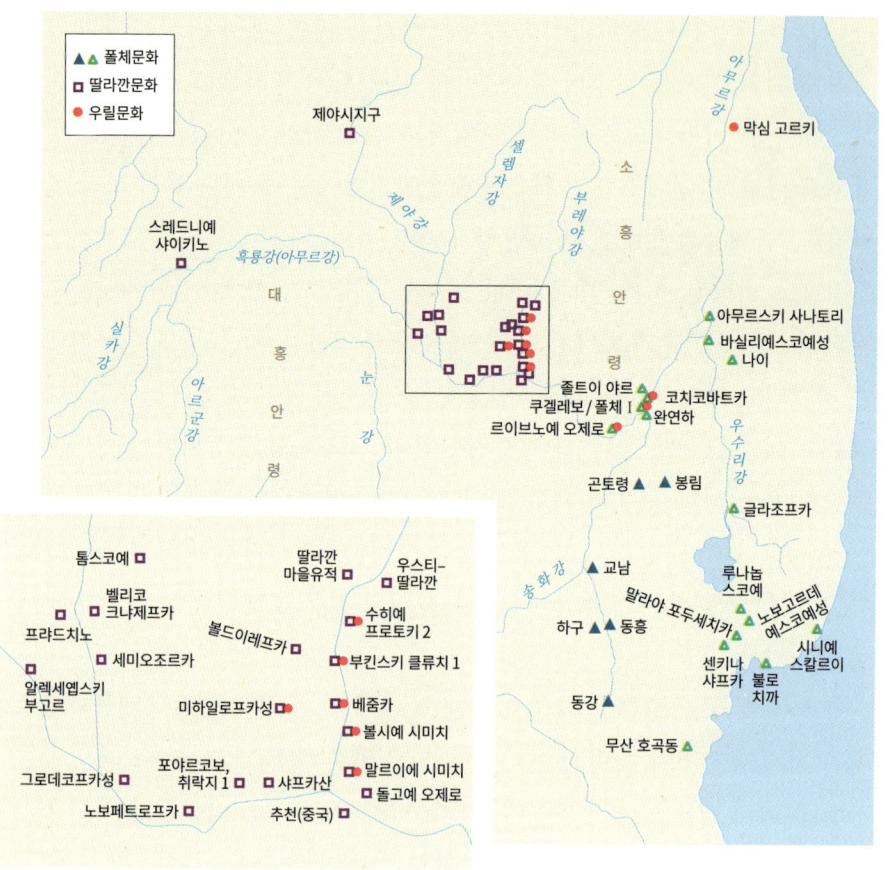

자료 28 | 극동 지역 초기 철기시대 유적 분포도(홍형우, 2014 수정)

는 골각기와 석기가 광범위하게 사용되며 철기는 매우 적다. 연대는 대체로 기원전 1000년기 전반으로 편년되며, 그 상한은 부킨스키 클류치 1유적의 경우와 같이 기원전 12~기원전 10세기까지 올라갈 가능성이 있다.

유적으로는 우릴섬 취락지(주거지 5기 발굴), 미하일로프카 취락지(하층, Михайловка), 수히예 프로토키 1·2주거유적(계절형 지상주거지, 수렵·이로 장소, Сухие Протоки 1·2), 베줌카 취락지(Безумка), 부킨스키 클류치 1(Букинский Ключ 1) 등이 유명하다. 이 밖에 말르이예 시미치(Малые

Симичи), 코치코바트카(Кочковатка), 막심 고르키(Максим Горький), 페르로파블로프카(Петропавлавка), 르이브노예 오제로(Рыбное Озеро), 쿠켈레보-벤조바키(Кукелево-Бензобаки), 크루글로예 오제로(Круглое Озеро) 등이 있다.

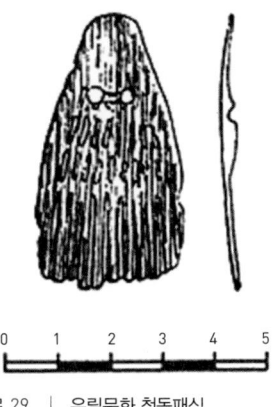

자료 29 | 우릴문화 청동패식
(부킨스키 클류치 1 출토)

우릴문화에서 출토된 금속 유물은 매우 적다. 청동 유물로는 부킨스키 클류치 1에서 청동패식(자료 29)이, 수히예 프로토키 2에서 청동도자와 청동편린(자료 30의 5·6)이 출토되었다. 이 중 청동패식은 삼각형의 형태로 길이 5.75cm, 최대폭 2.9cm이다. 형태나 문양새김 등이 카라수크의 금속기와 유사하여 우릴인들이 카라수크인들과 접촉·교류했다는 증거로 보고 있다.[71] 이 밖에 우릴섬과 막심 고르키에서 청동장식이 출토되었다.

철기로는 철도자편 2점(우릴섬 출토 1점, 자료 30의 7), 수히예 프로토키 2 출토 1점(자료 30의 1), 굴지구편 2점(우릴섬 출토 2점), 유공부편 3점(수히예 프로토키 2 출토 3점, 자료 30의 2~4), 소형 철기편 1점(베줌카 출토, 두께 1mm의 도자편), 철슬래그 등이 있다.

우릴섬에서 출토된 철도자편 중 하나(자료 30의 7)는 등 부분은 곧고 날 부분이 돌출된 형태로 손잡이가 달렸다. 굴지구편은 날 부분이 평면 삼각형 형태로 날카롭고, 등 부분은 폭이 조금 넓으며 안쪽으로 접어 붙인 형태다.

수히예 프로토키 2유적의 3층에서 출토된 철도자편(자료 30의 1)은 형

---

71 D. P. 볼로틴 외, 2008, 『아무르주의 역사-고대에서 21세기까지-』, 블라고베센스크, 47~48쪽(Д. П. Болотин ..., 2008, История Амурской области с древнийших времен до начала XX века, Благовщенск, pp.47-48).

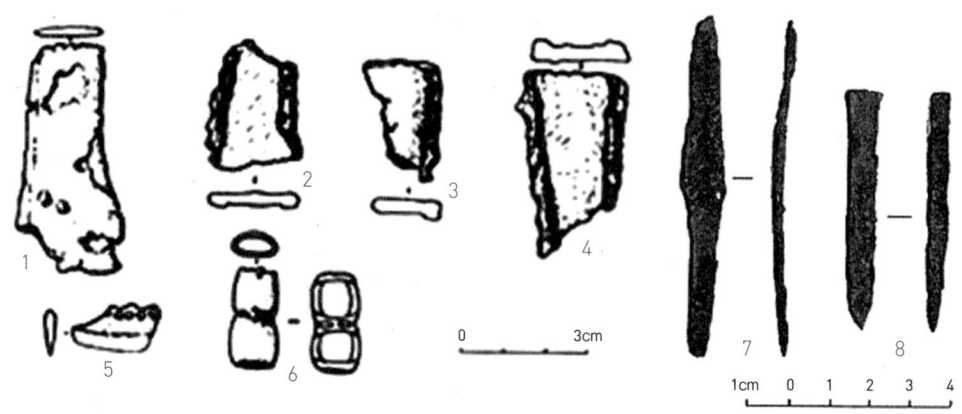

자료 30 | 우릴문화 금속유물(홍형우, 2011)
1. 철도자편 2~4. 유공부편 5. 청동도자편 6. 청동편 7·8. 철도자
[1~6. 수히예 프로토키 2 출토(네스테로프 외, 2000) 7·8. 우릴섬 출토(볼로틴 외, 2008)]

태가 독특한데, 판상의 손잡이 부분과 날 부분으로 이루어져 있다. 손잡이의 잔존폭은 1.4cm, 날폭은 1.8cm, 잔존길이는 6cm다. 손잡이와 날의 연결 부분에 돌출부가 있고, 두께 2mm 정도의 얇은 철편으로 만들었다. 이 도자편은 극동 지역의 다른 유적에서는 출토된 사례가 없는 형태로, 날 부분과 손잡이가 일체가 아닌 점 등 세부적인 차이는 있지만, 카라수크의 청동도자를 모형으로 만든 철제 방제품으로 간주된다. 유공부편 3점(자료 30의 2~4)은 평면 긴 사다리꼴 형태로, 잔존최대폭은 2.5cm다. 금속 그래픽 분석을 통해 이 도자편은 저탄소 강철로 만들어졌으며, 유공부편은 탄소 함유량이 4.3%인 백주철로 만들어졌다.

부킨스키 클류치 1유적의 5층에서 출토된 철 슬래그는 이미 우릴문화의 이른 단계부터 철이 현지에서 생산된 증거로 간주된다. 그러나 금속학적 분석에 대한 내용이 없어 추가 검토가 필요하다.

수히예 프로토키 2유적은 방사성탄소연대법으로 측정하면 기원전 9세기 후반에서 기원전 8세기 초로 편년되며, 철슬래그가 출토된 부킨스키

자료 31 | 르이브노예 오제로유적 전경(심재연)

클류치 1의 5층을 기원전 12~기원전 10세기까지 보는 것은 앞서 언급한 바와 같다.[72]

이와 같이 우릴문화에는 카라수크의 모방품이 분명한 청동유물과 철제유물 및 철기의 현지생산을 보여주는 자료가 있다. 따라서 아무르 유역에서는 청동기시대가 개별적인 편년 단계로 존재하지 않았으며 청동과 철이 동시에 사용되기 시작된 것으로 보고 있다. 주목되는 점은 주변 지역에 비해 철기의 출현이 빠르다는 점이다. 이에 대해 러시아 학계는 구리의 매장이 거의 없으며, 소택지와 같은 풍부한 철광석이 존재하는 환경적인 조건에 기반하여 제철기술이 매우 이른 시기에 사용되었기 때문으로 해석하고 있다.

---

[72] S. P. 네스테로프 외, 2000, 『고대의 부레야』, 노보시비르스크(Нестеров С. П., Гребенщиков А. В., Алкин С. В., Болотин Д. П., Волков П. В., Кононенко Н. А., Кузьмин Я. В., Мыльникова Л. Н., Табарев А. В., Чернюк А. В. 2000, Древности Буреи. Новосибирск, p.352).

러시아의 A. P. 데레뱐코는 이 지역의 철기 발생을 기원전 2000년기에 형성된 고도의 생산경제와 관련이 있는 것으로 보고 다음 두 가지 가설을 제기했다. 첫 번째는 철기 제련기술이 소아시아에서 중앙아시아를 걸쳐 동아시아까지 전파되었을 가능성이다. 두 번째는 이 지역에서 자체적으로 철기 생산이 시작되었다고 보는 것이다. 생산경제가 고도로 발전한 점, 청동 제련기술을 알고 있었다는 점, 접근이 용이한 철광산이 대량 존재한다는 점 등 여러 정황이 이 가설을 뒷받침하는 것으로 본다.[73] 최근에는 극동 지역 남부가 독자적인 철기의 생산 중심지였으며, 그곳에서부터 주변 지역으로 전파되었을 가능성도 제기되었다.[74]

우릴문화는 철기의 사용에도 불구하고 여전히 골각기와 석기의 비중이 높다는 특징이 있다. 우릴문화의 잔존시기는 동·서 아무르 지역 간에 약간의 차이가 간취되는데, 서아무르에서는 기원전 4~기원전 2세기로, 동아무르에서는 이보다 조금 이른 시기인 기원전 5~기원전 4세기까지 이어진다.

(2) 딸라깐문화

이 문화는 아무르주를 중심으로 한 서아무르 유역에서 우릴문화를 잇는 초기 철기시대 후기 문화이다. 절대연대는 기원전 4~기원전 2세기에서 기원후 3세기경이다.

1990년대에 조사된 부레야강의 우스티-딸라깐(Усть-Талакан) 계절유적에서 명명된 문화로, 현재 20곳 이상의 유적이 알려져 있다.

---

73 A. P. 데레뱐코, 1973, 『아무르유역의 초기철기시대』, 노보시비르스크, "나우카", 244쪽 (Деревянко А. П., 1973, Ранний железный век Приамурья. Новосибирск, "Наука", p.354).

74 D. P. 볼로틴 외, 2008, 『아무르주의 역사 – 고대에서 21세기까지 – 』, 블라고베셴스크, 41~58쪽(Д. П. Болотин ..., 2008, История Амурской области с древнийших времен до начала XX века, Благовщенск, pp.41–85).

금속유물은 우스티-딸라깐 유적에서 소량이 나왔다. 철제품으로는 낚싯바늘 1점, 철심 2점, 철송곳 2점과 청동패식 1점이 있다(자료 32).

딸라깐문화의 기원에 대해서는 정확히 알려져 있지 않으나, 우릴문화와 관계된 것으로 보는 것이 전통적인 견해다. 즉 우릴문화의 늦은 단계와 딸라깐문화

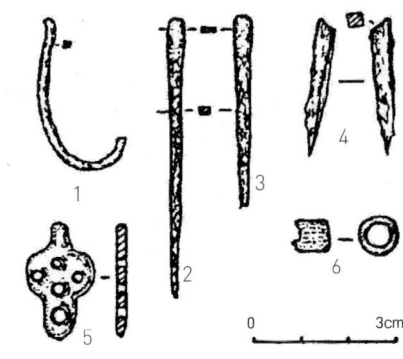

자료 32 | 우스티-딸라깐 출토 금속유물
1~4. 철제 5. 청동패식 6. 옥수석 구슬

의 초기 단계를 연결하는 것이다. 기원전 5~기원전 4세기까지 이어지다가 폴체문화로 바뀌는 동아무르의 우릴문화와는 달리, 서아무르의 우릴문화는 기원전 4~기원전 2세기까지 이어진다. 그러나 S. P. 네스쩨로프[75]는 기원전 5세기 말부터 기원후 4세기 초까지 편년했다.

참고로, 서아무르 유역에서 폴체문화는 안정된 층위를 이루고 있다기보다는 단편적인 토기편 등 개별 유물들만 보인다. 알렉세옙스키 부고르 유적 부근에 있는 오제로 야마(Озеро Яма)에서는 폴체토기와 함께 청동제 원형 장식판(자료 32의 1)이 출토되었는데, 오르도스 청동장식과 닮았다. 이 밖에도 폴체토기는 우스티-딸라깐에서도 딸라깐토기와 공반되어 출토된 바 있다.

딸라깐문화의 기원에 대한 또 다른 견해는 서아무르 유역과는 달리, 우릴문화와 직접 연결시키지 않는 것이다. 그 근거로는 알렉세옙스키 부고

---

75 S. P. 네스쩨로프, 2000, 「I~III세기 西아무르 유역 주민들의 민족문화사」, 『東아시아 1~3世紀의 考古學-考古學硏究의 爭點-』, 문화재연구 국제학술대회 발표논문 제9집, 국립문화재연구소.

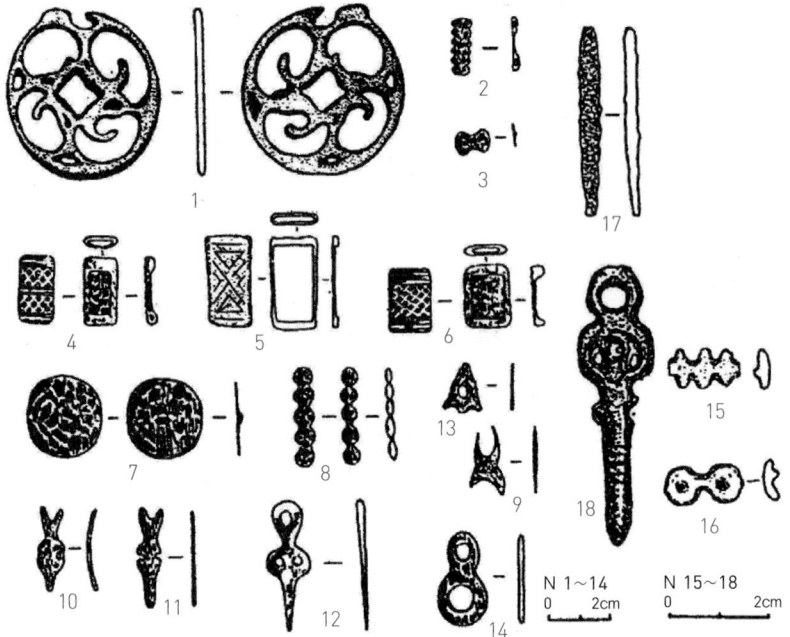

자료 33 │ 딸라깐문화 금속유물
1~14·18. 청동제 15~16. 은제 17. 철제
(1. 오제로 야마 2~14. 알렉세옙스키 부고르 15~18. 프랴드치노)

르, 프랴드치노 3, 미하일로프카성, 우스티 – 딸라깐 등지에서 출토된 청동제장신구가 오르도스청동기와 유사하며(자료 33의 1~16), 프랴드치노 3에서 출토된 청동제송곳(매듭 푸는 용도, 자료 33의 18)이 중앙아시아와 남부시베리아의 청동기시대 후기인 카라수크문화의 것과 유사하다는 것이다. 이 견해는 기원지 대신 교역 또는 직접적인 사람의 이주를 상정하고 있다. 또한 딸라깐문화의 주거지가 우릴문화에서는 보이지 않던 새로운 형태의 주거지로 바뀌는 점, 우릴문화와는 전혀 다른 전통의 토기문화가 출현하는 점 등을 간접적인 증거로 든다. 만약 외부에서 아무르 유역으로 이주했다고 가정한다면, 이 주민들은 자바이칼과 몽골 동부에서 온 몽골어족의 선비(오환)와 연결될 가능성이 높다고 본다. 딸라깐문화에서 발전

한 미하일로프카문화를 실위문화(북실위·발실위·심말단실위)로 보고 있는 점 또한 간접 증거의 하나로 든다.[76] 현재로서는 가설에 불과하나, 향후 심도 있게 연구할 주제다.

(3) 폴체문화

극동 지역 철기시대를 대표하는 문화로, 우릴문화의 전통을 잇고 있다. 아무르강 중·하류에 분포한다(자료 28).

А. Р. 데레뱐코는 폴체문화를 3단계로 나누었다. Ⅰ단계는 졸토야로프기로 기원전 7~기원전 6세기, Ⅱ단계는 폴체기로 기원전 6세기에서 기원전 2~기원전 1세기, Ⅲ단계는 쿠켈레보기로 1~5세기다.[77]

홍형우는 방사성탄소연대, 토기 분석자료, 연해주 폴체문화, 삼강평원의 완연하(碗蜒河)·곤토령(滾兎嶺) 문화와의 비교 등을 고려하여, 폴체문화의 발전과정을 3단계로 나누었다.[78] Ⅰ단계(코치코바트카 2, 르이브노예 오제로 2)는 우릴문화에서 폴체문화로의 전환기로 기원전 6~기원전 4세기다. Ⅱ단계는 А. Р. 데레뱐코의 Ⅱ단계를 세분하여 Ⅱ-1단계(졸트이 야르와 아무르스키 사나토리)는 기원전 4~기원전 3세기, Ⅱ-2단계(폴체 1, 나이)는 기원전 2~기원전 1세기다. 아무르 3단계(쿠켈레보-벤조바키)는 1~5세기로 잠정 편년한 А. Р. 데레뱐코의 3단계와 같다. 그가 2단계를

---

76 D. P. 볼로틴 외, 2008, 『아무르주의 역사-고대에서 21세기까지-』, 블라고베센스크, 61~69쪽(Д. П. Болотин ..., 2008, История Амурской области с древнийших времен до начала XX вака, Благовщенск, pp.67-69).

77 А. Р. 데레비야코, 1976, 『아무르 유역(기원전 1천년기)』, 노보시비르스크, "나우카", 194~195쪽(Деревянко А. П., 1976, Приамурье(1 тысячелетие до нашей эры). Новосибирск, "Наука", pp.194-195); А. Р. 데레비야코, 2000, 「폴체문화와 그 동아시아 철기시대문화의 형성에서의 역할」, 『동아시아 1~3세기의 고고학-고고학연구의 쟁점』, 문화재연구소 국제학술대회 발표논문 제9집, 국립문화재연구소.

78 홍형우, 2008, 「동아시아 폴체문화 토기연구」, 러시아과학원 박사학위논문[Керамика польцевский культуры на востоке азии(Ⅴ в. до н. э.-Ⅳ в. н. э.)].

세분한 것은 아무르 유역에서 폴체문화는 아무르스키 사나토리유형과 폴체 1유형으로 나뉘어 발전한 것으로 파악했기 때문이다. 두 유형은 토기 기종 구성과 격자 타날문, 승문의 유무 등 문양에서 차이를 보인다.

철기는 폴체 2기가 되면 우릴문화에 비해 종류가 다양해지며 수량도 많아진다. 도구·무기·의복소품·장신구 등을 철로 만들었는데, 도끼·끌·화살촉·창·검·찰갑·칼·허리띠장식·송곳·낚싯바늘 등 다양하며, 무기의 비중이 높다. 특히 날의 단면이 쐐기형이고 공부 단면은 6각 또는 사각형이며 상부에 2조의 돌대가 있는 주조철부는 폴체문화의 특징적인 유물이다(자료 34·35).

2조 돌대 주조철부에 대하여는 조견호(潮見浩)의 철부 편년을 근거로 기원 전후로 추정하거나,[79] 주조철부의 최종 단계로 보아 후한대를 중심으로 한 삼국시대까지 생산된 것으로 보는 견해[80] 등 러시아 학자들과는 다른 의견들[81]이 있다. 이 문제는 2조 돌대 주조철부에 대한 보다 많은 자료가 출토되어야 해결될 수 있는 문제다. 홍형우는 폴체 1유적에서 출토된 파수부토기[把手罐]를 곤토령의 파수부 토기와 비교하고, 완연하 출토유물들을 참고할 때 2조 돌대 주조철부가 출토된 폴체 1유적은 기원전 2~기원전 1세기로 보고 있다.[82] 그러나 이 철부의 시원에 대하여는 아직까지 성공적으로 설명되지 않고 있다는 점에서 자료가 더 확보되어야 할 것으로 보인다.

폴체 3기가 되면 철기의 종류와 양이 증가하고, 석기가 거의 소멸하여

---

79 大貫靜夫, 1988, 『東北アジア考古學 - 世界考古學』, 同成社.
80 村上共通, 2000, 「團結文化と滾土領文化」, 『東夷世界の考古學』, 河出書房新社.
81 臼杵 勳, 2004, 『鐵器時代の東北アジア』, 同成社 ; 笹田朋孝, 2010, 「東北アジアの古代鐵文化」, 『東アジアの古代鐵文化』, 雄山閣.
82 홍형우, 2008, 「동아시아 폴체문화 토기연구」, 러시아과학원 박사학위논문[Керамика польцевский культуры на востоке азии(V в. до н. э. - Ⅳ в. н. э.)].

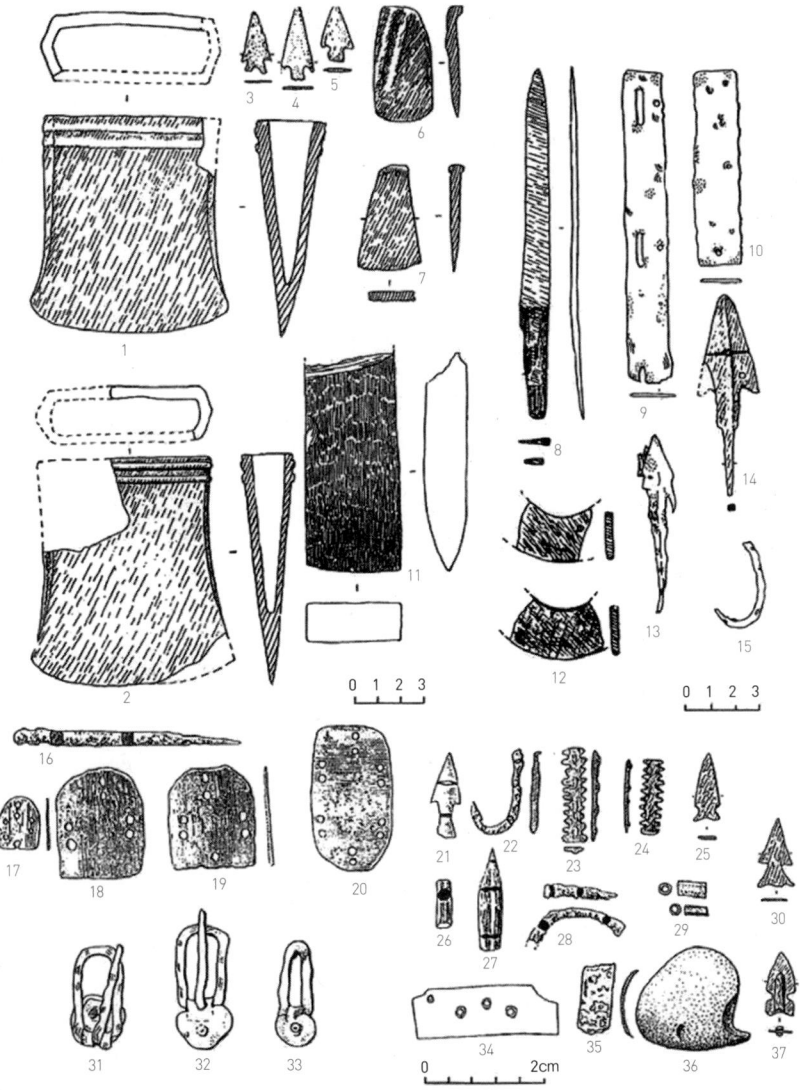

자료 34 폴체문화의 철기류(A. P. 데레뱐코, 1976; 2000)
1·2. 철부 3~5·21·25·30. 철촉 8. 철도 11. 석부 12. 원형 철기편 13·14. 철촉 6·7. 끌 9·10·17~20. 철갑편 15·22·28. 낚싯바늘 23·24. 연주형 장식 31~33. 교구 29·34. 장방형 석도 35. 철편 36. 메부리코형 석기

자료 35 | 폴체문화의 철기 및 동기(국립문화재연구소, 2006)

자료 36 | 아무르스키 사나토리유적 전경(심재연)

도구의 철기화가 이루어진다. 본격적인 철기 생산에 의한 사회경제적인 변화양상까지를 감안하여 철기시대를 규정한다면, 아무르강 유역이 본격적인 철기시대로 들어선 시기는 4~5세기경으로 보이며, 이는 폴체 3기 후반에서 초기 중세시대로 이어지는 시기로 볼 수 있다.[83]

한편 서아무르 유역에서는 폴체 3기와 거의 병행하여, 딸라깐문화에 이은 미하일로프카문화가 3세기에 등장한다. 그러나 이 지역에서는 주조철부와 철제칼 등 도구의 철기화가 진행되지만, 골각기와 석기가 여전히 많이 사용되고 있다.

서아무르 지역의 철기문화는 우릴문화를 통하여 가장 이른 시기에 러시아 경내에 들어왔다고 주장되어왔다. 그런데 우릴유적과 폴체유적에 대한 발굴조사는 중·소분쟁 시기에 이루어졌다는 점에서 정치적인 의도가 다분했다. 이는 이 유적들이 소개된 이후 우릴문화기에 대한 진전된 발굴조사가 이루어지지 않았다는 점에서 유추할 수 있다. 따라서 서아무르 지역에 대한 철기의 유입·생산, 철 생산에 대한 양상을 파악하기 위해서는 체계적인 추가 발굴조사가 필요하다.

연해주의 초기 철기문화

얀콥스키(Янковский)문화

연해주 초기 철기문화 중 가장 빠른 문화로, 연해주 남부 내륙과 동해안을 따라 분포하며, 초도유적 등 한반도의 동북부 연안에서도 확인된다(자료

---

83 D. P. 볼로틴 외, 2008, 『아무르주의 역사 – 고대에서 21세기까지 – 』, 블라고베셴스크, 42쪽 (Д. П. Болотин ..., 2008, История Амурской области с древнийших времен до начала ХХ вака, Благовщенск, р.42).

37). 아무르강의 우릴문화와 병행한다. 연대에 대한 견해는 다양한데, 대체로 기원전 8세기에서 기원전 5~기원전 4세기로 보는 것이 일반적이다.[84]

철기는 1960년 페스차느이유적에서 A. P. 오클라드니코프가 10개의 철기를 발굴하면서 알려지기 시작했다. 이후 말라야 포두세치카에서도 주조철부 등이 발굴되었다(자료 38). 최근 조사된 바라바시 3유적의 철기 20여 편을 포함하면, 얀콥스키문화의 철기는 주조철부·철촉·철심 등 모두 50여 점이다. 대부분 주조철기로서 아무르강 유역의 동 시기 문화인 우릴문화와의 유사성이 검토된 바 있다. 철기가 출토되지만, 여전히 석기와 골각기의 비중이 높다.

얀콥스키문화의 철기와 관련하여 최근 발굴된 바라바시(Барабаш) 3유적(자료 39·40)[85]이 주목된다. 이 유적에서는 대장간과 유사한 제철시설로 알려진 주거지에서 8편의 철기가 출토되었으며, 이듬해 발굴에서도 추가로 10편의 철기가 나와 3년(2007~2009년) 간 모두 20편의 철기가 출토되었다. 대부분 철부편으로 생각되나, 이 중 형태를 알 수 있는 것은 5편이다. 주조철부가 3점, 철제도자가 2점, 철촉 1점이다. 주조철부는 장방형으로 6.5×1.5cm에 잔존높이는 5cm다(자료 39). 금속학적 분석에 따르면 가열냉각방법으로 만들어졌다. 이와 같은 철부는 페스찬느이 1유적, 말라야 포두세치카유적에서도 출토되었다. 이곳의 철제도자 2점 중 하나는 슴베가 있고 나머지 하나를 없는 것이다.

---

84 얀콥스키 편년에 대한 다양한 견해는 홍형우, 2008, 「두만강 유역 및 연해주 철기문화의 발생과 전개 - 얀콥스키문화를 중심으로 - 」, 『21세기의 한국고고학 I』 참조.

85 강인욱·김재윤, 2008, 「한-러 국경지역서 만난 철기유적 바라바쉬-3 얀꼽스끼문화 주거지 발굴」, 『계간 한국의 고고학』 2008년 봄호 제7호, 주류성; 강인욱, 2008, 「2008년도 제2차 러시아 연해주 하싼구 바라바쉬-3 얀콥스키문화 주거지 발굴보고」, 『제5회 환동해선사문화 연구회학술발표자료집』, 환동해고고학연구회; 클류에프(Н. А. Клюев) 저, 김재윤 역, 2014, 「연해주의 고금속기시대 최신 자료 - 드보랸카 석관묘와 바라바쉬 제철유적 - 」, 『한국청동기학보』 제14호, 한국청동기학회.

자료 37 | 얀콥스키문화 유적 분포도(홍형우, 2009 수정)

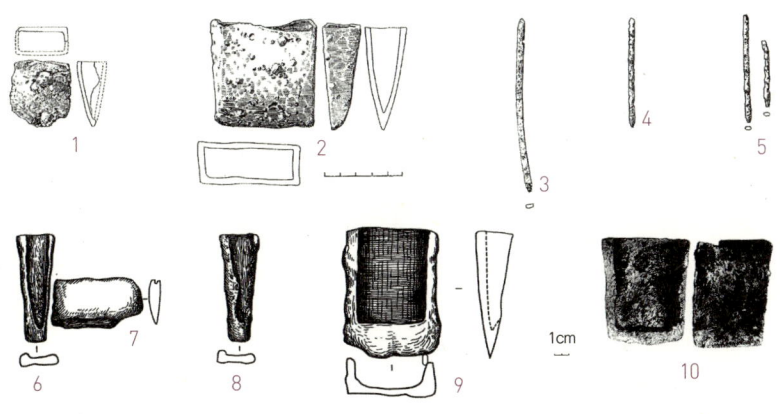

자료 38 | 얀콥스키문화 철기(홍형우, 2009)
1·2. 철부(페스차느이Ⅰ) 3·5. 철심(페스차느이Ⅰ)
6·7. 굴지구편(말라야 포두세치카) 7·9·10. 철부(말라야 포두세치카)

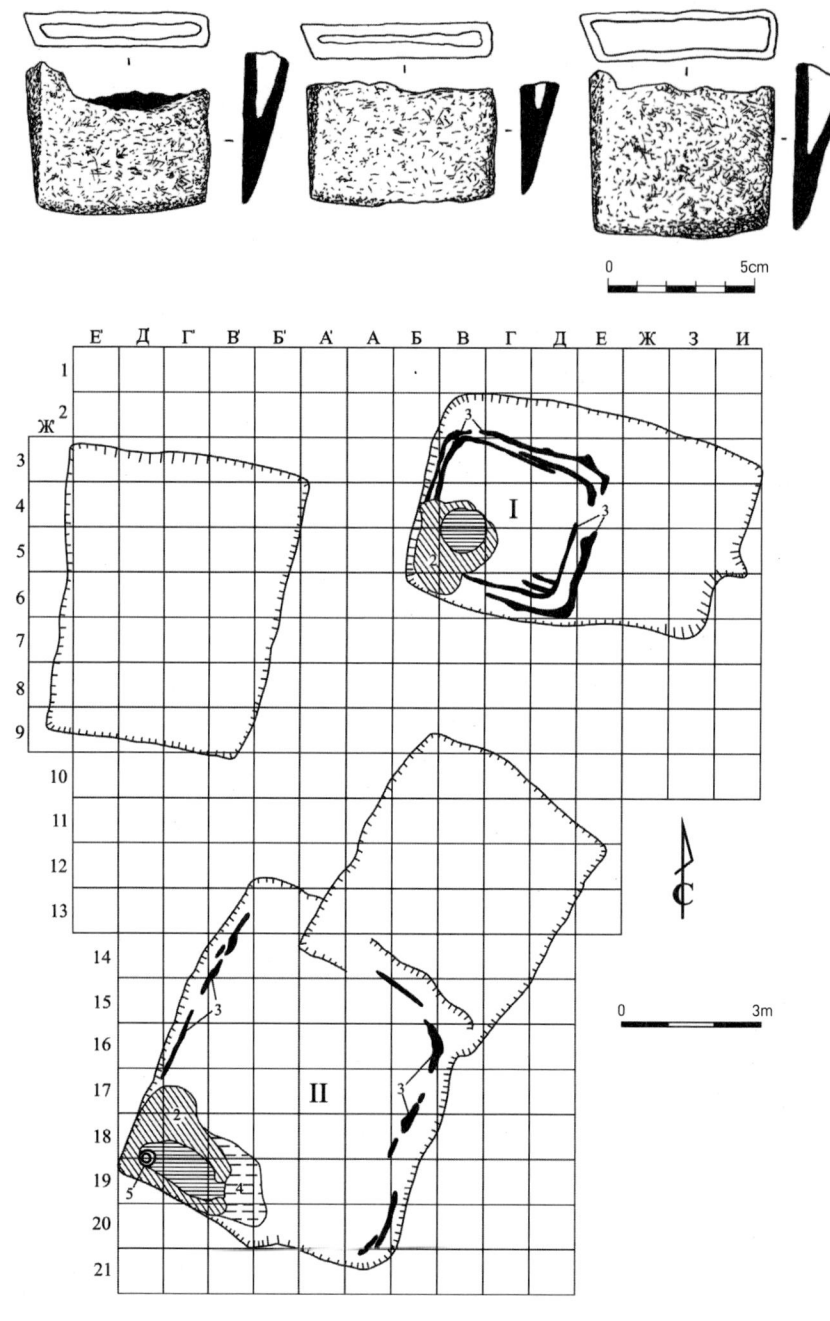

자료 39 | 바라바시 3유적 유구 배치도 및 철부(N. A. 클류예프, 2014)

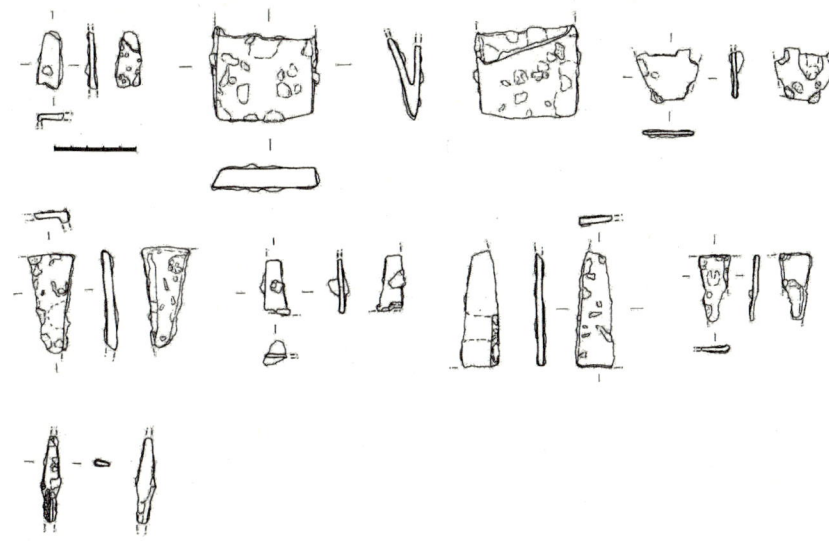

자료 40 | 바라바시 3유적 1호 주거지 전경 및 출토 철기(강인욱, 2008)

자료 41 | 바라바시 3유적 2호 주거지 전경 및 출토 철기(강인욱, 2008)

방사성탄소연대는 2415±45(COAH-7267), 2435±90(COAH-7268), 2180±60(SNU07-R080), 2220±60(SNU07-R081)로 측정되어 기원전 5~기원전 3세기에 해당한다. 이 연대는 얀콥스키문화의 가장 늦은 시기에 해당한다.

바라바시 3유적은 주조철부, 토기의 형태와 문양, 그리고 토기손잡이, 마제석도, 화살촉 등에서 얀콥스키 전기 유적인 페스챠느이 1유적과 비교되기도 하지만, 전반적인 출토유물의 특징에서 얀콥스키후기문화를 대표하는 말라야 포두세치카하층유적과 더 가깝다. 즉 뇌문(메안드르)과 수직 지그재그, 그리고 삼각형 모티브와 같은 이전 시기의 특징이 사라지며, 수평토기 손잡이와 복합문양의 감소, 돌대문의 증가와 같은 후기의 특징이 보인다. 참고로 말라야 포두세치카의 방사성탄소연대는 기원전 480±50이다. 이러한 특징은 최근에 발굴된 르이박(Рыбак) 1유적에서도 확인된다.[86]

이와 같이 유물에서 보이는 특징과 방사성탄소연대를 근거로 조사자인 N. A. 클류예프는 이 유적을 기원전 5~기원전 3세기로 편년하고 있는데, 기원전 3세기에 비중을 두고 있다. 이 시기는 얀콥스키문화의 말기 단계이며, 이때 연해주에서 철기 제작이 시작된 것으로 간주하고 있다.[87] 이에 반하여 기원전 5세기로 보는 견해도 제기되었는데, 연해주 지역에서 폐철기를 재가공하는 유적이 존재할 가능성이 확인되었다는 점에서 중요한

---

86 А. В. 가르코빅, 2003, 「연해주 후기 토기복합 유적 르이박-1」, 『극동과 주변 지역의 고고학과 사회인류학』, 블라고베셴스크, 175~181쪽(Гарковик А. В., 2003, Поздний керамический комплекс памятника Рыбак-1 в Приморье // Археология и социокультурная антропология Дальнего Востока и сопредельных территорий: материалы XI сессии археологов Дальнего Востока: Третья мждунар. науч. конф. ⟪Россия и Китай на дальневосточных рубежах⟫. Благовещенск, pp.175-181).

87 클류예프(Н. А. Клюев) 저, 김재윤 역, 2014, 「연해주의 고금속기시대 최신 자료-드보랸카 석관묘와 바라바쉬 제철유적-」, 『한국청동기학보』 제14호, 한국청동기학회.

유적으로 판단된다. 또한 2차 조사에서는 철촉 1점이 확인(자료 41)되었다. 대체적인 형태가 크로우노프카유적에서 보이는 것과 유사하여 얀콥스끼문화와 크로우노프카문화의 이행기에 대한 양상을 보여준다.

단결 - 크로우노프카문화

단결 - 크로우노프카(Кроуновка)문화는 연해주 남부, 수분하(綏芬河) 유역, 한반도 동북지방에 분포한다(자료 42·43).

이 문화의 연대에 대한 견해 역시 다양하지만, 대체로 기원전 3~1세기로 본 A. P. 오클라드니코프와 D. L. 브로댠스키의 의견이 타당한 것으로 보인다.[88] 이에 비해 중국의 임운(林雲)은 단결유적의 방사성탄소연대를 근거로 기원전 5~1세기로 보고 있다.[89] 최근에는 한국의 김재윤이 단결-크로우노프카문화 범위에 대한 검토와 시기를 다음과 같이 구체화했다. 1기는 기원전 5~기원전 3세기, 2기는 기원전 3~기원전 1세기, 3기는 기원전 1~1세기다. 또한 단결-크로우노프카문화 범위를 기존의 홍개호 부근 드보랸카 3유적, 세미 퍄트나야 1·3유적을 목단강 유역의 동강문화로 보고 전통적인 문화범위에서 제외(자료 42)했다.

도구는 마제석기가 상용되지만, 그 종류와 양이 많이 감소한다. 금속유물은 얀콥스키문화에 비해 2~4배 이상 많아진다. D. L. 브로댠스키에 따르면 1,000㎡당 40개의 금속유물이 출토되었다. 철기와 청동기의 종류도 다양해져 도구의 철기화가 진전되었음을 알 수 있다.

---

88 A. P. 오클라드니코프, D. L. 브로댠스키, 1984, 「크로우노프카 문화」, 『시베리아와 극동의 고고학』, 노보시비르스크, 100~101쪽(Окладников А. П., 1984, Бродянский Д. Л. Кроуновская культура//Археология юга Сибири и Дальнего Востока, Новосибирск, pp.100-101); 김재윤, 2016, 「한중러 접경지역 철기시대 단결-크로우노프카 문화범위에 대한 검토-북부 및 서부 경계를 중심으로-」, 『한국상고사학보』 제93호, 한국상고사학회.

89 林雲, 1985, 「論團結文化」, 『北方文物』; 복기대 역, 2013, 「단결문화(團結文化)에 대한 논의」, 『북방고고학논총』, 학연문화사.

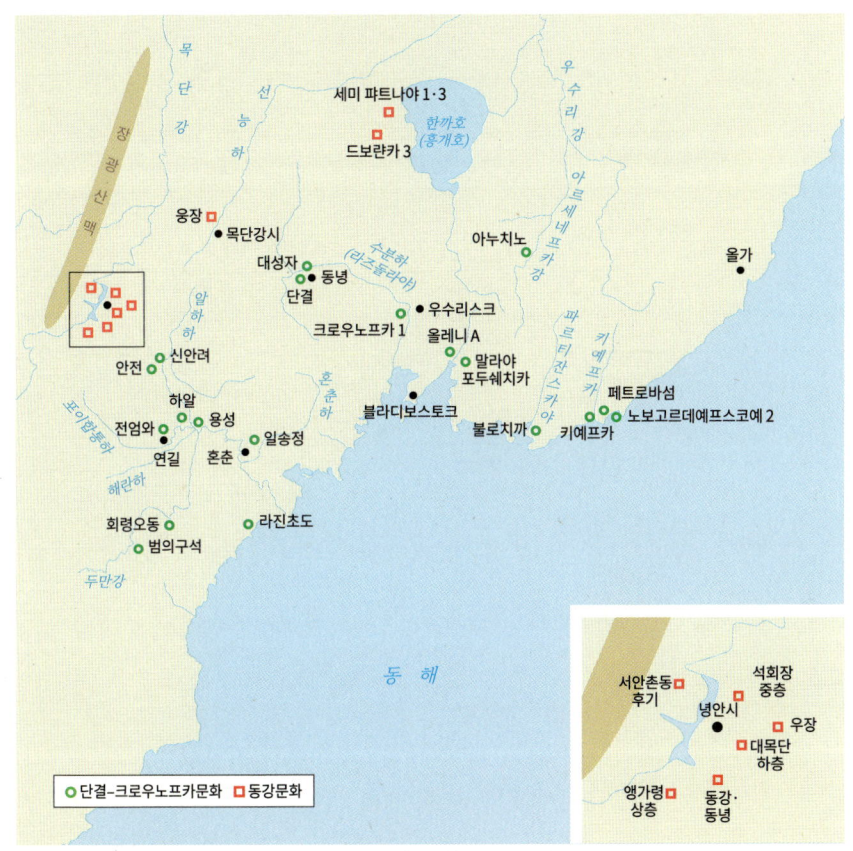

자료 42 | 동강문화와 단결-크로우노프카문화 유적 (김재윤, 2016 수정)

주조철부는 장방형이며 날은 볼록날의 비대칭이다. 얀콥스키문화에 비해서 두께가 얇다. 가장 긴 것은 함경북도 무산 호곡동에서 출토된 것으로, 길이가 120mm, 가장 긴 폭이 98mm다. 주조자귀는 폭이 좁고 납작하여 길이 37~70mm, 폭 27~32mm, 두께 4~5mm다. 철제칼은 슴베 달린 것과 구멍 뚫린 반원형 두 종류가 있다. 청동제품으로는 연해주 올레니 A 유적에서 출토된 그릇, 페트로바섬에서 출토된 낚싯바늘·구슬·패식·방울 등이 있다. 크로우노프카의 횡단면 장방형의 주조철부와 기저부가 오

자료 43 | 크로우노프카문화 유적 분포도(홍형우, 2008 수정)

목한 삼각만입 철촉은 한반도의 초기 철기시대 유적에서 다수 출토되는 것과 상당히 유사하다(자료 45~47).

이 문화는 두만강 유역의 무산 호곡동 5·6기[90]에서 전·후반의 양상이 잘 나타난다. 주지하다시피 호곡 5기에 도구가 철기화되고, 6기에 이르면

---

90 황기덕, 1960, 「무산 범의구석 원시유적 발굴 중간보고」, 『문화유산』 60-1; 황기덕, 1975, 「무산 범의구석유적 발굴보고」, 『고고민속문집』 6; 장호수, 1992, 「청동기 시대와 문화」, 『북한의 선사고고학 3』, 백산문화.

자료 44 | 대소유적(상)과 안도 내두촌, 혼춘 이완소학교(하)
(연변박물관 소장, 양시은 제공)

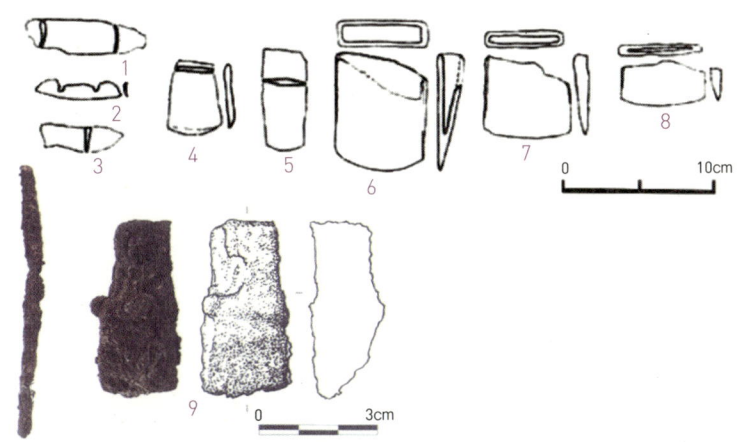

자료 45 | 크로우노프카문화 철기(홍형우, 2011)
1~3. 올레니 A유적 4~8. 크로우노프카유적(브로댠스키, 2000) 9. 불로치까

자료 46 | 극동대 소장 철기(심재연)

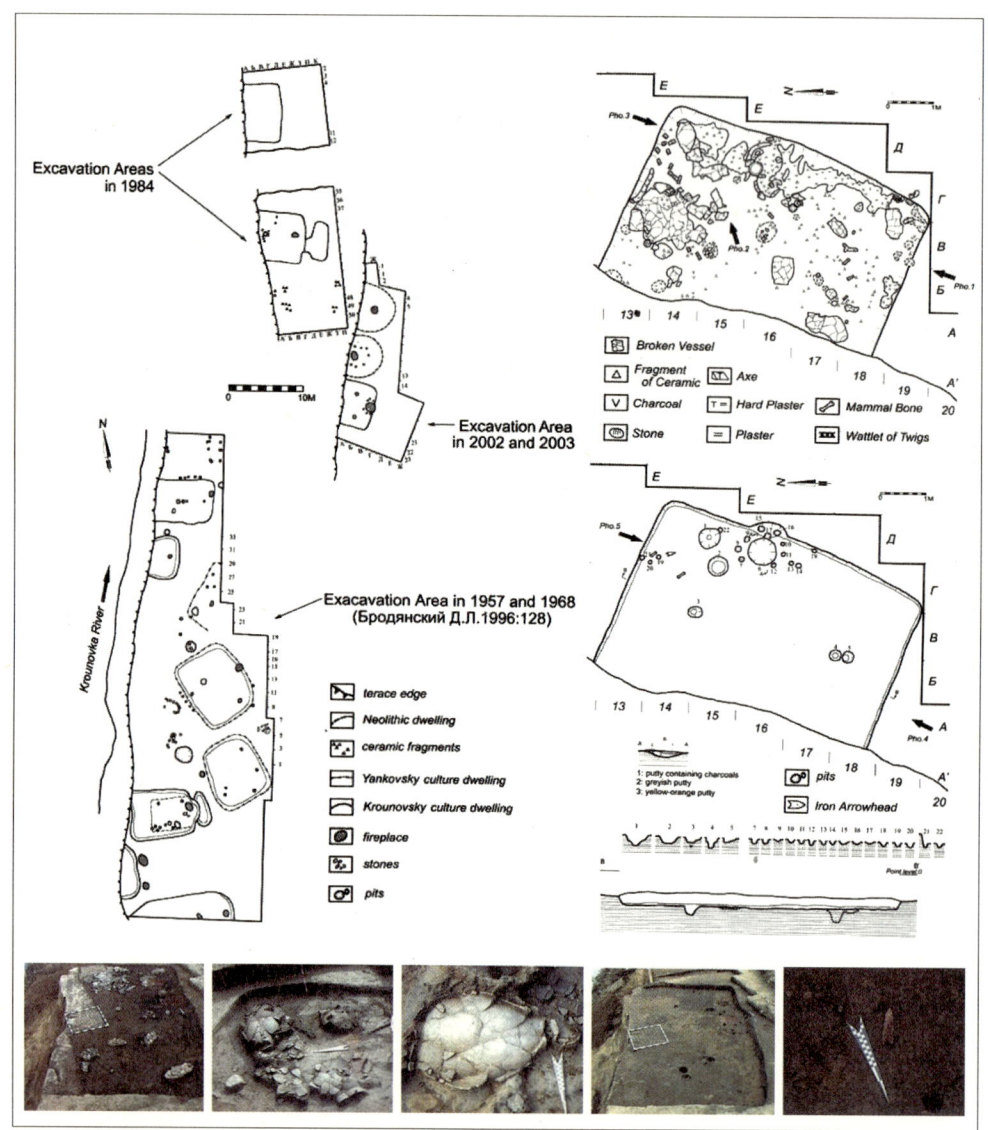

자료 47 | 크로우노프카유적 유구 배치도 및 조사 광경

철기화가 본격적으로 진행되어 철제농경도구가 많아진다. 철슬래그[91] 등의 출토로 보아 이 시기에 철기를 자체적으로 생산한 것으로 보인다.

이와 더불어 연변 지역에서는 대소(大蘇)유적 출토 철편, 안도(安圖) 내두촌(奶頭村), 혼춘(琿春) 이완소학교(二完小學校) 철부류 등(자료 44)이 확인되고 있는데, 이들 철기는 호곡동유적과 오동유적 출토 철기와 유사성이 보인다. 따라서 두만강 유역을 중심으로 한 철기 생산의 가능성이 보이나, 이 지역 역시 철 생산유적의 존재는 확인되지 않고 있다.

연해주의 폴체문화와 올가문화

연해주의 폴체문화는 아무르 유역의 폴체문화와 같은 문화로 보는 견해(A. P. 오클라드니코프, A. P. 데레비얀코, D. L. 브로댠스키, S. A. 콜로미예츠 등)와 별개의 문화인 올가문화로 보는 견해(Zh. E. 안드레예바 등)로 나뉜다. 홍형우는 아무르의 폴체문화 주민들이 연해주로 남하하여 재지인들인 크로우노프카문화인들과 접촉하면서 형성한 문화가 연해주의 폴체문화라고 보고 있다.

연해주 폴체문화의 가장 큰 특징은 방어용 고지성 집락의 존재다. 최근 조사된 글라조프카유적과 불로치까유적에서 철기문화에 대한 많은 정보를 얻을 수 있다. 연해주 중·북부인 우수리강 상류에 위치하는 글라조프카유적에서 미늘 달린 철촉과 삼각만입 철촉, 나선형 철심, 슴베 달린 철도자 등 다양한 철기들이 출토되었다(자료 48). 발굴자인 S. A. 콜로미예츠는 3개의 방사성탄소연대[2310±40 B. P.(COAH-3949), 2190±50 B. P.(COAH-3951), 2070±50 B. P.(COAH-3950)]와 출토유물의 비교를 통

---

91 금속공학적 분석이 이루어지지 않아 한계가 있다.

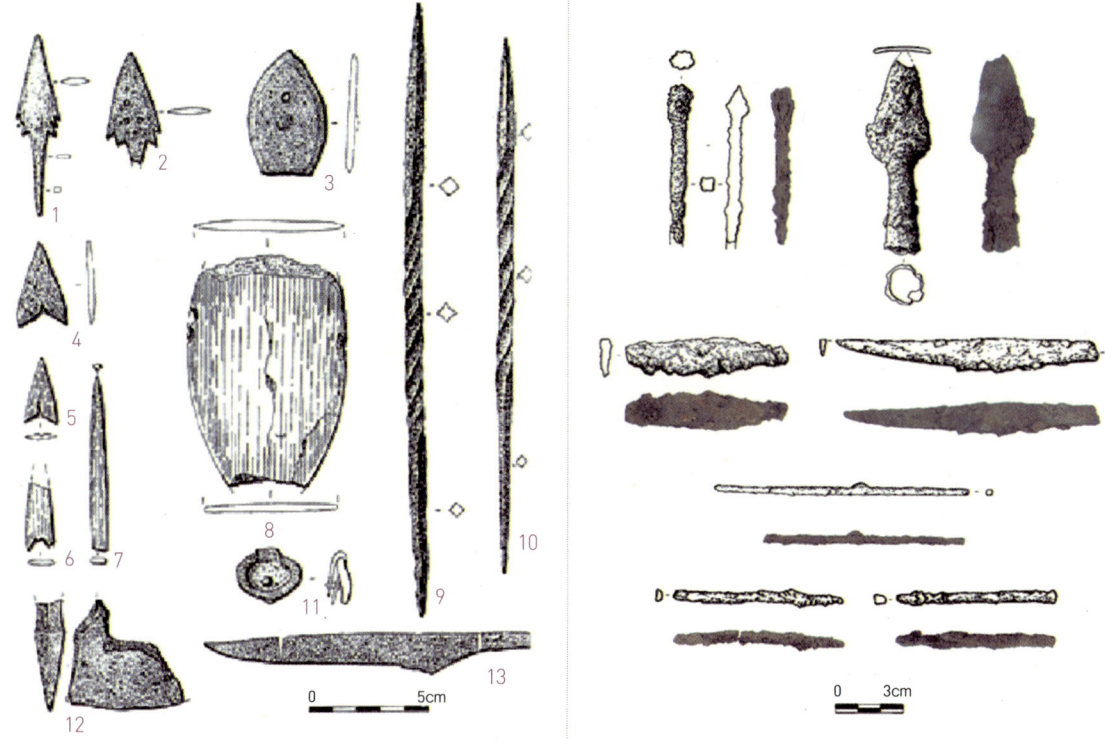

자료 48 　글라즈프카(좌) 및 불로치까(우) 철기 (홍형우, 2017 수정 편집)
　　　　　1·2·4. 철촉　3. 철제창끝　5~8. 석제 화살촉 및 창끝　9·10. 철추　11. 교구편　12. 철부　13. 철도자

해 이 유적의 연대를 기원전 4~기원전 3세기로 편년했다.[92]

연해주 남부에 위치한 불로치까유적에서는 철촉과 철창(17호 주거지) 철도자 2점(17호와 19-가호 주거지), 철심 4점(6, 17, 19-가호 주거지)이 출토되었다(자료 48의 우). 석기의 비중이 여전히 높은데, 후기로 가면서

92　S. A. 콜로미예츠, 2005, 「러시아 극동 남부 폴체문화공동체 유적들」, 『고대와 중세의 러시아 극동』, 블라디보스토크, 381~393쪽(С. А. Коломиец, 2005б, Памятники польцевский культурной общности юга дальнего востока России // Российский дальний восток в древности и средневековье』, Владивосток Даоьнаука, pp.381-393).

자료 49 | 불로치까유적 전경

석기는 거의 사라진다. 불로치까의 방사성탄소연대는 다양하게 측정되어 기원전 4~5세기까지 폭이 상당히 넓다. 출토유물을 통해 볼 때 대체로 기원전 2세기에서 3~4세기로 보고 있다. 철추·봉상철정 등이 확인되는 것으로 보아 이 지역에서 철기가 제작되었을 가능성이 있지만 철 생산이나 철기 제작유구는 발견되지 않고 있다.

아무르 지역과 연해주 지역의 철기문화는 한반도와 밀접한 관계가 있다. 이를 처음 주목한 학자는 E. I. 데레비얀코[93]다. 그녀는 아무르 지역의 우릴문화와 폴체문화의 골각기·석기·방추차·철부 등을 근거로 회령 오동유적 및 나진 초도유적과의 관련성을 주장했다. 그리고 연해주 얀콥스끼문화가 패총문화로 해양성문화에 가까운 것에 비해 크로우노프카문화는 한반도 동북부와 중국 일부 지역에도 분포하는 내륙성문화로서 한반도의 철기문화와 직접적인 관련이 있다고 보았다.

---

93 E. I. Derevianko, 1996, 「아무르연안지역의 초기철기시대」, 『동아시아의 철기문화 도입기의 제양상』, 문화재연구소 국제학술대회 발표논문 제5집, 국립문화재연구소.

삼강평원의 철기문화

삼강평원(三江平原)에서는 전기에 교남(橋南)문화, 후기에 완연하(碗蜒河)유형·곤토령(滾兎嶺)문화·봉림(鳳林)문화가 발전했다.

교남문화

교남유적은 흑룡강성 의난현(依蘭縣) 남부에서 1.5km 떨어진 목단강 우안에 위치한다. 1기가 초기 철기시대 전기인 기원전 5~기원전 4세기로, 2기가 기원전 2~기원전 1세기로 편년된다. 만기는 동인(同仁)문화에 해당한다.[94]

교남 1기층에서 철기는 출토되지 않았지만 교남 1기의 연대가 철기시대인 점을 고려하여 선철시대문화로 부른다.[95]

완연하유형

완연하유형은 1974년 발굴된 수빈현(綏濱縣) 완연하유적이 발굴되면서 명명되었다. 2기의 주거지 중 F1은 동인문화 2기에 상당하며, F2가 철기시대에 해당한다. F2에서 출토된 나팔형 광구호 등의 토기상과 철제공구 및 청동패식 등에서 아무르 유역의 폴체문화와 연결되어, 폴체-완연하문화로 부른다.

이 문화의 연대에 대해서는 많은 이견이 있다. 그러나 완연하유적 F2에서 수습한 목탄의 방사성탄소연대 측정값이 2010±85, 1950±85(기원전 90~130년)로 나와 대략 기원전 1~2세기에 해당하는 것으로 보인다.[96] F2

---

94 王輝 外, 2000, 『黑龍江考古文物圖鑒』, 黑龍江人民出版社.
95 李硯鐵·劉曉東·王建軍, 「黑龍江省依蘭縣橋南遺址發掘及相關問題」, 『北方文物』 2000-1.
96 黑龍江省博物館·中國社會科學院考古研究所, 2006, 「黑龍江省綏濱縣碗蜒河遺址發掘報告」, 『北方文物』 4.

에서 철기는 출토되지 않았다.[97]

곤토령문화

곤토령문화는 삼강평원지구의 대표적인 철기시대문화다. 1984년 흑룡강성 문물고고연구소의 쌍압산시(雙鴨山市) 곤토령유적이 발굴되면서 명명되었다. 대표적인 유적으로는 곤토령, 화남(樺南) 소팔랑(小八狼), 우의(友誼) 봉림성지, 쌍압산시 보안이호(保安二號)성지, 보청(寶淸) 포대산(炮台山)성지 등이 있다.

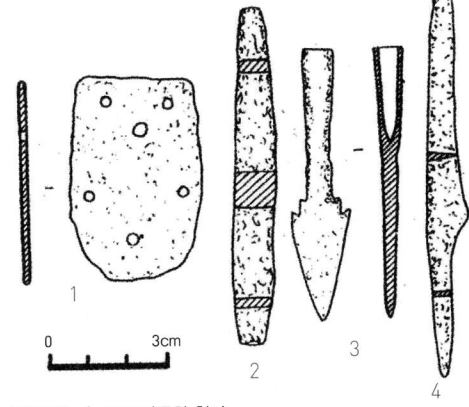

자료 50 | 곤토령문화 철기
1. 찰갑 2. 철착(!) 3. 철촉 4. 철도자

곤토령문화의 절대연대는 곤토령유적에서 검출된 방사성탄소연대에 근거하는데, F7 주거지의 목탄측정은 2140±70년, 2080±70년이고, 수륜보정연대는 기원전 336~1년이다. F1 주거지의 목탄은 1955±70년, 1900±70년으로 수륜보정연대는 26~213년이다. 이를 근거로 볼 때 곤토령문화의 연대는 기원전 2~2세기로 편년된다.[98]

철기는 손칼·끌·화살촉·찰갑편(劄甲片) 등이 있다(자료 50). 손칼은 굽은 등면에 만입된 날을 가진 형태다. 끌은 중간 부분 폭이 약간 넓은 형태로, 날 부분이 비교적 얇다. 화살촉은 양익촉이다. 철기에 비해 석기의 비중이 여전히 높다. 전체 2기로 나뉘며 그 경계는 기원을 전후한 시기로 본다.[99]

---

97 홍형우, 2008, 「동아시아 폴체문화 토기연구」, 러시아과학원 박사학위논문[Керамика польцевский культуры на востоке азии(Ⅴ в. до н. э. – Ⅳ в. н. э.)].
98 黑龍江省文物考古研究所, 1997, 「黑龍江省雙鴨山市滾兎嶺遺址發掘報告」, 『北方文物』 2期.
99 趙永軍, 2006, 「試論滾兎嶺文化」, 『北方文物』 1期.

봉림문화

봉림문화는 1998년 흑룡강성 문물고고연구소의 봉림성지의 발굴로 알려졌다. 대체로 칠성하(七星河)를 중심으로 동쪽으로는 우수리강 유역, 남쪽으로는 교남(橋南)·보청(寶淸) 일대, 서쪽으로는 장광재령, 북쪽은 송화강을 넘지 않는다.[100] 주요 유적은 봉림성지·보안이호성지·포태성성지 등이 있다.

절대연대는 봉림성지 만기층에서 출토된 목탄에 대한 방사성탄소연대 측정이 B. P. 1735±89년, 교정연대는 126~303년으로 확인되었다.[101] 이후 261~441년, 257~439년, 251~441년 등의 수치가 확인되고 있어,[102] 대략적인 연대는 중국의 위진시대, 즉 2~5세기로 편년된다.

칠성하 유역의 봉림성지 7지구의 봉림문화 아래층에서 곤토령문화가 확인되어 양 문화의 선후 관계가 밝혀졌다. 철기는 대구(帶拘)·갑주(甲胄)·착형 철촉(鑿形鐵鏃)이 있다(자료 51).

그동안 동북 3성에서 출토된 철기의 분포양상을 살펴보면 〈자료 52〉와 같다. 철기는 남쪽에 집중적으로 분포한다. 국경을 맞대고 있는 아무르강 연안에서는 이보다 이른 시기에 철기가 출현하는데 두 지역의 관계에 대해서는 향후 연구가 필요하다.

철기의 분포와 더불어 동북 3성 지역에서 철기 또는 철 생산을 보여주는 유적은 파악하기 어렵다. 최근 발굴조사가 증가함에도 불구하고 이와 관련된 유구는 확인되지 않은 상황이다(자료 52). 게다가 중국 학자들의 철기나 철 생산에 대한 연구가 적다. 최근에는 다소 활기를 띠고 있지만 대부분 연구자들은 철기를 공반하는 유적이 적고 그나마 조사된 유적은

---

100 田禾, 2004, 「鳳林文化淺析」, 『北方文物』 1期.
101 田禾, 2004, 「鳳林文化淺析」, 『北方文物』 1期.
102 張國強·崔東峰·華陽, 2006, 「鳳林文化芻論」, 『北方文物』 2期.

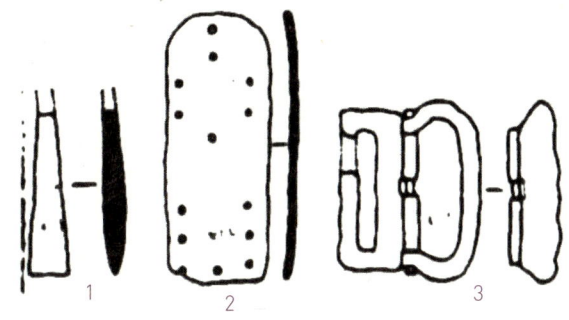

자료 51 | 봉림성지 출토 철기
1. 철촉 2. 찰갑 3. 교구

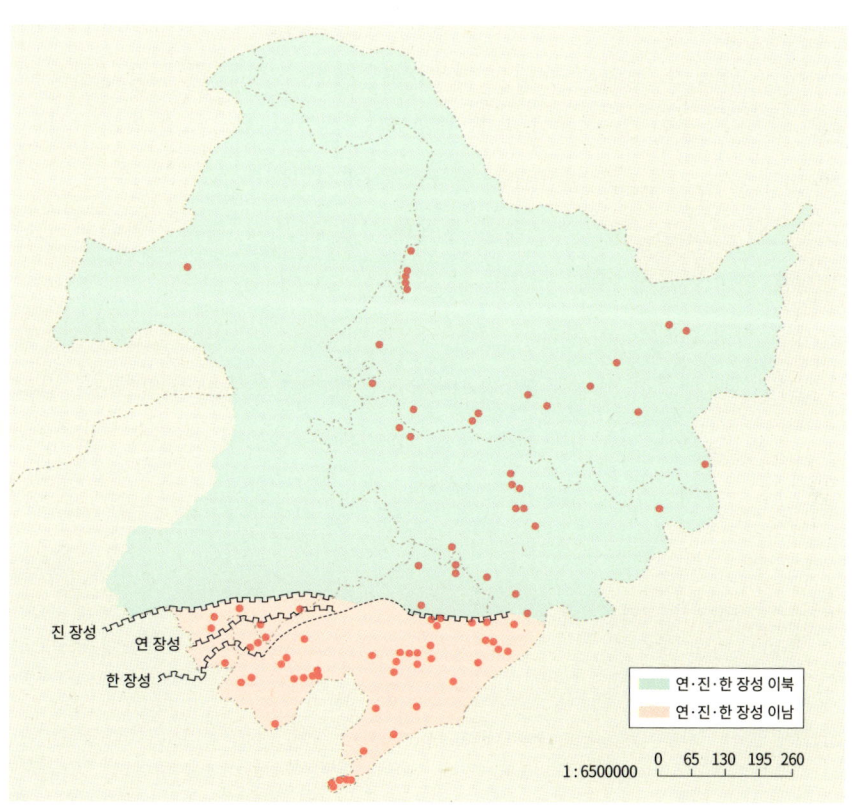

자료 52 | 동북 3성 지역 철기유물 분포도(藏琳, 2014)

보고서가 발간되지 않았다는 점을 지적하고 있다. 아울러 금속공학적 분석이 진건립의 연구[103] 외에는 대부분 이루어지지 않았다.[104]

따라서 동북 3성 지역을 통한 철(철기)의 생산과정을 파악하기 위해서는 생산유적의 확인과 금속학적 분석이 이루어져야 구체적인 상황을 파악할 수 있을 것이다.

한반도 철기 제작기술 전래의 새 견해

지금까지 한반도 철기의 유입과 철 생산에 대한 논의는 중국 중원에서 그 계통을 찾는 것이 주 내용이었다. 물론 위만조선의 철기를 논의하면서 철과 철기를 독자적으로 생산했을 가능성을 제기한 견해도 있었다.

그러나 이것은 낙랑 설치 이전 철기의 유입 계보에 대한 논의였지 구체적으로 한반도에서 언제 철기와 철 생산이 이루어졌으며, 그 계보는 어디인지에 대한 논의는 아니다.

한반도는 청동기시대부터 남시베리아 카라수크문화의 영향을 받았다.[105] 최근 정선 아우라지유적 출토 청동환과 관옥형 청동기[106]도 넓은

---

103 진건립, 2013, 「전국양한시기 중원 및 북방지역 강철기술 연구」, 『2013 동아시아 고대 철기문화 연구 – 중국 전국시대 철기문화와 동아시아 – 』, 국립문화재연구소. 이 발표문에 감숙성 진기향 마구유적과 동북 지역 하북성 서구(徐水) 동흑산(東黑山)유적과 길림성 이룡호(二龍湖)유적에서 출토된 유물에 대한 금속학적 분석결과를 발표한 바 있다.

104 潘玲, 2013, 「對部分與鮮卑相關遺存年代的再探討」, 『邊疆考古研究』 13 ; 呂軍, 2006, 「中國東北系靑銅短劍硏究」, 吉林大學博士學位論文 ; 馬冀, 2008, 「黑龍江東部早期鐵器時代考古學文化硏究」, 吉林大學碩士學位論文 ; 藏琳, 2014, 「東北地區早期鐵器的發現與硏究」, 吉林大學 博士學位論文 ; 李寶龍, 2017, 「嫩江流域靑銅至早期鐵器時代墓葬硏究」, 黑龍江大學 碩士學位論文.

105 강인욱, 2009, 「기원전 13~9세기 카라숙 청동기의 東進과 요동·한반도의 초기 청동기문화」, 『호서고고학』 19, 湖西考古學會.

106 강원문화재연구소, 2016, 「정선 여량면 여량리 191번지(정선 아우라지유적) 내 유적 발굴(정

범위에 걸쳐 이른 시기에 청동기 제작이 이루어졌음을 보여준다.

청동기시대 한반도를 중심으로 이루어진 광역 상호작용권(자료 53 참조)은 철기시대에도 마찬가지였을 것이다. 중국 중원 지역에서도 '신강위구르 지역의 괴련철 생산을 기반으로 한 단조철기'와, '중원의 선철 생산을 중심으로 한 주조철기'라는 두 계통이 어우러져 철기 제작기술이 발전했다. 한반도도 낙랑군 설치라는 하나의 사건으로 단조철기와 주조철기의 유입·생산이 이뤄졌다고 보기는 어렵다.

따라서 이에 대한 연구가 더 필요한데, 이른 시기의 단조철기에 대한 분석이 좀더 이루어질 필요가 있다. 물론 중국 학계의 보고 내용이 소략하고 북한 지역의 철기에 대해서 자세히 파악할 수 없다는 어려움이 있다. 그러나 지금까지 알려진 무산 호곡동유적, 회령 오동유적을 중심으로 한 철기의 외형적인 검토만으로도 한반도에 유입된 철기가 중원 지역에서 일원적으로 유입되지 않았음을 알 수 있다.[107]

서아시아에서 발생한 것으로 보이는 철과 철기의 생산은 초원지대를 거치면서 동쪽을 향해 점진적으로, 때로는 급격한 변동을 보이며 전파되었을 것이다. 동시에 아프가니스탄·신강위구르·몽골, 남시베리아의 하카시야 및 투바 지역까지 역동적으로 전개되었을 것이다. 철기와 철 생산의 양상은 지역적으로 철기만 확인되는 지역과 철 생산유적과 철기가 같이 보이는 지역으로 나뉜다. 이에 비해, 몽골 동쪽의 아무르·연해주 지역은 철 생산유적이 확인되지 않지만 이른 시기의 철기들이 집중분포되어 있

밀)조사 2차 전문가 검토회의 자료집」.

107 다만, 이 제 유적에 대하여 이남규는 보고서 내용을 살펴볼 때 유물의 공반 관계에 대해 회의적인 입장을 견지하고 있다. 이외에 최종규도 동일한 입장을 견지하고 있다. 李南珪, 2002, 「韓半島 初期鐵器文化의 流入 樣相-樂浪 설치 以前을 중심으로-」, 『韓國上古史學報』 36, 한국상고사학회, 42쪽; 金鐘圭, 1995, 『三韓考古學研究』, 西景文化社, 135~136쪽.

는 곳이다. 최근 조사된 바라바시 3유적의 철재(鐵滓)[108]나 파손된 철부로 볼 때 적어도 소형 철기의 제작이 이루어졌을 것으로 판단된다.

연해주 지역이나 동북 3성을 통한 한반도로의 철과 철기 생산기술의 전파과정을 명확히 설명하기에는 한계가 있다. 그러나 적어도 몽골 지역의 흉노와 관련되었을 가능성이 높다.

철기시대에 이뤄진 광역의 상호작용은 한반도 촉각식동(철)검의 분포 양상을 통해서도 알 수 있다. 촉각식동(철)검은 요동 – 길림 – 연해주 남부 – 한반도에서 활동한 집단의 정치·교역망에 따라 분포[109]하고 있다.

물론 몽골 지역에서 조사된 수혈식 제련로가 한반도에서는 발견되지 않는다는 약점이 있다. 그렇기 때문에 한반도 남부 지역에서 대량으로 생산된 철기도 제련로의 존재를 밝히지 못한다면 철 소재의 산지 및 그 생산지를 밝혀야 하는 문제가 발생한다. 현재 한반도 지역에 지하식 수혈을 파고 괴련철을 생산하는 제련로가 확인되지 않았지만, 차후 발견될 가능성이 충분하다.

철기시대 철·철기를 생산하는 장인은 청동기시대의 청동기 생산 장인이 광역으로 이동했듯이 이동했을 것으로 보인다. 그리고 집단적인 이동도 상정할 수 있다. 한반도에서 성장한 집단과 철기 또는 철 생산 집단 사이의 상호작용도 이루어졌을 것이다.

이러한 광역 상호작용은 철과 철기의 생산과 유통에서도 동일했을 것이다. 즉, 철기 생산·유통, 철 생산이 지금까지 중원을 중심으로 단선적으로 논의되어왔지만, 이러한 시각에서 탈피하여 동북아시아 및 유라시아 전역에 걸친 광역의 교역망을 복원해 논의해야 한다.

---

108 실물을 보지 못하였기 때문에 한계가 있다. 녹흑이 떨어진 것일 가능성도 있다.
109 박선미, 2016, 「한반도 촉각식검을 통해 본 동서 교류」, 『아시아문화연구』 제41집, 가천대학교 아시아문화연구소.

자료 53 | 비단길과 초원길(국립중앙박물관, 1995, 수정)

    A. P. 데레비얀코[110]가 처음으로 제기한 아무르 지역, 연해주 지역, 함경도 지역의 회령 오동유적과 무산 호곡동(범의구석)유적의 철기에서 보이는 유사성, 중국 동북 지역에서 출현하는 반월형 철도의 자체 생산 시스템이 존재[111]했을 가능성을 볼 때, 중국 중원 지역으로 철기의 유입과 철 생산을 단일화시켜 논의하는 데는 한계가 있다. 적어도 중국 중원 지역에 연원을 둔 철기·철 생산 연구에서 초원지대를 경유한 생산 시스템이 존재하는 동북 3성, 연해주 지역과의 비교연구가 필요하다(자료 53의 초원길 동쪽 끝 화살표 참조).

---

110 A. P. 데레비얀코, 2000, 「폴체문화와 그 동아시아 철기시대문화의 형성에서의 역할」, 『동아시아 1~3세기의 고고학 – 고고학연구의 쟁점』, 문화재연구소 국제학술대회 발표논문 제9집, 국립문화재연구소.
111 김새봄, 2012, 「중국동북지역의 반월형 철도의 출현과 그 기원에 관한 문제제기」, 『영남대학교 문화인류학과 개설40주년 기념논총』.

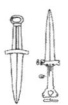

중국 학계의
동이 연구와 인식

중국의 동이에 대한 인식과 최근 연구

'동이(東夷)'라는 말은 방향을 나타내는 '동(東)'과 이민족을 뜻하는 '이(夷)'가 합쳐진 말이다. 문화적으로 소위 '중화(中華)'에 비해 낙후된 '동쪽 이민족'이라는 의미를 내포한다. 동이가 이러한 의미를 지니게 된 데는 전래문헌의 영향이 컸다. 『예기(禮記)』, 「왕제(王制)」 편에서는 중국 사방의 이민족을 설명하면서 '동이'에 대해 다음과 같이 기록했다. "동방은 이(夷)라 하는데, 머리를 풀어헤치고 문신을 했으며, 불로 음식을 익혀 먹지 않는 사람도 있다."[1] 또 『대대례기(大戴禮記)』, 「천승(千乘)」 편에도 "동쪽 편벽된 곳에 사는 백성들을 이(夷)라고 한다"[2]고 했다. 『예기』와 『대대

---

1 孔穎達 編, 1997, 『禮記正義』 권12, 「王制」, 阮元校刻『十三經注疏』(附校勘記)縮印本, 上海: 上海古籍出版社, 1,338쪽, "東方曰夷, 被髮文身, 有不火食者矣". 이후 『十三經注疏』를 인용할 때는 모두 이 판본을 근거로 한다. 혹 다른 판본을 이용할 경우에는 별도로 그 근거를 제시하겠다.

2 王聘珍 撰, 1983, 『大戴禮記解詁』 권9, 北京: 中華書局, 162쪽, "東辟之民曰夷".

례기』는 중국 한대에 편찬된 책으로, 최소한 한대에는 동이를 야만적이고 편벽된 곳에 사는 사람들로 인식하고 있었다는 것을 알 수 있다.

그렇다면 이러한 인식을 가지고 중국 역사 전반에 등장하는 동이를 일률적으로 이해할 수 있을까? 동이는 중국에서 나온 개념이고, 또 중국을 중심으로 봤을 때 '동쪽 이민족'을 가리키는 말이다. 따라서 중국 왕조의 지리적 범위가 변하면서 동쪽 변방 지역의 범위도 달라지는 것과 그 맥을 같이한다고 할 수 있다. 예컨대 『춘추좌씨전(春秋左氏傳)』 '소공(昭公) 11년'에 보이는 "주(紂)는 동이를 이겼지만, 오히려 그 자신을 다치게 하였다"[3]에 나오는 동이와 진(晉)대에 진수(陳壽)가 편찬한 『삼국지(三國志)』에 보이는 동이[4]의 지리적 범위는 결코 같을 수 없다. 따라서 우리가 '동이(東夷)'라는 말을 쓸 때는 이러한 맥락에 주의해야 한다. 학술적으로는 더 말할 나위가 없다. '동이(東夷)'라는 개념을 학술적으로 사용하기 위해서는 우선 그 시대적 범위를 설정한 다음에 지리적 범위를 파악해야 한다.

이 글에서는 중국 상(商)·서주(西周) 대의 '동이'를 다루고자 하며, 그 시기는 대략 기원전 16~기원전 771년에 해당한다. 당시 상은 현재 중국의 하남성 일대를 중심으로, 서주는 지금의 섬서성(陝西省)과 하남성 일대를 중심으로 자리 잡고 있었기 때문에, 당시의 동이는 현재의 중국 산동성과 하남성 동부, 강소성 북부 및 안휘성 북부 지역에 걸쳐 거주하던 사람들을 부른 말이었다.

한편 중국 각 지역에서는 현재의 행정구역을 기준으로 각 지방의 문화를 연구하고 대외적으로 알리기 위해 노력하고 있다. 예를 들어 하북성에서는 과거 이 지역에 있었던 연과 조를 따서 '연조문화(燕趙文化)', 산서성

---

3 『春秋左傳正義』 권45, 2060쪽, "紂克東夷, 而隕其身".
4 陳壽, 1959, 『三國志』 권30, 「魏書·烏丸鮮卑東夷傳」, 北京: 中華書局, 840~863쪽.

에서는 춘추시대 진(晉)을 따서 '진문화(晉文化)', 역대 수많은 왕조의 수도가 있었던 섬서성은 '한당문화(漢唐文化)' 혹은 '주진문화(周秦文化)' 등으로 연구·홍보하고 있다. 이러한 조류를 타고 동이에 대한 연구도 소위 '동이문화(東夷文化)' 혹은 '해대문화(海岱文化)'[5]라는 이름으로 현재의 산동성을 중심으로 활발히 진행되고 있다.

동이에 대한 최근의 연구성과를 살펴보기에 앞서, 먼저 20세기에 나온 대표적인 연구저서를 살펴보면, 이백봉(李白鳳)의 『동이잡고(東夷雜考)』,[6] 하광악(何光嶽)의 『동이원류고(東夷源流考)』,[7] 왕신(王迅)의 『동이문화와 회이문화 연구(東夷文化與淮夷文化研究)』,[8] 방진호(逄振鎬)의 『동이문화사(東夷文化史)』[9] 등이 있다. 이 가운데 이백봉의 『동이잡고』는 전래문헌과 출토문헌에 보이는 동이 관련 집단들의 그 원류와 역사적인 의의를 논한 책이다. 이 연구는 역사적인 관점에서 동이를 연구하는 토대를 마련해주었다. 왕신의 『동이문화와 회이문화 연구』는 지금의 산동성·강소성·안휘성 지역의 '이(夷)' 관련 고고학 발굴성과를 최초로 집대성한 책이다.

이러한 성과를 발판 삼아 21세기 들어서 중국 학자들의 동이(東夷) 연구는 더욱 활기를 띠고 있다. 대표적인 저서를 살펴보면, 진병신(陳秉新)과 이립방(李立芳)의 『출토이족사료집고(出土夷族史料輯考)』,[10] 고광인(高廣仁)과 소망평(邵望平)의 『해대문화와 제로문명(海岱文化與齊魯文明)』,[11] 방진호(逄振

5　『상서(尚書)』, 「우공(禹貢)」, "해대는 청주다(海岱惟青州)." 동북쪽의 '발해(渤海)'와 태산(泰山)을 따서 산동 지역을 해대(海岱) 지역이라 일컫기도 한다.
6　李白鳳, 1984, 『東夷雜考』, 濟南: 齊魯書社.
7　何光嶽, 1990, 『東夷源流考』, 南昌: 江西教育出版社.
8　王迅, 1994, 『東夷文化與淮夷文化研究』, 北京: 北京大學出版社.
9　逄振鎬, 1995, 『東夷文化史』, 北京: 中國社會科學出版社.
10　陳秉新·李立芳, 2005, 『出土夷族史料輯考』, 合肥: 安徽大學出版社.
11　高廣仁·邵望平, 2005, 『海岱文化與齊魯文明』, 南京: 江蘇教育出版社.

鎬)의 『동이문화연구(東夷文化硏究)』,[12] 장부상(張富祥)의 『동이문화통고(東夷文化通考)』,[13] 김영권(金榮權)의 『주대 회하 상류 제후국 연구(周代淮河上游諸侯國硏究)』,[14] 주계평(朱繼平)의 『회이 족군에서 편호제민까지 – 주대 회수 유역 족군 충돌의 지리학적 관찰(從淮夷族群到編戶齊民 – 周代淮水流域族群衝突的地理學觀察)』[15] 등을 들 수 있다. 이 가운데 『출토이족사료집고』는 이(夷)와 관련된 갑골문과 금문을 집대성한 저작으로, 각 갑골문과 금문에 대한 여러 학자들의 주석까지 집대성하여 후학들의 연구 토대를 마련해주었다. 이 밖에 집간(輯刊) 형식으로 발간되는 『해대고고(海岱考古)』의 복간 및 『동방고고(東方考古)』의 창간은 동이문화 연구의 고고학적 발전 성과로서 의의가 크다. 현재 동이와 관련된 많은 발굴보고 및 연구성과가 이 집간을 통해 소개되고 있다. 이뿐만 아니라 무수히 많은 연구논문이 각 기간(期刊)을 통해 발표되고 있는데, 이는 동이에 대한 연구열이 얼마나 뜨거운지를 보여준다.

　이 글은 이러한 최근 중국의 동이에 대한 연구성과를 종합하여, 역사적인 맥락에서 다음 세 가지 범주를 중심으로 살펴보고자 한다. 먼저, 상(商) 민족의 동이기원설을 검토해본다. 20세기 초 왕국유(王國維)가 상족의 동방설을 제기한 이후, 여러 학자들이 이를 발전시켜 상족의 동이기원설을 만들어내기에 이르렀다. 비록 고고학적 측면에서 반론이 있었지만, 최근에도 동이기원설을 근거로 삼는 연구가 계속되고 있다. 그렇다면 이 동이기원설을 어떻게 평가해야 하는가? 이에 대한 중국의 논쟁을 검토해보고자 한다. 이어서 상 왕조와 동이의 관계에 대한 연구성과를 정리해볼

12　逄振鎬, 2007, 『東夷文化硏究』, 濟南: 齊魯書社.
13　張富祥, 2008, 『東夷文化通考』, 上海: 上海古籍出版社.
14　金榮權, 2012, 『周代淮河上游諸侯國硏究』, 開封: 河南大學出版社.
15　朱繼平, 2011, 『從淮夷族群到編戶齊民―周代淮水流域族群衝突的地理學觀察』, 北京: 人民出版社.

것이다. 전래문헌에 단편적으로 등장하는 전쟁기록 외에 갑골문에 등장하는 전쟁들도 동이와의 연관성을 보여준다. 따라서 이에 대한 중국 학자들의 연구동향을 파악해보고, 계속해서 서주 왕조와 동이의 관계에 대한 연구성과도 새로 발견된 금문을 중심으로 살펴보고, 더 나아가 그 뒤에 감추어진 역사적 맥락까지 추론해보려고 한다.

상족의 동이기원설 검토

중원 왕조인 상의 기원에 대해 그동안 많은 설이 제기되었다. 전통적으로는 상이 지금의 섬서성 지역에서 기원했다고 여겼는데,[16] 왕국유는 상의 도읍인 박(亳)이 지금의 산동성 일대에서 나타난다는 점을 근거로 상이 동방에 있었다는 주장을 펼쳤다.[17] 왕국유의 설은 학계의 대가라 할 수 있는 정산(丁山)·곽말약(郭沫若)·서중서(徐中舒)·왕옥철(王玉哲) 등이 받아들임으로써[18] 학계의 정설이 되었다. 특히 왕옥철 같은 경우, 상이 지금의 은허(殷墟)로 천도하고 난 후에 상을 부르던 별칭이었던 은(殷)이 바로 이(夷)가 변해서 생긴 것이라는 설까지 제기하면서 상족의 동이기원설을 구

---

16 1959, 『史記』 권3, 「殷本紀」, 北京: 中華書局, 91~92쪽, "帝舜乃命契 …… 封于商"에 대해 유송(劉宋) 시기의 배인(裵駰)의 '집해(集解)'에서는 "정현(鄭玄)이 말하길, '상국은 태화의 북쪽에 있다(商國在太華之陽)'라고 했고, 황보밀(皇甫謐)이 말하길, '오늘날 상락의 상이 이곳이다(今商洛商是也)'라고 하였다"라고 했고, 사마정(司馬貞)은 '정의(正義)'에서 "상주 동쪽 팔십리에 상락현이 있는데 원래 상읍이라 한 옛날의 상국으로, 제곡의 아들 설이 책봉된 곳이다(商州東八十里商洛縣, 本商邑, 古之商國, 帝嚳之子卨所封也)"라고 했다. 이 지역은 지금의 섬서성 상주시(商州市) 일대다.

17 王國維, 1959, 『觀堂集林』 권12, 「說亳」, 中華書局, 518~522쪽.

18 郭沫若 主編, 1976, 『中國史稿』 第1冊, 北京: 人民出版社; 徐中舒, 1979, 「殷商史的幾個問題」, 『四川大學學報』 2; 丁山, 1988, 『商周史料考證』, 北京: 中華書局; 王玉哲, 1984, 「商族的來源地望試探」, 『歷史研究』 1.

체화했다.[19]

그러나 고고학적 발굴성과가 누적되면서 상족의 동이기원설에 이의를 제기하는 경향이 나타났다. 특히 은허와 이리강(二里岡)[20]의 발굴은 상대 초기의 이리강에서 후기의 은허로 이어지는 상문화의 전개과정을 잘 드러내주었다. 게다가 초기의 상문화 유적이 계속 발견되면서, 그 물질문화적 특징에 어느 정도 윤곽이 잡히게 되었다.[21] 그러나 이 문화가 도대체 어디서 온 것인지는 베일에 싸여 있었고, 1970년대 지금의 하북성 자현(磁縣) 시영촌(時營村) 서남쪽 장하(漳河)의 북안(北岸)에서 하칠원(下七垣) 유적이 발견되면서 그 실마리가 풀렸다.[22] 하칠원문화는 시기적으로 상대 초기로 알려진 이리강보다 이르다. 게다가 휘현 유리각, 이리강문화 등 상대 초기 문화와 물질적 유사성이 강하게 나타났고, 하북성 역현(易縣) 일대에서도 하칠원문화와 밀접하게 관련된 것으로 보이는 유적이 계속 발견되면서,[23] 학자들은 이를 선상문화(先商文化)로 규정하고 하북성 지역을 상족의 기원을 연구하는 실마리로 여기게 되었다.[24] 이 주장은 많은 학

---

19 한편 부사년(傅斯年)이 주장한 '이하동서설(夷夏東西說)'에서 '상(商)'을 '이(夷)' 계통으로 파악한 것도 또한 상족의 동이기원설의 이론적 근거가 되기도 했으나, 궁극적으로 부사년은 상족과 중국 동북 지역과의 연관성을 더 강조한 측면이 있다. 傅斯年, 1933, 「夷夏東西說」, 『國立中央研究院歷史語言研究所集刊』(論文集下).

20 鄒衡, 1956, 「試論鄭州新發現的殷商文化遺址」, 『考古學報』 3; 河南省文化局工作隊第一隊, 1957, 「鄭州商代遺址的發掘」, 『考古學報』 1.

21 이 시기에 발견된 대표적인 초기 상문화 유적으로는 하남성 휘현(輝縣) 유리각(琉璃閣)유적과 호북성(湖北省) 반룡성(盤龍城)유적 등이 있다. 中國科學院考古研究所, 1956, 『輝縣發掘報告』, 北京: 科學出版社; 藍蔚, 1955, 「湖北黃陂縣盤土城發現古城遺址及石器等」, 『文物參考資料』 4; 郭德維·陳賢一, 1964, 「湖北黃陂盤龍城商代遺址和墓葬」, 『考古』 8.

22 羅平, 1974, 「河北磁縣下七垣出土殷代靑銅器」, 『文物』 11; 孫德海·羅平·張沅, 1979, 「磁縣下七垣遺址發掘報告」, 『考古學報』 2.

23 河北省文物研究所, 1987, 「河北容城縣午方新石器時代遺址試掘」, 『考古學集刊』 第5集, 北京: 中國社會科學出版社; 保北考古隊, 1989, 「河北容城白龍遺址試掘簡報」, 『文物春秋』 3; 保北考古隊, 1990, 「河北安新縣考古調査簡報」, 『文物春秋』 1.

24 中國社會科學院考古研究所, 2003, 『中國考古學·夏商卷』, 北京: 中國社會科學出版社, 142~156쪽; 沈

자들에게 수용되면서 학계의 주류 학설로 자리 잡았으나, 최근 이러한 고고학적 성과에 새로운 관점으로 도전장을 내세운 연구들이 눈에 띄기도 한다.

먼저 염덕량(閻德亮)은 동이와 상족의 토템에 주목했다. 염덕량에 따르면, 동방의 '봉(鳳)' 토템은 동이인뿐만 아니라 상족의 토템이기도 했다. 상족의 시조설화와 동이에서 갈라져 나온 것으로 보이는 '진인(秦人)'의 시조 설화 속에서 그 단서를 발견할 수 있다.[25] 먼저 「은본기(殷本紀)」에 기록된 상족의 시조설화를 보면, "은나라 설(契)의 모친은 간적(簡狄)이라 불렸는데, 유융씨(有娀氏)의 딸로서 제곡(帝嚳)의 두 번째 후궁이었다. 세 사람이 목욕하다가 현조(玄鳥)가 그 알을 떨어뜨리는 것을 보았다. 간적이 그것을 취하여 삼키니, 이로 인하여 잉태하여 설을 낳았다"[26]고 한다. 또 「진본기(秦本紀)」에 기록된 진인의 시조설화는 "여수(女脩)가 천을 짤 때, 현조(玄鳥)가 알을 떨어뜨렸다. 여수가 이를 삼켜서 아들을 낳으니, 이가 대업(大業)이다"[27]라고 했다. 비록 등장인물의 이름이 '간적'과 '여수'로 다르지만, 여자가 새의 알을 먹고 아들을 낳았다는 설화적 구조는 일치한다. 이를 통해 상족과 진인이 어느 정도 유사한 문화를 공유하고 있었을 가능성이 있다. 진인이 동이에서 유래했다는 것을 근거로 외연을 확장해서 보면, 동이와 상족 사이에 새 토템이라는 문화적 유사성을 인정할 수 있을지도 모른다.[28]

勇, 1988, 『論保北地區的先商文化』, 北京大學考古系碩士學位論文; 沈勇, 1991, 「保北地區夏代兩鍾靑銅文化之探討」, 『華夏考古』 3.

25 이와 관련해서는 李白鳳의 『東夷雜考』를 참고하기 바란다.
26 『史記』 권3, 「殷本紀」, 91쪽, "殷契, 母曰簡狄, 有娀氏之女, 爲帝嚳次妃. 三人行浴, 見玄鳥墮其卵, 簡狄取吞之, 因孕生契".
27 『史記』 권5, 「秦本紀」, 173쪽, "女脩織, 玄鳥隕卵, 女脩吞之, 生子大業".
28 상(商)의 새 토템에 대해 회의적인 태도를 취하는 학자들도 있다. 이는 상족이 새를 잡아먹었다는 기록에 근거한 것으로, 새 토템이 있었다면 새를 잡아먹지 않았을 것이라는 생각에서

다음으로, 손위(孫瑋)는 동이문화와 상문화 사이에 유사하게 나타나는 용(龍)과 봉(鳳)의 형상에 주목했다.[29] 상족과 과거 산동 지방에 있었던 동이는 모두 새 토템을 갖고 있었고, 게다가 산동 대문구문화와 용산문화에서 나타나는 용과 봉의 형상이 상문화에서도 나타난다는 점에서 동이와 상족 사이에 계승관계가 있다고 파악했다. 앞에서 언급한 대로 하칠원문화와 이리강문화, 그리고 은허문화 사이의 문화적 계승성은 물질문화적 유사성에서 나온 것이다. 이에 반해, 손위(孫瑋)는 물질문화보다 의식형태라는 추상적인 관점에서 산동 지역의 동이와 상족 사이의 문화적 계승성을 파악하려고 한 것이다. 이러한 손위의 시도는 신화뿐만 아니라 동이문화와 상문화에 나타나는 용과 봉의 형상적 유사성이라는 고고학적 문물로 방증할 수 있기 때문에 어느 정도 설득력이 있다.

자료 1 | 현조부호(玄鳥婦壺) 명문
(『집성(集成)』 9794)[30]

그렇다면 이러한 염덕량과 손위의 연구성과를 가지고 상문화가 동이문화를 직접적으로 계승했고 상족이 동이에서 기원했다고 말할 수 있을까?

나온 관점이다. 徐今, 2009, 「由'隻'類字看殷商鳥文化」, 『文化學刊·語言文化』. 한편 반계총(潘啓聰)은 이러한 의문에 대해 갑골문에 보이는 '새 추(隹)'자를 분석하여 상족에게 새 토템 단계가 있었다는 주장을 했다. 반계총은 인명·제사명을 분석하여 '隹'자를 구성요소로 하는 글자가 다른 구성요소에 비해 많다는 것과 동물을 구성요소로 하는 글자 가운데에서도 '隹'자를 구성요소로 하는 글자가 압도적으로 많은 데 반해, 제사 희생품의 용례 가운데 '隹'자를 구성요소로 하는 글자가 하나도 없다는 것 등을 통해 상족에게 새 토템이 있었다는 것을 반증하기도 했다. 潘啓聰, 2013, 「由甲骨文的'隹'部文字看殷商的圖騰崇拜」, 『殷都學刊』 2.

29 孫瑋, 2000, 「也談龍鳳刑象的塑造及東夷文化的歷史地位」, 『臨沂師範學院學報』 1, 59~65쪽.

30 中國社會科學院考古研究所編, 1984~1994, 『殷周金文集成』, 北京, 中華書局(본문에서 『집성』으로 약칭한다. 숫자는 『집성』에 수록된 금문의 일련번호임).

필자가 생각했을 때 이는 다소 성급한 감이 있다. 작은 지역적 범위 내에서 토템의 구별은 민족 혹은 집단적 특색의 차이를 나타내는 것이라 인정할 수 있다. 그러나 범위를 넓혀보면 각 지역별로, 또 전 중국적으로, 더 나아가 전 세계적으로 비슷한 토템문화가 많이 나타나고 있는데, 이를 민족적 특색과 연관해 해석할 수 있을지 의문이다. 다시 말해, 구체적인 몇 가지 유물과 신화·전설을 동이라는 불특정 집단에 일률적으로 적용하고, 또 지리적으로 광범위하게 나타나는 새 토템을 가지고 상족이 동이에서 기원했다고 설명하는 자체가 보편적인 설득력을 얻기 힘들다는 것이다. 게다가 토템을 가지고 족적 기원을 연구하는 의식형태적 접근은, 새로운 종교 신앙이 전파·수용되면서 지역적 의식형태가 급변할 수 있다는 맹점도 지니고 있다.

결론적으로 상과 동이의 관계에 대한 의식형태적 접근은 문화적 맥락에서 상문화와 동이문화의 연관성은 설명할 수 있지만, 민족적 맥락에서 상족과 동이인의 연관성은 설명하기 어렵다. 기존의 고고학적인 접근으로 상족의 동이기원설을 반대하는 입장, 곧 장기적으로 물질문화의 발전 관계가 비교적 뚜렷하게 나타나는 하칠원→이리강→은허 문화 사이의 계승관계로 그 유래를 설명하는 것이 의식형태적 접근으로 상족의 동이기원설을 설명하는 입장보다 비교적 설득력 있게 다가오는 이유는 상대적으로 명확한 설명이 가능하기 때문일 것이다.

동이와 상과의 관계

동이는 상과 어떠한 관계를 맺고 있었을까? 먼저 전래문헌의 기록을 살펴보자. 전래문헌 가운데 동이와 상의 관계에 대한 기록은 겨우 『죽서기년(竹書紀年)』과 『후한서(後漢書)』, 「동이전(東夷傳)」, 그리고 『춘추좌씨전(春

秋左氏傳)』의 몇 가지 기록이 전부다. 여기서 『죽서기년』과 『후한서』, 「동이전」 기록을 먼저 보도록 하자. 『죽서기년』에는 "중정(仲丁)이 즉위하고, 남이(藍夷)를 정벌하였다"[31]라는 기록과 "하단갑(河亶甲) 정(整)이 즉위하고, 수도를 효(囂)에서 상(相)으로 옮겼다. 남이(藍夷)를 정벌하고, 다시 반방(班方)을 정벌했다"[32]라는 기록이 보인다. 『후한서』, 「동이전」 기록을 보면, "중정(仲丁)에 이르러, 남이(藍夷)가 도적질을 했다. 이때부터 복종하기도 하고 배반하기도 함이 300여 년이나 계속되었다"[33]라고 했다.[34] 이 기록은 중기 이후, 동이와 상 사이에 정치적·군사적 충돌이 있었음을 알려 준다. 그러나 상대 중기 이전 양자 간의 관계는 전래문헌만으로 파악이 불가능하다.

이러한 상황에서, 중국 상문화에 대한 고고학적 성과가 축적되면서, 양자 간의 관계에 대한 상대 초기의 공백을 고고학적인 성과로써 채우려는 시도가 있었다. 상의 도읍이 있었던 현재 중국의 하남성을 비롯하여 그 주변 지역에서 발견된 고고유적을 조사하여, 상문화가 주변 지역으로 어떻게 침투되어갔는지를 파악하는 방법으로 상의 세력 확장을 추측할 수 있다는 것이다. 유서(劉緒)·서소봉(徐昭峰)·이용해(李龍海) 등은 이러한 방법을 응용하여, 상대 초기 상문화의 확장은 주로 서쪽·남쪽·북쪽에 집중되어 있다는 것을 밝혔다. 이와 대조적으로 동쪽 방향, 곧 상대 초기 현재 산동성 일대의 고고유적 가운데는 아직 상문화 양식이 보이지 않는다는 점을 근거로, 상대 초기 동이와 상의 관계를 전략적인 연맹관계로 추정

---

31 方詩銘·王修齡 撰, 2005, 『古本竹書紀年輯證』, 上海: 上海古籍出版社, 27쪽, "仲丁即位, 征于藍夷".
32 方詩銘·王修齡 撰, 2005, 『古本竹書紀年輯證』, 27쪽, "河亶甲整即位, 自囂遷于相, 征藍夷, 再征班方".
33 『後漢書』, 「東夷傳」, 2808쪽. "至於仲丁, 藍夷作寇. 自是或服或畔, 三百餘年".
34 『후한서』의 작자 범엽(范曄)이 『죽서기년』의 자료를 참고한 정황을 고려해보면, 「동이전」의 기록은 원래 『죽서기년』의 유관 기록을 요약한 것이라 할 수 있다. 『後漢書』, 「東夷傳」, 2808쪽; 范祥雍 訂補, 2011, 『古本竹書紀年輯校訂補』, 上海: 上海古籍出版社, 35쪽.

했다.[35]

하지만 상대 중기에 이르러서는 상황이 달라졌다. 전래문헌의 기록이 증명하듯이 상은 동이에 대한 적극적인 공략을 펼쳤다. 그렇다면 이는 고고학적 성과를 통해서도 증명될 수 있는가? 정산(丁山)은 상왕(商王) 중정이 공략했다고 하는 남이의 위치를 춘추시대의 남읍(灆邑), 곧 한(漢)대의 동해군(東海郡) 창려현(昌慮縣) 일대로 비정했다.[36] 이는 지금의 산동성 등주시(滕州市)와 멀지 않은 지역으로, 공교롭게도 이 일대에서는 상대 중기에 해당하는 고고유적이 적잖게 발견되고 있다. 이를 근거로 서소봉(徐昭峰)은 상대 중기 중정(仲丁)의 동정(東征) 노선을 〈자료 2〉[37]와 같이 구성했다.[38] 그는 가용 자료를 최대한 활용하여 중정이 남이를 정벌한 것을 증명했으나, 고고학 자료만으로 동정 노선까지 추정한 것은 논리적 비약이 심하다는 비판에서 자유롭기는 힘들다. 그러나 〈자료 3〉[39]에서 알 수 있듯이, 상대 초기에 산동 지역에 보이지 않던 상문화가 상 중기에 이르러 산동 서부 지역에 나타나기 시작했다는 것은 상과 동이 사이의 관계가 확실히 이전과는 다르다는 것을 증명해준다.

상대 중기에 시작된 상문화의 동방 확산은 상대 후기에도 계속되었다. 상대 초기 상문화는 동방을 제외한 북·서·남방으로 확산되었고, 상대 중기에는 동방에까지 확산되었으나, 후기에 이르러서는 그 추세가 급격하

---

35 朱繼平, 2008, 「從商代東土的人文地理格局談東夷族群的流動與分化」, 『考古』 3; 劉緖 著, 박재복 역, 2011, 「商왕조의 東方 經略에 대한 고고학적 고찰」, 『고고학탐구』 제9호; 徐昭峰, 2012, 「商王朝東征與商夷關係」, 『考古』 2, 61~62쪽; 李龍海, 2013, 「殷商時期東夷文化的變遷」, 『華夏考古』 2.

36 丁山, 『商周史料考證』, 北京: 中華書局, 1988, 29쪽.

37 徐昭峰, 2012, 「商王朝東征與商夷關係」, 『考古』 2, 63쪽, [圖一].

38 안구고퇴에서 장청 전평으로 가는 노선은 문헌에는 나타나지 않지만, 장청 전평에서 발견된 상대 중기 유적이 등주시(滕州市)유적과 시간적으로 비슷하기 때문에, 상이 장청 전평까지 정벌한 것으로 추정하기도 했다. 徐昭峰, 2012, 「商王朝東征與商夷關係」, 『考古』 2, 62~63쪽.

39 徐昭峰, 2012, 「商王朝東征與商夷關係」, 『考古』 2, 65쪽, [圖二].

자료 2 | 상대 중기 초반 동정 노선도

게 변한다. 동방을 제외한 나머지 지역에서는 상대 초·중기 유적에 비해 후기 유적이 급격하게 줄어들었는 데 반해, 동방에서는 상문화 분포가 갈수록 밀집되고 있고, 범위도 계속해서 확장되고 있는 경향을 보인다.[40] 이에 반해 동이와 관련된 고고유적은 동쪽으로 급격히 후퇴하는 양상인데,[41] 이는 상대 후기에 동이에 대한 공략이 최고조에 이르렀음을 증명하기도 한다. 이는 갑골문을 통해서도 확인해볼 수 있다.

학계에서 이른바 '십사정이방(十祀征夷方)'[42] 갑골이라 부르는 일련의 전

---

40 劉緒 著, 박재복 역, 2011, 「商왕조의 東方 經略에 대한 고고학적 고찰」, 『고고학탐구』 제9호; 徐昭峰, 2012, 「商王朝東征與商夷關係」, 『考古』 2, 65쪽.

41 張鋸, 2010, 『東夷文化的考古學研究』, 中國社會科學院博士學位論文; 徐昭峰, 2012, 「商王朝東征與商夷關係」, 『考古』 2, 65쪽.

42 '십사정이방(十祀征夷方)'의 '이방(夷方)'은 문자적 측면에서 봤을 때, '인방(人方)'이라 해야 하지만, 이 글은 중국 학계의 동향을 정리하는 데 목적이 있기 때문에, 중국 학계의 최근 경향을

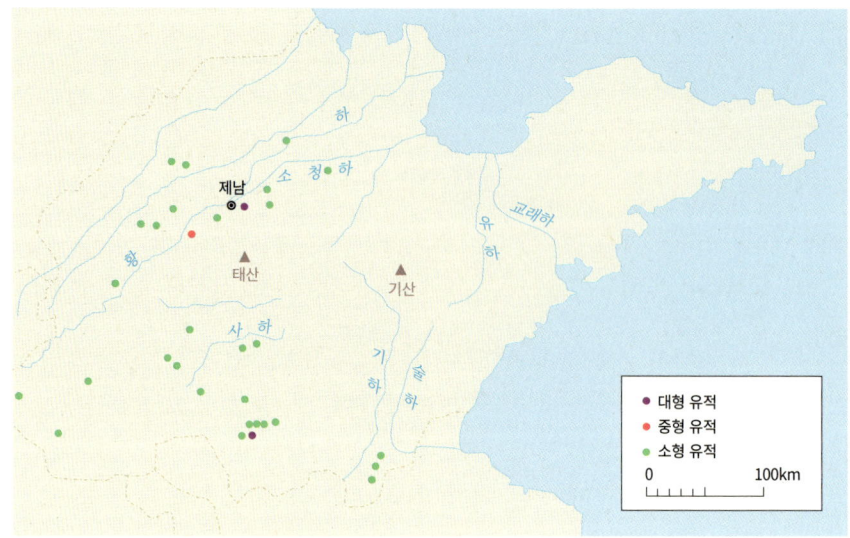

자료 3 │ 상대 중기 산동 지역 상문화 유적의 분포도

쟁기록은 상의 마지막 왕인 제신(帝辛) 10년에 이방(夷方)이라는 동쪽 이민족 세력을 정벌한 내용을 담은 수십 편에 달하는 유관 갑골을 일컫는 말이다.[43] 이 갑골문 자료의 내용을 분석하면, 상의 도읍인 대읍상(大邑商)에서 출발하여 회(淮)라는 지역에 이르렀다가 다시 대읍상으로 돌아오기까지 걸린 시간이 10개월이고, 여기에 보이는 지명만도 50여 곳이 넘는다는 것을 알 수 있다. 게다가 이 전쟁은 상 왕이 직접 군대를 이끌고 출정했으므로, 이 원정이 상에 얼마나 중요한 일이었는지를 추측해볼 수 있

따라 '이방'으로 통일했다.

43 '십사정이방(十祀征夷方)'을 연구하는 학자들은 대체로 이를 상의 마지막 왕인 '제신(帝辛)', 곧 우리가 폭군의 대명사로 알고 있는 '주왕(紂王)' 시기의 것으로 이해하고 있다. 『춘추좌씨전(春秋左氏傳)』 '소공(昭公) 4년'에 보면 "상나라 주왕(紂王)이 여(黎)에서 사냥할 때, 동이(東夷)가 배반했다"(『春秋左傳正義』 권42, 2035쪽, "商紂爲黎之蒐, 東夷叛之.")라는 기록이 있고, 같은 책 '소공 11년'에 보면 "주(紂)는 동이를 이겼지만, 오히려 그 몸을 망치고 말았다"(『春秋左傳正義』 권45, 2060쪽, "紂克東夷, 而隕其身.")라는 내용이 보이기 때문이다.

다. 이 전쟁의 중요성만큼 그동안 중국에서 많은 연구가 있었고, 최근에도 계속해서 연구가 진행 중이다. 이 글에서는 큰 틀에서 이와 관련된 연구성과를 정리해보고자 한다.

필자가 생각하기에 십사정이방 갑골과 관련하여 가장 핵심적인 두 가지 쟁점은, 첫째, '당시 상이 정벌한 대상을 이방(夷方)으로 보아야 하는가, 인방(人方)으로 보아야 하는가?'이고, 둘째, '이 전쟁의 지리적 무대는 어디인가?'이다.

첫 번째 쟁점을 살펴보도록 하자. 갑골문에는 인방도 보이고 이방[44]도 보인다. 문자로 보면, 인방(人方)의 '인(人)'은 '𔒃'(『합집(合集)』 36492), '𔒃'(『합집』 36488)로 쓰고, 이방(夷方)의 '이(夷)'는 '𔒃'(『합집』 33039) '𔒃'(『합집』 34379)로 쓴다. 둘이 비슷한 자형을 하고 있지만, 자세히 살펴보면 약간의 차이점을 발견할 수 있다. '인(人)'은 사람이 서 있는 것을 옆에서 본 모습, 혹은 사람이 옆으로 다리를 펴고 누워 있는 듯한 모습이지만, '이(夷)'는 엉거주춤하게 앉아 있는 듯한, 혹은 옆으로 누워 다리를 굽힌 듯한 느낌을 준다. 박재복의 통계에 따르면 시기에 따라 '인방(人方)'은 후기로 갈수록 많이 나타나고, '이방(夷方)'은 후기로 갈수록 줄어드는 양상을 보였다(표 1).[45] 그렇다면 이방과 인방은 서로 다른 집단인가? 문자로 보면 구분하는 것이 옳을지도 모르지만, 중국 학자들은 대체로 이방과 인방을

---

44 갑골문의 글자를 자세히 보면 '이방(夷方)'의 '이(夷)'는 마땅히 '시(尸)'라 읽어야 한다. 그러나 '시(尸)'자와 '이(夷)'자는 예로부터 서로 통가(通假)되는 글자였기 때문에, 학자들은 '시(尸)'를 '이(夷)'로 읽고 있다. 여기서도 이를 따라 '이(夷)'로 읽도록 하겠다. 고문자 상의 '인(人)', '이(夷)', '시(尸)'의 자형은 이 책에 수록된 박재복의 「전래문헌과 출토자료로 본 동이의 연원」의 〈표 4〉를 참고하기 바란다.

45 박재복은 동작빈(董作賓)의 분류법에 따라 갑골문의 시기를 5기로 나누었다. 1기는 상왕(商王) 무정(武丁) 시기이고, 2기는 상왕(商王) 조경(祖庚)과 조갑(祖甲) 시기이며, 3기는 늠신(廩辛)과 강정(康丁) 시기이고, 4기는 무을(武乙)과 문정(文丁) 시기이며, 5기는 제을(帝乙)과 제신(帝辛) 시기이다. 박재복, 2012, 「殷商시기 甲骨文에 보이는 '征人方' 고찰」, 『유교문화연구』 20, 16~17쪽.

표 1 갑골문에 보이는 '인방(人方)'과 '이방(尸方, 夷方)' 통계표

방국	시기 구분					소계
	1기	2기	3기	4기	5기	
人方	1	-	4	1	47	53
尸方(夷方)	18	-	-	3	-	21
소계	19	0	4	4	47	74

같은 집단에 대한 다른 서사 방식으로 파악하고 있다. 그 까닭은 다음 세 가지로 귀납된다. 첫째, 상의 입장에서 봤을 때 이방과 인방은 같은 방위에 비정된다. 둘째, 음운학적으로 이(夷)자와 인(人)자의 상고음이 비슷하다. 셋째, 이방과 인방이 명확한 시기적 경향성을 띠고 있기 때문에, 시대에 따라 다르게 서사되었다고 보는 것이다.

소위 '십사정이방(十祀征夷方)' 갑골에 보이는 '이방(夷方)'은 모두 '인방(人方)'이라 불러야 옳다. 이 갑골이 속하는 '5기'에는 '이방(夷方)'으로 예정할 만한 글자가 보이지 않기 때문이다. 따라서 기존에는 이를 십사정인방(十祀征人方) 갑골 혹은 정인방(征人方) 갑골이라 부르는 학자들이 많았다.[46] 그러나 최근에는 이를 인방으로 읽지 않고 이방으로 읽는 경향이 강해졌다. 중국의 대표적인 학자인 이학근(李學勤)의 예를 들어보자. 이학근은 원래 이를 인방(人方)으로 읽었지만,[47] 인방(人方)으로 써야 할지 아니면 이방(夷方)으로 써야 할지 고민했다.[48] 그러다가 2006년 「상대 이방의 명칭과 지역(商代夷方的名號和地望)」이라는 글을 발표하면서 인방이 아닌 이방

---

46 陳夢家, 1988, 『殷墟卜辭綜述』, 北京, 中華書局, 301쪽; 李學勤, 1959, 『殷代地理簡論』, 北京: 科學出版社; 王恩田, 1998, 「人方位置與征人方路線新證」, 『胡厚宣先生紀念文集』, 北京: 科學出版社.

47 李學勤, 1959, 『殷代地理簡論』, 北京: 科學出版社.

48 李學勤, 1996, 「重論夷方」, 『民族史學』 第1輯, 北京: 中央民族大學出版社; 李學勤, 2005, 「論新出現的一片征人方卜辭」, 『殷都學刊』 1.

으로 읽어야 한다는 입장을 정리했고,⁴⁹ 그 이후에는 모두 이방으로 쓰고 있다.⁵⁰ 이학근뿐만 아니라 십사정이방을 연구하는 대다수 학자들도 인방이 아닌 이방으로 표기하고 있다.

그렇다면, 이렇게 인방에서 이방으로 개념의 표기 경향이 바뀌게 된 까닭은 무엇일까? 이학근은 상왕 문정(文丁) 시기(4기)에도 정이방 갑골이 나오는 것에 주목했다. 이학근은 이 문정 시기 정이방이나 제신 시기 정인방 모두 '유(攸)'라는 지역에서 '구(雟)'라는 지역으로 정벌이 진행된다는 것을 지적하면서, 결국 이방과 인방은 같은 집단에 대한 서로 다른 표기법이 분명하고, 이방이 인방보다 시간적으로 먼저 보이기 때문에 이방으로 쓰는 것이 적합하다는 설을 제기했다.⁵¹ 이학근의 연구방법은 비교적 합리적이라 할 수 있지만, '유'에서 '구'에 이르는 노정이 겨우 며칠에 불과하기 때문에 문정 시기 동방 정벌대상과 제신 시기 정벌대상을 완전히 동일시하는 것은 문제가 있다. '구'라는 지역에서 노선이 이방과 인방으로 가는 노선이 갈라질 수도 있기 때문이다. 따라서 이는 이방이 인방이라는 것을 완전히 증명해줄 수 없고, 나아가 인방이라는 글자를 굳이 이방으로 읽어야 할 이유도 충분히 설명해주지 못한다는 맹점이 있다.

두 번째 쟁점에 대해서도 설이 분분하다. 십사정이방의 정벌 지역 문제는 당시 이방 혹은 인방이라 불리던 집단이 어느 지역에서 활동하고 있었는가에 대한 중요한 문제로, 상대 말기 이방, 곧 동이의 세력범위와 군사적 능력이 어느 정도였는지를 가늠해볼 수 있는 지표다. 20세기 중반 이

49　李學勤, 2006,「商代夷方的名號和地望」,『中國史研究』4.
50　李學勤, 2008,「帝辛征夷方卜辭的擴大」,『中國史研究』1.
51　李學勤, 2006,「商代夷方的名號和地望」,『中國史研究』4.

후, 정이방 지역과 관련된 문제는 동방설[52]과 동남설,[53] 그리고 남방설[54]로 귀납될 수 있다. 그 가운데 현재 남방설을 주장하는 학자는 보이지 않지만, 동방설과 동남설은 아직까지 논쟁이 지속되고 있다.

먼저 동방설을 보도록 하자. 이개(李凱)는 십사정이방 갑골에 보이는 전쟁이 결코 일차성 원정이 아니라 동쪽 지역을 직접 경영하기 위한 목적으로 시행된 것이라 생각했다. 그리고 그 정벌대상이 지금의 산동성 서쪽 지역에서 중동부 지역인 유방(濰坊) 일대까지 이어졌다고 보면서, 이 정벌을 통해 제신은 무력으로 이방을 정벌하여 상문화 권역으로 편입하는 성과를 도모했지만, 소기의 목적을 달성하지 못한 채 국력만 낭비하고 말았다고 평가했다.[55] 방휘(方輝)도 동방설을 주장하지만, 그는 상이 이방을 정벌한 목적에 초점을 맞추어 산동 지역의 해염을 획득하는 데 목적이 있다는 것을 강조했다.[56]

이와는 달리 나곤(羅琨)과 이발(李發) 등은 동남설을 지지하는 입장이다. 나곤은 고고학적 발견을 근거로 상대 중기에 이미 상문화가 산동성 일대까지 뻗어 있었다는 것에 주목했다. 상문화가 진출했다는 것은 정치

---

52 여기서의 '동방'은 곧 지금의 산동성 일대를 가리킨다. 이를 주장하는 대표적인 중국 학자로 이학근(李學勤)·왕은전(王恩田) 등이 있다. 李學勤, 1996, 「重論夷方」, 『民族史學』 第1輯, 北京: 中央民族大學出版社; 王恩田, 1998, 「人方位置與征人方路線新證」, 張永山 編, 『胡厚宣先生紀念文集』, 北京: 科學出版社.

53 여기서의 '동남'은 곧 지금의 강소성·안휘성 북부 등 회하(淮河) 북부 지역을 가리킨다. 이를 주장하는 대표적인 중국 학자로 동작빈(董作賓)·진몽가(陳夢家)·종백생(鍾柏生) 등이 있다. 董作賓, 1945, 『殷曆譜』, 중앙연구원역사어언연구소; 陳夢家, 1988, 『殷墟卜辭綜述』, 北京: 中華書局; 鍾柏生, 1989, 『殷商卜辭地理論叢』, 臺北: 藝文印書館, 219쪽.

54 여기서의 '남방'은 곧 지금의 하남성 남부, 호북성 일대를 가리킨다. 이를 주장하는 대표적인 중국 학자로 등소금(鄧少琴)·온소봉(溫少峰) 등이 있다. 鄧少琴·溫少峰, 1982, 「論帝乙征人方是用兵江漢」, 『社會科學戰線』 3~4. 이 논문은 『社會科學戰線』 1982년 3기와 4기에 나누어 간행되었다.

55 李凱, 2009, 「帝辛十祀征夷方與商王巡狩史實」, 『中國歷史文物』 6.

56 方輝, 2004, 「從考古發現談商代末年的征夷方」, 『東方考古』 第1集, 北京: 科學出版社.

적으로도 이미 어느 정도 영향력을 끼쳤을 가능성을 의미하기 때문에, 상대 말기에 이방을 정벌하기 위해 그 정도의 힘과 시간을 들일 필요가 없었을 것이라 생각한 것이다. 따라서 그는 상대 말기 제신이 정벌한 이방은 지금의 산동 지역이 아니라 회하 북쪽 지역으로 보는 것이 합리적이라는 주장을 전개했다.[57] 이발 또한 갑골에 등장하는 지명을 자세히 고증하여 상왕 제신이 산동 남쪽과 회하 북쪽 지역을 정벌한 것으로 보았다.[58] 이들에 따르면 상대 말기에 제신이 정벌한 대상은 동이가 아니라 회이(淮夷)가 된다.[59]

십사정이방의 대상이 동이인지 아니면 회이인지에 대해, 학자들마다 50여 곳에 달하는 관련 지명을 나름대로 면밀한 검토를 거쳐 내놓은 결론이기 때문에, 누구의 설이 옳다고 판단하기는 힘들다. 그렇다면 이 문제는 해결될 수 있을까? 어쩌면 이 문제를 해결하는 실마리는 정이방 정벌의 종착지인 '회(淮)'라는 지역을 어떻게 볼 것인가에서 시작된다고 볼 수 있다. 동방설을 주장하는 학자들은 이 '회'를 지금의 산동성 중동부를 흐르는 '유하(濰河)'로 여기고, 동남설을 주장하는 학자들은 지금의 회하(淮河)로 본다. 이 '유(濰)'자와 '회(淮)'자에는 모두 '물 수(水)'와 '새 추(隹)'자가 구성요소로 들어가 있다. 이 구성요소 가운데 '水'는 하천을 의미하기 위해 첨가되었다는 것을 고려해봤을 때, 어쩌면 '隹'자가 이 문제를 해결하는 관건이 될 수 있을지도 모른다. 흥미로운 것은 지금의 산동성과 하남성, 강소성 등지에 '隹'자가 구성요소로 들어간 지명이 적지 않다는

---

57 羅琨, 2014, 「卜辭十祀征夷方方位的探討」, 『甲骨文與殷商史』 新4輯, 上海: 上海古籍出版社.
58 李發, 2014, 「殷卜辭所見"夷方"與帝辛時期的夷商戰爭」, 『歷史研究』 5.
59 나곤의 이러한 지적은 상문화의 확산으로 동이와 회이의 분화가 나타났다고 하는 주계평(朱繼平)의 주장을 떠올리게 한다. 주계평은 상문화가 동쪽으로 확산되면서 이인들의 정치구조와 경제생활 및 문화적 면모를 바꾸어놓았고, 이인들 내부에 분화를 조성하여 동이와 회이가 분화된 것으로 보았다. 朱繼平, 「從商代東土的人文地理格局談東夷族群的流動與分化」, 『考古』 3.

것이다. 따라서 이 문제를 해결하기 위해서는 '崔'자가 구성요소로 들어간 지명들이 어떻게 분포되고 있으며, 어떠한 연원 관계를 가지는지 우선 면밀히 검토할 필요가 있다.

지금까지 중국 상대 동이와 상의 관계에 대한 중국 학자들의 연구성과를 간단히 정리해보았다. 중국 학자들의 연구에 의하면 상대 동이는 지금의 산동성을 중심으로 한 지역에 자리 잡고 있었다. 상대 초기에 동이는 상과 우호적인 관계에 있었지만, 상대 중기부터 상 동쪽으로 진출하면서 동이와 충돌하게 되었고, 상대 말기까지 이러한 충돌이 계속되었다는 것을 볼 수 있었다. 고고학적으로 보면 상문화가 이 지역에 점차 확산되어가는 과정을 볼 수 있기 때문에 정치적으로도 영향력을 발휘했을 것이라는 추측을 할 수 있지만, 군사적 충돌이 있었던 것으로 보아 정치적 영향력의 확대는 동이의 저항으로 번번이 저지된 것이 아닌가 생각된다. 십사정이방과 전래문헌기록이 보여주듯이, 이 전쟁은 상에 잠시간의 승리를 가져다주었지만, 궁극적으로는 나라를 멸망으로 빠뜨리는 빌미가 되었다. 게다가 갑골문과 금문 자료를 취합해봤을 때, 상대 말기 제신의 동정은 10년에만 있었던 것이 아니라 15년과 20년에도 계속되었다.[60] 이는 상의 동정이 그리 효과적이지 못했다는 것을 보여주고, 또 반대로 동이의 군사적 역량을 결코 가벼이 볼 수만은 없다는 것을 나타내주는 것이기도 하다.

결과적으로, 장기간에 걸친 상의 동이 정벌은 상을 갈수록 피폐하게 만들었고, 상왕의 권력 또한 약해지면서 결국 서쪽에서 세력을 키워온 주(周)에 멸망하고 말았다.

---

60 鄭傑祥, 1994, 『商代地理槪論』, 鄭州: 中州古籍出版社; 方輝, 2004, 「從考古發現談商代末年的征夷方」, 『東方考古』第1集, 北京: 科學出版社; 韋心瀅, 2015, 「從流散海外殷末青銅器見帝辛十五祀征夷方史事」, 『中國國家博物館館刊』, 3.

동이와 서주의 관계

서주(西周)는 상을 멸망시킨 후, 봉건을 통해서 동방 지역에 대한 통치를 이어나갔다. 예컨대, 태공(太公) 망(望)을 제(齊)에 책봉한 것이라든지, 주공(周公)의 아들 백금(伯禽)을 노(魯)에 책봉한 것이 그 좋은 사례다. 서소봉(徐昭峰)은 이와 관련하여 주족(周族)을 핵심으로 하는 집단이 상을 대신하면서 합법적으로 상의 동이에 대한 영도 혹은 통치적 지위를 계승한 것으로 보았다.[61] 그러나 서주의 동이 통제는 그리 쉽지 않았던 것으로 보인다. 이는 서주 초기, 보원궤(保員簋,『근출(近出)』484),[62] 노후준(魯侯尊,『집성(集成)』4029) 등 명문에 보이는 동이가 서주와 반목하면서 군사적으로 맞선 것을 통해 어느 정도 확인할 수 있다.

서주 시기, 동이 외에도 회이(淮夷)·남회이(南淮夷)·남이(南夷) 같은 '이(夷)' 집단들이 보인다. 서주 금문 및 전래문헌을 통해 봤을 때, 이 집단들도 동이처럼 군사적으로 서주와 대립했다. 그동안 많은 학자들은 회이와 남회이, 그리고 남이를 서로 다른 집단으로 인식하고 그 개념을 세분화하려고 노력했다.[63] 그러나 필자는 이러한 명칭이 모두 서주의 입장에서 형성된 개념이라는 것과 이들 명칭이 나타나는 시간적인 경향성이 있음을 발견했다. 회이는 서주 전 시기에 걸쳐서 보이지만, 남이는 서주 중기에 주로 나타나고, 남회이는 서주 후기에 주로 나타난다는 것이다. 따라서 필자는 회이는 동방과 동남방의 이민족을 범칭하는 족적 개념이고, 남이와 남회이는 지리적으로 지금의 회하 유역에 거주하던 이민족을 가리키

---

61 徐昭峰, 2012,「商王朝東征與商夷關係」,『考古』2, 72쪽.
62 劉雨·盧巖編, 2002,『近出殷周金文集錄』, 北京: 中華書局(본문에서『근출』로 약칭한다. 숫자는『근출』에 수록된 금문의 일련번호임).
63 대표적인 성과가 주계평의『從淮夷族群到編戶齊民 – 周代淮水流域族群衝突的地理學觀察』이다.

던 개념이라는 관점을 제시했다.⁶⁴

동이와 남이,⁶⁵ 동이와 남회이,⁶⁶ 회이와 남회이⁶⁷ 등 남이와 남회이가 동이와 연관되어 등장하는 것으로 보아, 이들 사이에는 어떤 밀접한 관계가 존재한다고 판단된다. 그러므로 다음에서는 동이를 비롯하여 회이·남회이·남이 등과 관련된 연구경향도 함께 다루어보고자 한다.

동이를 비롯한 여러 집단과 관련된 기록은 주로 서주 금문에 보인다. 중국 안휘대학(安徽大學)의 진병신(陳秉新)과 이립방(李立芳)은 유관 출토자료 및 그 연구성과를 취합하여 『출토이족사료집고(出土夷族史料輯考)』라는 책을 출판했다. 이 책이 출판된 이후에도 동이를 비롯한 여러 집단과 관련된 금문이 계속 소개되고 있는데, 대표적인 것이 작백정(柞伯鼎, 『근출(近出) 2』 327)⁶⁸과 백섬보궤(伯㦰父簋, 『명도(銘圖)』 5276)⁶⁹ 명문이다.⁷⁰ 이 명문들은 모두 서주 후기에 제작된 것으로 판단되는데, 이에 대한 분석을 통해 서주

---

64 李裕杓, 2015, 「西周時期淮夷名稱考論」, 『中國歷史地理論叢』 3.
65 㝬鐘 銘文(『集成』 260), "왕이 문왕(文王)과 무왕(武王)이 온 마음을 다해 이루어낸 강토를 순시하셨다. 남국(南國)의 복자(㿩孳)가 감히 우리의 영토를 공격하여 함락시켰다. 왕이 명을 내려 정벌하게 하여, 그 도읍을 토벌했다. 복자(㿩孳)가 이에 그 통역과 길 안내하는 자를 파견하여 왕을 맞이하고 알현하였으며, 남이(南夷)와 동이(東夷) 모두 26방(邦)이 알현했다(王肇遹省文武, 勤疆土. 南國㿩孳敢臽處我土. 王敦伐其至, 扑伐厥都. 㿩孳迺遣間來逆卲王. 南夷·東夷具見廿又六邦)".
66 禹鼎 銘文(『集成』 2833), "오호! 애재라! 하늘이 우리 나라에 큰 재앙을 내리셨구나! 또한 악후어방(鄂侯馭方)이 남회이(南淮夷)와 동이(東夷)를 이끌고 남국(南國)과 동국(東國)을 광범위하게 정벌하여 역내(歷內)에 이르렀다(烏呼哀哉! 用天降大喪于下國! 亦唯噩侯馭方率南淮夷·東夷, 廣伐南國·東國, 至于歷內)".
67 兮甲盤 銘文(『集成』 10174), "왕이 혜갑에게 성주(成周)·사방(四方)의 물자를 담당하게 하고, 남회이(南淮夷)에 이르게 했다. 회이(淮夷)는 원래 우리에게 포백을 바치던 사람이다[王命甲政司成周四方積, 至于南淮＝夷＝(南淮夷,淮夷)舊我帛晦人]".
68 劉雨·嚴志斌, 2010, 『近出殷周金文集錄二編』, 北京: 中華書局[본문에서 『근출(近出) 2』로 약칭한다. 숫자는 『근출 2』에 수록된 금문의 일련번호임].
69 吳鎭烽編, 2012, 『商周青銅器銘文曁圖像集成』, 上海古籍出版社[본문에서 『명도(銘圖)』로 약칭한다. 숫자는 『명도』에 수록된 금문의 일련번호임].
70 이 밖에 또 응후시공정(應侯視工鼎), 응후시공궤(應侯視工簋) 등이 있다. 이와 관련해서는 심재훈(2012)의 「應侯 視工 청동기들의 연대 및 그 명문의 連讀 문제」(『중국고중세사연구』 28집)를 참고하기 바란다.

자료 4 | 작백정과 그 명문

와 여러 이 집단의 관계에 대한 새로운 해석의 가능성이 열리게 되었다.

먼저, 주봉한(朱鳳瀚)은 「작백정과 주공남정(柞伯鼎與周公南征)」이라는 글을 통해 학계에 작백정을 소개하면서 작백정 명문과 관련된 여러 가지 문제를 지적했다.[71] 그 가운데 학계의 주목을 받은 것은 괵공(虢公)이라는 서주의 대신이 작백(柞伯)의 출정을 명하면서 "在乃聖祖周公謨有共于周邦用昏無及廣伐南國"이라고 말한 부분이다. 주봉한은 이 문장을 "在乃聖祖周公謨有共于周邦, 用昏無及, 廣伐南國"[72]와 같이 끊어 읽으면서 "그대의 성조(聖祖) 주공(周公)은 오래전 주방(周邦)에 공업이 있었다. 그의 근면함에 따라올

---

71 朱鳳瀚, 2006, 「柞伯鼎與周公南征」, 『文物』 5.
72 많은 학자들이 이 구절의 독법에 대해 다양한 의견을 제기했는데, 대표적인 것이 황천수(黃天樹)의 지적이다. 황천수에 따르면, 이 구절에서 전쟁을 일으킨 주체가 누구냐에 대한 관건은 바로 '광벌(廣伐)'이라는 말에 있다고 보았다. 과거 황성장(黃盛璋)은 '광벌'의 '광(廣)'과 '횡(橫)'이 똑같이 '황(黃)'을 소리요소로 갖고 있음에 착안하여 '광(廣)'을 '횡(橫)'의 뜻으로 파악한 적이 있는데, 황천수는 이를 근거로 '광벌'의 주체는 '주공'이 아니라 '혼(昏)'이라는 이민족으로 보았다. 실제로 서주 금문에 보이는 '광벌'의 용법을 살펴보면, 모두 이민족이 주를 공격했을 때에만 쓰고 있는 점도 황천수의 설을 더욱 설득력 있게 해준다. 만약 이 설이 맞다면 주봉한의 '주공남정(周公南征)'설은 설득력을 잃게 된다. 黃天樹, 2006, 「柞伯鼎銘文補釋」, 『中國文字』 新32期.

이가 없었으며 남국(南國)을 널리 정벌하였다"고 해석했다. 곧 서주 초기에 주공이 남정을 감행했다는 것이다.

서주 초기 주공(周公)의 사적을 살펴보도록 하자.

> 관숙(管叔)·채숙(蔡叔)·무경(武庚) 등이 과연 회이(淮夷)를 거느리고 반란을 일으켰다. 주공(周公)은 바로 성왕(成王)의 명을 받들어 군사를 일으켜 동방 정벌에 나섰다. 「대고(大誥)」를 지었다. 마침내 관숙을 베어 죽이고, 무경을 죽였으며, 채숙을 추방했다. 은(殷)의 유민을 거두어들이고 강숙을 위(衛)에, 미자(微子)를 송(宋)에 책봉하여 은(殷)의 제사를 받들게 했다. 회이(淮夷) 동쪽 땅을 정벌한 지 2년 만에 모두 평정되었다.[73]

이는 서주 초기에 주공이 반란을 평정하고 동방을 정벌하여 회이 등 여러 이민족을 평정한 사실(史實)을 기록한 것이다. 이를 역사에서는 '주공동정(周公東征)'이라 한다. 다시 작백정으로 돌아가 보자. 만약 주봉한의 해석대로 작백정을 읽는다면, 주공은 동정뿐만 아니라 남정까지 하면서 지금의 중국 호북성을 비롯해 회하가 지나는 강소성과 안휘성 중부 지역까지 주의 세력을 확장한 것이 된다. 물론 주봉한의 해석은 학계의 비판을 피해가지 못했지만,[74] 주공이 남정을 했다는 문헌적인 해석의 여지도

---

73 『史記』 권33 「魯周公世家」, 1518쪽, "管, 蔡, 武庚等果率淮夷而反. 周公乃奉成王命, 興師東伐, 作「大誥」. 遂誅管叔, 殺武庚, 放蔡叔. 收殷余民, 以封康叔於衛, 封微子於宋, 以奉殷祀. 寧淮夷東土, 二年而畢定, 諸侯咸服宗周".
74 黃天樹, 2006, 「柞伯鼎銘文補釋」, 『中國文字』 新32期; 李凱, 2007, 「柞伯鼎與西周晚期周和東國淮夷的戰爭」, 『四川文物』 2; 季旭昇, 2008, 「柞伯鼎銘"無殳"小考」, 『古文字學論稿』, 合肥: 安徽大學出版社; 鄔國盛, 2011, 「關於柞伯鼎銘"無殳"一詞的一點意見」, 朱鳳瀚主編, 『新出金文與西周歷史』, 上海: 上海古籍出版社; 심재훈, 2013, 「柞伯鼎과 西周 후기 전쟁금문에 나타난 왕과 제후의 군사적 유대」, 『中國古中世史研究』 29.

자료 5 | 백섬보궤와 그 명문

있기 때문에,[75] 쉽게 부정하기는 힘들다. 주봉한의 설이 받아들여질 수 있을지는 아직 미지수지만, 어쨌든 이 금문은 서주 초기 동이 및 회이와 관련된 역사적 사고의 틀을 넓혀주었다는 데 의의가 있다.

다음으로 백섬보궤 명문에 대한 연구를 보도록 하자. 백섬보궤는 비슷한 시기에 두 개가 소개되었다. 이학근과 주봉한이 각각 학계에 소개하면서 알려졌다.[76] 이 백섬보궤는 주왕이 '복자(𢎥孳)·동(桐)·휼(遹)' 등을 정벌한 내용을 담고 있는데, 이는 주왕이 직접 제작한 것으로 세상에 알려진 호종(㝬鐘, 『집성(集成)』 260) 및 악후어방정(鄂侯馭方鼎, 『집성』 2810)과 료생수(翏生盨, 『집성』 4459) 등 명문 사이의 관계를 밝히는 데 결정적인 역할을 했다.[77]

---

[75] 『史記』 권88, 「蒙恬列傳」, 中華書局, 1959, "周公旦而奔於楚".

[76] 朱鳳瀚, 2008, 「由伯㡭父簋銘再論周厲王征淮夷」, 『古文字研究』 제27輯, 中華書局; 李學勤, 2008, 「談西周厲王時期的伯㡭父簋」, 『文物中的古文明』, 北京: 商務印書館.

[77] 〈자료 5〉는 首陽齋·上海博物館·香港中文大學文物館(2008)에서 편찬한 『首陽吉金: 胡盈莹·范季融藏中國古代青銅器』(上海古籍出版社, 107쪽)에서 인용했다.

호종에는 주왕이 직접 '남국복자(南國𢓜孳)'를 정벌한 내용이 나오는데, 기존의 많은 학자들은 '복자(𢓜孳)'의 '𢓜'을 남방의 이민족 가운데 하나인 '복(濮)'으로 해석하면서 이를 주왕의 남만(南蠻) 정벌과 연결해 해석했다.[78] 한편 료생수 명문에는 주왕이 남회이에 대한 원정을 펼치면서 '각(角)·진(潾)·동(桐)·휼(遹)'을 정벌한 사실이 기록되어 있다. 그동안은 호종과 료생수 명문 사이의 어떠한 연관성도 파악할 수 없었다. 그러나 이 백섬보궤 명문이 알려지게 되면서 이 명문들 사이의 연관성이 명확히 드러났다. 백섬보궤 명문에 보이는 정벌대상은 '복자·동·휼'로, 이 가운데 '복자'는 호종 명문에, '동··휼'은 료생수 명문에 보이는 남회이에 속한 '각·진·동·휼'과 대응되기 때문이다. 이는 호종 명문에 보이는 주왕의 원정대상이 그동안 학계의 주류 학설이었던 남만 정벌이 아닌 회이 정벌의 일환이었다는 정보도 얻을 수 있게 되었다.[79]

한편 호종 명문에는 주왕이 남국복자를 정벌한 사실 외에도, 정벌 후에 동이와 남이 26개국이 주왕을 조회한 사실까지 기록되어 있다. 이는 주왕의 회이 정벌이 단순한 정복전쟁이 아니라 동이와 남이를 아우르는 동방지역의 패권 장악을 위한 원정이었다는 것을 보여준다.[80]

그렇다면 동이와 남이가 이때부터 주에 완전히 복속했는가? 결론적으로 말하자면 그렇지 않다. 얼마 지나지 않아, 동이와 남회이는 악후(鄂侯)

---

78 徐中舒, 1936, 「殷周之際史跡之檢討」, 『中央研究院歷史語言研究所』第7本 第2分冊; 饒宗頤, 1959, 『殷代貞卜人物通考』, 471쪽; 黃盛璋, 1991, 「濮國銅器新發現」, 『文物研究』(7), 合肥: 黃山書社.

79 朱鳳瀚, 2008, 「由伯㣇父簋銘再論周厲王征淮夷」, 『古文字研究』第27輯, 中華書局.

80 敔鐘 銘文(『集成』260), "왕이 문왕(文王)과 무왕(武王)이 온 마음을 다해 이루어낸 강토를 순시하셨다. 남국(南國)의 복자(𢓜孳)가 감히 우리의 영토를 공격하여 함락시켰다. 왕이 명을 내려 정벌하게 하여, 그 도읍을 토벌했다. 복자(𢓜孳)가 이에 그 통역과 길 안내 하는 자를 파견하여 왕을 맞이하고 알현하였으며, 남이(南夷)와 동이(東夷) 모두 26방(邦)이 알현했다(王肇遹省文武, 勤疆土, 南國𢓜孳敢陷處我土. 王敦伐其至, 扑伐厥都. 𢓜孳迺遣間來逆卲王. 南夷·東夷具見廿又六邦)".

자료 6 | 료생수 명문(좌)과 호종 명문(우)

를 도와 주 왕실에 반란을 일으키는데,[81] 이는 주 왕실의 동이를 비롯한 여러 이민족들에 대한 통제가 그리 성공적이지 않았다는 것을 시사한다. 어쩌면 동이와 남이를 주왕이 직접 통제할 수 없었기 때문에, 악후(鄂侯)에게 이들을 위임했을 가능성도 배제할 수 없다.[82] 주는 힘겹게 악후의 반란을 평정했지만, 동이 등의 이민족들은 계속해서 주와 전쟁을 벌였고,[83] 주왕은 사신을 파견해 이들을 안정시키려 했지만,[84] 동이 등의 이민족을 통제하기는 쉽지 않았던 것으로 보인다.

---

[81] 禹鼎 銘文(『集成』 2833), "오호! 애재라! 하늘이 우리 나라에 큰 재앙을 내리셨구나! 또한 악후 어방(鄂侯馭方)이 남회이(南淮夷)와 동이(東夷)를 이끌고 남국(南國)과 동국(東國)을 광범위하게 정벌하여 역내(歷內)에 이르렀다(烏呼哀哉! 用天降大喪于下國! 亦唯噩侯馭方率南淮夷·東夷, 廣伐南國·東國, 至于歷內)".

[82] 김정열, 2002, 「西周의 이성제후 봉건에 대하여」, 『동양사학연구』 77, 33쪽.

[83] 이와 관련해서는 師䰅簋 銘文(『集成』 4313)을 참고하기 바란다.

[84] 이와 관련해서는 兮甲盤(『集成』 10174), 駒父盨蓋(『集成』 4464) 명문을 참고하기 바란다.

동이와 중원 왕조의 전쟁 원인

앞에서 살펴본 대로 동이는 상대 중기부터 서주 시기에 이르기까지 중원과 끊임없이 충돌했다. 서주시대 사환궤(師寰簋, 『집성』 4313) 명문은 주가 지금의 산동성 지역에 있었던 회이를 정벌하는 내용을 담고 있는데, 이 명문의 서두에 정벌을 하게 된 원인이 기록되어 있다.

> 왕이 다음과 같이 말했다. "사환(師寰)아! 회이(淮夷)는 우리에게 포백을 바치던 신하였다. 지금 감히 그 무리를 겁박하여 태만하게 하고, 그 관리를 배반하여 우리 동국(東國)을 따르지 않는다. 지금 내가 비로소 명하노니 …… 회이(淮夷)를 정벌하여 ……."
> 王若曰, "師寰! 威淮夷繇我帛晦臣, 今敢博厥衆叚, 反厥工吏, 弗速我東國. 今余肇令女(汝) …… 正(征)淮夷 ……."

이와 거의 같은 내용이 혜갑반(兮甲盤, 『집성』 10174) 명문에도 나타난다.

> 왕이 혜갑(兮甲)에게 성주(成周)·사방(四方)의 물자를 담당하게 하고, 남회이(南淮夷)에 이르게 했다. 회이(淮夷)는 원래 우리에게 포백을 바치던 자들이다. 감히 포백, 공물을 바치지 않거나 부역을 하지 않거나, 저포를 바치지 않거나 하지 마라. 감히 군대 숙영지[次]를 거치지 않고 저자[市]로 가지 마라. 명령을 따르지 않으면 그 형벌로 토벌하겠노라.
> 王命甲政司成周四方積, 至于南淮＝夷＝(南淮夷. 淮夷)舊我帛賄人, 母(毋)敢不出其帛, 其積, 其進人, 其貯. 母(毋)敢不卽次卽市. 敢不用令(命), 則卽井(刑)撲伐.

사환궤 명문에는 주가 회이를 공격한 까닭이 공물을 바치지 않았기 때문으로 기록되어 있다. 혜갑반 명문에서는 회이에게 공물을 바치지 않을 경우 정벌하겠다고 엄포를 놓고 있다. 만약 그들의 공물이 없어도, 혹은 그들과의 교역이 없어도 주에 큰 타격이 없다면, 굳이 전쟁을 벌일 필요는 없을지도 모른다. 하지만 이것이 주에 필수불가결한 자원이라면, 전쟁을 통해서라도 이 자원을 획득하고, 또 이 자원을 영구적으로 통제할 방법을 모색할 수도 있다. 이러한 맥락에서 최근 거론되고 있는 자원전쟁설은 주목할 만하다. 곧 동이 및 여러 집단이 보유 혹은 통제하고 있는 자원을 중원 국가가 탈취하기 위하여 전쟁을 일으켰다는 것이다. 이와 관련하여 학계에서 거론되고 있는 대표적인 자원이 바로 소금과 구리다.

먼저 소금과 관련된 주장부터 보도록 하자. 방휘(方輝)는 갑골문에 "소금을 취하다[取鹵]" 혹은 "소금을 바쳤다[致鹵]"는 기록이 있고, 특히 소금을 끓이는 데 사용했을 것으로 보이는 바닥이 둥근 환저준(圜底尊, 혹은 灰形器)이 연해 지역뿐만 아니라 산동성 내륙의 상문화 지역에서도 발견되고 있는 점을 들어, 상대 말기의 정이방을 소금 자원을 둘러싼 쟁탈전으로 파악했다.[85] 곧 환저준이 내륙에서도 발견되는 것은 상의 소금 및 유관 자원이 내륙으로 이동한 정황을 보여주므로, 이것이 바로 전쟁으로 얻은 성과라는 것이다.[86] 이와 관련하여 최근 발견된 제염(製鹽)유적은 더욱 흥미롭다. 2003년 산동성 북부 발해만(渤海灣)에 위치한 유방시(濰坊市) 수광시(壽光市) 북부 쌍왕성(雙王城)저수지 부근에서 이 시기의 제염유적이 발견되어 2008년부터 본격적인 발굴에 착수했다.[87] 이 지역은 전설 속 인물인 '익(益)'이 도읍했던 곳으로 전해지는 곳이다. 게다가 주의 제후국인

---

85 方輝, 2007,「從考古發現談商代末年的征夷方」,『海岱地區青銅時代考古』, 濟南: 山東大學出版社, 374~375쪽.
86 방휘는 이에 덧붙여 상은 풍부한 소금 자원으로 이미 굳건한 세력을 갖춘 동이를 일시적으로 정벌할 수는 있었지만, 지속적으로 복속시킬 수는 없었다는 점도 지적했다. 方輝, 2007,「從考古發現談商代末年的征夷方」,『海岱地區青銅時代考古』, 376쪽.
87 山東省文物考古研究所 等, 2010,「山東壽光市雙王城鹽業遺址2008年的發掘」,『考古』3.

기(紀)의 청동기가 발견된 바 있어[88] 기의 도읍으로 추정되기 때문에, 역사적으로 큰 의의를 지니는 지역이다. 이는 방휘의 주장에 설득력을 더해 준다.

고고학적으로 봤을 때, 상과 서주 시기, 중원 왕조의 문화는 끊임없이 동쪽으로 확산되었고, 동이의 토착문화는 점차 축소되어갔다.[89] 이러한 추세에 따라 동이와 중원 왕조 간의 소금 쟁탈은 결국 중원 왕조의 의도대로 되었다고 해도 과언은 아닐 것이다. 이러한 맥락에서 주의 제후국인 기유적이 수광시에서 출토된 것은 의의가 크다. 어쩌면 주가 이곳의 동이를 몰아낸 다음 통제력을 강화하기 위해 기를 책봉했을 가능성이 있다. 소금은 당시 인간 생활에 필수 불가결한 자원으로, 누군가가 그 이권을 장악하면, 누군가는 그 이권을 빼앗기 위한 도전을 계속하기 마련이다. 따라서 소금 자원을 둘러싼 쟁탈은 원래 동이와 중원 왕조 사이의 문제였지만, 중원 왕조가 동이세력을 몰아내고 난 이후에는, 중원 왕조의 제후국 사이의 쟁탈로 그 구조가 바뀌었을 것이다. 서주시대 중기부터 춘추시대 중기까지, 기가 제와 오랜 시간 다투다가 결국 제에 멸망되고 만 것은 바로 소금 자원을 둘러싼 주도권 경쟁에서 도태되었기 때문이라는 오위화(吳偉華)의 해석은 이러한 관점을 뒷받침한다.[90]

다음으로 구리 자원에 대해 살펴보도록 하자. 상과 주는 찬란한 청동기 문화로 유명하기 때문에 자체적으로 구리를 채굴했을 것으로 생각하기 쉽다.[91] 그러나 당시 중원 지역에는 구리를 대량으로 채굴할 만한 광산이

---

88 壽光縣博物館, 1985, 「山東壽光縣新發現一批紀國銅器」, 『文物』 3.
89 張錕, 2010, 「東夷文化的考古學研究」, 中國社會科學院研究生院博士學位論文.
90 吳偉華, 2011, 「魯北地區考古發現與春秋時期齊國滅紀」, 『中原文物』 2.
91 장광직(張光直)은 하(夏)·상(商)·주(周) 삼대(三代)의 천도를 구리 자원 획득과 연관해 해석했는데, 모두 중원 지역 내에서 구리를 수급했다고 생각했다. 張光直, 1990, 『中國靑銅時代』(2), 北京: 三聯書店, 28~30쪽.

없었을 가능성이 크다.⁹² 그 당시 최대 구리 생산지는 지금의 장강(長江) 중·하류 지역이었는데, 여러 정황을 고려해봤을 때, 중원 왕조는 바로 이곳에서 생산되는 구리에 의존했을 것으로 보인다.⁹³ 서주시대에 남회이라는 집단이 활동했던 것으로 보이는 회하 중류 지역은 강남의 구리가 중원으로 이동하는 길목이었다. 따라서 주는 직접적 혹은 간접적으로 남회이를 통제해야 했다. 만약 양자 간의 관계가 좋다면 문제될 소지가 없지만, 양자 간의 관계가 좋지 않다면 구리 수급에 문제가 생길 수밖에 없었을 것이다. 이러한 맥락에서 회하 유역에 나타난 고고학유적을 종합하여 서주문화가 영하(潁河)와 여하(汝河) 등 회하 북부 지류를 통해 회하 유역으로 전파되었을 가능성을 제기한 조동승(趙東昇)의 연구성과가 흥미롭다.⁹⁴ 여기서 주목할 만한 곳은 주대에 구리로 유명했던 번양(繁陽)이다. 춘추시대 청동기 명문 증백칠보(曾伯棄簠, 『집성』 4631)⁹⁵에는 증(曾)이 번양을 쳐서 회이를 물리친 후 '금도석행(金道錫行)'⁹⁶의 길이 열렸다는 기록이 있다. 이는 곧 구리와 주석이 중원으로 통하는 길이 열렸다는 뜻으로, 이 교통로가 남방의 자원을 수급하는 중요한 경로였다는 것을 증명해준다.⁹⁷ 또 『시경(詩經)』,「노송(魯頌)·반궁(泮宮)」 편에 보면 "밝고 밝은 노(魯) 임금님은 그의 덕을 밝히시네. 반궁(泮宮)을 이룩하니 회이가 굴복해 오네. ……

92　魏國鋒, 2007,「古代靑銅器鑛料來源與産地硏究的新進展」, 中國科學技術大學博士學位論文.
93　彭明澣, 1992,「銅與靑銅時代中原王朝的南侵」,『江漢考古』 2; 曹健國, 2003,「昭王南征諸事辯考」,『阜陽師範學院學報』 5; 裘士京, 2004,『江南銅硏究』, 合肥: 黃山書社.
94　趙東昇, 2012,「論江淮地區西周時期考古學文化格局與政治勢力變遷」,『安徽大學學報』 5.
95　棄를 '칠'로 읽는 것은 陳公柔(1995)의 "曾伯棄簠銘中的 "金道錫行"及相關問題硏究」,『中國考古學論叢』, 北京: 科學出版社, 331쪽) 참조.
96　曾伯棄簠 명문(銘文), "克逖淮尸(夷), 抑變繁陽, 金道錫行".
97　陳公柔, 1995,「曾伯棄簠銘中的 "金道錫行"及相關問題硏究」,『中國考古學論叢』, 北京: 科學出版社; Li Liu 등 지음, 심재훈 역, 2006,『중국 고대 국가의 형성』, 학연문화사, 67~68쪽; 李裕杓, 2011,「新出銅器銘文所見昭王南征」,『新出金文與西周歷史』, 上海古籍出版社.

각성한 회이들이 찾아와 보물을 바치는데, 큰 거북과 상아, 남쪽에서 나는 많은 금(金)을 보냈네"라는 구절이 있다.[98] 선진시대 문헌에 나오는 '금(金)'이 지금의 황금을 가리키는 것이 아니라 구리를 가리키는 용법으로 쓰였음을 고려했을 때, 이 시를 통해서 회이와 구리의 관계를 엿볼 수 있다. 당시 노가 회이를 정벌한 노선은 아마 조동승(趙東昇)이 고증한 노선을 따라 이루어졌을 가능성이 크다.

서주 이전의 상 또한 구리 자원을 얻기 위해 많은 노력을 했다. 대표적인 예로 지금의 호북성 무한(武漢) 반룡성(盤龍城)유적과 강서성 장수시(樟樹市) 오성(吳城)유적을 들 수 있다. 오성유적은 장강 하류 동광(銅鑛) 부근에서 발견된 유적으로, 상의 청동기와 유사한 양식의 청동기가 발견되었고, 또 상의 갑골문과 유사한 각획부호(刻劃符號) 등이 발견되기도 했기 때문에, 상 사람들이 직접 와서 구리를 채굴하고 제련했던 흔적으로 추정된다.[99] 그리고 이 오성과 상의 중심부를 연결하는 중간 지점으로 추정되는 곳이 바로 반룡성이다. 이를 통해 상이 남으로 확장하면서 직접적으로 동광을 경영하고자 했음을 엿볼 수 있다.[100] 그러나 오성과 반룡성 유적의 연대적 범위가 상대 초기에서 중기를 넘지 못한다는 것을 봤을 때, 상이 자원을 직접 경영하려던 정책은 오래 지속되지 못한 것으로 추정된다. 따라서 이들은 장강 중·하류 지역에 거주하던 이민족들과 교역을 통해서 자원을 획득할 수밖에 없었고, 교역이 제대로 이루어지지 않을 경우에는 전쟁을 통해서 교역을 원활하게 해야만 했을 것이다. 상대 구리 자원 쟁탈과 관련된 전쟁이 직접적으로 보이지는 않지만, 장강 하류에서 황하까

---

98 『毛詩正義』권20-1, 611~612쪽, "明明魯侯, 克明其德, 旣作泮宮, 淮夷攸服 =…… 憬彼淮夷, 來獻其琛, 元龜象齒, 大賂南金".

99 彭明澣, 2005, 『吳城文化硏究』, 北京: 文物出版社.

100 張永山, 1994, 「武丁南征與江南'銅路'」, 『南方文物』1.

지 이르는 육로와 수로 교통로가 당시 동이가 거주하던 지금의 산동성 서남부 지역을 지나기 때문에, 상의 동이 경략 목적 가운데 하나가 구리 자원의 획득이었다는 유서(劉緒)의 지적은 이러한 맥락에서 의의가 있다고 할 수 있다.[101]

연구결과의 분석 및 과제

지금까지 동이와 상·서주 왕조의 관계에 대한 쟁점 및 현황을 최근의 연구성과를 바탕으로 살펴보았다. 이 주제와 관련하여, 상족의 동이기원설을 검토했고, 동이와 상의 관계를 검토했으며, 동이와 서주의 관계를 고찰하고, 마지막으로 중원 왕조와 동이 사이에 벌어졌던 전쟁의 목적에 대해 논했다. 이어서 중국의 동이 연구에 대한 한계를 지적하고 앞으로의 과제를 제시하는 것으로 본문을 마무리하고자 한다.

중국의 동이 연구는 고고학적인 발견과 연구방법의 다변화로 괄목할 만한 성장을 했다. 특히 고고학적인 발굴성과는 그동안 부족했던 전래문헌의 한계를 극복하게 해주었다. 고고학적인 발굴을 통해 상족의 동이기원설을 극복할 수 있었고, 상문화의 동진(東進) 또한 설명할 수 있게 되었다. 또한 갑골문 금문을 통한 동이의 의식형태 및 중원 왕조와의 관계에 대한 연구 또한 괄목할 만한 성과를 이뤄냈다. 특히 자원 쟁탈로 중원 국가와 주변 민족 사이의 전쟁을 설명하는 방법은 당시 소금과 동의 생산 혹은 유통을 통제하고 있던 동이의 모습을 확인할 수 있게 했다.

그러나 그 이면에는 다음 두 가지 경향성이 짙게 흐르고 있다. 우선, 동

---

101 劉緒 著, 박재복 역, 2011, 「商왕조의 東方 經略에 대한 고고학적 고찰」, 『고고학탐구』 제9호.

이를 연구하는 학자들은 '동이문화'를 우수한 문화로 보려는 경향이 강하다. 상문화가 동이에서 비롯됐다고 하는 주장 또한 이러한 경향과 맥을 같이한다. 지역문화를 강조하는 중국의 연구추세를 봤을 때, 중국사의 서막을 장식한 상족이 산동 지역에 있었던 동이에서 기원했다는 관점은 계속해서 제기될 것으로 보인다. 특히 동이를 연구하는 학자들이 대부분 산동 일대 출신이라는 점을 생각해보면, 산동에 살던 선민들이 중국의 왕조를 개창했다는 자부심을 포기하기 힘들 것이다. 이는 중국 고대의 여러 선사문화 가운데 산동에 있었던 '동이문화'가 가장 우수했다는 주장이 계속 나오는 것과 같은 선상이다.[102]

또 지적하고 싶은 것은 동이문화의 '화하화(華夏化)'를 강조하는 경향이다. 동이문화가 얼마나 우수했고, 그것이 다른 문화에 얼마나 큰 영향을 끼쳤는지, 동이의 의식형태가 어땠는지, 또 중원 왕조와 어떠한 길항관계를 갖고 있었는지 등등, 그 문제 자체로 충분히 중요하게 연구할 만한 가치가 있는 주제다. 그러나 대다수의 연구는 결국 동이가 '화하화'되면서 '중화문명'의 내용을 충실하게 해주었다는 논리로 끝을 맺고 있다. 이는 비효통(費孝通)이 주장했던 '중화문명의 다원일체화 격국(格局)', 곧 '통일적 다민족 국가론'의 연장선상에서 파악할 수 있는 것으로 중국이 '중화민족'과 '중화문명'을 중심으로 중국 내 모든 지역문화를 하나로 귀납시켜 개념 지으려는 움직임과 일맥상통하는 것이라 할 수 있다.

이러한 경향성은 동이를 연구하는 하나의 추진력이 될 수도 있다. 그러나 결과적으로는 '동이'를 현대적인 관점에서 새롭게 개념 짓고 한정 지

---

[102] 대표적인 논저로 다음 몇 편을 들 수 있다. 王震中,「史前東夷族的歷史地位」,『中國社會科學院研究生院學報』1988-6; 逄振鎬,「略論東夷文化的基本特點」,『管子學刊』1996-3; 任重,「東夷文化的歷史沿革」,『山東大學學報』2001-1; 汪奇偉,「東夷集團在中國上古時代的地位應予重新認識」,『徐州師範大學學報』2008-2.

을 수 있는 우려가 있다. 앞에서 말했듯이 '동이'는 결코 족적 개념도 아니고, 현재의 행정구역으로 제한할 수 있는 개념도 아니다. 단지 중국에서 봤을 때 동쪽에 거주하는 여러 집단을 아우르는 개념일 뿐이다. 동이문화와 중원문화의 상호작용을 '화하화'라는 말로 표현하는 것도 문제가 있다. 이 또한 '중화문명' 중심적 사고에서 나온 관점일 뿐이다. 따라서 상대의 이방 혹은 동이, 그리고 주대의 동이를 보다 더 발전적으로 연구하기 위해서는 이러한 한계를 극복하는 것이 급선무라 할 수 있다. 곧 '동이문화', '해대문화' 등 지역문화적 색채와 '화하화'라는 '중화문명' 중심적 사고를 지양하고, 보다 더 객관적인 시각에서 연구를 해 나가는 것이 바람직하다고 생각한다.

참고문헌

황하 중·하류 지역 선사문화와 주민

가이즈카 시게키·이토 미치하루 지음, 배진영·임대희 옮김, 2011, 『중국의 역사』(선진시대), 혜안.

시안 존스 지음, 이준정·한건수 옮김, 2008, 『민족주의와 고고학: 과거와 현재의 정체성 만들기』, 사회평론.

신용하, 2010, 『古朝鮮 國家形成의 社會史』, 지식산업사.

기수연, 1992, 「동이의 개념과 실체의 변천에 관한 연구」, 『백산학보』 42.

김종일, 2008, 「고고학 자료의 역사학적 해석에 대한 비판적 고찰」, 『한국고대사연구』 52.

방향숙, 2006, 「하상주단대공정의 현황과 의미」, 『북방사논총』 10.

손진태, 1983, 「朝鮮 돌맨에 관한 調査 硏究」, 『民俗學論攷』, 大光文化社.

이성규, 1992, 「先秦 文獻에 보이는 '東夷'의 성격」, 『한국고대사논총』 1.

蒙文通, 1933, 『古史甄微』, 商務印書館.

中國社會科學院, 1991, 『簡明中國歷史地圖集』, 中國地圖出版社.

中國地理叢書編輯委員會, 1990, 『中國綜合地圖集』, 中國地圖出版社.

韓建業, 2003, 『中國北方地區新石器時代文化硏究』, 文物出版社.

郭小寧, 2010, 「渭河流域老官台文化的分期硏究」, 『考古與文物』 6期.

羅驥·鞏紅玉, 2002, 「論漢族主體源於東夷」, 『雲南民族學院學報』 19.

閆凱凱, 2012, 「磁山文化硏究」, 山東大學校碩士學位論文.

王吉懷·趙天文·牛瑞紅, 2001, 「論大汶口文化大口尊」, 『中原文物』 2期.

Barth, Fredrik (ed), 1969, *Ethnic Groups and Boundaries*, Boston: Little Brown.

Eriksen, Thomas Hylland, 1993, *Ethnicity and Nationalism*, London: Pluto Press.

Mignon, M. R., 1993, *Dictionary of Concepts in Archaeology*, Greenwood Press, pp.1-43.

Renfrew, Colin, 1993, *The Roots of Ethnicity, Archaeology, Genetics and the Origins of Europe*, by Carl Nylander, Roma.

Wells, Peter S., 2001, *Beyond Celts, Germans and Scythians*, Geral Duckworth & Co. Ltd., London.

전래문헌과 출토자료로 본 동이의 연원

기수연, 2005, 『후한서 동이열전 연구: 삼국지 동이전과의 비교를 중심으로』, 백산자료원.
蘇秉琦 지음, 朴載福 옮김, 2016, 『中國 文明의 起源을 새롭게 탐구한 區系類型論』, 도서출판 考古.
彭久松·金在善 編著, 2000, 『原本東夷傳』(全訂版), 서문문화사.
奇修延, 1993, 「東夷의 개념과 실체의 변천에 관한 연구」, 『白山學報』 42.
奇修延, 1994, 「고대 東夷 연구: 그 개념과 실체의 변천을 중심으로」, 단국대학교 석사학위논문.
金經一, 1998, 「人方관련 蔔辭를 통해 고찰한 東夷 명칭의 기원」, 『中國學報』 38.
김경일, 2006, 「殷代 甲骨文을 통한 東夷 명칭의 기원 東屍 연구」, 『中語中文學』 39.
김석진, 2016, 「先秦 古文字 사료연구에 관한 一考: 淸華簡『繫年』해제와 譯註 방법론」, 『중국고중세사연구』 42.
金時晃, 1999, 「九夷와 東夷」, 『東方漢文學』 17.
김정열, 2014, 「西周時代의 東夷」, 『崇實史學』 32.
김정열, 2015, 「출토자료를 통해 본 西周의 南方 경영과 그 좌절」, 『역사학보』 228.
민후기, 2006, 「西周시대의 山東: 有銘 靑銅器 출토지 분석을 통해본 山東지역 封建」, 『역사학보』 230.
민후기, 2014, 「西周·春秋·戰國시기 거주지와 교통로 추론」, 『중국고중세사연구』 31.
박재복, 2012, 「殷商시기 甲骨文에 보이는 征人方 고찰」, 『儒敎文化硏究』 20.
朴載福, 2013, 「殷商시기 甲骨文에 보이는 商과 夷族의 관계」, 『東洋史學硏究』 123.
朴載福, 2015, 「尙書에 보이는 갑골점복 고찰: 최근 발견된 출토자료와의 비교분석을 중심으로」, 『東洋古典硏究』 61.
송옥진, 2011, 「동이의 의미에 대한 문헌연구」, 국제뇌교육종합대학원대학교 석사학위논문.
沈載勳, 2008, 「商周 청동기를 통해 본 彔族의 이산과 성쇠」, 『歷史學報』 200.
원용준, 2012, 「주공의 동이정벌에 대하여: 金文 및 淸華簡을 중심으로」, 『儒敎文化硏究』 20.

원용준, 2016, 「고대 중국의 夷 개념에 관한 유교사상사적 고찰」, 『陽明學』 43.
劉緖·朴載福 譯, 2011, 「商왕조의 東方經略에 대한 고고학적 고찰」, 『考古學探究』 9.
尹龍九, 2010, 「三國志 판본과 東夷傳 교감」, 『한국고대사연구』 60.
李成珪, 1991, 「先秦 文獻에 보이는 東夷의 성격」, 『한국고대사논총』 1.
『論語』, 『孟子』, 『詩經』, 『周易』, 『禮記』, 『周禮』, 『大戴禮記』, 『左傳』, 『竹書紀年』, 『逸周書』, 『史記』, 『後漢書』, 『說文』, 『爾雅』, 『廣雅』, 『方言』.
季旭昇, 2003, 『甲骨文字根研究』, 文史哲出版社.
馬承源, 1988, 『商周青銅器銘文選』 3, 文物出版社.
蒙文通, 1999, 『古史甄微』, 巴蜀書社.
陳夢家, 1992, 『殷墟葡辭綜述』, 中華書局.
何琳儀, 1998, 『戰國古文字典』, 中華書局.
欒豊實, 2001, 「論夷和東夷」, 『中原文物』 2001-1.
傅斯年, 1933, 「夷夏東西說」, 『慶祝蔡元培先生六十五歲論文集』, 中央研究院 歷史語言研究所.
謝光輝 主編, 1997, 『常用漢字圖解』, 北京大學出版社.
徐中舒, 1995, 『甲骨文字典』, 四川辭書出版社.
孫詒讓, 2000, 『周禮正義』, 中華書局.
晨光, 1993, 「試論沂蒙文化的起源及東夷·中原文化的對立統一關係」, 『臨沂師範學院學報』, 1993-4.
松丸道雄·高嶋謙一 編, 1993, 『甲骨文字字釋綜覽』, 東京大學出版會.

고고학 자료로 본 동이문화

欒豊實, 1996, 『東夷考古』, 山東大學出版社.
欒豊實, 1997, 『海岱地區考古研究』, 山東大學出版社.
方輝 主編, 2016, 『遠古深思 – 山東大學博物館藏品精選』, 青島出版社.
謝治秀 主編, 2008, 『輝煌三十年 – 山東考古成就巡禮』, 科學出版社.
山東省文物考古研究所 編著, 2005, 『山東20世紀的考古發現和研究』, 科學出版社.
王青, 2002, 『海岱地區周代墓葬研究』, 山東大學出版社(增訂版 『海岱地區周代墓葬與文化分區研究』, 科學出版社, 2014).

초기 청동기시대 악석문화와 동이

蒙文通, 1933, 『古史甄微』, 上海: 商務印書館.

傅斯年 等, 1934, 『城子崖』, 南京: 中央研究院歷史語言研究所.

傅斯年, 1996, 『傅斯年選集』, 天津: 天津人民出版社.

北京大學歷史系考古教研室商周組, 1979, 『商周考古』, 北京: 文物出版社.

山東大學歷史系考古專業教研室 編, 1990, 『泗水尹家城』, 北京: 文物出版社.

徐旭生, 1943(1985), 『中國古史的傳說時代』, 北京: 文物出版社.

王迅, 1994, 『東夷文化與淮夷文化研究』, 北京: 北京大學出版社.

王國維, 1921, 『殷卜辭中所見先公先王考』 卷9, 觀堂集林(1971, 『殷卜辭中所見先公先王考一卷』, 藝文印書館 재간행).

張江凱 編, 1993, 『紀念城子崖遺址發掘60周年國際學術討論會文集』, 濟南: 齊魯書社.

中國社會科學院考古研究所, 1999, 『偃師二裏頭』, 北京: 中國大百科全書出版社.

鄒衡, 1980, 『夏商周考古學論集』, 北京: 文物出版社.

高江濤·龐小霞, 2013, 「岳石文化時期海岱文化區人文地理格局演變探析」, 『考古』 2009年 11期.

高廣仁, 1996, 「說'丘'-城的起源一議」, 『考古與文物』 1996年 3期.

高廣仁, 2000, 「岳石文化的社會成就與歷史地位」, 『海岱區先秦考古論集』, 北京: 科學出版社.

欒豊實, 1997a(1993), 「論岳石文化的來源」, 『海岱地區考古研究』, 濟南: 山東大學出版社.

欒豊實, 1997b, 「岳石文化的分期和類型」, 『海岱地區考古研究』, 濟南: 山東大學出版社.

欒豊實, 2006, 「二裏頭遺址中的東方文化因素」, 『華夏考古』 2006年 3期.

李宏飛·李素婷·崔劍鋒·王寧·曾曉敏·宋國定, 2015, 「小雙橋遺址岳石文化風格陶器成分分析」, 『中原文物』 2015年 3期.

林仙庭, 1995, 「從一件袋足銅甗說起」, 『故宮文物月刊』 144(3月).

方輝, 1998, 「岳石文化的分期與年代」, 『考古』 1998年 4期.

方輝, 2003, 「岳石文化衰落原因蠡測」, 『文史哲』 2003年 3期.

裵明相, 1998, 「論鄭州小雙橋遺址的性質」, 中國社會科學院考古研究所 編, 『中國商文化國際學術討論會論文集』, 北京: 中國大百科全書出版社.

傅斯年, 1935, 「夷夏東西說」, 『慶祝蔡元培先生六十五歲論文集』, 下冊, 歷語言研究所集刊外編第一種, 北京: 歷語言研究所.

北京大學考古系商周組·山東省河澤地區文展館·山東省河澤市文化館, 1987, 「菏澤安邱堌堆遺址發掘簡

報」,『文物』1987年 11期.

北京大學考古實習隊, 煙臺市博物館, 2000,「煙臺芝水遺址發掘報告」, 嚴文明 編,『膠東考古』, 北京: 文物出版社.

史本恆, 2013,「水文和地貌條件對膠東半島聚落選址的影響」,『華夏考古』2013年 4期.

山東大學歷史系考古專業, 1980,「山東泗水尹家城遺址第一次發掘」,『考古』1980年 1期.

山東省考古研究所, 1990,「城子崖遺址又有重大發現－龍山岳石周代城址重見天日」,『中國文物報』1990年 7月 26日, 北京.

山東省文物考古研究所, 2016, 山東定陶十裏鋪北遺址發掘獲重要收穫－完善魯西南地區史前文化序列, 發現岳石和晚商城址,『中國文物報』2016年 2月 26日 第8版.

徐基, 1993,「試論岳石文化」,『遼海文物學刊』1993年 1期.

徐基, 2007, 夏時期岳石文化的銅器補遺－東夷式青銅重器之推考,『中原文物』2007年 5期.

徐昭峰, 2012a,「試論岳石文化北向發展態勢」,『考古與文物』2012年 2期.

徐昭峰, 2012b,「試論岳石文化北向發展態勢」,『考古與文物』2012年 2期.

嚴文明, 1981,「龍山文化與龍山時代」,『文物』1981年 6期.

嚴文明, 1985,「長島縣北莊新石器時代遺址」,『中國考古學年鑑 1985』.

嚴文明, 1985(1998),「夏代的東方」,『史前考古論集』, 北京: 科學出版社.

嚴文明, 1998(1984),「論中國的銅石並用時代」,『史前考古論集』, 北京: 科學出版社.

吳玉喜, 1984,「益都縣郝家莊 新石器時代遺址」,『中國考古學年鑑 1984』.

任相宏, 1996,「岳石文化的發現與研究」, 許曉東 編,『中國考古學會第八次年會論文集』, 北京: 文物出版社.

張江凱, 1984a,「煙臺市芝水商代遺址」,『中國考古學年鑑 1984』.

張翠蓮, 1997,「先商文化,岳石文化與夏家店下層文化關系考辨」,『文物季刊』1997年 2期.

張學海, 1993,「海岱地區史前考古若幹問題的思考」,『中國考古學會第九次年會論集』, 北京: 文物出版社.

鄭州大學考古專業·開封市文物工作隊·杞縣文物管理所, 1994,「河南杞縣鹿台崗遺址發掘簡報」,『考古』1994年 8期.

趙朝洪, 1984,「有關岳石文化的幾個問題」,『考古與文物』1984年 1期.

中國科學院考古研究所山東發掘隊, 1962,「山東平度東岳石村新石器時代遺址與戰國墓」,『考古』1962年 10期.

中國科學院考古研究所山東發掘隊, 煙臺市文物管理委員會, 1986,「山東牟平照格莊遺址」,『考古學報』1986年 4期.

蔡鳳書, 1993,「初論岳石文化」, 張學海 編,『紀念城子崖遺址發掘60周年國際學術討論會文集』, 濟南: 齊

魯出版社.

淄博市文物局·淄博市博物館·桓台縣文物管理所, 1997, 「山東桓台縣史家遺址岳石文化木構架祭祀器物坑的發現」, 『考古』1997年 11期.

河南省文物研究所, 1993, 「鄭州小雙橋遺址的調査與試掘」, 河南省文物研究所 編, 『鄭州商城新考古發現與研究』, 鄭州: 鄭州古籍出版社.

濱田耕作, 1929b, 『貔子窩: 南滿洲碧流河畔の先史時代遺跡』, 東方考古學叢刊甲種第1冊, 東京: 東方考古學會.

李權生, 1992, 「中國の岳石文化の起源にくいて」, 『古代文化』1992年 6期.

Barth, Fredrik (editor), 1969a, *Ethnic Groups and Boundaries*, Boston: Little Brown.

Barth, Fredrik, 1969b, "Introduction," In Fredrik Barth (editor), *Ethnic Groups and Boundaries*, Boston: Little Brown.

Chang, Kwang-chih, 1983, *Art, Myth, and Ritual*, Cambridge: Harvard University Press.

Cohen, David Joel, 2001, *The Yueshi Culture, the Dong Yi, and the Archaeology of Ethnicity in Early Bronze Age China*, Doctoral dissertation, Harvard University, Cambridge, MA, Department of Anthropology.

Eriksen, Thomas Hylland, 1993, *Ethnicity and Nationalism*, London: Pluto Press.

Hamada, Kosaku, 1929a, P'i-tzu-wo: Prehistoric Sites by the River *Pi-liu-ho, South Manchuria. Archaeologia Orientalis I*, Tòkyòand Kyòto: The Toa-koko-gaku-kwai, or the Far-Eastern Archaeological Society.

Jones, Siân, 1997, *The Archaeology of Ethnicity: Constructing Identities in the Past and Present*, London: Routledge.

Keightley, David N., 1978, *Sources of Shang History*. Berkeley: University of California Press.

Li, Chi, et al., 1956, *Ch'êng-Tzu-Yai: The Black Pottery Culture Site at Lung-Shan-chen in Li-Ch'êng-Hsien, Shantung Province*, Translated by Kenneth Starr, Yale University Publications in Anthropology 52, New Haven: Yale University Press.

Liu, L. and X. Chen, 2012, *The Archaeology of China: from the Late Paleolithic to the Early Bronze Age*, Cambridge: Cambridge University Press.

Vermeulen, Hans and Govers, Cora, eds., 1994, *The Anthropology of Ethnicity: Beyond "Ethnic Groups and Boundaries,"* Amsterdam: Het Spinhuis.

Falkenhausen, Lothar von, 1993, "On the historiographical orientation of Chinese archaeology",

Antiquity 67(257).

Liu, Li, 1996, "Settlement patterns, chiefdom variability, and the development of early states in North China", *Journal of Anthropological Archaeology* 15(3).

Liu, Li, 2000, "The development and decline of social complexity in North China: some environmental and social factors", *Bulletin of the Indo-Pacific Prehistory Association* 20.

Murowchick, Robert E. and David J. Cohen, 2001, "Searching for Shang's beginnings: Great City Shang, City Song, and collaborative archaeology in Shangqiu, Henan", *The Review of Archaeology* 22(2).

Underhill, Anne P., 1991, "Pottery production in chiefdoms: the Longshan Period in northern China", *World Archaeology* 23(1).

Underhill, Anne P., 1992, "Regional growth of cultural complexity during the Longshan period of northern China", In C. Melvin Aikens and Rhee Song Nai (eds.), *Pacific Northeast Asia in Prehistory*, Pullman, Washington: Washington State University Press.

Underhill, Anne P., 1994, "Variation in settlements during the Longshan period of Northern China", *Asian Perspectives* 33(2).

Underhill, Anne P., 1996, "Craft production and social evolution during the Longshan Period of northern China", In Bernard Wailes (editor), *Craft Specialization and Social Evolution: In Memory of V. Gordon Childe*, Philadelphia: The University Museum of Archaeology and Anthropology, University of Pennsylvania.

중국 요동·산동 지역과 한국의 지석묘

국립나주문화재연구소, 2012, 『한국 지석묘』, 동북아시아 지석묘 1~4.
국립나주문화재연구소, 2011, 『중국 지석묘』, 동북아시아 지석묘 5.
국립나주문화재연구소, 2011, 『일본 지석묘』, 동북아시아 지석묘 6.
석광준, 1998, 『조선의 고인돌무덤 연구』, 사회과학출판사.
손준호, 2006, 『청동기시대 마제석기 연구』, 서경.
오강원, 2017, 『요동과 길림지역의 지석묘문화와 사회』, 한국학중앙연구원출판부.
우장문, 2006, 『경기지역 지석묘 연구』, 학연문화사.

유태용, 2003, 『한국 지석묘 연구』, 주류성.

이영문, 2002, 『한국 지석묘사회 연구』, 학연문화사.

이영문, 2014, 『고인돌, 역사가 되다』, 학연문화사.

최몽룡 외, 1999, 『한국 고인돌(지석묘)유적 종합조사 연구』, 문화재청.

하문식, 1999, 『고조선지역의 지석묘 연구』, 백산자료원.

하문식, 2016, 『고조선 사람들이 잠든 무덤』, 주류성.

허옥림, 1994, 『요동반도 석붕』, 요령과학기술출판사.

화옥빙, 2011, 『중국 동북지구 석붕연구』, 과학출판사.

삼상차남, 1961, 『만선원시분묘의 연구』, 길천홍문관.

김석현, 2015, 「동북아시아 대형 지석묘의 성격」, 목포대학교 석사학위논문.

박준형, 2013, 「산동지역과 요동지역의 문화교류」, 『한국상고사학보』 79호.

배진성, 2012, 「청천강 이남지역 분묘의 출현에 대하여」, 『영남고고학보』 60.

백운상, 2011, 「중국의 지석묘」, 『중국 지석묘』, 국립나주문화재연구소.

송영진, 2006, 「한반도남부지역의 적색마연토기연구」, 『영남고고학보』 38.

오강원, 2011, 「요동 남부 부도하 유역권의 형성과 대형 지석묘군 출현의 사회경제적 배경」, 『고고학탐구』 10.

이성주, 2012, 「의례, 기념물, 그리고 개인묘의 발전」, 『호서고고학』 26.

이영문, 1993, 「전남지방 지석묘사회의 영역권과 구조에 관한 검토」, 『선사와 고대』 5.

이영문, 1999, 「중국 절강성지역의 지석묘」, 『문화사학』 11-13호.

이영문, 2000, 「한국 지석묘 연대에 대한 검토」, 『선사와 고대』 14.

이영문, 2011, 「호남지역 지석묘 형식과 구조에 대한 몇 가지 문제」, 『한국청동기학보』 8호.

이재언, 2016, 「한반도 남부지역 청동기시대 부장풍습 연구」, 『한국청동기학보』 19호.

최성훈, 2015, 「전남 동남부지역 지석묘사회 변천과정」, 『한국청동기학보』 17호.

조거용장, 1946, 「중국석붕지연구」, 『연경학보』 31.

동검을 통해 본 산동과 한반도 및 주변 지역 간의 교류

국립전주박물관, 2015, 『완주 상림리 청동검』.

권오중, 1993, 『낙랑군연구』, 일지사.

경기문화재연구원, 2011, 『파주 와동리 Ⅲ 유적』.

박대재, 2006, 『고대한국 초기국가의 왕과 전쟁』, 경인문화사.

배진영, 2009, 『고대 북경과 연문화 – 연문화의 형성과 전개를 중심으로』, 한국학술정보(주).

송호정, 2003, 『한국고대사 속의 고조선사』, 푸른역사.

오영찬, 2006, 『낙랑군연구』, 사계절.

이청규, 2016, 『해상활동의 고고학적 기원과 전개』, 경인문화사.

정진술, 2009, 『한국해양사 – 고대 편』, 경인문화사.

강인욱, 2016, 「완주 상림리유적으로 본 동아시아 동검문화의 교류와 전개 – 동주식검의 매납과 청동기 장인의 이주를 중심으로」, 『호남고고학보』 54, 호남고고학회.

김남중, 2014, 「위만조선의 성립과 발전과정 연구」, 서강대학교 대학원 박사학위논문.

김정렬, 2015, 「동주식동검의 기원과 발전」, 『숭실사학』 34집.

노지현, 2015, 「동주식동검의 과학적 분석」, 국립전주박물관, 2015, 『완주 상림리 청동검』.

박순발, 2016, 「중국 산동의 역사문물과 한국고대사」, 2016 국제교류전 Ⅰ – 『공자와 그의 고향: 산동』 연계 국제학술대회, 한성백제박물관.

박진욱, 1987, 「비파형단검문화의 발원지와 창조자에 대하여」, 『비파형단검문화에 관한 연구』, 과학백과사전출판사.

박준형, 2006, 「고조선의 해상교역로와 래이」, 『북방사논총』 10.

박준형, 2013, 「산동지역과 요동지역의 문화교류: 산동지역에서 새로 발견된 선형동부를 중심으로」, 『한국상고사학보』 79.

송순탁, 1993, 「우리나라에서 좁은놋단검의 형성과정에 대하여(1)」, 『조선고고연구』 93 – 2, 사회과학출판사.

오강원, 2001, 「춘추말 동이계 래족 목곽묘 출토 비파형동검」, 『한국고대사연구』 23, 한국고대사학회.

오현수, 2013, 「고조선의 형성과 변천과정 연구」, 한국학중앙연구원 박사학위논문.

이건무, 2015, 「한국청동기문화와 중국식동검 – 상림리유적출토 중국식동검을 중심으로 – 」, 국립전주박물관, 2015, 『완주 상림리 청동검』.

이청규, 2003, 「한중 교류에 대한 고고학적 접근 – 청동기시대에서 철기시대까지」, 『한국고대사연구』 32.

이청규, 2005, 「청동기를 통해 본 고조선과 주변사회」, 『북방사논총』 6호, 고구려연구재단.

이후석, 2016, 「윤가촌유형의 변천과 성격」, 『중앙고고연구』 19, 중앙문화재연구원.

이후석, 2016,「동대장자유형의 계층분화와 그 의미」,『한국상고사학보』94.
전영래, 1976,「완주 상림리출토 중국식동검에 관하여」,『전북유적조사보고』6.
정상석, 2001,「금강유역 세형동검문화의 발전과 도씨검」,『한국고대사연구』22.
황기덕, 1974,「최근에 새로 알려진 비파형단검과 좁은놋단검 관계의 유적유물」,『고고학자료집』4 ,사회과학출판사.
靳風毅, 1987,「夏家店上層文化及其族屬問題」,『考古學報』1987－2.
靳風毅, 2001,「軍都山玉皇廟墓地的特徵及其族屬問題」,『蘇秉琦與當代中國考古學』1991－1.
裵炫俊, 2016,「東周時期燕文化的擴張與東北地區文化的變遷」, 北京大學博士研究生學位論文.
白雲翔, 2013,「縱韓國 完州 上林裏到 日本 福岡 平原村－中國 古代 青銅工匠 東渡之路」,『東亞文化』15, 東亞細亞文化財研究院.
楊鐵男, 1993,「對燕王職劍的初步考證」.
旅順博物館報 導組, 1973,「旅大地區發現趙國銅劍」,『考古』1973－6.
煙台市文物管理委員會·棲霞縣文物管理處, 1992,「山東棲霞縣占疃鄉杏家莊戰國墓淸裏簡報」,『考古』1992－1.
王爲群, 2008,「河北隆化縣發現的兩處山戎墓群」,『文物春秋』2008－3.
王靑, 2007,「山東發現的其把東北系靑銅短劍及相關問題」,『考古』2007－8.
王靑, 2012,「海岱地區周代墓葬與文化分區」, 科學出版社.
遼寧省文物考古研究所, 1989,「遼寧凌源縣吳道河子戰國墓發掘簡報」,『文物』1989－2.
遼寧省文物考古研究所·葫蘆島市博物館·建昌縣文管所, 2006,「遼寧建昌於道溝戰國墓地調査發掘簡報」,『遼寧省博物館館刊』1.
李矛利, 1993,「昌圖發縣靑銅短劍墓」,『遼海文物學刊』1993－1.
李慧竹·王靑, 2002,「後期靑銅器－初期鐵器時代 中國 山東地域과 韓國間의 交流」,『白山學報』64.
林壽晉, 1962,「東周式銅劍初論」,『考古學報』1962－2.
張雪岩, 1982,「吉林集安縣發現趙國靑銅短劍」,『考古』1982－6.
鄭紹宗, 1975,「河北省發現的靑銅短劍」,『考古』1975－4.
鄭紹宗, 1984,「中國北方靑銅短劍的分期及形制硏究」,『文物』1984－2.
許明綱, 1993,「大連市近年來發現靑銅短劍及相關的新資料」,『遼海文物學刊』1993－1.
柳田康雄, 1990,「鉛同位體比法による靑銅器硏究への期待」,『考古學雜誌』75－4, 日本考古學會.
柳田康雄, 2004,「日本·朝鮮半島の中國式銅劍と實年代論」,『九州歷史資料館硏究論集』27.
柳田康雄, 2014,「中國式銅劍」,『日本·朝鮮半島の靑銅武器文化』, 雄山閣.

梅元末治·藤田亮策, 1947, 『朝鮮古文化綜鑒(第一卷)』, 養德社.
町田章, 2006, 「中國古代の銅劍」, 『奈良文化財硏究所學報』 75, 奈良文化財硏究所.
秋山進午, 1969, 「中國東北地方の初期金屬器文化の樣相－考古資料とくに靑銅短劍を中心として (下)」, 『考古學雜誌』 54-4.

한반도 철기의 또 다른 기원: 북방의 철기 및 철 생산

국립중앙박물관, 1995, 『알타이 문명전』.
金元龍, 1973, 『韓國考古學槪說』, 一志社.
金鐘圭, 1995, 『三韓考古學硏究』, 西景文化社.
강원문화재연구소, 2016, 「정선 여량면 여량리 191번지(정선 아우라지 유적) 내 유적 발굴(정밀)조사 2차 전문가 검토회의 자료집」.
강인욱, 2003, 「Ⅴ. 초기 철기시대」, 『시베리아의 선사고고학』, 주류성.
강인욱, 2008, 「2008년도 제2차 러시아 연해주 하싼구 바라바쉬-3 얀콥스키문화 주거지 발굴보고」, 『제5회 환동해선사문화연구회학술발표자료집』, 환동해고고학연구회.
강인욱, 2008, 「北匈奴의 西進과 신강성의 흉노시기 유적」, 『中央아시아 硏究』 第13號, 중앙아시아학회.
강인욱, 2009, 「기원전 13~9세기 카라숙 청동기의 東進과 요동·한반도의 초기 청동기문화」, 『호서고고학』 19, 湖西考古學會.
강인욱·김재윤, 2008, 「한-러 국경지역서 만난 철기유적 바라바쉬-3 얀꼽스끼문화 주거지 발굴」, 『계간 한국의 고고학』 2008 봄호 제7호, 주류성.
고고학 및 민속학연구소, 1959, 「회령 오동 원시유적 발굴 조사 보고」, 유적발굴보고 제7집.
김도영, 2015, 「동북아시아 철기문화의 전개와 限冶供鐵정책」, 『한국고고학보』 94, 한국고고학회.
金想民, 2009, 「韓半島 鑄造鐵斧의 展開樣相에 대한 考察」, 『湖西考古學』 20, 湖西考古學會.
김새봄, 2012, 「중국동북지역의 반월형철도의 출현과 그 기원에 관한 문제 제기」, 『영남대학교 문화인류학과 개설 40주년 기념논총』
김일규, 2007, 「한국 고대 제철 유적의 조사 현황과 특징」, 『선사·고대 수공업 생산 유적』, 제50회 전국역사학대회 고고학부 발표.

S. P. 네스쩨로프, 2000, 「Ⅰ～Ⅲ세기 西아무르 유역 주민들의 민족문화사」, 『東아시아 1～3世紀의 考古學 – 考古學硏究의 爭點 – 』, 문화재연구 국제학술대회 발표논문 제9집, 국립문화재연구소.

A. P. 데레비얀코, 2000, 「폴체문화와 그 동아시아 철기시대문화의 형성에서의 역할」, 『동아시아 1～3세기의 고고학 – 고고학연구의 쟁점』, 문화재연구소 국제학술대회 발표논문 제9집, 국립문화재연구소.

N. A. 클류예프 저, 김재윤 역, 2014, 「연해주의 고금속기시대 최신 자료 – 드보란카 석관묘와 바라바쉬 제철유적 – 」, 『한국청동기학보』 제14호, 한국청동기학회.

李南珪, 1993, 「1～3세기 낙랑지역의 금속기문화」, 『한국고대사논총』 제5집, 한국고대학회.

이남규, 1999, 「한반도 고대국가 형성기 철제무기의 유입과 보급」, 『韓國古代史硏究』 16, 한국고대사학회.

李南珪, 2002, 「韓半島初期鐵器文化의 流入樣相 – 樂浪 설치 이전을 중심으로 – 」, 『韓國上古史學報』 36, 韓國上古史學會.

李南珪, 2012, 「한반도를 중심으로 한 동아시아 고대 철기문화 연구동향 – 초기철기～삼국시대를 중심으로 – 」, 『2012 동아시아 고대철기문화연구 – 燕國철기문화의 형성과 확산』, 국립문화재연구소.

李南珪, 2013, 「韓半島 初期鐵器文化 流入의 몇 問題」, 『제8회 철문화연구회 학술세미나』, 철문화연구회.

李成珪, 2008, 「樂浪郡에 普及된 鐵官의 鐵製 農具」, 『木簡과 文字』 2號, 韓國木簡學會.

李昌熙, 2011, 「放射性炭素年代測定法의 原理와 活用(Ⅱ) – 考古學的 活用事例 – 」, 『한국고고학보』 81, 한국고고학회.

李淸圭, 2012, 「남한의 초기 철기문화에 대한 몇 가지 논의」, 『동아시아의 문명교류(Ⅲ)동아시아의 철기문화와 고조선』, 제42회 동양학 국제학술회의.

박선미 외, 2012, 「동북아시아 쌍조형안테나식검의 성격과 의미」, 『嶺南考古學報』 63, 南考古學會.

박선미, 2016, 「한반도 촉각식검을 통해 본 동서 교류」, 『아시아문화연구』 제41집, 가천대학교 아시아문화연구소.

변영환·남호현, 2016, 「우리 역사의 흔적을 찾아서…」, 『2015 한국고고학저널』, 국립문화재연구소.

笹田朋孝·L. 이시체렝, 2014, 「몽골 호스틴 볼락유적의 조사와 연구 – 흉노의 수공업생산 연구 – , 고고학으로 본 흉노와 한반도」, 『한국고고학의 신지평』 제38회 한국고고학전국대회, 한국고고학회.

笹田朋孝, 2017,「북아시아 제철기술의 전파와 발전」,『동아시아 제철기술의 흐름』, 국립중원문화재연구소.

손명조, 2009,「韓半島 鐵器文化의 收容과 展開」,『동북아 고대철기문화의 형성과 전개』, 전북대 BK21사업단.

송계현, 2002,「嶺南地域 初期鐵器文化의 收容과 展開」,『영남지역의 초기철기문화-第11回 嶺南考古學會學術發表會-』, 嶺南考古學會.

吳江原,「기원전 3~1세기 中國 東北과 西北韓 地域의 物質文化와 燕·秦·漢」,『원사시대 사회문화 변동의 본질-한국상고사 재정립을 위한 동북아의 역사학 및 고고학의 학제적 연구-』, 제44회 한국상고사학회 학술발표대회, 한국상고사학회.

우병철, 2012,「한반도 동남부지역 철기문화의 성격과 전개양상」,『2012 동아시아 고대철기문화연구-燕國철기문화의 형성과 배경-』, 국립문화재연구소.

유라시아문명사연구회, 2016,「유라시아 고분문화 비교연구 보고 Ⅰ」,『한국고고학의 기원론과 계통론』제40회 한국고고학전국대회, 한국고고학회.

이청규, 2016,「남한 청동기집단의 철기의 수용」,『원사시대 사회문화 변동의 본질-한국상고사 재정립을 위한 동북아의 역사학 및 고고학의 학제적 연구-』, 제44회 한국상고사학회 학술발표대회, 한국상고사학회.

임운 저, 복기대 역, 2013,「단결문화(團結文化)에 대한 논의」,『북방고고학논총』, 학연문화사.

장호수, 1992,「청동기 시대와 문화」,『북한의 선사고고학 3』, 백산문화.

정백운, 1958,「우리나라 철기사용의 개시에 관하여」,『문화유산』3, 과학원출판사.

鄭仁盛, 2013,「衛滿朝鮮의 鐵器文化」,『白山學報』第96號, 白山學會.

鄭仁盛, 2016,「燕系 鐵器文化의 擴散과 그 背景」,『嶺南考古學』74, 嶺南考古學會.

趙大衍, 2016,「유럽 鐵器時代 鐵 生産體制의 成立過程에 대한 硏究」,『湖西考古學』35, 湖西考古學會.

조진선, 2012,「燕下都 辛莊頭 30號墓의 年代와 性格」,『한국고고학보』84, 한국고고학회.

趙鎭先, 2014,「燕下都 44號墓의 造營時期와 性格」,『白山學報』100, 백산학회.

진건립·진진·장주유, 2016,「중원지역 한대(漢代) 야철(冶鐵) 유적의 신(新)탐색」,『고대 제철기술 융복합 연구 현황과 과제』2015년 국립중원문화재연구소 국제학술세미나, 국립중원문화재연구소.

콘스탄틴 추구노프, 2016,「투바 아르잔 2호 고분 발굴조사 성과」,『중앙아시아 연구의 최신 성과와 전망』, 국립문화재연구소·(사)중앙아시아학회·국립중앙박물관.

폴로스막, 1995, 「파지리크 시대(초기 철기시대)」, 『알타이문명전』, 국립중앙박물관.

황기덕, 1960, 「무산 범의구석 원시유적 발굴 중간보고」, 『문화유산』 60-1.

황기덕, 1975, 「무산 범의구석유적 발굴보고」, 『고고민속문집』 6.

洪亨雨·姜仁旭, 2004, 「러시아 극동지역 철기시대 연구의 제문제」, 『동북아 청동기시대 문화 연구』.

홍형우, 2006, 「아무르강 유역 및 연해주의 철기시대」, 『아무르 연해주의 신비』, 국립문화재 연구소.

홍형우, 2009, 「연해주 초기철기시대의 연구현황과 과제」, 『철기시대 한국과 연해주』, 주류성 출판사.

홍형우, 2011, 「러시아 극동(極東)지역철기시대의 연구현황과 과제」, 『漢江 考古』 제7號, 한강 문화재연구원.

홍형우, 2016, 「극동지역 초기철기시대 지역별 토기문화의 양상과 전개」, 『韓國上古史學報』 제 84號, 한국상고사학회.

白雲翔, 2005, 『先秦兩漢鐵器的考古學研究』, 科學出版社.

楊建華, 2004, 『春秋戰國時期中國北方文化地帶的形成』, 文物出版社.

烏恩嶽斯図, 2007, 『北方草原考古學文化研究』, 科學出版社.

烏恩嶽斯図, 2008, 『北方草原考古學文化比較研究』, 科學出版社.

田広金·郭素新, 1986, 『顎爾多斯式青銅器』, 文物出版社.

韓建業, 2007, 『新疆的青銅時代和早期鐵器時代文化』, 文物出版社.

蓋山林, 1986, 「准格爾旗速機溝出土的銅器」, 『顎爾多斯式青銅器』, 文物出版社.

耿廣馨, 2015, 「新疆伊犁河流域墓葬分期研究-公元前17世紀至公元前後-」, 中央民族大學 碩士學位論文.

慶陽地區博物館·慶陽縣博物館, 1989, 「甘肅慶陽城北發現戰國時期葬馬坑」, 『考古』 9.

固原博物館, 1992, 「寧夏固原呂坪村發現一座東周墓」, 『考古』 5.

宮本一夫, 2001, 「顎爾多斯青銅文化的地域性及變遷」, 『岱海考古(二)』, 科學出版社.

龔國強, 1997, 「新疆地區早期銅器略論」, 『考古』 9.

內蒙古文物考古研究所, 1986, 「涼城崞縣窯子墓地」, 『考古學報』 1.

內蒙古文物工作隊, 1986, 「毛慶溝墓地」, 『顎爾多斯式青銅器』, 文物出版社.

內蒙古博物館·內蒙古文物工作隊, 1986, 「玉隆太戰國墓地」, 『顎爾多斯式青銅器』, 文物出版社.

內蒙古自治區文物工作隊, 1984, 「涼城飲牛溝墓葬清理簡報」, 『內蒙古文物考古』 第3期.

寧夏文物考古研究所, 1995,「寧夏彭堡於家莊墓地」,『考古學報』1.

寧夏文物考古研究所·寧夏固原博物館, 1993,「寧夏固原楊郎青銅文化墓地」,『考古學報』1.

寧夏回族自治區文物考古研究所, 2002,「寧夏彭陽張街村春秋戰國墓地」,『考古』8.

寧夏回族自治區博物館考古隊, 1987,「寧夏中衛縣青銅短劍墓清理簡報」,『考古』9.

戴応新·孫家祥, 1983,「陝西神木県出土匈奴文物」,『文物』12.

岱海地區考察隊, 2001,「飲牛溝墓地1997年発掘報告」,『岱海考古(二)』, 科學出版社.

同心県文管所·寧加文物考古研究所, 1988,「寧夏同心県李家套子匈奴墓清理簡報」,『考古與文物』3.

同心県文物管理所·寧加文物考古研究所·中國社會科學院考古研究所寧夏考古組, 1988a,「寧夏同心墩倒子匈奴墓地」,『考古學報』3.

羅豊·延世寧, 1993,「1988年固原出土的北方系青銅器」,『考古與文物』4.

羅豊·韓孔樂, 1990,「寧夏固原近年発現的北方系青銅器」,『考古』5.

劉徳禎·許俊臣, 1988,「甘粛慶陽的春秋墓葬的清理」,『考古』5.

李逸友, 1986,「和林格爾県範家窰子出土的銅器」,『顎爾多斯式青銅器』, 文物出版社.

石河子市軍墾博物館·新疆大學歷史系·新疆文物考古研究所, 1999,「石河子市南山古墓葬」,『新疆文物』1.

陝西省考古研究所, 2003,「西安北郊戰國鋳銅工匠墓発掘簡報」,『文物』9.

水濤, 1989,「新疆地區青銅文化研究現狀述評」,『新疆文物』4.

水濤, 1993,「新疆青銅器時代諸文化的比較研究」,『國學研究』1.

新疆考古研究所, 1989,「鄯善洋海'達浪坎爾古墓群清理簡報」,『新疆文物』4; 転載新疆文物考古研究所編,『新疆文物考古新収穫』, 新疆人民出版社.

新疆文物考古研究所, 1995,「阿合奇県庫蘭薩日克墓地発掘簡報」,『新疆文物』2.

新疆文物考古研究所, 1999,「新疆察布査爾県索墩布拉克古墓群」,『考古』8.

新疆文物考古研究所編, 1999,『新疆察吾呼』, 東方出版社.

新疆社會科學院考古研究所, 1981,「帕米爾高原古墓発掘報告」,『考古學報』2.

新疆維吾爾自治區文物考古研究所, 2007,「新疆考古十年間」,『中國文化遺産』1.

新疆維吾爾自治區文化庁文物処·新疆大學歷史系文博幹部専修班, 1989,「新疆哈密焉不拉克墓地」,『考古學報』3.

安志敏, 1996,「塔裏木盆地及其周囲的青銅文化遺存」,『考古』12.

烏魯木斉文物保護管理所·新疆文物考古研究所, 2003,「烏魯木斉市柴窩堡林場Ⅱ號地點墓葬的発掘」,『考古』3.

王炳華, 1985,「新疆地區青銅時代考古文化試論」,『新疆社會科學』4.

伊克昭盟文物工作站, 1986a,「西溝畔漢代匈奴墓」,『顎爾多斯式青銅器』, 文物出版社.

伊克昭盟文物工作站, 1986b,「補洞溝匈奴墓地」,『顎爾多斯式青銅器』, 文物出版社.

伊克昭盟文物工作站, 1991,「內蒙古東勝市碾房渠發見金銀窖藏」,『考古』5.

伊克昭盟文物工作站, 1992,「伊金霍洛旗石灰溝發現的顎爾多斯式文物」,『內蒙古文物考古』1・2.

伊克昭盟文物工作站・內蒙古文物工作隊, 1986,「西溝畔戰國墓」,『顎爾多斯式青銅器』, 文物出版社.

林澐, 1985,「論團結文化」,『北方文物』.

張林虎 2010,「新疆伊舉吉林台庫區墓葬的人骨研巧」, 吉林大學 碩士學位論文.

田広金, 1986,「桃紅巴拉墓群」,『顎爾多斯式青銅器』, 文物出版社.

鍾侃, 1978,「寧夏固原県出土文物」,『文物』12.

周連寬, 1956,「蘇聯南西伯利亞所發現的中國式宮殿遺址」,『考古學報』第4期.

周興華, 1989,「寧夏中衛県狼窩子坑的青銅短劍墓群」,『考古』11.

中國社會科學院考古研究所新疆工作隊・新疆巴音郭楞蒙古自治州文管所, 1991,「新疆輪台群巴克墓葬第二, 三次発掘簡報」,『考古』8.

中國社會科學院考古研究所新疆隊・新疆巴音郭楞蒙古自治州文管所, 1987,「新疆輪台群巴克古墓葬第一次發掘簡報」,『考古』第11期.

陳戈, 1989,「新疆出土的早期鉄器」,『慶祝蘇秉琦考古五十五年論文集』, 文物出版社.

陳戈, 1990,「関於新疆地區的青銅時代和早期鉄器時代文化」,『考古』4.

陳戈, 1993,「新疆青銅器時代諸文化的比較研究」,『國學研究』1.

陳戈, 2001,「察吾呼溝口文化的類型割分和分期問題」,『考古與文物』5.

陳光祖(著)・張川(訳), 1995,「新疆金屬時代」,『新疆文物』1.

陳良偉, 1988,「試論西域冶金文明的起源」,『新疆文物』1.

崔利明, 1994,「內蒙古興和県溝裏頭匈奴墓」,『考古』5.

塔拉・梁京明, 1986,「呼魯斯太青銅器墓葬」,『顎爾多斯式青銅器』, 文物出版社.

吐魯番地區文管所・新疆文物考古研究所, 1993,「鄯善貝希墓群一號墓地発掘簡報」,『新疆文物』4.

吐魯番地區文物局・新疆文物考古研究所, 2004a,「鄯善県洋海一號墓地発掘簡報」,『新疆文物』1.

吐魯番地區文物局・新疆文物考古研究所, 2004b,「鄯善県洋海二號墓地発掘簡報」,『新疆文物』1.

吐魯番地區文物局・新疆文物考古研究所, 2004c,「鄯善県洋海三號墓地発掘簡報」,『新疆文物』1.

吐魯番地區博物館・新疆文物考古研究所, 1994,「鄯善蘇貝希墓群三號墓地」,『新疆文物』2.

韓建業, 2005,「新疆青銅時代－早期鉄器時代文化的分期和譜系」,『新疆文物』3.

韓健業, 2007,『新疆的青銅器時代和早期鉄器時代文化』, 文物出版社.

韓汝玢, 1998,「中國早期鐵器(公元前5世紀以前)的金相學研究」,『考古』2.

臼杵勳, 2004,『鐵器時代の東北アジア』, 同成社.

大貫靜夫, 1988,『東北アジア考古學 －世界考古學』, 同成社.

藤川繁彦 編, 1999,『中央ユーラシアの考古學』, 同成社.

高浜秀, 1983,「オルドス青銅短劍の型式分類」,『東京國立博物館紀要』18號.

高浜秀, 2002,「新疆における黃金文化」,『シルクロード －絹と黃金の道』.

今村啓爾, 1984,「滇西の劍」,『東京大學文學部考古學硏究室硏究紀要』第3號.

金想民, 2013a,「東北アジアにおける初期鐵器の成立と展開」, 九州大學大學院比較社會文化學府 博士學位論文.

笹田朋孝, 2010,「東北アジアの古代鐵文化」,『東アジアの古代鐵文化』, 雄山閣.

田中裕子, 2013,「セミルチエとイリ川流域における初期遊牧民文化の交流」,『技術と交流の考古學』, 同成社.

村上恭通, 1992,「シベリア・中央アジアにおける漢代以前の鏡について」,『名古屋大學文學部硏究論集』113.

村上恭通, 1993,「黑海北岸地域における中國製長劍 －ボルガ河流域・スラドコフスキー古墳の出土遺跡から－」,『名古屋大學文學部硏究論集』113.

村上恭通, 1994,「ロシア極東初期鐵器文化における外來系文物 －クロウノフカ文化・ポリツェ文化について－」,『名古屋大學文學部硏究論集』119.

村上共通, 2000,「團結文化と滾土領文化」,『東夷世界の考古學』, 河出書房新社

村上恭通, 2011,「②東アジア周緣域の鐵器文化」2 文明世界への登場,『彌生時代の考古學 －古墳時代への胎動』4, (株)同成社.

叢德新, 2001,「近年新疆地區早期考古學文化硏究の成果と課題」,『シルクロード國際シンポジウム～蘇るシルクロード』予稿集.

Amazarakov, P. B., 2015, "PRELIMINARY RESULT OF RESEARCH OF IRON METAL-LURGY SITE "TOLCHEYA" OF THE TASHTYK PERIOD", *Ancient Metallurgy of The Sayan-Altia and East Asia*, Abakan-Rhime.

Bokovenko, Nikolay, 2006, "The emergence of the Tagar culture", *Antiquity* 80.

Gettens, Rutherford J., Roy S. Clarke, Jr. and W. T. Chase, 1971, "Two Early Chinese Weapons with Meteoritic Iron Blades", *Freer Gallery of Art*.

Houle, Jean-Luc, Lee G. Broderick, 2011, "SETTLEMENT PATTERNS AND DOMES-

TIC ECONOMY OF THE XIONGNU IN KHANUI VALLEY, MONGOLIA", *In Xiongnu Archaeology: Multidisciplinary Perspectives of the First Steppe Empire in Inner Asia*, bonn university.

Kozhevnikov, Nikolai O., Arthur V. Kharinsky, Oleg K. Kozhevnikov, 2001, "An accidental geophysical discovery of an Iron Age archaeological site on the western shore of Lake Baikal", *Journal of Applied Geophysics* 47.

Pohl, Ernst, Lkhagvadorj Mönkhbayar, Birte Ahrens, Klaus Frank, Sven Linzen, Alexandra Osinska, Tim Schüler, Michael Schneider, 2012, "Production Sites in Karakorum and Its Environment: A New Archaeological Project in the Orkhon Valley, Mongolia", *The Silk Road* Vol.10.

Cugunov, K. V., H. Pariziner und A. Nagler, 2010, Der skythenzeitliche Furstenkurgan Arzan 2 in Tuva.

Бадецкая Э. Б., 1986, Археологические памятники в степях среднего Енисея, Ленинград(E. B. 바데쯔카야, 1986, 『예니세이강 중류 초원의 고고학 유적들』, 레닌그라드).

Членова Н. Л., 1967, Пройсхаждение и ранняя история племен тагарской культуры, Москва(N. L. 츨레노바, 1967, 『타가르 문화 부족의 기원과 초기역사』, 모스코바).

Эрмитаж, 2004, Аржан, Снкт-Петербрг(에르미타쥐, 2004, 『아르잔』, 상트-페테르부르크).

Грязнов М. П., 1992, Алтаи прялтаиская степ//Степная полоса Азиатской части СССР в скифо-сарматское время, М, pp.161-178(М. Р. 그랴즈노프, 1992, 「알타이와 알타이 부근의 초원지대」, 『스키타이-사르마트 시기 소련의 아시아 부분 초원지대』).

Гарковик А. В., 2003, Поздний керамический комплекс памятника Рыбак-1 в Приморье//Археология и социокультурная антропология Дальнего Востока и сопредельных территорийй: материалы XI сессии археологов Дальнего Востока: Третья мждунар. науч. конф. 《Россия и Китай на дальневосточных рубежах》. Благовещенск, 2003(А. В. 가르코빅, 2003, 「연해주 후기 토기복합 유적 르이박-1」, 『극동과 주변 지역의 고고학과 사회인류학』, 블라고베센스크).

Болотин Д. П. ..., 2008, История Амурскоий области с древнийших времен до начала XX вака, Благовщенск(D. P. 볼로틴 외, 2008, 『아무르주의 역사-고대에서 21세기까지-』,

블라고베센스크).

Деревянко А. П., 1976, Приамурье(1 тысячелетие до нашей эры). Новосибирск, "Наука"(A. P. 데레뱐코, 『아무르 유역(기원전 1천년기)』, 노보시비르스크, "나우카").

Деревянко А. П., 1973, Ранний железный век Приамурья. Новосибирск, "Наука", 1973(A. P. 데레뱐코, 1973, 『아무르유역의 초기철기시대』, 노보시비르스크, "나우카").

Нестеров С. П., Гребенщиков А. В., Алкин С. В., Болотин Д. П., Волков П. В., Кононенко Н. А., Кузьмин Я. В., Мыльникова Л. Н., Табарев А. В., Чернюк А. В., 2000, Древности Буреи, Новосибирск(S. P. 네스테로프 외, 2000, 『고대의 부레야』, 노보시비르스크).

Керамика польцевский культуры на востоке азии(V в. до н. э. ‑ IV в. н. э.)(홍형우, 2008, 『동아시아 폴체문화 토기연구』, 러시아과학원 박사학위논문).

Коломиец С. А., 2005, Памятники польцевский культурной общности юга дальнего востока Росии/Российскии дальний восток в древности и средневековье, Владивосток Даоьнаука(S. A. 콜로미예츠, 2005, 「러시아 극동 남부 폴체문화공동체 유적들」, 『고대와 중세의 러시아 극동』, 블라디보스톡).

강가딘의 북방기행(http://blog.naver.com/kanginuk/220580873287).

중국 학계의 동이 연구와 인식

Li Liu 등 지음, 심재훈 역, 2006, 『중국 고대 국가의 형성』, 학연문화사.
김정열, 2002, 「西周의 이성제후 봉건에 대하여」, 『동양사학연구』(77).
劉緒 著, 박재복 역, 2011, 「商왕조의 東方 經略에 대한 고고학적 고찰」, 『고고학탐구』 제9호.
박재복, 2012, 「殷商시기 甲骨文에 보이는 '征人方' 고찰」, 『유교문화연구』(20).
심재훈, 2013, 「柞伯鼎과 西周 후기 전쟁금문에 나타난 왕과 제후의 군사적 유대」, 『中國古中世史硏究』 29.
『毛詩正義』, 『史記』, 『三國志』, 『尙書』, 『禮記正義』, 『春秋左傳正義』, 『後漢書』.
高廣仁·邵望平, 2005, 『海岱文化與齊魯文明』, 南京: 江蘇教育出版社.
郭沫若 主編, 1976, 『中國史稿』 第1冊, 北京: 人民出版社.
裘士京, 2004, 『江南銅研究』, 合肥: 黃山書社.

金榮權, 2012,『周代淮河上遊諸侯國研究』, 開封: 河南大學出版社.

董作賓, 1945,『殷曆譜』, 中央研究院歷史語言研究所.

李白鳳, 1984,『東夷雜考』, 濟南: 齊魯書社.

李學勤, 1959,『殷代地理簡論』, 北京: 科學出版社.

方詩銘·王修齡 撰, 2005,『古本竹書紀年輯證』, 上海: 上海古籍出版社.

逄振鎬, 1995,『東夷文化史』, 北京: 中國社會科學出版社.

逄振鎬, 2007,『東夷文化研究』, 濟南: 齊魯書社.

範祥雍 訂補, 2011,『古本竹書紀年輯校訂補』, 上海: 上海古籍出版社.

王國維, 1959,『觀堂集林』권12,「說亳」, 中華書局.

王聘珍 撰, 1983,『大戴禮記解詁』권9, 北京: 中華書局.

王迅, 1994,『東夷文化與淮夷文化研究』, 北京: 北京大學出版社.

饒宗頤, 1959,『殷代貞蔔人物通考』.

張光直, 1990,『中國青銅時代』(2), 北京: 三聯書店.

張富祥, 2008,『東夷文化通考』, 上海: 上海古籍出版社.

鄭傑祥, 1994,『商代地理概論』, 鄭州: 中州古籍出版社.

丁山, 1988,『商周史料考證』, 北京: 中華書局.

鍾柏生, 1989,『殷商蔔辭地理論叢』, 臺北: 藝文印書館.

朱繼平, 2011,『從淮夷族群到編戶齊民-周代淮水流域族群衝突的地理學觀察』, 北京: 人民出版社.

中國科學院考古研究所, 1956,『輝縣發掘報告』, 北京: 科學出版社.

中國社會科學院考古研究所, 2003,『中國考古學·夏商卷』, 北京: 中國社會科學出版社.

陳夢家, 1988,『殷墟蔔辭綜述』, 北京: 中華書局.

陳秉新·李立芳, 2005,『出土夷族史料輯考』, 合肥: 安徽大學出版社.

沈勇, 1988,「論保北地區的先商文化」, 北京大學考古系碩士學位論文.

彭明瀚, 2005,『吳城文化研究』, 北京: 文物出版社.

何光嶽, 1990,『東夷源流考』, 南昌: 江西教育出版社.

季旭昇, 2008,「柞伯鼎銘"無殳"小考」,『古文字學論稿』, 合肥: 安徽大學出版社.

郭德維·陳賢一, 1964,「湖北黃陂盤龍城商代遺址和墓葬」,『考古』8.

鄧少琴·溫少峰, 1982,「論帝乙征人方是用兵江漢」,『社會科學戰線』3~4.

羅琨, 2014,「蔔辭十祀征夷方方位的探討」,『甲骨文與殷商史』新4輯, 上海: 上海古籍出版社.

羅平, 1974,「河北磁縣下七垣出土殷代青銅器」,『文物』11.

藍蔚, 1955, 「湖北黃陂縣盤土城發現古城遺址及石器等」, 『文物參考資料』 4.

李凱, 2007, 「柞伯鼎與西周晚期周和東國淮夷的戰爭」, 『四川文物』 2.

李凱, 2009, 「帝辛十祀征夷方與商王巡狩史實」, 『中國歷史文物』 6.

李龍海, 2013, 「殷商時期東夷文化的變遷」, 『華夏考古』 2.

李發, 2014, 「殷葡辭所見"夷方"與帝辛時期的夷商戰爭」, 『歷史研究』 5.

李裕杓, 2011, 「新出銅器銘文所見昭王南征」, 『新出金文與西周歷史』, 上海古籍出版社.

李學勤, 1996, 「重論夷方」, 『民族史學』 第1輯, 北京: 中央民族大學出版社.

李學勤, 2005, 「論新出現的一片征人方葡辭」, 『殷都學刊』 1.

李學勤, 2006, 「商代夷方的名號和地望」, 『中國史研究』 4.

李學勤, 2008, 「帝辛征夷方葡辭的擴大」, 『中國史研究』 1.

李學勤, 2008, 「談西周厲王時期的伯戕父簋」, 『文物中的古文明』, 北京: 商務印書館.

潘啓聰, 2013, 「由甲骨文的'隹'部文字看殷商的圖騰崇拜」, 『殷都學刊』 2.

逄振鎬, 1996, 「略論東夷文化的基本特點」, 『管子學刊』 3.

方輝, 2004, 「從考古發現談商代末年的征夷方」, 『東方考古』 第1集, 北京: 科學出版社.

方輝, 2007, 「從考古發現談商代末年的征夷方」, 『海岱地區青銅時代考古』, 濟南: 山東大學出版社.

保北考古隊, 1989, 「河北容城白龍遺址試掘簡報」, 『文物春秋』 3.

保北考古隊, 1990, 「河北安新縣考古調查簡報」, 『文物春秋』 1.

傅斯年, 1933, 「夷夏東西說」, 『國立中央研究院歷史語言研究所集刊』 (論文集下).

山東省文物考古研究所 等, 2010, 「山東壽光市雙王城鹽業遺址2008年的發掘」, 『考古』 3.

徐今, 2009, 「由'隻'類字看殷商鳥文化」, 『文化學刊·語言文化』.

徐昭峰, 2012, 「商王朝東征與商夷關係」, 『考古』 2.

徐中舒, 1936, 「殷周之際史跡之檢討」, 『中央研究院歷史語言研究所』 第7本第2分冊.

徐中舒, 1979, 「殷商史的幾個問題」, 『四川大學學報』 2.

孫德海·羅平·張沅, 1979, 「磁縣下七垣遺址發掘報告」, 『考古學報』 2.

孫瑋, 2000, 「也談龍鳳刑象的塑造及東夷文化的歷史地位」, 『臨沂師範學院學報』 1.

壽光縣博物館, 1985, 「山東壽光縣新發現一批紀國銅器」, 『文物』 3.

沈勇, 1991, 「保北地區夏代兩鍾青銅文化之探討」, 『華夏考古』 3.

鄢國盛, 2011, 「關於柞伯鼎銘"無殳"一詞的一點意見」, 朱鳳瀚 主編, 『新出金文與西周歷史』, 上海: 上海古籍出版社.

吳偉華, 2011, 「魯北地區考古發現與春秋時期齊國滅紀」, 『中原文物』 2.

汪奇偉, 2008,「東夷集團在中國上古時代的地位應予重新認識」,『徐州師範大學學報』2.

王玉哲, 1984,「商族的來源地望試探」,『歷史研究』1.

王恩田, 1998,「人方位置與征人方路線新證」, 張永山 編,『胡厚宣先生紀念文集』, 北京: 科學出版社.

王恩田, 1998,「人方位置與征人方路線新證」,『胡厚宣先生紀念文集』, 北京: 科學出版社.

王震中, 1988,「史前東夷族的歷史地位」,『中國社會科學院研究生院學報』6.

魏國鋒, 2007,「古代青銅器鑛料來源與産地研究的新進展」, 中國科學技術大學博士學位論文.

韋心澄, 2015,「從流散海外殷末青銅器見帝辛十五祀征夷方史事」,『中國國家博物館館刊』3.

任重, 2001,「東夷文化的歷史沿革」,『山東大學學報』1.

張錕, 2010,「東夷文化的考古學研究」, 中國社會科學院博士學位論文.

張永山, 1994,「武丁南征與江南'銅路'」,『南方文物』1.

曹健國, 2003,「昭王南征諸事辯考」,『阜陽師範學院學報』5.

趙東昇, 2012,「論江淮地區西周時期考古學文化格局與政治勢力變遷」,『安徽大學學報』5.

朱繼平, 2008,「從商代東土的人文地理格局談東夷族群的流動與分化」,『考古』3.

朱鳳瀚, 2006,「柞伯鼎與周公南征」,『文物』5.

朱鳳瀚, 2008,「由伯戔父簋銘再論周厲王征淮夷」,『古文字研究』第27輯, 中華書局.

陳公柔, 1995,「曾伯霥簠銘中的"金道錫行"及相關問題研究」,『中國考古學論叢』, 北京: 科學出版社.

鄒衡, 1956,「試論鄭州新發現的殷商文化遺址」,『考古學報』3.

彭明瀚, 1992,「銅與青銅時代中原王朝的南侵」,『江漢考古』2.

河南省文化局工作隊第一隊, 1957,「鄭州商代遺址的發掘」,『考古學報』1.

河北省文物研究所, 1987,「河北容城縣午方新石器時代遺址試掘」,『考古學集刊』第5集, 北京: 中國社會科學出版社.

黃盛璋, 1991,「濮國銅器新發現」,『文物研究』(7), 合肥: 黃山書社.

黃天樹, 2006,「柞伯鼎銘文補釋」,『中國文字』新32期.

찾아보기

ㄱ

가족소유제 40
가축 28
가호(賈湖)유적 29
각획문(刻劃紋) 92
간적(簡狄) 352
갈돌 27, 96
갈판 27, 96
갑골문 44, 63, 75, 376
강가촌(姜家村) 147
강소(江蘇) 97, 154
강화 부근리 탁자식 지석묘 215
개석묘 195
개석식 지석묘 192, 204, 207
개석형(蓋石型) 220
개주 석붕산 지석묘 193
거북 28
거현(莒縣) 97
건창 동대장자 250
건창 우도구(于道溝) 250
경가장(景家莊) 1호묘 277
경양강(景陽崗) 123, 165
경양풍(景陽風) 108
계(啟) 147
계년(繫年) 62
계욱승(季旭昇) 71
계층화 163
고고학 자료 18, 235
『고공기(考工記)』 141

고구려 44, 150
고대 종족(Ethnic Group) 19, 45
고려채(高麗寨) 155
고령토 34
고수석(姑嫂石) 213
고인돌 188
고조선 264, 266
고퍼 굴(Gopher burrow)유적 305
곡복분(曲腹盆) 33
곡복완(曲腹碗) 33
곡부(曲阜) 97, 135, 141
곤토령(滾兎嶺)문화 338, 339
곤토령유적 339
골각기 87
골기(骨器) 38
골아(骨牙) 103
공납 75
공방 42
공병식(銎柄式) 동검 242
공소호묘(公蘇濠墓) 306
곽(槨) 173
곽가촌(郭家村)유형 111
관(罐) 32
관교진(官橋鎭) 137
광부림(廣富林) 111
광역 상호작용권 343
광요(廣饒) 97
괴련철(塊鍊鐵) 299, 343
괵국(虢國)묘지 277
교남(橋南)문화 338

교남유적 338
교동(膠東)반도 82, 99, 154
교류 82, 108, 154
교역 23
교역망 344
교장포(教場鋪) 123
교주(膠州) 97
교철엽모동(鉸鐵葉矛銅) 277
구리 23, 171
구석기문화 21
구스타프 코신나(Gustav Kossinna) 19
구이(九夷) 56, 59, 60
구주(九州) 59
국도(國都) 141
군파극(群巴克)고분 1호묘 281
궁과극(窮科克, Qiongkeke) 1호 묘지 298
권족완(圈足碗) 27
귀성(歸城) 135, 147
글라조프카유적 335
금속공학적 분석 342
금주(金州) 소관둔(小關屯) 지석묘 193
기능주의 181
기반식 207
기반식 문화권 191
기반식(碁盤式) 지석묘 188
기원고자평(沂源姑子坪) 133
기하·술하[沂沭河] 99
기하학무늬 34
기현(杞縣) 125, 154
길림(吉林) 대사탄(大沙灘) 지석묘 193
꼰무늬[繩文] 27

ㄴ

나선문(螺旋紋) 102
낙랑군(樂浪郡) 272, 273
낙수(洛水) 32
낙양 44
낙하(洛河) 40

낚싯바늘 34, 121
난대(欒臺) 109
난풍실(欒豊實) 109
남만(南蠻) 48, 51
남문(籃紋) 100
남북조시대 45
남사산촌(南斜山村) 145
남시(南尸) 73, 74
남시베리아 284, 299
남월전 44
남이(南夷) 55
남혹(南或) 72, 73
남황장(南黃莊)문화 125, 143, 145
남황장유적 145
남회시(南淮尸: 南淮夷) 72, 74, 79
남회이(南淮夷) 82
납 23, 171
납림고토묘(納林高兔墓) 306
노(魯) 135
노가구(魯家口) 108
노가촌(魯家村) 147
노고성(魯故城) 135
노관대(老官台)문화 24
노루 89, 103
노문화 135
노지 28, 85, 96
녹대강(鹿臺崗) 125
녹송석 38
녹읍(鹿邑) 109
『논어』 68
농경사회 23
누공(鏤孔) 100
능양하(陵陽河) 97, 102
능양하(陵陽河)유형 99
능원(淩原) 오도하자(五道河子) 249
니병(泥餠) 115
니질도(泥質陶) 27, 87, 92
니켈 276

ㄷ

다인합장(多人合葬) 96
단각도(蛋殼陶) 102
단각흑도(蛋殼黑陶) 38
단결-크로우노프카문화 330
단련단야(鍛鍊鍛冶) 273
단선론 275
단성(鄲城) 97
단인앙신직지장(單人仰伸直肢葬) 85, 91
단인장 145
단조철기 271, 343
단채(段寨) 97
단타 방법 133
단타자(單砣子) 155
단토(丹土) 97, 107, 123
당란(唐蘭) 70
대구(大口) 125
대돈자(大墩子) 97
대련(大連) 125
대문구(大汶口) 24, 34, 89, 97, 108
대문구(大汶口)문화 19, 34, 74, 81, 83, 97, 152, 353
대범장(大範莊) 108
대상문(帶狀紋) 92
대석개묘(大石蓋墓) 188
대성리유적 272
대소(大蘇)유적 335
대신장(大辛莊) 135, 168
대읍상(大邑商) 71, 153
대주촌(大朱村) 97
대택산진(大澤山鎭) 38
대해(岱海) 308
도해하(徒駭河) 99
도홍파랍묘(桃紅巴拉墓) 306
독무덤 34
돌괭이 27
돌낫 27
돌도끼 27

돌멘(dolmen) 188
돌삽 34
돌자귀 103
동가백(東賈柏) 89
동가촌(董家村) 147
동강문화 330
동검 235
동공철분(銅銎鐵錛) 277
동관(潼關) 21
동국(東國) 71
동남이(東南夷) 82
동대장자유형 251
동방동이(東方東夷) 44
동병철검(銅柄鐵劍) 277, 285
동병철삭도(銅柄鐵削刀) 277
동북동이(東北東夷) 44
동시(東尸：東夷) 72, 79
동악석(东岳石) 38
동악석촌(東岳石村) 156
동역(東城) 71
동옥저 44, 150
동이(東夷) 42, 47, 48, 51, 56, 76, 79, 81, 346
동이문화(東夷文化) 150, 348
「동이열전(東夷列傳)」 61, 62, 59, 150
동이인(東夷人) 82
「동이전」 355
동이족(東夷族) 81
동인(同仁)문화 338
동주식 동검 256, 258, 268
동토(東土) 70, 71
동해욕(東海峪) 108
동혹(東或：東國) 71, 72, 77
드보랸카3유적 330
등주(滕州) 135
등현(滕縣) 31, 89
등화락(藤花落)유적 165
딸라깐(Талакан)문화 311, 316~318, 323
딸라깐토기 317

ㄹ

래(僰) 75
래(萊) 76
래(萊)문화 135
래백(萊伯) 147
래이(萊夷) 69
래족(萊族) 267
료생수(蓼生盨) 369
류가히묘(劉家河墓) 276
르이박(Рыбак) 1유적 329
르이브노예 오제로 313

ㅁ

마구유적(磨溝遺蹟) 278
마연토기 171
마제석기 27, 96
마제유공석기 174
막심 고르키 313
만(蠻) 51
만맥(蠻貊) 54
만북(萬北)유형 161
만이(蠻夷) 53, 54, 61
말라야 포두세치카유적 324
말라야 포두세치카하층유적 329
말르이예 시미치 312
망격문(網格文) 38
맹비(盲鼻) 115
멧돼지 89
모경구(毛慶溝)유적 308
모계씨족사회제도 96
모평(牟平) 125
목기(木器) 38
몽문통(蒙文通) 47
몽성(蒙城) 97
묘도열도 246
묘만(苗蠻) 81
묘역식 지석묘 207

묘을단(廟圪旦)유적 308
묘저구유형 32
무라카미 야스유키 274, 311
무령대(舞雩臺) 141
무문토기 144
무산 호곡동 5·6기 332
무안현(武安縣) 30
무양현(舞陽縣) 29
무왕 65
묵방리식 토기 233
묵방형 220
묵방형 지석묘 204
문등시(文登市) 145
문상(汶上) 89
문수·사수 유역[汶泗流域] 99
문왕 57
문하(汶河) 89
문화변동 273
문화사적 패러다임 184
문화유형 19, 20
물결무늬 34
물레 38, 131
물소 89
물질문화 183, 184
미누신스크분지 284, 300
미송리식 토기 233
미하[濰彌河] 99
미하일로프카문화 319, 323
미하일로프카성 318
미하일로프카 취락지 312
민지현(澠池縣) 32

ㅂ

바가 나링 암(Baga Narin Am)유적 305
바라바시(Барабаш) 3유적 324, 329, 344
바이칼호수 305
박(亳) 350
박고(薄古: 薄姑) 76, 135

반고 44
반달칼 173
반룡성 376
반수혈주거지 30
반월형 철도 345
반파유형 32
발(鉢) 32
발치(拔齒) 36, 91
발하슈호 297
발해(渤海) 21, 154
발해해협 97
방(方) 179
방국(方國) 75, 79, 123
방국(邦國) 59
방성(防城) 123
방직(紡織) 121
방형 28
배리강(裴李崗) 28
배리강(裴李崗)문화 24, 28
백가장(白家莊) 173
백도(白陶) 34, 100
백만(百蠻) 55
백석촌(白石村) 89
백섬보궤(伯冼父簋) 366
백회 115
번개무늬 34
번양(繁陽) 375
범엽(范曄) 61
베르흐-칼쥔(Верх-Кальджин) Ⅱ유적 293
베줌카 취락지 312
벽국(薛國) 139
벽국고성(薛國故城) 137
벽사(辟邪) 30
벽옥제 관옥 208
변선왕(邊線王) 108, 123
별주식 동검 236
보동구묘(補洞溝墓) 306
보두(堡頭) 97
보란점(普蘭店) 교둔(喬屯) 지석묘 193

보안이호(保安二號)성지 339, 340
복골(卜骨) 40, 130, 175
복합수장사회(複合首長社會) 154
봉래(蓬萊) 97
봉림(鳳林)문화 338, 340
봉림성지 339, 340
봉(鳳) 토템 352
부(釜) 32
부가퇴문(附加堆文) 30, 92
부사년(傅斯年) 152, 179
부여 44, 150
부킨스키 클류치 1유적 312~314
부호 28, 36, 130
북복지(北福地) 30
북사산(北斜山) 145
북신(北辛) 24
북신(北辛)문화 28, 31, 74, 83, 89
북신(北辛)유적 89, 94
북장(北莊) 97
북적(北狄) 48, 51
북표(北票) 삼관영자(三官營子) 253
분봉제(分封制) 135
분수(汾水) 32
분하(汾河) 22, 40
불로치까유적 335, 336
비괄문(篦刮紋) 92
비자와(貔子窩) 155
비주(邳州) 97
비파형동검 46, 196, 237

ㅅ

사가(史家) 125, 130
사가(史家)유적 177, 178
『사기(史記)』 44, 61
사마천(司馬遷) 44
사수(泗水) 108, 125
사유제 108
사이(四夷) 50, 51, 59

사족정(四足鼎) 30
사카문화 297, 298
사하(泗河) 89
사환궤(師寰簋) 372
사회적 경계선 184
사회적 정체성 184
산구(山口)유적 298
산동(山東) 47, 81
산동반도 24, 191
산동용산(山東龍山)문화 36, 108, 152, 155
산불설 270
산서성(山西省) 32, 40
산서용산(山西龍山)문화 36
산화 광석 171
삼각형 점토대 토기 274
삼강평원(三江平原) 338, 339
『삼국지(三國志)』 44, 45, 61, 150, 347
삼리하(三里河) 97
삼문협시(三門峽市) 32
삼족기(三足器) 27, 87, 92
삼족발(三足鉢) 28
상(商) 23, 24, 42, 139, 153
상감식(鑲嵌式) 139
상림리 46
상(商)문화 143, 353
『상서(尙書)』 82
상성(商城) 154
상아제 38
상장(尙莊) 97
상장(尙莊)유형 99
상주 57, 65
상해(上海) 111
상호관계 180
상호교류 31
상호의존 181, 182
상호작용 344
색돈포랍극(索墩布拉克, Sudongbulaq) 묘지 298
서구반묘(西溝畔墓) 306

서구반한묘(西溝畔漢墓) 306
서남이전 44
서아시아 343
서안 44
서오사(西吳寺) 108
서웅 51
서이(西夷) 57
서장(西藏) 21
서주(徐州) 82
서주(西周) 135, 151
서주봉(西朱封) 108
서중서(徐中舒) 70
서하(栖霞) 108
서하(西河) 84
서하(栖霞) 행가장(杏家莊) 243
서하후(西夏侯) 97
석검 208
석곽묘 145
석곽형 220
석관묘 46, 145
석관형 220
석붕(石棚) 188
석붕묘 195
석촉 208
석화(石化) 85
선비(오환) 318
선사문화 81
선사시대 20, 21
선상(先商)문화 40, 154, 159, 351
선진(先秦) 44
선진동이(先秦東夷) 44
선철(銑鐵, 鑄鐵) 275
선형동부 46
『설문(說文)』 82
섬서성(陝西省) 21
섬서용산(陝西龍山)문화 36
성곽도시유적 42
성방국가(城邦國家) 40
성자애(城子崖) 36, 83, 123, 125

성자애(城子崖)유적 156
성자애(城子崖)유형 110
성지(城址) 107
세미레체(Semirech'e) 297, 299
세미 파트나야 1·3유적 330
세형동검 196
「소공(昭公)」 133
소구첨저병(小口尖底瓶) 33
소구평저병(小口平底瓶) 33
소목공(召穆公) 58
소부둔(蘇埠屯) 135, 168
소북(蘇北) 81, 97
소쌍교(小雙橋) 154
소왕(昭王) 58, 147
소청하(小淸河) 91, 99
소팔랑(小八狼) 339
소형산 84
소형산 유적 87
수공업 169
수광(壽光) 108
수날법 127
수렵 34, 75
수륜연대측정법 293
수분하(綏芬河) 330
수암(岫岩) 흥륭(興隆) 지석묘 193
수혈주거지 27
수히예 프로토키 1·2주거유적 312
수히예 프로토키 2유적 313, 314
순생 137
순임금 57
술잔 102
슬립 115
승문(繩文) 30
시(尸) 66, 68
시방(尸方) 63, 66, 68, 69, 75
신강위구르 276, 299
신기(新沂) 97
신석기시대 23
신장두 30호묘 274

신정시(新鄭市) 28
신촌(辛村)묘지 277
실위문화 319
심복관(深腹罐) 30
십리포북(十里鋪北)유적 165
십사정이방(十祀征夷方) 357
십이대영자문화 265
십이대영자문화권 240
썽공돌칼 130
쌍이호(雙耳壺) 28
쌍타자(雙砣子) 125, 156

ㅇ

아르잔 1호분 285, 290
아르잔 2호분 285
아무르주 310
아연 23
아우라지유적 342
아크-알라하 3무덤유적 291
아크-알라하 5무덤유적 291
아크-알라하(Ak-Alakha)강 290
아크-알라하유적 290
아파나시에보(Afanas'evo) 284
아파나아세야산유적 284
악석(岳石)문화 24, 38, 74, 125, 151
악석(岳石)유적 125
악후어방정(鄂侯馭方鼎) 369
안구고퇴(安邱堌堆) 125
안구고퇴유형 127, 161
안도(安圖) 내두촌(奶頭村) 335
안드로노보(Andronovo) 276
안드로노보문화기 285
안양 42, 136
안휘(安徽) 38, 97, 154
알라자 휴크(Alaca Höyük) 271
알렉세옙스키 부고르 317
압획문(壓劃紋) 92
앙소(仰韶) 24

앙소(仰韶)문화 19, 32
앙소촌 32
앙신직지장 112
야금(冶金) 121
야금술 169
야점(野店) 97
얀콥스키문화 311, 323, 324, 329, 330
양가권(楊家圈) 108
양가권유형 110
양곡(陽穀) 108, 123
양성진(兩城鎭) 108, 123
양주업(釀酒業) 120
어로 34
어망추 121
언부랍극(焉不拉克, 얀부라크) 278
언부랍극고분군 281
언사(偃師) 40
엄(奄) 135
엄문명(嚴文明) 157
여수(女脩) 352
연대(煙臺) 125, 143
연방거수혈[碾房渠窖藏] 306
연주(兗州) 97, 108
연하도44호묘 274
연하도문화 244
연하도문화권 252
연해주 310, 330
영하(潁河) 40
예 44, 150
예기(禮器) 124
『예기(禮記)』 82, 159
예동(豫東) 81, 97
예제(禮制) 124
오덕형 지석묘 202
오도하자유형 251
오동유적 335, 337, 343
오랑캐 44
오련(五蓮) 97, 107
오르도스 308, 317, 318

오르도스사막 21
오성 376
오손문화 297
오제로 야마(Озеро Яма) 317
오촌(五村) 97
오촌(五村)유형 99
옥관식(玉冠飾) 124
옥규(玉圭) 124
옥기(玉器) 38
옥륭태전국묘(玉隆太戰國墓) 306
옥병철검(玉柄鐵劍) 277
옥월(玉鉞) 124
옥장(玉璋) 124
옥황묘(玉皇廟) 문화권 241
올가문화 335
올레니 A유적 331
와방점(瓦房店) 대자(台子) 지석묘 193
와방점(瓦房店) 화동광(鏵銅壙) 지석묘 193
완(碗) 28
완북(皖北) 81, 97
완연하유적 338
완연하(碗蜓河)유형 338
완주 상림리 257, 262
왕국유(王國維) 152
왕사인진(王舍人鎭) 135
왕유방(王油坊) 108
왕유방유형 110
왕인(王因) 89, 97
왕인(王因)유형 99
왕추관유형 126, 161
왕추관장(王推官莊) 125
왜 44, 150
요관장(姚官莊) 108
요관장유형 110
요령(遼寧) 125
요동 46
요령성 190
요서 46
요왕성(堯王城) 108, 123

요왕성유형 110
요저관(凹底罐) 27
요한 안데르손(Johan Gunnar Andersson) 32
용구(龍口) 135
용산(龍山)문화 24, 36, 74, 81, 83, 353
용산진(龍山鎭) 36
용성(永城) 108
「우공(禹貢)」 82
우릴문화 310, 311, 313, 316, 318, 320, 323
우릴섬 313
우릴섬 취락지 312
우릴유적 323
우스티-딸라깐 317, 318
우스티-딸라깐(Усть-Талакан) 계절유적 316
우코크고원 293
운석설 270
운철제(隕鐵製) 275, 299
움무덤 34
원성(苑城) 89
원시문자 34, 36
원시신앙 30
원시씨족부락 89
원시청자(原始靑瓷) 137
위고문(僞古文) 52
위만조선 272
위석식 207
위석형 220
위수(渭水) 32
위지사(尉遲寺) 97, 99
위체형(圍砌型) 220
위하(渭河) 21
유경식 동검 247
유리(劉莉) 167
유림(劉林) 97, 99
유방(濰坊) 84, 108
유산(乳山) 143
유성(聊城) 123
유절병식(有節柄式) 동검 248

유절(有節) 원주병식 253
유정동(柳庭洞)유형 311
유정문(乳丁紋) 92
유하(濰河) 84
유현(濰縣) 108
육탈 28
윤가성(尹家城) 108, 125, 156
윤가성유적 166
윤가성유형 110, 161
윤제(輪制) 127
융(戎) 51
융적(戎狄) 53
융하 삼도영(三道營) 낙타량(駱駝梁) 241
융하(隆河) 풍령 241
은율 관산리 지석묘 202
은허(殷墟) 42, 161, 350
은허문화 75
은허유적 42
음우구(飮牛溝)유적 308
읍루 44, 150
이(夷) 47, 48, 56, 63, 68, 179
이릉(李陵)의 저택 284, 299
이리강(二里岡) 24, 136, 154, 351
이리강문화 42
이리강유적 42
이리강(二里岡)하층문화 74
이리두(二里頭) 24, 40, 154
이리두(二里頭)문화 40, 74
이리하(伊犁河) 297
이리하유역문화 297, 298
이방(夷方) 358
이시크(Issylc)고분군 297
이시크호 297
이완소학교 335
이인유적 141
이적(夷狄) 53, 68
이족(夷族) 48, 51
이족집단 56
이하(伊河) 40

인방(人方) 63, 66, 75, 182, 359
일본열도 44
일조(日照) 108
『일주서(逸周書)』 65
임구(臨朐) 108
임기(臨沂) 108
임방(林方) 66
임치(臨淄) 84, 108, 135

ㅈ

자모구(子母口) 115
자산(磁山)문화 24, 28, 29
자형산(紫荊山) 97
자형산(紫荊山)유형 99
작백정(柞伯鼎) 366
작살 28
장강 22
장구(章丘) 36, 125
장구(葬具) 85
장도(長島) 97, 125, 143
장방형 30
장인 23, 122, 344
「장인(匠人)」 141
장청(長淸) 84
장하 계운화(桂云花) 253
장하(庄河) 대황지(大荒地) 지석묘 193
장해(長海) 서가구(徐家溝) 254
재령군 고산리(孤山里) 256
저장구덩이 30
적(狄) 51
적색마연토기 208
전각터 40
전국(戰國)계 271
전국(戰國)시대 137
전왕(田旺) 108, 123
전왕(田旺)유적 165
전장대(前掌大) 135
전장대유적 137

전장대촌(前掌大村) 137
전파주의자 19
전한 44
전형(典型) 용산문화 108
절강성 190
점복술 174
점복체계 177
정(鼎) 32
정공(丁公) 108, 123
정백운 273
정석형(頂石型) 220
정주(鄭州) 136
정주상성(鄭州商城) 42
정현(鄭玄) 69
제(齊) 135
제고성(齊故城) 135
제국고성 139
제남(濟南) 135
제도진(齊都鎭) 139
제련로 300
제문화 135
제사 구덩이 178
제사유구 130
제신(帝辛) 358
제융(諸戎) 55
제이(諸夷) 53, 55
제하(諸夏) 53, 55
조 27
조격장(照格莊) 125
조격장유형 126, 161
조공관계 184
조문(兆文) 130
조선전 44
조왕하(趙王河) 167
조조홍(趙朝洪) 159
족속 분석 159
졸토야로프기 319
종법제(宗法制) 135
종양장(種羊場)유적 298

종족 44
종족성(Ethnic Identity) 19
종족 집단(Ethnic Group) 180
『좌전(左傳)』 133, 159
주공(周公) 56, 58, 65, 73, 135
주구점(周口店) 21
주기(酒器) 120
주석 23
주조공예 133
주조기술 171
주조철기 343
주조철부 331
『죽서기년』 59, 62, 355
줄무늬[線紋] 27
중국 45, 72
중원(中原) 48, 345
증백칠보(曾伯黍簠) 375
지각(支脚) 85
지상식 가옥 38
지석묘(支石墓) 188
지석묘 문화권 191
지수(芝水) 125
지수(芝水)유적 143
지압문(指甲紋) 92
진(晉) 45
진(秦) 141
진몽가(陳夢家) 66
진수 45
진시황 79
진인(秦人) 352
진주문(珍珠門) 143
진주문(珍珠門)문화 125, 143
진주문(珍珠門)유적 143
진화론자 19
집안(集安) 고합자(高合子) 254

ㅊ

찰오호(察吾呼, 차우후) 278
찰오호고분군 281
창녕 유리 기반식 지석묘 215
창도(昌圖) 적가촌(翟家村) 254
채광착오설 270
채도(彩陶) 34, 91, 92, 100
채도문화 34
채문토기 208
채봉서(蔡鳳書) 161
채산(寨山)유적 143
채색토기 171
채회 128
책명 75
천자 135
천제묘(天齊廟) 125
천진(天津) 36
천하석제(天河石製) 옥 208
천하위복(天下威服) 150
철릉문 127
철병동검(鐵柄銅劍) 285
철수괴(鐵鏽塊) 278
철원동내과(鐵援銅內戈) 277
철인동월(鐵刃銅鉞) 276, 277
철조(鐵條) 278
첩순(疊脣)현상 128
청동기 23
청동기 공방 40
청동기 명문 63, 76
청동야금술 38, 163
청동예기(靑銅禮器) 42, 143, 145
청동월 137
청주(靑州) 82, 125
청화간(淸華簡) 62
초(楚) 141
초간(楚簡) 66
초기 철기시대 125
초도유적 323, 337
초어 89
초원지대 306, 310, 345
촉각식동(철)검 344

추방(酋邦) 단계 108
추방(酋邦)사회 단계 122
추성(鄒城) 97
추자문(錐刺紋) 92
추평(鄒平) 84, 89, 108
추형(鄒衡) 152
춘추시대 141, 145
『춘추좌씨전(春秋左氏傳)』 347
출토문헌 63
치박시(淄博市) 139
치천현 남정 왕모산 지석묘 198
치천현 두파촌 하마석 지석묘 199
치평(茌平) 97
치하(淄河) 91, 99, 139
친연성 45
침선문(沈線文) 38
침촌형 220
침촌형 지석묘 204

ㅋ

카라사르(Karashr, 焉耆) 297
카라수크 313~315
카라수크문화 318, 342
카라수크문화기 285
카만 카레휴크(Kaman-Kalehöyük)유적 271
코발트 276
코치코바트카 313
쿠켈레보-벤조바키 313
쿠투르군타스고분군 291
크로우노프카 331
크로우노프카문화 330, 337
크로우노프카유적 330
크루글로예 오제로 313

ㅌ

타가르문화 283
타고(鼉鼓) 108

타래무늬 34
타슈티크(Tashtyk)문화기 300
타제석기 27, 96
탁자식 문화권 191
탁자식 지석묘 188
탄화작물 27
탑하시(漯河市) 29
태기산구(泰沂山區) 83
태기산맥 91
태산(泰山) 82
태서촌묘(台西村墓) 276
태안(泰安) 34, 89, 97
태안 내무산 지석묘 197
태토 31
『태평어람(太平御覽)』 59
태행산(太行山) 21
태호(太湖) 111
터키석 40, 174
토광목곽묘(土壙木槨墓) 36
토광묘 36
토광수혈묘 85, 91
토광수혈측실묘 85
토광형 220
토기가마 91
토성(土城)유형 126, 161
토우 28
토제용범 169
토착문화 36
통형병식 동검 247
투바 285
투바공화국 300
트로쉬키스노-류(Troshkisno-Lyu)유적 305
트로이(Troy) 271
티베트고원 21

ㅍ

파지리크(Pazyryk) 290
파지리크문화기 293

파지리크문화인 293
판축 165
팔각별무늬 34
패각기 87
패자 135
패총문화 337
페르로파블로프카 313
페스차느이유적 324
편두(偏頭) 36
편직문(編織文) 30
편편동(扁扁洞)유적 83
평도시(平度市) 38, 125
평양 석암리(石岩里) 255
평원군 신송리(新松里) 256
평저발(平底鉢) 27
폐철기 329
포대산(炮台山)성지 339
포천 금현리 탁자식 지석묘 215
포태성성지 340
폴체기 319
폴체문화 317, 319, 335, 337
폴체유적 311, 323
폴체토기 317
프랴드치노 3 318

ㅎ

하(夏) 23, 55, 153
하가점(夏家店)상층문화 264
하가점상층문화권 240
하가점하층문화 159
하남(河南) 97, 125, 154
하남성 28
하남용산(河南龍山)문화 36
하마석(蝦蟆石) 213
하모도(河姆渡) 24
하상주단대공정(夏商周斷代工程) 24, 40
하 왕조 40, 124
하칠원(下七垣) 351

하카시야 285
하택(菏澤) 125
하투 308
학가장(郝家莊) 125, 133
학가장유형 126, 161
한 44, 150
한국 45
한대 45
한대(漢代) 유적 137
한문화 150
한반도 44, 185
한사군 272
『한서』 44
한수(漢水) 27
한족(漢族) 45
함평(咸平) 초포리(草浦里) 257
합금 171
합금기술 171
합밀(哈密) 284
합주식 동검 236
해대문화(海岱文化) 348
해대문화구(海岱文化區) 82
해대(海岱)용산문화 108
해대지구(海岱地區) 83
해면철(海綿鐵, sponge iron) 271
해성(海城) 석목성(析木城) 지석묘 193
해양성문화 337
허옥림(許玉林) 196
현조(玄鳥) 352
협사도(夾砂陶) 27, 87
협사홍갈 132
협서율(挾書律) 79
협심(夾心) 현상 127
협운모도(夾雲母陶) 145
형병 60
형초(荊楚) 58
혜갑반(兮甲盤) 372
호(壺) 32
호곡 5기 332

호곡동유적 335, 343
호랑이 89
호모 에렉투스 21
호미 36
호북성(湖北省) 28
호스틴 볼락유적 301
호종(鎬鐘) 369
호화호특(呼和浩特) 308
혼축형 220
홍도(紅陶) 32, 92, 100
홍형우 319
화(華) 55
화북(華北)평원 30
화살촉 28
화옥빙(華玉冰) 192
화청(花廳) 97
화청(花廳)유형 99
화하(華夏) 48, 81
화하(華夏)문명 135, 150
환발해 185
환저기(圜底器) 92
환저발(丸底鉢) 27
환태(桓台) 125
환호시설 34
황도(黃陶) 102
황수하(黃水河) 147
황해 97
황해북로 261
황해횡단로 261
회도(灰陶) 32, 92, 100
회수(淮水) 66
회시(淮尸: 淮夷) 63, 73, 74, 77, 79
회융(淮戎) 74
회이(淮夷) 55, 56, 58, 66, 73, 74, 76, 79
회전판 33, 38, 96
회하(淮河) 31, 79
획문(劃紋) 100
효부하(孝婦河) 99
후리관장(後李官莊) 84
후리문화 84
후리(後李)문화 74, 83
후한 44
『후한서(後漢書)』 44, 45, 61, 150, 159, 355
흉노 308
흉노전 44
흑도(黑陶) 24, 28, 32, 100
흑도문화 38
흑룡강성 310
흙벽돌 112
흡보기해(恰甫其海, 차푸치하이)유적 298
흥개호 330
흥륭와(興隆洼)문화 30
희공(僖公) 58

A~Z

A. P. 데레뱐코 316, 319, 345
A. P. 오클라드니코프 324, 330
D. L. 브로댠스키 330
E. I. 데레비얀코 337
N. A. 클류예프 329
N. V. 폴로스막 290
S. A. 콜로미예츠 335

저자 소개

박선미(朴善美)

서울시립대학교 국사학과에서 고조선의 교역을 주제로 석사와 박사학위를 받았다. 현재 동북아역사재단 한중관계연구소 연구위원으로 재직 중이다.

주요 논저로는 『고조선과 동북아의 고대 화폐』(2009), "Buffer Zone Trade in Northeast Asia in the Second Century BC"(2012), 「동북아시아 쌍조형안테나식검의 성격과 의미」(2012), 「서구학계의 고대 교류사 이론의 현황」(2014), 「緩衝交易 모델에 대한 理論的 검토」(2014), 『고조선과 위만조선의 연구쟁점과 대외교류』(공저, 2015), 『동서문화 교류와 알타이』(공저, 2016) 등이 있다.

박재복(朴載福)

중국 베이징대학 고고문박학원에서 갑골을 주제로 석사와 박사학위를 받았다. 현재 경동대학교 한국어교원학과 교수로 재직 중이다.

주요 논저로는 『先秦卜法硏究』(2011), 「殷商시기 甲骨文에 보이는 '征人方' 고찰」(2012), 「殷商시기 甲骨文에 보이는 商과 夷族의 관계」(2013), 「중국 북방지역의 갑골점복에 관한 고찰 : 朱開溝문화와 夏家店하층문화를 중심으로」(2014), 「尙書에 보이는 갑골점복 고찰 : 최근 발견된 출토자료와의 비교분석을 중심으로」(2015), 「西周초기 甲骨의 특징과 그 변화양상 고찰」(2017) 등이 있다.

왕칭(王靑)

중국 산동(山東)대학 고고학과에서 산동 지역 신석기시대 고고학으로 석사학위를 받았고, 지린(吉林)대학 고고학과에서 산동 지역의 고대 소금교역을 주제로 박사학위를 받았다. 현재 산동대학 고고학과 교수로 재직 중이다.

주요 논저로는 「후기청동기~초기철기시대 중국 산동지역과 한국간의 交流」(2002), 『環境考古硏究 2』(공저, 2000), 『海岱地區周代墓葬硏究』(2002), 「山東發現的幾把東北系青銅短劍及相關問題」(2007), 『中國文化槪說』(공저, 2014), 「山東鹽業考古的回顧與展望」(2012), 『環境考古與鹽業考古探索』(2014) 등이 있다.

데이빗 코헨(David J. Cohen)

미국 하버드대학교 고고인류학과에서 중국 청동기시대 고고학과 종족을 주제로 석사와 박사학위를 받았다. 현재 국립타이완대학교 인류학과 교수로 재직 중이다.

주요 논저로는 *The Yueshi Culture, the Dong Yi, and the Archaeology of Ethnicity in Early Bronze Age China*(2001), "The beginnings of agriculture in China: a multi-regional view"(2011), "The advent and spread of early pottery in East Asia: New considerations and new dates for the world's earliest ceramic vessels"(2013), *The Cambridge World Prehistory, Cambridge*(공저, 2014), "The emergence of pottery in China: recent dating of two early pottery cave sites in South China"(2017) 등이 있다.

이영문(李榮文)

단국대학교 사학과와 한국교원대학교 역사교육과에서 지석묘를 주제로 석사와 박사학위를 받았다. 현재 목포대학교 고고학과 교수로 재직 중이다.

주요 논저로는 「한국 지석묘 연대에 대한 검토」(2000), 『고인돌 이야기』(2002), 『한국 지석묘사회 연구』(2003), 『한국 청동기시대 연구』(2003), 「호남지역 지석묘 형식과 구조에 대한 몇 가지 문제」(2011), 「동북아시아의 지석묘 특징」(2012), 『한국 청동기시대 편년』(공저, 2013), 『고인돌, 역사가 되다』(2014), 「호남지역 청동기시대 조사 성과와 연구 과제」(2014), 『분묘와 의례-청동기시대 고고학 4』(공저, 2017) 등이 있다.

이청규(李淸圭)

서울대학교 고고미술사학과에서 세형동검 시기 유적·유물 연구로 석사학위, 제주도 고고학 연구로 박사학위를 받았다. 현재 영남대학교 문화인류학과 교수로 재직 중이다.

주요 논저로는 『제주도고고학연구』(1995), 「영남지방 청동기문화의 전개」(1997), 「청동기를 통해 본 고조선과 주변사회」(2005), 『한국고고학강의』(2007), 「중국동북지역 고고학 연구현황과 문제점」(공저, 2008), 『한국청동기문화연구』(공저, 2014), 『다뉴경과 고조선』(2015), 『해상활동의 고고학적 기원과 전개』(2015) 등이 있다.

심재연(沈載淵)

한림대학교 사학과에서 철기시대 마을을 주제로 석사와 박사학위를 받았다. 현재 한림대학교 연구교수로 재직 중이다.

주요 논저로는 「철기시대 중부지방의 단야공방 연구 시론」(2015), 「단야로 복원 실험을 통한 정련단야 가능성 검토」(2016), 『고고학과 문헌으로 본 춘천문화의 정체성』(공저, 2016), 『백제의 변경: 화천 원천리유적』(공저, 2017), 「최근 조사 성과로 본 영동·영서지역과 북방지역의 상호 작용-철기~삼국시대를 중심으로」(2017), 『춘천 고적의 어제와 오늘』(2017) 등이 있다.

이유표(李裕杓)

중국 베이징대학 사학과에서 서주시대 군사사로 석사와 박사학위를 받았다. 현재 동북아역사재단 한중관계연구소 연구위원으로 재직 중이다.

주요 논저로는 『西周王朝軍事領導機制研究』(2015), 「西周時期淮夷名稱考論」(2015), 「西周 金文에 보이는 '秦夷'와 『繫年』의 '商奄之民'」(2016), 「多友鼎 명문의 戰役과 인물을 통해 본 周厲王의 권력」(2017) 등이 있다.